KB178616

메가트렌드 코리아

국립중앙도서관 출판사 도서목록(CIP)

메가트렌드 코리아 = Mega trend Korea / 강홍렬...[등]지음. --
파주 : 한길사, 2006
   p. ;   cm

표지부서명: 21세기, 우리 앞의 20가지 메가트렌드와 79가지 미래 변화
ISBN 89-356-5639-9 03300 : ₩22000

331.54-KDC4
303.4-DDC21   CIP2006000076

강홍렬 · 김문조 · 손상영 · 이주헌 · 이지순 · 이호영 · 임혁백 · 최양수 · 최항섭 · 황주성 지음

메가트렌드 코리아

21세기, 우리 앞의 20가지 메가트렌드와 79가지 미래 변화

한길사

메가트렌드 코리아

지은이•강홍렬•김문조•손상영•이주헌•이지순•이호영•임혁백•최양수•최항섭•황주성
기획•정보통신정책연구원
펴낸이•김언호
펴낸곳•(주)도서출판 한길사

등록•1976년 12월 24일 제74호
주소•413-756 경기도 파주시 교하읍 문발리 520-11
　　　www.hangilsa.co.kr
　　　E-mail: hangilsa@hangilsa.co.kr
전화•031-955-2000~3　　팩스•031-955-2005

상무이사•박관순 ǀ 영업이사•곽명호
편집•이현화 윤은혜 박근하 ǀ 전산•한향림 ǀ 저작권•문준심
마케팅 및 제작•이경호 ǀ 관리•이중환 문주상 장비연 김선희

출력•지에스테크 ǀ 인쇄•현문인쇄 ǀ 제본•경일제책

제1판 제1쇄 2006년 1월 31일
제1판 제4쇄 2008년 4월 25일

값 22,000원
ISBN 978-89-356-5639-4 03300

● 이 책은 (구) 정보통신부의 후원으로 이루어진 "IT기반 미래국가발전전략 연구"의 연구 결과입니다.
● 잘못 만들어진 책은 구입하신 서점에서 바꿔드립니다.

대한민국, 어디로 가고 있나

우리는 끊임없이 현재를 딛고 살아왔지만, 동시에 언제나 과거와 미래에 대한 궁금증을 안고 있었습니다. '이제 어떻게 할까'라는 고민을 하면서도, '그땐 어땠을까'와 '앞으로는 어떻게 될까'라는 질문을 쉬지 않고 던져 왔습니다. 인간의 본능으로부터 발로된 이 같은 궁금증은 궁극적으로는 최선의 미래를 만들어 가려는 노력이기에 축복이 아닐 수 없습니다.

과거의 모습을 그려내는 수단은 매우 구체적이고 다양합니다. 역사의 시작을 가름하는 문자와 이를 이용한 기록물, 이런저런 생활 형태를 짐작케 하는 유물과 유적, 문화와 의식의 흐름을 유추케 하는 구전내용 등 다양한 과거의 흔적들은 시간 속에서 양적 축적을 거듭해 왔습니다. 동시에 이를 해석하고 이해할 수 있도록 지원하는 기술의 발전은 학문적 역량을 더하면서, 더욱 사실적이고 구체적인 모습으로 과거를 현재로 끌어내는 데에 힘을 보태고 있습니다.

미래 예측은 어떻습니까. 역사는 반복된다는 관점에서, 과거의 사실들을 과학적으로 분석한 다양한 학문적 성과는 미래 예측에 유용하다고 믿습니다. 직관이나 상상에 근거해 이런저런 표현방식으로 창조된 미래, 그리고 역술이나 점성술 등에 의존해 제시된 예언도 분명 미래를 말하려는 노력의 하나일 것입니다. 그러나 합리적 사고와 과학적 얼개를 기반으로 메가트렌드를 밝히고 이를 기반으로 설계하는 미래연구는 포스트 산업시대를 준비하는 지금이 이제 시작일 뿐입니다.

메가트렌드는 우리가 살고 있는 세상이 어떤 모습과 방향으로 변화해 갈 것인지 알려주는 큰 흐름입니다. 과거로부터 찾아낸 데이터와 현재의 상황을 과학적 방식으로 분석하고 다양한 분야에서 일하는 전문가들이 내놓은 식견을 더해 이끌어낸, 변화하는 현재와 변화될 미래의 모습입니다. 메가트렌드를 말할 때 미래학자 나이스비트(John Naisbitts)의 미래진단은 우리에게 많은 것을 시사합니다. 나이스비트는 1982년 그의 저서 『메가트렌드』에서 삶을 변화시킬 큰 물결을 10가지 키워드로 정리했습니다. 정보사회·인간중심 기술·글로벌시장·장기비전·분권화·국가복지제도·참여민주주의·네트워크형 조직·동북아시대·다원화 사회 등이 그것입니다. 24년 전에 내놓은 그의 예측은 적중했고, 우리는 그의 진단에서 크게 벗어나지 못한 환경에서 살고 있습니다.

메가트렌드와 미래를 말하는 나이스비트의 저서를 접하면서 '왜 우리나라에는 미래를 전망하는 학자나 전문 연구기관이 없을까', 그리고 '우리의 시각으로 코리아 메가트렌드를 조망해볼 수는 없을까' 하는 의문을 가져봤습니다. 다행스럽게도 첫 번째 의문에 대한 해답은 약 3년 전 정보통신정책연구원 안에 '디지털미래연구실'을 설치해 해소할 수 있었습니다. 디지털미래연구실은 IT의 급속한 확산에 따른 우리 사회 변동의 본질과 영향, 그리고 미래 변화방향을 연구해 왔습니다. 나아가 IT가 지배하는 10년, 20년 후 사회 각 부문의 다양한 현장 모습을 그려내고, 이를 현실로 이뤄내기 위한 관련 정책을 개발하기 위해 힘쓰고 있습니다.

두 번째 의문에 대한 해답은 정보통신부의 후원으로 지난 2003년 5월부터 'IT의 사회 문화적 영향 연구: 21세기 한국 메가트렌드'라는 주제의 대규모 장기 연구를 시작하면서 얻어지기 시작했습니다. IT가 인간과 사회에 끼치는 영향을 분석해 국가발전 전략을 수립해야 한다는 믿음으로 시작한 메가트렌드 연구는 철학·사회·경제·정치·커뮤니케이션 등 다양한 분야에서 향후 나타날 우리 사회의 변화를 진단하는 것으로 시작, 우리의 경제·사회·문화·공공 4대 분야의 영역에서 나타난 구체적 흐름을 전망하는 힘든 노력으로 이어졌습니다. 이 책은 바로 무려 300여 명의 각계 전문가들이 지난 3년 동안 흘린 땀의 열매입니다.

　이 책은 '우리나라가 과연 어디로 가고 있는가'에 대한 질문의 답으로 이끌어낸 20가지의 메가트렌드를 각 장의 제목으로 잡았습니다. 아울러 각 메가트렌드의 사회적·경제적·기술적 이유와 배경을 설명했습니다. 또 그 메가트렌드를 보다 구체적으로 설명하는 구체적 미래변화 상들을 제시했습니다. 나아가, 각각의 메가트렌드가 진행됨에 있어서 우리가 무엇을 준비해야 하는지를 생각하도록 했습니다. 총합적으로 20가지의 메가트렌드와 79가지의 미래변화상들을 밝혔습니다. 대한민국 미래 변화의 큰 줄기를 설명하는 이 책이 독자 여러분의 지적 호기심을 해소함은 물론, 사회 각 영역에서 내일을 준비하고 계획하는 일에 도움이 되길 바랍니다.

　이 책이 나오기까지 세부 연구팀을 이끌고 도움을 아끼지 않으신 김문조, 이지순, 임혁백, 최양수 교수께 먼저 감사드립니다. 아울러 정보통신정책연구원 '디지털미래연구실' 강홍렬, 손상영, 이호영, 최항섭, 황주성 박사들의 수고와 열정에 찬사를 보냅니다. 책을 펴내주신 한길사 김언호 사장과 임직원 여러분께도 감사의 마음을 전합니다.

2006년 1월
정보통신정책연구원 원장 이주헌

메가트렌드 코리아

메가트렌드, 한국의 미래를 보여주다

왜 메가트렌드인가

메가트렌드란 무엇인가? 메가트렌드란 우리가 살아가는 세상이 어떤 방향으로 나아가고 있는지를 알게 해주는 사회변화의 거시적 추세이다. 국제사회에서 미국의 지식패권이 새로이 등장하고 있다거나, 한국의 양극화가 뚜렷해지고 있다거나 하는 것이 메가트렌드에 해당한다. 이 메가트렌드를 제대로 파악하게 된다면 세상이 어떻게 변화하고 있는지를 파악하는 동시에 앞으로 세상은 어떻게 바뀔 것인지 또한 어느 정도 예측할 수 있게 된다. 거꾸로 말하자면 메가트렌드를 잘 이해하지 못하고 일을 벌이게 되면 미래에 실패할 가능성이 그만큼 높아진다는 것이다. 미국의 지식패권이 새로이 등장하고 있는 메가트렌드를 잘 이해하지 못한 채 인터넷 상에서 영어로 된 콘텐츠를 남발하는 한국기업은 미래에 실패할 가능성이 높다. 한국 거주지에서의 양극화가 심화되고 있는 메가트렌드를 잘 이해하지 못한 채 주택정책을 마련한다면 미래에 극심한 사회불평등이 다시 도래할 가능성이 높다.

이러한 메가트렌드를 파악하는 일, 다시 말해 앞으로 벌어질 일을 이해하고 그 내용을 생각해보는 것은 인간의 기본적인 욕구에 해당하는 것이기도 하다. 향후 자신이 살고 있는 사회는 어떻게 변할 것인가, 그리고 자신의 생활이 어떻게 모양지어질 것인가를 내다보는 것은 언제나 인간 모두가 알고자 하는 것이다. 우리는 이러한 미래예측을 위해서 엄격한 논리의 정연함을 근간으로 하는 과학이나 학문을 공부하기도 하고, 영화 시나리오 작가나 소설가 등의 직관적 창의성에 근거한 추정이나 이야기들에서 상상을 해보기도 하며, 점술가의 주술적인 방법에 의하여 부여되는 내용을 믿어보기도 한다.

'메가트렌드'는 이렇게 탄생되었다

이 책에서 독자들에게 제시할 '메가트렌드'는 미래를 내다보는 방법 중에서 '과학'과 '학문', 그리고 '직관적 창의성'을 기초로 해서 만들어졌다. 과학과 학문적 접근을 통해 객관적 데이터들을 분석한 후 이를 토대로 현재와 미래의 변화들을 찾아보고, 수백 명에 달하는 각 분야 최고 전문가들이 머리를 맞대고 자신들의 폭넓은 지식과 깊은 혜안을 가지고 미래에 대한 모습들을 직관적으로 찾아본 결과인 것이다. 물론 우리가 제시하는 '메가트렌드'는 미래를 이해하고 앞으로 벌어질 현상에 대하여 그 현상이 일어나기 이전에 그 모습을 그려보는 방식을 통해 도출되었기 때문에 이 중에서 미래의 모습이 바로 "이것이다"라고 단정적으로 이야기할 수 있을 만큼 확정적인 것은 없다. 미래에 벌어질 상황을 단정하는 것은 '과학'이나 '학문'에서 내놓을 수 있는 수준의 논리적 엄밀성에 근거한 보편적인 모양을 갖추기에는 한계가 있기 때문이다. 그럼에도 불구하고, 우리의 '메가트렌드'에 신뢰를 부여하는 것은 그것이 도출되는 지난 수년간에 이 작업에 참가하였던 수백 명의 최고 수준의 교수진들과 관련 영역의 전문가들의 헌신적인 노력, 그리고 도출과정에서 엄격하게 적용했던 논리적 논의 도출방식이 있었기 때문이다.

본 연구팀은 메가트렌드를 파악하는 과정에 과학적·학문적인 논리과정을 최대한 활용하였다. 과학과 학문이 지니는 논리적 정합성이 높은 수준의 신뢰를 이끌어낼 수 있음은 주지의 사실이다. 그리고 그 방법론 역시 신뢰를 높일 수 있는 체계적 형태를 갖추고 있다. 이런 의미에서 과학적이고 학문적인 방법론을 최대한 사용하고 그 논리적 접근방식을 사용하는 것은 미래를 내다보는 전체 결과에 대한 신뢰를 확보하는 첩경일 것이다. 그래서 연구팀은 지난 연구 기간 수많은 과학적·학문적 자료들을 생산하고 이를 분석하여 이번 메가트렌드를 도출하기 위한 밑거름으로 삼았다.

다음으로, 메가트렌드를 파악하는 과정에서 그 내용의 설득가능성을 더욱 높이기 위해 서로 다른 의견을 가지고 있거나 이해관계가 다른 다양한 당사자들이 함께 모여 메가트렌드를 도출하고 이에 대해 합의하는 방법을 사용하였다. 이를 위해서 하나의 거대한 사회변화의 흐름에 대해 각기 다른 생각을 가지고 있는 학자들과 전문가들을 한자리에 모아 이 변화의 흐름이 과연 어떻게 진행되고 있으며, 미래에는 어떠한 형태로 변화될 것인가에 대한 합의를 이끌어내어 이번 메가트렌드를 도출하는 데 중요한 기초자료로 사용하였다.

이렇게 도출된 메가트렌드를 통해 우리는 "미래는 이럴 것이다"라는 단정을 지을 수는 없겠지만 "미래는 이럴 수 있겠다", "미래에는 이렇게 될 가능성이 높을 것이다"라고 독자들에게 자신 있게 말할 수 있게 되었다. 이번 메가트렌드는 현상 속에서 발견할 수 있는 변화의 커다란 흐름을 추출해줄 것이고 독자들로 하여금 미래의 사회를 이해하는 데 중요한 실마리를 찾게 해줄 것이다.

한국인의 눈으로 바라본 '메가트렌드 코리아'

메가트렌드 작업은 왜 지금 시점에서 우리에게 꼭 필요했는가? 21세기에 접어든 지금 한국은 이러한 경제성장과 더불어 전 세계가 놀라고 있는 과학기술·정보통신기술·디지털 기술들을 토대로 그야말로 어지러울 정도의 속도로 진화해가고 있다. 휴대전화로 길을 찾고, 인터넷으로 영화를 보고, 인간복제의 가능성을 타진하는 것은 불과 5~10년 전까지만 해도 상상조차 못했던 일들이다. 현재 한국의 과학·정보통신 기술발전은 최고 정점을 향해 나아가고 있다. 이 기술은 단지 산업과 경제를 발전시키는 것만이 아니고 우리 인간의 일상생활·대인관계·업무방식·개인의 인식능력 등 모든 면을 크게 변화시키고 있으며, 현재를 기점으로 하여 앞으로 10~20년 동안에는 지금과는 비교가 되지 않는 빠른 속도로 발전해갈 것이다. 따라서 이렇게 급격하게 변화될 미래를 먼저 내다보고 준비하는 것을 더 이상 늦출 수는 없다.

그러나 지금까지 한국의 미래를 내다본 사람들은 한국의 학자와 전문가들이 아니라 외국의 학자와 전문가들이었다. 대규모 정부행사에는 예외 없이 앨빈 토플러, 존 나이스비트와 같은 미래학자들이 초청되어 한국의 미래에 대해 전망하였다. 하지만 이들은 한국의 빠른 변화를 체험하고 있지 않다는 결정적인 약점을 지니고 있다. 그렇기에 이들이 한국의 미래에 대해 내놓는 전망들은 이미 한국인들에게 너무나 당연한 것, 심지어는 뒤떨어진 것들이 대부분이었다. 이제 한국의 학자와 전문가 집단들이 직접 한국의 미래를 제대로 진단하고 전망해보는 일이 절실히 필요하다. 이미 디지털·과학기술에 있어 세계 최고 수준을 보유하고 있고, 이에 따른 사회변화의 속도 역시 동서양에 유례 없이 빠른 한국의 미래를 가장 잘 전망할 수 있는 이들은 우리들 자신이기 때문이다.

과감한 결정과 헌신적 노력

이러한 인식에서 2003년 당시 이미 한국의 정보통신기술을 세계적 수준으로 끌어올린 정보통신부는 이러한 기술이 사람과 사회에도 커다란 영향을 미치고 있으며, 따라서 이 기술이 한국인의 의식과 행위, 노동과 여가, 소비생활, 정치참여 등 사회활동 전반에 걸쳐 어떠한 변화를 가져올 것인지를 우리 스스로 알아낼 필요가 있다고 판단하여 이 메가트렌드 연구의 시작을 과감히 결정하였다. 그리고 곧 60억에 가까운 연구예산을 책정하여 정보통신정책연구원에 이 연구를 의뢰하게 된다. 이미 한국의 정보통신정책을 주도하는 정부출연 연구기관으로서 평가되어온 정보통신정책연구원이 이 연구를 가장 잘 수행할 능력을 갖고 있다고 판단하였기 때문이다. 이에 정보통신정책연구원은 2003년 5월부터 곧바로 국내 최고의 전문가들로 구성된 '메가트렌드 연구팀'을 구성하여 향후 4년간 이 거대한 사업을 수행하게 된다.

2003년 이후 지난 3년간 메가트렌드 연구는 크게 3단계에 걸쳐 진행되었다.

먼저 제1단계에서는 메가트렌드를 도출하기 위한 기초작업으로서 사회의 주요 분야에 일어나고 있는 변화의 현황들을 파악하였다. 이를 위해서 200여 명의 철학자 · 사회학자 · 정치학자 · 경제학자 · 문화학자들이 동원되었다.

제2단계에서는 이 기초작업을 보다 구체화하는 동시에 연구영역을 확장하여 교육, 복지 · 의료, 공간 · 환경, 안전 영역에서 일어나고 있는 커다란 변화들을 찾아내었다. 이 작업을 위해서도 역시 100여 명의 전문가들이 투입되었다.

그리고 제3단계에서는 1, 2단계에서 생산된 100여 권에 달하는 연구보고서들을 다시 면밀히 분석하고 이를 토대로 학계의 최고 시니어 교수진 4인과 정보통신정책연구원 '디지털미래연구실'의 전문가들이 중심이 되어 최종적으로 20가지의 메가트렌드들을 도출하였고, 또한 각 메가트렌드 하에서 미래에 일어날 가능성이 높은 79가지의 미래변화상들을 전망하였다.

이 책을 만들기 위해 연구팀은 메가트렌드 연구에서 생산된 100여 권의 보고서, 그리고 국내외의 수백 권에 달하는 보고서와 저서를 꼼꼼히 읽고 재정리하여 지난 1년간 10여 차례에 걸쳐 토론하였다. 그리고 그야말로 뼈를 깎는 어렵고도 고통스러운 과정을 거쳐 20가지의 메가트렌드를 도출하였다. 도출된 각각의 메가트렌드는 이 책에 실리기 이전에 다시 지난 수년간 연구에 참여했던 개별연구자들에게 전달되었고 연구팀은 이들로부터 많은 지적과 수정사항을 받아 메가트렌드를 다듬고 또 다듬어 이 책을 최종적으로 펴내게 되었다.

20가지의 메가트렌드는 어떤 것들인가

책의 구성은 다음과 같다. 먼저 한국사회가 과연 어디로 가고 있는가를 제시한 메가트렌드 20가지가 각 장의 제목이다. 하나의 메가트렌드 안에서는 그 메가트렌드가 일어나게 된 이유와 배경이 먼저 설명된다. 메가트렌드를 잘 이해하기 위해서는 그 메가트렌드가 있게 된 사회적·경제적·기술적 배경 등을 먼저 알아야 하기 때문이다. 그리고 그 메가트렌드를 보다 구체적으로 설명하는 데 있어서 몇 가지의 미래변화상들을 제시하고 있다. 이 미래변화상들은 하나의 메가트렌드가 현재에서 미래로 진행되면서 우리의 삶에서 일어날 수 있는 구체적인 변화상들이다. 하나의 메가트렌드를 설명하는 마지막 부분에서는 이 메가트렌드가 진행됨에 있어서 우리가 미래에 대비해야 할 것들을 제시하였다. 요약하면 각 장은 하나의 메가트렌드와 그 메가트렌드가 나타나게 된 이유와 배경, 그 메가트렌드가 진행되면서 우리의 삶에서 일어나게 될 구체적인 미래변화들, 이 메가트렌드 하에서 우리가 미래에 대비해야할 것들로 구성되어 있다.

이제 이러한 커다란 변화의 추세로서의 메가트렌드들이 과연 어떤 것들인지, 이 메가트렌드들이 진행되는 상황에서 나타날 수 있는 미래변화들은 어떤 것들인지를 본문에 앞서 간단히 조망해보고자 한다.

01. '접속사회로의 전환' 한국사회는 오래전부터 인간관계가 끈끈한 사회였다. 그러나 현대사회에 들어서 개인주의가 강화되면서 이제 사람들간의 끈끈한 정이 사라지는 현상이 나타나기 시작하였고, 이 자체가 사회문제로 인식되었다. 그러나 인터넷이 등장하게 되면서 사람들은 인터넷을 통해 단순히 자신이 알고자하는 것을 찾는 것 이외에 자신이 마음에 드는 사람들을 찾아 관계를 맺기 시작하였으며, 기존에 이미 친한 관계에 있는 이들과도 인터넷 안에 카페들을 만들어 서로의 소식을 주고받으며 더욱 친하게 되었다. 이미 오래 전에 우리는 영화 「접속」에서 이러한 현상들이 나타날 것을 예감한 바 있다. 그런데 인터넷에서 맺어지는 관계는 가족·친척 관계보다는 면 관계면서도 그 관계가 우리의 일상에 미치는 영향은 큰 편인데, 이러한 현상을 두고 '약한 관계'의 '강한 효과'라고 부른다. 또한 이러한 관계가 지속되면서 나타나는 공동체를 '네트워크 공동체'라 부르며, 이 '네트워크 공동체' 안에 속한 이들은 서로에게 '친하다고는 느끼지만 결국은 어쩔 수 없는 남인' 존재, 즉 '친숙한 이방인'으로 존재한다.

02. 'NEO경제주도세력의 등장' 한국의 경제를 주도해왔던 산업은 자동차·조선과 같은 중공업이었으나 21세기 들어 중공업들의 비중은 현저히 낮아지고 있으며, 반면 디지털·소프트웨어산업과 같은 산업들이

한국경제를 이끌어가고 있다. 한국인들의 먹거리를 마련해줄 미래의 산업은 휴대전화, 소프트웨어와 같은 디지털 산업이 될 것이다. 또한 과거에 소비자는 소비과정에서 불만이 커도 생산자에게 이 불만을 제기할 통로가 없었기에 억울하게 당하기 일쑤였다. 그러나 인터넷의 등장 이후 소비자는 이제 제품에 대한 불만을 생산자에게 직접 전달할 수 있게 되었으며, 생산자를 크게 압박할 수도 있게 되었다. 프로슈머(Prosumer)라는 신조어의 등장 역시 이러한 현상을 잘 말해주고 있다. 그리고 전통적으로 남성 우위의 사회였던 한국사회에서 여성들의 경제적 참여는 소극적으로 이루어져왔으나 이미 여성들의 경제적 참여는 급격하게 증가되고 있으며 고령화 사회가 도래함에 따라 앞으로는 고령자들이 경제시장에서 갖는 역할이 현재와는 비교가 될지 않을 정도로 커질 것이다.

　03. '기술은 개인 중심으로' 과거에는 사람이 기술을 찾아다녔다. 예를 들어 영화를 보고 싶으면 극장을 반드시 가야했다. 그러나 디지털 기술의 급격한 발전에 따라 이제 우리는 영화를 보기 위해 극장에만 가는 것이 아니라, 집에서는 거실에 마련된 홈시어터를 통해 영화를 보며, 자기 방에서는 책상 위에 놓인 컴퓨터 모니터로 보기도 하고, 출퇴근 길 지하철 안에서는 한 손 안에 들어가는 PMP(Portable Media Player)로도 볼 수 있다. 이제 사람이 기술을 찾아다니는 것이 아니라 기술이 사람을 찾아다니는 것이다. 영화 팬들은 이제 각자가 원하는 영화를 찾아서 그것만을 '혼자' 컴퓨터 스크린 앞에서 볼 수 있게 되었는데, 이를 '수용자 파편화'라고 부른다. 그렇지만 이러한 파편화된 개인들은 완전히 고립되어 있는 것이 아니고 서로에게 파일을 주고받으면서 연결되어 있는데, 이러한 특성을 지닌 개인을 '네트워크화된 개인'이라고 부른다.

　04. '자발적 참여의 증가' 과거에 데모를 하는 이들은 학생과 운동가 뿐이었다. 일반시민들은 전경들과 치열하게 싸우는 데 소극적일 수밖에

없었으며, 정치와 사회에 대한 불만을 토로할 수 있는 통로가 거의 없는 상태에서 이를 속으로 삭이는 경우가 대부분이었다. 그러나 인터넷의 등장은 그야말로 사회참여의 길을 활짝 열어놓았고, 시민들은 게시판·카페를 놀라울 정도로 현명하게 이용하면서 사회문제에 직접 참여하기 시작했다. 한국 여학생들이 미군장갑차에 치인 사건이 일어났을 때 시민들의 분노는 인터넷을 통해 뜨겁게 표출되었는데 이는 시민들로 하여금 스스로 깨닫고 스스로 결정하여 '자발적'으로 광화문 거리를 가득 메우게 하였다.

05. '양극화의 가속화' 사실 2000년대 들어 한국사회가 당면하게 된 가장 큰 문제 중 하나가 바로 양극화이다. 양극화라는 것은 단순히 양쪽으로 나뉘는 것이 아니라 하나는 대단히 우월하고 하나는 대단히 열등한 상태에서 중간이 없는, 그래서 사람들 간에 소위 노는 물이 완전히 달라지는 상태를 의미한다. 이미 여러 통계자료에서 알 수 있듯이 한국사회에서 중간층이 엷어지고, 이들 중 일부분은 상류층으로, 이들 중 대부분은 하류층으로 바뀌어가는 상황이 뚜렷하게 나타나고 있다. 이러한 계층구조의 양극화가 벌어짐과 동시에 사람들이 살아가는 거주지 자체가 크게 차별화되고 있다. 즉 타워팰리스·압구정동·청담동·강남구 등으로 상징되는 거주지와 강북으로 상징되는 거주지들 간에 커다란 벽이 있는 느낌이 강해지는 것이다. 벽 저 너머에 있는 사람들은 지금도 보통사람들과 다르지만 나중에는 더욱 달라질 사람들로 인식되고 있다. 그리고 문화를 즐기는 데 있어서도 '우월한 문화'들이 등장하고 있는데, 이 '우월한 문화'들은 대부분이 '돈이 많이 드는 문화'이기 때문에 사람들 간에는 이 우월한 문화를 즐기는 이와 그럴 수 없는 이들이 나뉘고 있다.

06. '신중세적 국제사회로의 전환' 중세시기에 국제사회에서는 국가 간의 경계가 명확하지 않았다. 즉 나라와 나라 사이에 국경의 의미가 크

지 않았다는 뜻이다. 중세에는 나라와 나라 사이의 국경의 의미보다는 종교의 의미, 민족의 의미가 시민들에게 더 중요하였다. 그러던 것이 17세기에 이르러 종교분쟁을 마감하는 베스트팔리아 조약이 이제 나라와 나라 사이에 명확한 경계를 지어주었고 이후 영토의 경계를 기초로 한 국제질서는 20세기까지 지속되어왔다. 그러나 21세기 들어 국제사회는 다시 중세적 특징을 보이고 있다. 즉 국경의 의미가 퇴색해지고, 국경을 초월한 나라와 나라들 간의 연합, 민족과 민족간의 교류, 개인과 개인간의 접속이 활발히 이루어지고 있는 것이다. 신중세적 국제사회로의 전환이란 기술의 발전, 세상에 대한 인식의 변화, 이데올로기의 종언 등의 양상이 맞물려지면서 나타난 변화의 추세를 의미한다. 이제 미국과의 경제협상에 있어서도 직접 미국과 협상에 나서는 것이 아니라 WTO · 세계은행 · IMF 등 국제기구를 통하는 추세가 뚜렷해지고 있으며, 유럽에서는 화폐통합을 시작으로 실질적 의미에서 국경을 초월하는 새로운 공동체의 구축이 점점 가시화되고 있고, 아시아 역시 동북아시아 공동체라는 개념을 통해 21세기에 나아갈 길을 활발히 모색하고 있다. 이러한 신중세적 국제사회에서 여전히 촉각을 곤두세워야 할 것은 지식강국으로의 미국의 새로운 지배구조이다. 국경의 의미가 옅어진다는 것은 지식의 흐름을 대단히 자유롭게 만든다는 것인데, 이 지식의 흐름 제어에 있어 정보기술력과 지식콘텐츠를 가장 많이 확보하고 있는 미국이 과거의 군사력 강국에서 지식 강국으로 그 지배력을 한층 더 공고히 할 수 있다는 것이다.

07. '현실원리를 넘어서' 현실원리라는 것은 쉽게 말해 우리가 직접 만지고 볼 수 있는 물체만이 실제로 존재한다고 믿는 원리이다. 그러나 언제부터인가 우리는 현실에서는 존재하지 않는, 그러나 인터넷이나 TV, 영화스크린에서 볼 수 있는 대상들을 실제 존재하는 것으로 종종 믿게 되었다. 동영상 기술의 엄청난 발전은 영화에서 나오는 인물들, 배

경으로 나오는 건물들을 실제에서도 존재하는 것으로 믿게 만들었다. 히말라야 산맥에 직접 가보지는 못했지만, 우리는 영화에서 본 것으로 히말라야 산맥은 실제로도 그렇게 존재할 것으로 믿기도 한다. 이순신의 실제 모습을 알 수 없는 상황에서 드라마에서 구현된 그의 모습이 실제의 모습일 것이라고 믿기도 한다. 이렇게 실제로 존재하는 것인지는 잘 모르겠지만 가상현실에서 경험한 바에 의해 그것이 실제로 그런 것으로 믿어버리는 것, 이것이 바로 '비실재적 현실'인 것이다. 그런데 현실원리를 넘어서는 행동이 과도하게 나타나게 되면 사람들은 현실과 가상을 제대로 구분하지 못해 때로는 일탈행위를 하기도 한다. 이러한 현상은 인간의 몸과 마음을 병들게 할 수도 있다. 이에 향후에는 디지털 기술의 과잉발전으로 생길 여러 문제들을 대비할 수 있게 하는 '회색생태학'이 중요해질 것이다.

08. '디지털 기술로 인한 인간능력의 진화' 이를 쉽게 이해하기 위해서는 수험생의 집중력을 실제로 향상시켜준다는 '엠시스퀘어'를 생각하면 될 것이다. 앞으로는 이 제품과는 비교가 되지 않을 정도로 인간의 지능과 육체능력을 향상시켜주는 디지털 기술이 개발되어 일상에서 활용될 것이다. 기술은 단지 인간에게 편리함을 제공해주는 데 그치지 않고 인간에게 직접 이식되어 인간을 더욱 똑똑하게, 더욱 튼튼하게 만들 것이다. 이미 해외 선진국에서는 칩의 뇌 이식을 통해 인간의 IQ 능력을 상승시키는 노력이 활발하게 이루어지고 있으며, 몸의 건강 상태를 실시간으로 체크하는 디지털 기술 또한 계속 진화되고 있다. 그러나 이렇게 인간능력을 디지털 기술에 의존하는 것은 인간 존재 자체에 위험한 것일 수도 있다. 인간능력의 개발은 1차적으로 인간 자신에 의해서 이루어져야 하기 때문이다.

09. '커리어의 복잡화' 앞으로는 사회에 진출한 후 한 직장에서 일하고 승진하며 정년에 이르는 것이 거의 불가능해질 것이다. 이에 대한 가

장 큰 원인으로는 21세기에 조직은 한 개인이 하나의 능력만을 가지기보다는 여러 능력들을 골고루 갖추고 있기를 요구할 것이기 때문이다. 조직은 급변하는 경쟁 체제에서 살아남기 위해서 끊임없이 자신의 모습을 변화시켜 나가야 하는데, 이를 위해서 가장 필요한 것이 바로 멀티플레이어의 역할을 할 수 있는 조직성원들이다. 그렇기 때문에 과거에 하나의 전문지식을 가지고 한 직장에서 안정적으로 생활했던 사람들은 이제 조직에서 밀려나게 될 것이며, 관리능력·연구능력 등 여러 능력들을 두루 갖춘 사람들만이 살아남게 될 것이다. 미래의 개인들은 바로 이러한 멀티플레이어가 되어야 할 것이다. 이때 멀티플레이어는 하나의 직장 안에서만 활동하지 않는다. 그에게 직장은 자신의 커리어를 쌓아가는 자리로서만 의미가 있으며 과거처럼 자신이 헌신해야 할 공동체로서의 의미는 더 이상 갖지 않을 것이다. 멀티플레이어는 언제나 자신의 능력을 발휘할 수 있는 새로운 직장으로 옮겨 다닐 것인데, 이러한 이들을 잡노마드(job nomade: 커리어 유목민)라고 부른다. 그렇지만 이러한 잡노마드 사회는 하나의 전문지식과 기술을 숙련하는 것을 어렵게 만들어 오히려 한 사회의 발전을 저해할 수도 있다.

10. '창조적 파괴' 다소 모순적으로 들리는 이 메가트렌드는 과거의 구태의연한 것들을 과감히 탈피하고 새로운 것들을 만들어낸다는 의미를 가지고 있다. 특히 과거의 많은 비효율적 측면을 개선하기 위해서 과감하게 IT기술을 도입하는 경향이 더욱 강해짐을 의미한다. 이미 전통적 산업인 농업·어업·철강업 등에 IT기술이 도입되어 효율성이 크게 높아지고 있다. 농민들은 IT기술을 통해 가장 좋은 품질의 작물을 저렴한 가격에 소비자들에게 공급하고 있다. 과거의 틀에 사로잡혀 있는 대표적인 산업인 건설업에서도 최근 IT기술이 도입됨에 따라 건물을 짓는데 있어 안전성과 편리성이 대단히 높아지고 있다. 홈네트워크 기술이 상용화되는 미래에는 물론 사생활보호라는 문제점이 있기는 하지만 이

를 잘 활용만 한다면 사람들은 보다 편안하고 안전한 주거생활을 할 수 있을 것이다. IT기술의 발달은 기존의 전통산업들을 발전시키는 동시에 새로운 산업영역 또한 탄생시켰다. IT기술을 기반으로 하여 등장한 문화콘텐츠 산업은 한국경제를 이끌어갈 대표적 산업으로 짧은 기간 안에 자리매김하였다. 이러한 모든 변화들은 과거의 것이 현재에도 지속되어야 하는 당연한 것이 아니라 새로운 것들을 창조하기 위해서는 언제든지 과감히 파괴될 수 있는 것이라는 인식의 대전환에 기초하고 있다.

11. '작은 힘들의 전면적 부상' 여기서 작은 힘들이란 국가·군대·정당의 힘들이 아니라 소수의 청소년, 몇 명의 시민들의 힘을 말한다. 이제 사회의 이슈를 논하는 데 있어서 큰 목소리만이 아니라 작은 목소리도 커다란 힘을 발휘할 수 있게 된 것이다. 과거에 작은 힘들은 커다란 힘에 눌려왔지만 인터넷기술이 발전함에 따라 이제 이 작은 힘들은 과거와는 비교가 되지 않을 정도로 큰 파급효과를 갖게 되었다. 학교급식의 문제점은 몇 명의 학생들이 인터넷으로 이를 지적한 후, 곧 전국적 이슈로 확대되어 관련자에 대한 사법처리까지 이끌어냈다. 이제 정치, 사회적 참여에 있어서 이러한 작은 힘들, 즉 미시권력들이 전면으로 부상하고 있다. 이러한 작은 힘들은 서로의 목소리를 합치는 과정에 있어서 유연한 네트워크를 만들고 있다. 유연한 네트워크란 어떤 한 목소리가 다른 목소리들을 제압하고 지도하는 것이 아니라 여러 목소리들이 각자의 가치를 서로 인정하면서, 영향력을 발휘하는 데 있어 긴밀히 연대하는 것을 말한다. 이러한 작은 힘들의 전면적 부상은 미래에 사회운동을 일상화시킬 것이다.

12. '경계의 소멸' 인간은 근본적으로 자유롭고자 하는 존재이다. 이 자유로움의 추구는 자신을 둘러싸고 있으면서 자신의 활동을 제약하는 경계를 넘어서려는 행동으로 이어진다. 21세기 들어서는 개인이 자신에게 주어진 이러한 경계를 극복하려는 노력이 더욱 뚜렷해질 것이다.

이는 경계를 넘어서려는 개인의 본성과 이를 가능하게 해주는 과학기술의 급격한 발전과 보급 때문이다. 이제 개인은 기업이 자신이 원하는 상품을 만들어주기를 기다리기보다는 자신이 원하는 상품이 무엇인지를 기업에 적극 알려 그 상품이 자신이 원하는 대로 만들어지도록 할 수 있게 되었으며, 때로는 자신이 직접 그 상품을 만들 수도 있게 되었다. 이런 변화는 과학기술의 발전과 일상화로 가능해진 것이다. 과학기술의 일상화는 개인으로 하여금 수동적 소비자라는 경계를 초월하여 능동적 소비자로 변모시켰다. 개인적 차원에서의 경계의 소멸은 바로 이러한 현상들을 의미한다. 국가적 차원에서의 경계의 소멸은 세계화의 진전과 함께 국가 간의 경제활동에 있어서의 경계의 의미가 약해짐을 의미한다. 경제활동에서의 경계가 소멸되어 간다는 것은 한국에는 외국으로의 활로를 개척할 가능성을 높이는 동시에 외국자본들의 힘에 잠식당할 위험성 또한 높아지게 될 것을 의미하기 때문에 이에 대한 면밀한 대비가 필요하다.

13. '디지털 경제 패러다임의 등장' IT혁명이 급진전됨에 따라 과거의 균등·모방·단일성이라는 특징을 지니던 아날로그 경제 패러다임이 뒤로 물러나게 되고 다양·창조·모험성이라는 특징을 지닌 디지털 경제 패러다임이 전면으로 부상하게 된다. 디지털 경제 패러다임 하에서 경제는 우선 경제활동에 수반되는 거래비용을 크게 절감할 수 있게 될 것이다. 또한 경제활동에 있어서 효율성 또한 높여줄 것이며 궁극적으로는 경제주체의 복지를 증진시켜줄 것이다. 이와 더불어 기업이 제품을 조달하고 생산하며 이를 판매하는 과정을 관리하는 비즈니스 모델 역시 크게 변화될 것이다. 특히 여러 활동들을 하나의 기업체에서 모두 하던 방식이 점점 사라지게 될 것이며, 하나의 목표를 향해 여러 기업들이 서로의 활동을 유기적으로 연계시키는 경향이 뚜렷이 대두될 것이다.

14. '신유목적 민주주의의 출현' 신유목(neo-nomadic)적 특성은 과거

유목민들의 특성이 현대의 과학기술의 발전과 사회인식의 진화와 맞물리면서 새롭게 등장한 특성들을 말한다. 즉, 고정되어 있는 것보다는 여기서 저기로 이동하는 것을 당연하게 여기며, 과거의 것에 안주하기보다는 언제나 새로운 것을 추구하는 것이 바로 신유목적인 특성이다. 21세기의 민주주의는 이러한 신유목적 특성을 강하게 지닐 것이다. 먼저 시민들은 정치에 참여하는 데 있어서 하나의 고정된 정당에 머물기보다는 사회 이슈에 따라 여러 정당들을 이동해가면서 참여하게 될 것이다. 이 이동하는 속도는 IT기술의 발전에 의해 대단히 빨라질 것이며, 이는 속도의 정치를 이끌어낼 것이다. 정치조직은 과거의 변하지 않는 위계적 구조로는 더 이상 활동하기가 힘들어질 것이며, 사회 흐름에 따라 하나의 보스가 사라지고 여러 핵심세력들이 공존하는 네트워크 체제로 변화될 것이다. 또한 정치활동에 있어서 정당·개인·시민단체·국가가 각기 따로 활동하는 경향이 약해지고, 이 세력들이 유목민처럼 사안사안에 따라 서로 모였다고 헤어짐을 반복하는 협치 네트워크형 활동이 뚜렷해질 것이다.

15. '선진국으로의 변모' 한국이 선진국으로 진입하는 것에 대해 회의적인 시각들이 많이 존재하고 있는 것은 사실이지만 다음과 같은 측면을 볼 때 21세기 한국이 선진국 대열에 들어설 수 있는 가능성은 분명히 커져가고 있다. 먼저 한국은 40년이라는 대단히 짧은 기간 안에 최빈국의 위치에서 중위선진국으로 도약한 나라이다. 이러한 저력을 보인 나라는 세계 역사상 그다지 많지 않다. 한국은 불가능한 것을 가능하게 한 경험을 한 바 있으며, 이러한 국가적 체험은 한국이 선진국으로 도약하는 데 있어 커다란 힘으로 작용할 것이다. 특히 21세기에는 크고 힘센 것의 주도에서 '작지만 똑똑한 것의 주도'라는 경향이 뚜렷해질 것이기 때문에 '작지만 영리한 나라' 한국이 선진국이 될 가능성이 더욱 커질 것이다. 이러한 경험과 더불어 현재 한국은 IT기술을 비롯한 BT기술

등 최첨단 기술에서 이미 선진국을 앞서 나가고 있다. 이러한 최첨단기술이 21세기에 국가의 운명을 좌우할 것임은 이미 주지의 사실인바, 이 기술들을 발전시키는 데 주력하고 있는 한국이 선진국이 될 가능성은 커지고 있다. 또한 중국·일본 등의 경제발전 속도가 대단히 빨라지고 있다는 상황 역시 한국에는 유리하게 작용할 것이다. 중국은 이미 미국과 유럽이 가장 경계하는 21세기의 새로운 경제주체로 인식되고 있으며, 일본 역시 오랜 경제 불황에서 벗어나 재도약을 하고 있다. 이렇게 주변의 주요 국가들의 발전을 기회로 여겨 이를 잘 활용한다면 한국은 선진국으로 진입하는 시기를 크게 앞당길 수도 있을 것이다.

16. '동북아시아의 다자주의화' 20세기 동북아시아는 일방적 양자주의가 가장 뚜렷하게 발현된 지역이었다. 일방적 양자주의란 양국 간의 문화적·외교적 단절상황을 의미하는데, 동북아시아에서는 한국과 북한, 중국과 대만에서 명확하게 나타났다. 그리고 이들 간의 양자주의의 중심에는 언제나 미국이 있었다. 그런데 21세기 들어와 중국의 힘이 대단히 커지면서 이를 견제하려는 움직임들이 나타나고 있다. 대표적으로 일본은 중국과의 경쟁에서 곧 열세에 처해질지도 모른다는 위기감으로 미국과의 동맹을 더욱 강화하고 있다. 중국을 제외한 다른 동북아시아 국가들 역시 중국을 견제하기 위해서 내부 동맹을 더욱 다지고 있다. 앞으로는 미국이라는 힘과 중국을 제외한 다른 동북아시아 국가들의 힘이 서로 네트워크화 되면서 중국을 견제하는 '양자주의 네트워크'가 형성될 것이다. 이 양자주의 네트워크는 사실상 미국과 여러 동북아시아 국가들 간의 다자주의적 연합의 특성을 강하게 지닌다.

17. '정부의 유비쿼터스화' 유비쿼터스를 아주 쉽게 풀이하면 언제 어디서나 접속할 수 있다는 뜻이다. 21세기에는 정부에 대한 접속이 언제 어디서나 가능해질 것이다. 이미 행정업무를 처리하거나 민원을 올리는 일들을 처리할 때, 정부부처나 행정기관을 직접 찾아가는 일들은 급속

히 줄어들고 있으며, 앞으로는 컴퓨터 앞에 앉아 있지 않더라도 여러 모바일 단말기들을 통해 이러한 일들을 처리하는 것이 가능해질 것이다. 이러한 일들을 가능하게 해주는 정부형태가 바로 신지능형 유목정부이다. 정부는 또한 재난과 재해를 관리하는 데 있어서 IT기술을 최대한 활용하여 위험성을 줄이는 데 주력할 것이다. 재난과 재해는 무엇보다 빠르게 효율적으로 대처해야 하는 문제들이며, 이러한 대처를 가능하게 해주는 데 있어서 IT기술들은 대단히 유용하게 사용될 것이다. 즉 언제 어디서나 재난과 재해의 위험을 체크하는 유비쿼터스화가 이루어질 것이다.

18. 'IT가 대체할 수 없는 인간능력의 가치 증가' 앞으로는 인간능력의 많은 부분이 IT로 대체될 것이 명백해지고 있다. 길을 찾는 능력, 물건을 운반하는 능력, 집중을 하는 능력을 IT가 대체하거나 제고시켜줄 것이다. 그렇기 때문에 이러한 현상에 대한 반대급부로서 IT가 '대체할 수 없는' 창의력·감수성·사색능력 등 인간능력의 가치가 더욱 커질 것이다. 이러한 능력들은 미래에 인간이 존재하는 가장 큰 이유로 인식될 것이며, 앞으로 이 능력을 더욱 배양하기 위해 새로운 교육 시스템을 도입해야 할 것이다.

19. '미디어의 집중·분산화' 집중과 분산은 완전히 반대되는 현상이지만, 동시에 벌어질 수도 있는 현상이다. 미디어에 있어서는 현재 하나의 기기 안에 여러 가지 기능들이 집중되는 현상들이 나타나고 있지만, 동시에 미래에는 오히려 하나의 기기가 하나의 단순한 기능만을 갖게 되어 미디어들이 분산되는 상황이 나타날 것이다. 이미 여러 미래학자들이 예언한 바처럼 미래의 단말기는 현재처럼 많은 기능을 부착해서는 실패할 것이며, 한두 개 정도의 단순한 기능만을 부착해야 성공할 것이다. 미디어산업의 측면에서도 현재 미디어 기업들은 하나의 기업이 여러 기업들로 분산하여 효율성을 도모하고 있는 반면, 거대기업은 또 이

작은 기업들을 흡수하여 이들의 기능들을 자신들 안에 집중시키면서 기업의 세를 더욱 크게 하고 있다.

20. '아이코닉한 사회의 도래' 아이콘이라는 것은 어떤 의미를 발현하는 이미지라고 이해하면 될 것이다. 이미 우리는 빈 종이에 길게 써놓은 문장들보다 그 의미를 정확히 표현하는 하나의 이미지가 더 중요해지는 사회에 살고 있다. 또한 우리는 서로 의사소통을 하는 데 있어서 자신을 나타내주는 아이콘을 활용하는 것을 일상화하고 있다. 인터넷상의 가상현실에서는 특히 아이콘이 실제로 존재하는 사람과 사물의 이미지를 나타내주는 가장 확실한 단서로 자리잡고 있다.

메가트렌드, 미래연구를 향한 첫걸음

이상이 한국의 현재와 미래를 관통하는 20가지의 메가트렌드이다. 혹자는 이 메가트렌드에 수긍을 하고 이를 받아들여 미래를 준비할 것이며, 혹자는 몇몇 메가트렌드에 수긍을 하지 않고 자기 나름대로의 메가트렌드를 그려보기도 할 것이다. 양쪽 모두에게 이번 메가트렌드 작업은 의미 있는 일이다. 메가트렌드 작업의 궁극적 목표가 현재의 변화를 보다 깊이 성찰하여 미래의 변화를 대비하자는 것이기 때문이다.

메가트렌드 작업은 전체적으로 보면 '미래연구'(Future Study)라는, 다소 우리에게는 생소한 연구영역의 한 부분이다. 미래연구란 미래에 일어날 여러 가능성들을 미리 도출한 후, 이 각각의 가능성이 일어날 상황을 미리 준비하는 전략적 연구이다. 이 미래연구는 바로 이 메가트렌드들을 도출하는 것으로 시작된다. 미래에 변화될 모습들을 예측하기 위해서는 예측하고자 하는 그 미래의 상에 크게 영향을 미칠 현재의 변수들을 찾아내야 한다. 그리고 이 변수들이 현재에는 어떠한 모습으로 존재하며, 또 가까운 미래에는 어떻게 변화될 것인가를 전망하는 작업이 바로 메가트렌드 작업인 것이다. 우리의 메가트렌드 작업은 그래서 한국의 미래에 일어날 가능성이 높은 모습들을 본격적으로 예측하는 '한국의 미래연구'의 첫 번째 단계의 작업인 셈이다.

역사는 항상 반복되지만, 발전의 역사는 전혀 반복되지 않는다. 항상 역사의 반환점에서 미래를 제대로 준비하지 못한 문명과 국가는 발전의 대열에서 뒤떨어져 그 부담을 지금까지 그 후손들이 지고 있다. 반면 미래를 주도면밀하게 준비한 문명과 국가는 그 번영을 대대로 누리고 있다. 이제 한국도 더 이상 과거에 얽매여 미래를 대비하는 일을 소홀히 할 수는 없다. 우리의 메가트렌드 작업은 바로 미래를 대비하기 위한 시금석이다.

2006년 1월
21세기 메가트렌드 연구팀

접속사회로의 전환

인터넷에서 맺어지는 관계는 가족, 친척 관계보다는 먼 관계면서도 그 영향력은 오히려 크다. 이러한 관계에 기초한 '네트워크 공동체'들이 등장하는 현상에서 우리는 '접속사회로의 전환'을 예감할 수 있다.

인간은 어울리며 살아가려는 욕구를 지닌 사회적 존재(homo socius)이다. '사회적'이라 함은 개별 존재로서의 인간은 사회로부터 배제된 채 고립적으로 살아갈 수 없다는 사회의존성과 더불어, 자신이 속한 사회의 역사적 · 상황적 산물이라는 사회구성적 의미를 내포한다. 따라서 사회체계나 사회관계로부터 고립된 개인이란 오직 관념적으로나 상상 속에서만 존재하는 개념일 뿐, 실재하는 인간의 진면목이라고는 할 수 없다. '생득적'이라고 하는 선천적 특성과는 별도로 개인은 탄생 이후의 사회화 과정을 통해 사회인으로 성장한다.

때문에 개인이 맺는 사회관계의 성격은 그가 체험하는 사회화의 내용에 따라 시대별, 공간별로 다양하게 나타난다. 산업화 이전 전통사회에

서는 혈연이나 신분에 의한 수직적 관계가 지배적이었다. 그러나 개체성
이 강조되기 시작한 근대 이후부터의 사회관계에서는 자율성 및 선택성
이 강화되기에 이르렀는데, IT의 발전으로 면대면(face to face) 관계를
넘어선 다양한 형식의 인간관계 유형들이 속출하면서 이른바 컴퓨터매
개 상호작용(CMCs: computer-mediated communications)을 위시한
사회관계 일반에 대한 논의가 성행하고 있다.(Wellman, 2001; 최양수,
2005; 김은미, 2005)

이처럼 현대사회의 인간관계는 첨단 정보통신기술과 결합되어 급진
적으로 변모하고 있는데, 그것은 특히 편이성 · 경제성 · 시공간 자유성
등을 발휘하는 인터넷의 등장과 더불어 '관계혁명'이라고 지칭할 만한
변혁을 초래하고 있다.(박수호, 2004)

"인터넷은 사물도, 실체도, 조직도 아니다. 동시에 그것은 누구의 소
유도 아니다. 만인을 컴퓨터로 연결하는 것, 그것이 바로 인터넷이다."
라는 정의가 시사하듯(Miller, 1996), 인터넷에서는 노드(요소)보다 링
크(연결)가 중요시된다. 따라서 인터넷의 확산과 함께 모든 물질이나 인
간활동이 다차원적 연결망으로 분산되는 네트워크 사회가 현실화된다.

네트워크 시대가 진전되면서 접속은 마치 근대적 여명기에 소유나 시
장이라는 관념이 누렸던 바와 같은 위력을 발휘함으로써 새로운 기회나
가능성을 기약하는 메타포로 작동한다.(Rifkin, 2000) "미래사회에 우
리가 해야 할 가장 중요한 일은 모든 것을 모든 것에 연결시키는 것"이
라는 언명은 바로 그러한 새로운 시대정신을 대변하는 것이라고 할 수
있겠는데(Kelly, 1994), 결과적으로 네트워크 사회에서는 상상할 수 있
는 거의 모든 물질이나 활동이 연동됨으로써 자질보다 연결을 중시하는
접속적 관계가 사회관계의 주류로 등장하게 된다.

따라서 이 장에서는 이른바 "네트워크의 네트워크"라고 불리는 인터
넷의 확산에 따른 사회관계의 변화상을 소유 중심의 고착적 연고주의가

연결 중심의 선택적 접속주의로 전환되는 과정을 중심으로 논의해보고
자 한다.

왜 접속사회로 전환되고 있는가

1 | 인터넷과 인터넷 서비스의 급성장

"상호연결된 결절의 집합"으로 정의되는 네트워크 중에서 강력한 사
회적 구성력을 행사하는 존재로 최근 크게 주목받고 있는 것이 첨단 극
소전자공학, 컴퓨터 및 원격통신기술 등을 활용한 정보통신망, 특히
"네트워크의 네트워크"라고 불리는 인터넷이다. 물리적으로 보면 인터
넷이란 지구상에서 작동하는 컴퓨터들을 유무선으로 연결시킨 것이라
고 할 수 있다. 그러기 위해서는 이들 컴퓨터 모두가 프로토콜을 교환하
고 동일한 의례(TCP/IP)를 수행함으로써 디지털 정보의 교류를 도모해
야 한다. 컴퓨터들이 서로 대등하게 연결되면 하나의 네트워크가 구성
된다. 그리고 이 네트워크들이 또 하나의 커다란 네트워크를 구성하면
그것이 바로 인터-네트워크, 즉 인터넷이다.

한국사회 인터넷의 확산은 세계가 놀랄 정도로 급속히 이루어졌다.
인터넷 정착 초기에 개인 이용자들이 겪었던 어려움은 인터넷 접속을
위한 사전절차가 매우 복잡하게 이루어졌기 때문이다. 초기에는 전용통
신망이 컴퓨터에 접속이 되어 있는 상황이 아니라 PC통신을 이용했을
때와 마찬가지로 전화선과 모뎀을 이용한 접속이었기 때문에 웹 서핑을
하기 위한 사전 준비가 이용자들에게는 어려움으로 작용을 했다. 하지
만 넷스케이프나 인터넷 익스플로러와 같은 웹브라우저의 개발과 국내
인터넷 서비스 업체들의 부단한 노력으로 2000년 이후 인터넷 확산 속
도가 배가되어왔다.(이호영, 2005)

이 같은 양적 변화와 더불어 각별히 주목해야 할 점은 정보수집이나 여가 활동뿐 아니라 사회관계의 형성이나 유지를 위한 인터넷 이용이나 의존도가 날로 급증하고 있다는 사실이다.(배영, 2005: 24) 즉 최근 우리 사회에서 인터넷 서비스의 화두로 떠오르고 있는 것은 사회적 관계의 확장인 '인맥 만들기'의 문제였는데, 「싸이월드」나 「버디버디」, 「세이클럽」 등과 같은 서비스의 활황에서 그러한 경향을 확인할 수 있다. 그 중에서도 2004년을 기점으로 우리 청소년층에 가장 큰 영향을 끼친 것이 「싸이월드」이다. 그 회원수는 1999년 오픈한 이래 2001년 초 50만 명 선에 머물렀으나 같은 해 9월의 미니홈피 서비스 오픈 후 급속한 성장으로 이어지게 된다. 즉 2004년 6월에는 800만 명, 같은 해 9월에는 1,000만 명, 2005년 2월에는 1,300만 명의 회원을 확보하게 되어 전국민 4명 중에 1명 꼴, 인터넷 이용자 중에서는 3명 중에 1명 꼴로 서비스를 이용하고 있는 것으로 나타났다.

「싸이월드」는 이전의 커뮤니티나 클럽이 집단 중심의 관계를 중시했던 것과 달리 개인에 초점을 맞춘다. 아울러 오프라인의 일상적 네트워크에 존재하는 혈연관계를 응용한 '일촌'을 설정하고, 개인이 자기 자신을 표현하기 쉽도록 여러 수단들을 제공하는 등 기존의 서비스와 차별화된 전략을 구사해왔다. 이와 함께 미니홈피에서 개인 정체성의 표현 방식도 기존의 텍스트 중심에서 이미지 중심으로 변모하게 되었다. 상호 간의 커뮤니케이션 방식이 텍스트에서 이미지로 바뀌게 된 것에는 디지털 카메라의 보편화와 함께 저장 매체의 가격 하락으로 일상의 기록 방식이 변화하게 된 것에서도 그 원인을 찾을 수 있을 것이다. 실제로 미니홈피의 경우 사진첩이 가장 활성화되어 있는데, 「싸이월드」 관계자에 따르면 하루 페이지뷰의 80퍼센트가 사진첩에서 이루어진다고 한다.(박미용, 2004)

"인터넷 최강국"이라고 불리는 한국사회에서 전개되는 이 같은 인터넷 진화과정을 감안할 때, 오늘날까지 향후 한국사회에서 오랜 기간 인간관계의 기축으로 작용해왔던 혈연·학연·지연과 같은 연고주의의 비중이 약화되는 대신, 보다 싸고 빠르고 용이한 교류를 조장하는 접속적 관계가 강화되는 접속시대의 도래를 점칠 수 있다.

2 | 정보 엔트로피의 증가

문화는 자신의 욕구를 일정한 가치와 규범을 매개로 행동으로 연결해주며, 해당 행동에 의미를 부여하는 데 기여한다고 할 수 있다. 정보란 바로 이러한 행동을 산출하는 가장 강력한 수단으로 작용한다.

사실상 정보사회는 이러한 수단을 이전에 비해 엄청나게 많이 제공한다. 그럼에도 불구하고 정보와 행동을 이어주는 끈은 강화되기보다 오히려 느슨해지고 있다는 데 문제가 있다. 미디어생태학자 포스트만은 최근 이러한 끈이 상실되어가고 있다고 단언한다. 구텐베르크의 인쇄기가 발명되고 보급되었을 때 정보 부족에 허덕이던 많은 중세 지식인들은 신속히 보급된 출판물에 의해 정보를 보급받고 이를 학문과 생활 속에 적극적으로 활용하였다. 반면 수만 종의 인쇄물과 방송매체를 통해 지구촌 곳곳의 소식과 정보를 거의 실시간으로 접하며, 인터넷을 비롯해 컴퓨터 네트워크를 통해 주어지는 엄청난 양의 데이터베이스에 접근할 수 있는 오늘날 정보는 의미 있는 행동과는 무관하게 흘러다니는 일종의 '쓰레기'로 쌓여가고 있다.(Postman, 1993)

90퍼센트 이상의 시간이 유용한 정보를 수집하는 작업 대신 단순 소비 또는 향락을 위해 쓰이고 있다는 최근의 보도들은 무엇을 뜻하는가? 이는 곧 많은 사람들이 정보를 문제해결의 관건으로 간주하여 정보를 탐하여 왔으나, 정보가 실제로 개인적 혹은 사회적 문제해결에 큰 도움을 주지 못해왔다는 점을 단적으로 시사한다.

그런데 데이터의 양적 팽창이 오히려 데이터의 질을 낮추어 사회적 무질서를 조장한다는 '데이터엔트로피 법칙'은 궁극적으로 혼돈에서 질서를 찾으려는 반작용을 야기하여 보다 효율적인 정보교환 체제를 배태할 것으로 전망된다. 요컨대 과적 상태를 의미하는 '데이터스모그' 현상은 전문적 효율성을 지향하는 집단 간·부문 간·제도 간 교류를 강화시키게 될 것으로 예상된다.

엔트로피 원리에 입각해볼 때, 기술은 자율적 힘을 발휘하는 별도의 존재가 아닌 에너지 변환기로 간주된다. 특별한 기술적 방법은 특정한 종류의 에너지를 변환하도록 구축되어 있기 때문이다. 다양한 기법의 개발과 함께 체계 내에 많은 에너지를 유통시키게 되면, 에너지 흐름에 비례해 수익성이 감소하기 시작한다. 이런 과정에서 전문화에 대한 요구가 증가해 연고성에 대한 해체 압력이 고조된다.

과잉 전문화는 종을 멸망시키는 주요 요인의 하나라고 생물학자들은 주장해왔다. 한 종이 특정 형태의 생태계에서 과도하게 전문화되면 환경변화에 대한 적응력을 상실하여 전환에 필요한 동력을 유실하게 되는데, 인간사회도 마찬가지라고 생각된다. 고도의 전문성을 추구하게 된 현대인들은 기존의 고에너지 사태 아래에서 새로운 환경으로의 전환을 도모하면서 생존을 위한 새로운 방안을 모색하게 되는데, 현대인들은 구래의 고착적 연줄망을 벗어난 이질적·개방적 접속을 통해 그러한 목적을 달성하고자 한다.

3 | 여가생활의 제도화

다중 정보통신 매체의 확산으로 여가활동이 사회관계 형성에 중심적 역할을 수행하는 여가중심 시대가 도래하고 있다. 근로중심 사회에서는 여가활동이 삶에 부차적 의미를 발할 뿐이었다. 하지만 생활수준의 지속적 향상과 더불어 여유로운 삶을 강조하는 탈물질적 가치관이 확산됨으로써 약 1세기 전의 사회사상가 에밀 뒤르켐이 직업윤리에 입각한 전문인 공동체를 구상하려던 기획은 이제 더 이상 거론하기 힘든 상황으로 변모하고 있다.

대신 인터넷과 같은 정보통신 매체의 발달로 공간제약성이 해소되면서 일상생활에서 직업중심적 사고가 약화되어 지금까지 우리 삶에 주변적 역할을 담당하던 여가활동이 생에 활기를 불어넣는 생산적 요소로 각광받고 있다. 이른바 '휴(休) 테크'라는 이름의 여가활동이 근로활동 못지않게 찬양되는가 하면, 여가 욕구의 실현을 위한 정보교류나 정보공유 활동도 고조되고 있다. 이처럼 여가활동을 위한 접속성이 강화됨으로써 기존의 이질적 직업계층의 사람들이 여가활동을 통해 상호 소통하거나 교류할 기회가 급증할 것으로 기대된다. 말하자면 근로세계를 중심으로 한 집단 폐쇄성의 극복과 계층초월적 정보소통의 확대로 여가활동과 근로활동이 적정 균형을 유지하는 새로운 생활양식이 보편화할 개연성이 높다.

4 | 공간 개념의 변화

기술적 · 조직적 · 구조적 · 문화적 층위로 근접해 들어갈 수 있는 네트워크 사회는 물질적 · 상징적 연결망을 통해 서로가 수평적–수직적으로 얽혀 있는 중층적 복잡계로 간주된다. 특히 지식정보의 자유로운 흐름을 전제로 하는 지역사회의 위상은 유통되는 정보의 양이나 질로써 가늠할 수 있다고 본다. 이렇듯 네트워크 시대의 생활공간은 '흐름의 공간'이라는 개념으로 응축할 수 있는데(Castells, 1996), 네트워크 사회의 생활공간적 특성들을 산업화 시대 사회의 그것과 비교하면 다음과 같다.

제반 특성	산업사회	네트워크 사회
활동 영역	도시	네트워크
구조적 성격	노드 중심적	링크 중심적
양상	고정적 · 확정적	가변적 · 유동적
규정적 요소	지역성	정보성
공간의 정의	"정주적 공간"	"흐름의 공간"

사회유형에 따른 생활공간적 특성

흐름의 공간에서는 물적 자산보다 아이디어나 재능이 중요시되며, 따라서 물질생산을 위주로 하는 전통적 산업보다 지식정보에 바탕을 둔 서비스 산업이 융성하게 된다. 그런데 물질처럼 생산되고 보유되고 축적되는 것이 아닌 서비스는 실행되는 순간에 가치를 드러내는 수행적 산물이므로, 서비스 산업이 확대되는 네트워크 사회에서는 사람과 사람, 조직과 조직, 혹은 지역과 지역 간의 연결이 보다 중요시된다. (Rifkin, 2000)

연결이 관건이자 생명인 네트워크 시대의 사회발전 목표는 특정 단위 공간의 독자적 성장이 아닌 지역 간 연계성의 강화에 있다고 말할 수 있다. 지역 간 연계성의 평가기준은 크게 양적 차원 및 질적 차원으로 구분할 수 있겠는데, 양적 차원은 경로 · 규모 · 속도 · 밀도 등으로 산정할 수 있는 반면, 질적 차원은 소통체계의 사회문화적 정합성으로 판정 가능하다고 본다. 이처럼 생활공간이 차츰 "실체론적 공간개념"으로부터 "관계론적 공간개념"으로 전환되면서 연고성과 같은 고착적 특성과는 무관한 일 · 취향 · 사건 등을 중심으로 한 새로운 '부족의 시대'가 전개되고 있다.(Maffesoli, 1995)

접속사회에서의 3가지 미래 변화

1 | '약한 관계'의 '강한 효과'

인터넷으로 연결되는 인간관계에서는 가족과 같은 강한 관계보다 약한 관계가 큰 위력을 발휘한다. 가족 간 상호작용에 대한 정보통신 기기의 이용보다 학교 친구나 동창 간의 그것에 대한 이용이 훨씬 많다는 것이 바로 그 점을 입증한다.(Castells, 1996; 배영, 2005) 또 정보화 기기는 특히 평소 무관심하거나 접촉이 뜸했던 사람들끼리 같은 공간을 공유했거나 한다는 인식을 통한 새로운 관계의 틀을 조성하기도 한다. 랜드(RAND) 연구소 미래연구팀은 이러한 현상을 '친숙한 외지인'으로 개념화한 후, 이를 정보화 시대 사회관계의 핵심적 특성으로 규정한 바 있다.(RAND, 2005)

지난날 사회이동성이 높은 대도시 주민의 일상적 인간관계를 연구한 일부 학자들도 그 같은 현상을 간단없이 지적한 바 있지만, 인터넷이나 모바일 기기를 통한 친숙한 외지인과의 교류는 '약한 유대'를 강조하는 학자들의 연구 결과에서도 보다 명백히 확인된다.(Burt, 1997; Granovetter, 1973) 그들을 온라인 친구찾기나 연인찾기 등을 통해 접속하는 외지인들은 통상적 의미의 친구가 아님을 인정하지만, "어떠한 상호작용 체계에서도 그러한 경계인의 존재는 존중되어야 하며, 개인과 공동체의 건강성은 본질적으로 이러한 외지인의 존재에 달려 있음"을 강조한다. 친숙한 외지인이야말로 한 사회의 성격이나 과정을 파악할 수 있는 기본적 단서가 된다는 것이다.

2 | 네트워크 공동체의 출현

약 반세기 전 힐러리라는 학자는 공동체라는 용어가 수록된 책자들을 섭렵해 공동체라는 개념 정의에 동원된 의미를 귀납적으로 조사한 바 있다. 그 결과 "지역성과 구성원"이 당시 공동체 개념의 1차적 요건임을 밝혀내었는데, 구성원은 사실상 공동체의 형성적 조건에 해당하므로 지역성이 공동체 정의의 궁극적 요소로 간주되었다. 향후 사회이동성이 높아져 지역주민의 입출이 증가하였으나, 지역의식이 온존하는 현상을 목도한 앤더슨은 지역성보다 공동의 유대나 일체감을 강조하는 '상상적 공동체'라는 의식공동체론을 제기하기에 이르렀다. 하지만 원초적 사회관계가 계약적 권리의무를 바탕으로 한 근대적 관계로 전환되면서 종전의 지역공동체나 의식공동체를 대신한 이익공동체론이 대두되었으며(Kanter, 1972; Poplin, 1979), 보다 최근에는 면대면 상호작용을 대체할 수 있는 새로운 소통매체가 속출되면서 그에 기반한 공동체론이 새로이 출현하고 있다.(Smith and Kollock, 1998)

이들 공동체 간의 차이점과 공통점은 무엇인가? 지역공동체와 의식공동체, 그리고 의식공동체와 이익공동체와의 개념적 차이는 각기 지역성-탈지역성 및 동질성-이질성에 준거한 것이라고 말할 수 있다. 그런데 면대면 상호작용이 이루어지는 물적 접촉공간을 상정하고 있다는 점이 지역공동체, 의식공동체 및 이익공동체의 공통적 속성으로 간주될 수 있다면, 정보통신공간을 통해 형성되는 새로운 공동체는 종전의 공동체 유형과 마찬가지로 합치성이라는 일반적 속성은 공유하고 있으나 물적 접촉공간을 상정하는 이전의 공동체론들과는 달리 접속성에 근거한 것이라는 차별성을 인지할 수 있다

벨과 뉴비는 20여 년 전 공동체 연구에 관한 소책자에서 전화통화자들을 중심으로 한 탈지역적 · 탈동질적 · 탈대면적 사회범주를 망 공동체로 명명한 바 있다.(Bell and Newby, 1981) 그 이후 PC통신이나 인터넷과 같은 새로운 통신매체가 확산되면서 정보통신공간을 활용한 사회적 연대가 본격화하기 시작하였는데, 그들은 기술적 · 지각적 · 구조

적 단면 등 강조되는 측면에 따라 온라인 공동체(Kollock, 2005), 가상 공동체(Rheingold, 1993), 사이버 공동체(Jones, 1995) 등으로 불려왔다. 물론 이 같은 새로운 집합 형성이 종전의 공동체 규준을 충족시키지 못하는 유사공동체에 불과하다고 폄하되는 경우도 없지 않으나 (Beniger, 1986), 공동체 개념을 확장하게 되면 이들 모두를 "제2미디어 시대"를 특징짓는 새로운 공동체 유형으로 귀속시킬 수 있다고 본다.

이 같은 일련의 발현적 특성을 함유한 네트워크 공동체에서는 앞서 말한 약한 관계가 사회관계의 주류를 형성하여 친숙한 외지인과의 교류가 일상화되어, 접속적 상호작용은 사회관계의 기본 양식을 전환시킴으로써, 지난날 많은 학자들이 "원초집단에서 2차집단으로", "기계적 연대에서 유기적 연대로", "민속사회에서 도시사회로", "공동사회에서 이익사회로"와 같은 주제로 논의하여온 사회적 결속양식의 변화를 새로운 차원으로 인도한다.

3 | '관계주의' 이념의 대두

근대 이후 서구사회를 중심으로 형성되어온 사회발전론은 자유주의 계열과 공동체주의 계열로 양분되어왔다. 전자는 자유방임적 논리하에 주로 시장에서의 공리적 교환활동이나 자유경쟁을 통한 사회질서의 자생적 형성을 강조해온 반면, 후자는 만인의 만인에 대한 투쟁을 적절히 제어할 수 있는 공동선에 기초한 공동체적 유대나 협력을 역설해왔다.(Mullard and Spicker, 1998) 이 같은 양대 방안의 틈바구니에서 근자에 새로이 주목받아온 것이 자유경쟁의 성과와 공동체적 유대의 이점을 동시적으로 추구하되 과도한 각축이나 이타심의 부작용을 상호교섭이나 조정을 통해 제도적으로 극복하자는 이른바 "제3의 길"로서, 여기에는 복지주의나 조합주의와 같은 절충적 방안들을 포함시킬 수 있다.

(Giddens, 1994; 1998)

그러나 네트워크 시대 사회발전론은 단순한 관념적 조정이나 양보를 통해 생성되는 것이 아니라 권력분할이나 발전 혜택의 분산과 같은 거점 중심적 인식틀에서 벗어난 개방적 경제활동 및 의사소통의 촉진을 담보하는 연계적 활동을 통해 정립될 수 있다고 본다. 그러기 위해서는 각개약진 논리에 기초한 신자유주의나 비현실적인 윤리적 소명의식에 근거한 공동체주의, 혹은 세력 간 타협과 조정에 의존하는 절충주의를 넘어선 새로운 사회이념이 창출되어야 할 것이다. 새로운 사회관계의 기본 이념은 공리주의나 공동체주의, 나아가 제도적 절충을 강요하는 제3의 길과 변별되는 새로운 사회적 연대성을 추구한다는 점에서 '제4의 길'이라고 명명할 수 있겠는데, 그것은 첨단 정보통신기술의 발달과 더불어 날로 강화되는 연결망 원리를 원용하고자 한다는 점에서 '신관계주의'로 규정 가능하다고 본다.

자본주의 체제하에서 시장논리를 적절히 제어하기 위한 관여의 주체로 지금까지 가장 빈번히 거론되어온 것이 국가나 정당조직과 같은 권력기구였다. 그러나 국가주의나 사회주의적 실험이 참담한 실패로 끝난 후 새로운 지배구조의 요소로 주목받아온 것이 비정부 기구(NGOs)나 비이익기구(NPOs) 등과 같은 시민운동 조직이다. 하지만 그러한 시도들은 궁극적으로 모든 사회적 교류를 이윤추구를 지향하는 공리적 분석틀 내에 한정시키려는 이해 중심적 사고틀에 기초한 것이라고 여겨진다. 반면 신관계주의적 대응은 공동체주의와 인식적 출발은 공유하되 기본적으로 이타적 덕목에 의거한 전통적 공동체주의나 신공동체주의와는 변별되는 비공리적 호혜성을 중시한다는 점에서 접속적 관계가 보다 강화될 미래사회에서 정합성을 발휘할 수 있는 유효한 이념적 대안이라고 판단된다.

보다 복잡다단한 양상으로 진전될 향후의 소통공동체는 복잡계 이론이 지적하는 혼돈 속의 질서, 요컨대 새로운 소통질서의 자가생산을 지향한다. 따라서 단선적 논리보다 중층적 대안, 인위적 생성보다 자생적 반응이 기대되는데, 특히 이때 상이한 행위소들 간의 교접을 지향하는 가교적 유대가 유사한 행위소들간의 소통을 촉구하는 결속적 유대보다 유효한 조직화 방안으로 대두될 것으로 예상된다.(Putnam, 2000) 이 같은 상황에서는 교환가치나 기호가치를 넘어선 '관계가치'의 발굴, 보다 공리적 용어로 표현하자면 '관계자본'의 개발이 신관계주의 이념을 정초하는 결정적 요건으로 간주되리라 생각된다.

감시사회의 도래, 달라지는 사생활 개념

무한영역, 무한기능, 무한접합성 등을 속성으로 하는 것이 정보통신공간이지만 그것은 아직까지 우리에게 자체적 잠재력에 상응하는 영향력을 십분 발휘하지 못하고 있다. 한동안 많은 사람들이 사이버 공간을 정보검색을 위한 데이터베이스 정도로 인식하여 왔다. 하지만 최근 그 같은 도구적 용도를 넘어선 사회적 접촉공간으로서의 사이버 공간이 새로운 생활공간으로서의 인지도를 넓혀가고 있다. 예컨대 라인골드는 'WELL'이라는 정보통신시스템을 이용해 많은 사람들과 알게 되고, 자녀양육에 관한 문제점을 토론하였다는 에피소드를 바탕으로 선의의 시민들을 연결하는 가상공동체의 미래를 희망적으로 묘사한 바 있다. 정보통신공간이 인간의 커뮤니케이션 능력을 확장시키는 처소인 이상, 그곳에서는 새로운 인간교류의 고리가 형성될 수 있다는 것이다. 하지만 인적교류공간으로서의 정보통신공간에는 부정적인 면도 상존하는데, 사회관계와 직결된 가장 심각한 역기능으로는 흔히 "사생활 침해"라는 쟁점과 동반적으로 거론되는 정보감시의 문제라고 할 수 있다.

그러나 감시기술의 발전은 최근 우리 사회에 널리 알려진 "개똥녀 사건"과 같은 단순한 폭로의 차원을 넘어서는, 보다 심각한 문제점을 야기할 것으로 예견된다. 정보통신망의 확충으로 시각적 이미지로서 대변되던 종전의 전자감시기술은 '자료감시'라는 새로운 단계로 전환되고 있기 때문이다.

자료감시기술은 운용비용이 저렴하고, 활용이 무한정이며, 특히 "정보과다적 상황"에서 그 사용이 필연적이라는 점에서 종전의 전자감시체제를 대체하는 새로운 감시체제로서 각광받고 있다. 뿐만 아니라, 자료감시는 "개인이나 개인의 행동이 아닌 그의 신상정보" 자체를 감시의 대상으로 한다는 점에서 '초감시' 혹은 '가상적 감시'라는 보다 고도의 감시체제를 구축할 전망이다.

서구사회에서의 사생활 개념은 물리적 격리나 차단을 의미하는 것이었다. 감시의 문제와 관련해서는, 타인에게 유출되는 개인 신상정보의 양으로서 규정되는 것이 통례로서, 전통적으로 사생활이 "혼자 있을 권리"로서 정의되어온 것은 바로 그 때문이다. 그러나 정보통신망이 날로 확산되고 있는 오늘날에는 이러한 사생활 개념이 전폭적으로 수정되어야 할 것이다. 더구나 안전에 대한 욕구에 편승해 새로운 정보감시 수단에 대한 수요가 가속적으로 증가할 미래사회에는 고전적 자유주의 이념에 입각한 개체주의적 사생활 개념이 접속적 상황을 감안한 관계론적 개념으로 전환되어야 할 것이다.

NEO 경제주도세력의 등장

한국의 경제는 태동기부터 최근까지 제조업 · 생산자 · 남성 중심으로 개발, 발전되어 왔으나 앞으로는 소프트웨어산업 · 소비자 · 여성이 발전의 중심이 될 것이며, 그 조짐은 이미 시작되었다.

자유-자율화, 개방화 및 IT혁명의 진전과 더불어 지금까지 당연히 그래야 하는 것으로 여겨졌던 경제력의 배분상태에 변화가 초래될 것이다. 지금까지는 A와 B의 관계에서 A가 우월적 지위를 누려왔더라도 앞으로는 A와 B가 대등한 지위를 누리거나 B가 A보다 우월한 지위를 갖게 될 것이다.

경제적 힘을 기준으로 보면, 지금까지는 소비자보다는 생산자, 근로자보다는 사용자, 하청기업보다는 원청기업, 중소기업보다는 대기업, 민간보다는 정부, 농어촌민보다는 도시민, 의뢰인보다는 대리인, 내국기업보다는 외국기업, 육체노동자보다는 지식노동자, 블루칼라보다는 화이트칼라 그리고 여성보다는 남성이 더 힘센 자였다. 그러나 이제부터는 그러한 힘의 배분상태가 혁명적으로 바뀌게 된다.

생산자보다는 소비자가 우월한 지위를 갖게 될 것이며, 대리인보다는 의뢰인이, 남성보다는 여성이, 그리고 정부보다는 민간이 우월한 지위를 갖게 될 것이다.

노동자와 사용자가 대등한 지위를 갖게 될 것이며 이는 원청기업과 하청기업, 내국기업과 외국기업, 농어촌과 도시, 블루칼라와 화이트칼라, 육체노동자와 지식노동자, 배우는 사람과 가르치는 사람에 대해서도 적용될 것이다.

여성의 경제활동 참여가 지속적으로 확대될 것이며 그와 더불어 여성의 경제적 힘도 크게 강화될 것이다. 여성의 경제력 증강과 더불어 우리 사회의 남성 중심적 요소들이 양성 평등적 요소로 대체될 것이며, 여성 관련 상품과 서비스에 대한 수요가 대폭적으로 확대될 것이다. 또 하나의 예상되는 변화는 인구 고령화 추세가 지속됨에 따라 고령자의 경제적 힘이 강화될 것이라는 점이다. 경제력의 중심이 고령층으로 이동함에 따라 고령자의 발언권이 강화될 것이며, 고령자에게 적합한 상품과 서비스에 대한 수요가 지속적으로 늘어나게 될 것이다.

앞으로의 세상에서 벌어질 또 하나의 중요한 변화는 경제운영의 주도권이 공공부문에서 민간부문으로 완전하게 이전될 것이라는 사실이다. 지금까지는 공공부문이 경제운영에서 상당한 정도로 주도적인 역할을 수행해왔으나 앞으로는 공기업의 민영화, 정부업무의 아웃소싱 확대, 정부업무의 자동화, 각종 공적 기금 운영의 민영화 확대, 인허가 업무의 재조정, 시장의존적 규제활동의 강화 등이 이루어지면서 공공부문은 경제운영의 보조자로 변신하게 될 것이다.

아날로그 시대에서는 크고 힘센 것이 경제를 주도했으나 새로이 전개되는 디지털 시대에서는 작고 현명한 것이 경제를 주도하게 된다. 생산 · 유통 · 마케팅 · 투자 · 금융 등 여러 분야에 걸쳐 작고 유연하고 똑똑하며 상황변화에 대한 대응능력이 큰 조직이 등장하게 될 것이다. 즉 주요 경제활동이 이합집산이 비교적 용이한 형태의 '지식센터'를 중심으로 한 유연하며 똑똑한 조직을 주축으로 해서 이루어지게 될 것이다.

새로운 세상의 도래 시기는 우리가 변화에 대해 얼마나 긍정적이며 적극적인 수용 태세를 갖는가와 우리 것과 다른 것을 얼마나 적극적으로 수용할 태세를 갖는가에 따라 정해진다. 즉 우리가 일상적으로 생각하고, 말하고, 모험심을 발휘하고, 위험에 맞섬에 있어 개방적이고 관용적인가 아니면 폐쇄적이고 독단적인가에 따라 새로운 세상의 도래 시기가 달라진다.

왜 NEO경제주도세력이 나타나는가

경제주체 간에 크고 힘센 것에서 작고 똑똑한 것으로 힘이 이전되는 트렌드 역시 그 변화의 동인은 자유 -자율화, 세계화 및 IT화에 있다. 무엇보다도 IT화의 획기적인 진전은 정치·안보·경제·문화·사상·이념·물질·정신·시간·공간 등 인간사의 전 측면에 걸쳐 개개인의 자유로운 선택을 억압해오던 각종 장애물들이 이제 더 이상 그 영향력을 발휘하기 어렵게 만들고 있다. 물론 이러한 변화를 가져오는 근본적인 동인은 IT의 획기적인 발전이 개개인의 능력을 지금까지의 그것과는 비교가 안 될 정도로 강하게 해준다는 데 있다.

IT혁명은 특히 개개인이 지닌 지적능력을 대폭 확대함으로써 지금까지 유지되어 오던 힘의 배분상태를 근본적으로 바꾼다. 즉 IT의 발전은 지금까지 인간이 숙명으로 감수해왔던 육체적·정신적·지성적·감성적·문화적 한계를 뛰어넘게 해주는 것이다.

세계화 역시 경제주체들에게 정치·경제·사회·문화 등 인간사의 모든 측면에 걸쳐 우리나라 것이 아닌 다른 나라의 것을 선택할 수도 있게 해줌으로써, 우리나라의 것이기 때문에 힘을 발휘하던 공급자의 시장지배력을 현저하게 약화시킴으로써 수요자의 경제적 힘을 증진시키는 데 직접적으로 공헌한다. 즉 세계화가 진전됨에 따라 소비자가 국산품뿐 아니라 전 세계의 상품과 서비스를 대상으로 구매활동을 전개할 수 있게 되므로 국내 공급자가 갖던 파워가 줄어들게 되고, 근로자가 국내의 고용자뿐 아니라 전 세계의 고용자를 대상으로 일자리를 찾을 수 있게 되어 국내 고용자가 누리던 우월적 지위가 약화되며, 중소기업이 국내의 대기업은 물론 다른 나라의 기업들과도 거래할 수 있게 되어 국내 대기업의 힘이 약화되고 나아가 그가 살아갈 나라까지도 선택할 수 있는 세상이 도래함에 따라 정부의 힘도 약화되기에 이른 것이다.

5개의 미래 경제주도세력

1 | 힘센 것에서 똑똑한 것으로

경제의 전 영역에 걸쳐 크고 힘센 것이 경쟁력을 지니던 시대에서 영리하고 민첩한 것이 경쟁력을 지니는 시대로 전화됨에 따라 경제주체의 크기나 힘의 중요성은 점차 약화된다. 이는 개인·기업·상품과 서비스·산업·조직체·시장 등 전 경제주체에 걸쳐 일어나는 현상이며 나아가 나라에 대해서도 적용되는 현상이다.

아날로그 경제에서도 이미 그러한 현상이 벌어지고 있다. 예를 들어 전통적 농업 또는 자동화가 이루어지기 이전의 광공업 중심 경제에서는 육체 노동력의 중요성이 아주 컸으나 첨단 제조업 및 근대 서비스업 중심 경제에서는 육체 노동력의 중요성이 아주 작아졌다. 또 다른 예로 철강·선박·자동차 등 중후 장대형 제조업이 전 산업에서 차지하는 비중이 지속적으로 낮아지는 반면 전자 · 통신 · 유통 · 금융 · 교육과 훈련 · 연구개발 등 경소단박형 제조업 및 지식정보 중심 서비스업의 비중이 지속적으로 늘어나는 것을 들 수 있다.

이러한 현상은 디지털화 진전에 따라 경제의 중심축이 지식정보 산업으로 이동함에 따라 더욱 광범위하게 이루어질 것이다. 이를 개인의 입장에서 보면 힘세고 건장한 사람보다는 재치 있고 똑똑하고 빠르며 창의적인 사람이 성공하게 되고 남성에 비해 여성의 지위가 상대적으로 높아질 것임을 암시한다. 이를 기업에 대입해보면 조직이 관료화된 거대 대기업보다는 몸놀림이 민첩한 중소기업이 점차 더 유리해질 것임을 시사한다. 물론 비슷한 논리가 각종 조직체에 대해서도 적용된다. 예를 들어 동업자 단체의 경우 지금까지는 그 회원의 수에 의해 힘의 크기가 정해졌으나 앞으로는 회원의 수보다는 회원들이 얼마나 똑똑하며 창의적인가에 따라 영향력이 정해질 것이다.

힘센 것에서 똑똑한 것으로의 힘의 이전현상은 경제활동의 대상인 제품에 대해서도 일어나게 된다. 크고 힘센 제품보다는 작더라도 사용하기 편리하고 똑똑하며 아름다운 제품이 인기를 끌게 될 것이다. 가볍고 얇은 LCD TV 모니터가 보급됨에 따라 크고 무거운 대형 브라운관 TV 모니터의 인기가 급락한 것이 좋은 예가 된다. 냉장고를 보더라도 한때 '탱크주의'로 상징되는 크고 힘센 것이 유행했으나 지금은 첨단 센서로 무장하고 인터넷을 내장한 똑똑한 냉장고가 득세한다. 물론 휴대용 전화기나 개인용 컴퓨터의 진화과정을 보더라도 같은 경향을 볼 수 있다.

크고 힘센 것에서 작지만 빠르고 똑똑한 것으로 힘이 이전됨에 따라 생산 · 조달 · 판매 · 홍보 · 금융 · 투자 · 교육과 훈련 등 경제활동의 거의 전 분야에서 획기적인 조직 혁명이 일어나게 된다. 그것은 무엇보다도 주어진 업무를 가장 효과적으로 처리할 수 있도록 조직이 작아지고 유연해지며 지능적인 것으로 변모될 것임을 시사한다. 이러한 현상이 반드시 거대기업의 쇠퇴를 암시하지는 않는다.

사실 중요한 것은 기업의 크기 그 자체가 아니라 기업의 내부조직이 얼마나 신축적이고 가변적이며 현명한가 하는 것이다. 그러므로 거대기업이라 하더라도 사업부제 또는 팀제를 적절히 활용해서 언제라도 변신이 가능한 유연하며 똑똑한 내부 조직을 갖출 수 있다면 크게 성공할 수 있을 것이다. 중요한 것은 이들 사업부 또는 팀의 독립성과 자율성을 최대한 보장함으로써 그들 스스로가 치열하게 경쟁하는 시스템을 유지하는 것이다.

2 | 생산자에서 소비자로

미래의 시대는 집단이나 조직이 아닌 개인의 시대가 된다. 개개인이 지식과 경험과 정보와 자금을 갖게 됨에 따라 집단이나 조직에 의존하지 않고 모든 것을 스스로 해결하려 들고 각자의 개별적 욕구를 충족시키려고 노력하게 된다. 단순히 그렇게 노력하는 것뿐 아니라 그러한 욕구를 실현할 수 있도록 세상이 변화하므로 실제로 개개인이 개별적 욕구를 충족시킬 수 있게 된다.

이는 소비자와 생산자의 관계에서 소비자의 힘이 지속적으로 확대될 것임을 의미한다. 사실 종래의 소비자는 생산자가 제공한 제품 중에서 가장 낫다고 생각하는 것을 골라 쓰는 수동적인 입장에서 크게 탈피하지 못했다. 물론 소비자가 왕이라는 구호에서 보듯이 생산자들이 소비자가 원하는 것이 무엇인지 알아내 그에 부응하는 제품을 공급하려고 노력한 것도 사실이지만 그것은 어디까지나 대중 또는 평균적 소비자를 위한 것이었다. 그러나 미래의 소비자는 그러한 평균적인 것에 만족하지 않고 자기에게 꼭 들어맞는 것을 요구하게 된다. 중요한 것은 기업들이 그러한 요구에 민첩하고 충실하게 대응할 수 있게 된다는 사실이다.

물론 소비자의 힘이 강화되는 것은 경제의 자유화와 세계화 그리고 IT혁명이 크게 진전되기 때문이다. 지식과 정보로 무장한 소비자들이 모든 제품에 걸쳐 전 세계에서 가장 좋은 것을 선택할 수 있게 된 것이다. 특히 IT의 발전은 소비자와 생산자를 유기적으로 연결시켜줌으로써 기업이 개별 소비자가 원하는 상품을 맞춤 생산해서 공급할 수 있게 해준다. 예를 들어 자동차의 경우 종래에는 생산자가 잘 팔릴 것으로 예상해서 생산해놓은 제품 중에서 고르는 역할에 그쳤으나, 이제는 소비자가 원하는 스펙에 따라 자동차를 맞춤 생산할 수 있게 된 것에서 그런 추세를 볼 수 있다. 개인용 컴퓨터 시장에서 맞춤 생산을 전문으로 하는 델 컴퓨터 사가 성공한 것도 그러한 추세를 보여주는 좋은 예이다.

　이렇게 소비자의 힘이 강화되는 현상은 상품에 대해서만 이루어지는 것이 아니라 교육과 훈련, 여가활동, 보건과 의료, 법률 서비스, 금융 서비스 등 서비스업의 전 영역에 걸쳐서도 일어나게 된다. 교육을 예로 들면 지금은 학교에서 다수의 학생을 상대로 교사가 정해진 교과 내용을 가르치는 방식의 대체로 보아 단일방향적인 교육방식이 대종을 이루고 있으나, 앞으로는 개별 학생의 선호와 능력과 수준에 맞추어 그에게 꼭 들어맞는 내용을 갖고 학생과 교사가 공동 참여하는 쌍방향식의 교육이 일반화될 것이다.

　한편 이렇게 소비자의 힘이 커지게 되면서 양보다는 질, 평균적인 것보다는 개성적인 것, 무미건조한 것보다는 감성적인 것, 쓸데없이 복잡한 것보다는 쓰기 편한 것, 소비자가 생산과정에 동참할 수 있는 것, 자아실현에 도움이 되는 것 등이 중요시된다. 가전제품의 진화과정에서 그러한 추세를 볼 수 있다. 예를 들어 휴대전화기의 경우 수백 가지의 기능이 내장된 첨단 복합제품보다는 기능은 단순하지만 똑똑하며 아름답고 다른 것과 차별화된 휴대전화기의 인기가 높아지는 데에서 그런 추세를 엿볼 수 있다.

경제력의 이전 현상은 일터에서도 일어난다. 우선 종업원과 기업 간의 관계가 종래의 지속적이며 안정적이고 고착적인 관계에서 가변적이고 신축적이며 유연한 관계로 바뀌게 된다. 평생직장의 개념에서 보듯이 종업원이 한 직장에 평생 종사하던 시대는 종말을 고하게 되고, 이제부터는 근로자가 일생에 걸쳐 몇 개의 직장을 옮겨다니는 현상이 일반화될 것이다. 이는 일자리보다는 일할 사람의 힘이 상대적으로 커질 것임을 뜻한다. 종래에는 일자리가 일할 사람을 선택하는 방식이 중심을 이루었음에 반해 이제부터는 일할 사람이 일자리를 고르는 방식이 중심을 이루게 된다. 근로자가 그가 지닌 고유의 노동력을 상품으로 해서 공급자 시장에 참여하게 되는 것이다.

이와 같이 일할 사람이 일자리를 고르게 됨에 따라 일자리를 빈번하게 옮기는 현상이 일반화될 것이며, 그 결과 고용관계에서 정규직의 비중은 정체되거나 하락하게 되는 반면 비정규직의 중요성은 지속적으로 증대된다. 이를 기업의 입장에서 보면 소수의 고도로 훈련된 엘리트 정예요원들만 정규직으로 남고 그 외의 대부분의 일자리는 아웃소싱에 의존하거나 프리랜서로 충당하게 될 것임을 뜻한다.

한편 노동관계가 장기적이고 고착적인 것에서 단기적이고 가변적이고 유연한 것으로 바뀌는 현상은 다양한 프로젝트팀의 반복적인 생성과 소멸현상과 연계될 것이다. 즉 기업의 핵심 기능은 영속성을 지니며 유지되겠지만 대부분의 업무는 그때그때 필요에 따라 다양한 형태의 프로젝트팀을 형성했다가 목표하는 바가 끝나면 해체하고 또 다른 필요에 의해 새로이 팀을 형성하는 유연한 노동관계가 일반화될 것이다.

한편 일상적이며 반복적인 업무는 정규직 근로자의 몫에서 시간제 또는 계절노동자의 몫으로 전환될 것이다. 이는 앞으로 전 산업에 걸쳐 시간제 또는 계절노동자의 수요가 증가하게 될 것임을 시사한다. 물론 이들 업무 중 많은 부문은 기계로 대체되기도 할 것이다. 그럼에도 불구하고 교육과 훈련과 경험과 기술 수준이 비교적 낮은 노동자에 대한 수요는 꾸준히 증가할 전망이다.

한편 자아실현의 중요성이 높아짐에 따라 개인 또는 가족기업 형태의 사업체가 많아질 것이다. 물론 지금도 생계형 개인 또는 가족기업이 많지만 앞으로는 그러한 생계형 가족기업보다는 자기가 진정으로 원하는 것을 하면서 돈도 벌고 꿈도 실현하려는 목적을 지닌 개인 또는 가족기업이 더 크게 늘어나게 된다. 이는 기성의 거대기업에서는 찾기 어려운 자기만의 것을 실현하고자 하는 욕구에 대응해서 전개될 변화의 양상이다.

4 │ 남성에서 여성으로, 젊은이에서 노인으로

미래의 시대가 여성의 시대가 될 것임은 이미 여러 가지 통계를 통해 확인할 수 있다. 취학·학업성적·각종 고시에서의 합격률·취업·진급·스포츠·음악·미술·공연예술 등 어떤 분야를 보건 여성 파워가 급속도로 증대되고 있는 것이다. 예를 들어 최근의 통계를 보면, 2005년 9월 현재 여성의 취업자 수는 9,716,000명으로 전체 노동자의 42.1퍼센트에 이른다. 여성의 경제활동 증가가 더욱 뚜렷이 나타나는 것은 청년취업자의 수에서이다. 즉 청년취업자 4,351,000명 가운데 여성이 2,319,000명을 점하는데 이는 전체의 53.3퍼센트로서 청년층에 국한해서 보면 여성 노동자의 비중이 남성의 그것을 상회함을 엿볼 수 있다.

이러한 변화는 무엇보다도 과거 우리 사회를 지배해오던 남존여비의 관념이 경제개발과 더불어 사라진데다 육체 노동력을 중시하는 아날로그 경제가 소프트파워를 중시하는 디지털 경제로 변모되는 데 힘입은 것이다. 여성의 고등교육 및 고도기술훈련 이수 비율이 높아지고 있으며 그 결과 대학교·연구기관·법률기관·의료기관·관공서 등 전문직에 진출하는 여성의 비율이 아주 빠른 속도로 늘어나고 있다.

여성이 예전에 비해 더 나은 직장과 직업을 갖게 됨에 따라 재정적으로 독립할 수 있게 되었으며 그 결과 그들의 경제·사회·정치·문화적 영향력도 나날이 증대되고 있다. 이러한 변화는 여성의 경제적 지위를 높이는 것에서 더 나아가 이제껏 남성적인 것이 지배하던 한국사회를 여성적인 것으로 변모시키고 있다.

인구증가 추세의 역전 현상은 경제발전에 따라 소득수준이 높아지고 여성들의 사회적 지위가 현저하게 개선됨에 따라 결혼과 출산의 빈도가 줄어드는 한편, 보건의료에 관한 지식과 질병치료 기술의 발달로 인간의 수명이 연장됨에 따라 일어나는 현상으로서 특히 우리나라 경제의 많은 부분에 큰 영향을 줄 것이다.

우리나라는 현재 빠른 속도로 진행되고 있는 인구구조 변화를 경험하고 있다. 우리나라는 해방 이래 지속적인 인구증가를 경험하여 OECD 국가 가운데 인구의 평균연령이 낮은 편에 속하며 또한 전 인구 가운데 젊은 사람의 비중이 상대적으로 높은 편에 속한다. 1990년대에 들어와 뚜렷해지기 시작한 두 가지 변화양상이 이러한 인구변화추세를 역전시키고 있다. 그 두 가지 변화양상이란 가임여성의 출산율 저하와 전 인구의 건강수명 연장이다.

우리나라 가임여성의 출산율은 현재 1.16명인데 이는 세계 어느 나라보다도 낮은 수준이다. 인구학자들에 의하면 가임여성의 출산율이 적어도 2.1명은 되어야 인구구조의 현상유지가 가능하다고 한다. 그러므로 우리나라 가임여성의 출산율이 1.16으로 아주 낮은 것은 새로 태어나는 어린이의 수가 현재의 인구구조를 유지하기에 턱없이 부족함을 의미한다.

인구구조의 변화를 야기하는 두 번째 요소는 인구의 잔존수명이 꾸준히 늘어나고 있다는 사실이다. 양질의 보건의료 서비스에 대한 접근이 보편화되고 전 국민의 식생활 수준이 대폭 향상되었으며, 많은 사람들이 각종 운동과 여가활동을 통해 건강증진에 애쓴 결과 우리나라 국민의 평균수명은 꾸준히 늘어나는 추세를 보이고 있다.

이와 같이 한편에서는 새로 태어나는 아기의 수효가 줄어들고 한편에서는 노인들의 수명이 길어짐에 따라 우리나라 인구구조에 두 가지 변화가 초래되고 있다.

첫째는 인구증가의 속도가 현저히 떨어지고 있다는 점이다. 출산율 하락으로 태어나는 아기의 수가 줄어듦에도 불구하고 평균 수명연장으로 죽는 사람의 숫자가 더 많이 줄어 인구가 늘어나고는 있지만 점점 그 속도가 떨어지고 있다. 수명연장에는 한계가 있으므로 이런 추세대로 나가면 향후 25년 정도 이후에는 인구증가율이 0퍼센트 가까이 낮아질 것이다.

둘째, 인구의 연령구조가 젊은이의 비중은 줄어들고 늙은이의 비중이 높아져 평균연령이 높아지는 현상인 인구의 고령화가 빠른 속도로 진행되고 있다는 점이다. 인구가 고령화함에 따라 아직까지는 젊은 경제에 속하는 우리나라가 머지않아 늙은 경제로 탈바꿈하게 될 것이다. 인구의 고령화가 진행됨에 따라 경제의 활력이 떨어질 가능성이 있으며, 분명한 것은 벌어 먹어야 할 늙은이의 숫자가 버는 데 종사할 젊은이의 숫자보다 훨씬 더 많은 상태가 도래할 것이라는 점이다.

인구증가의 정체와 인구구조의 고령화가 경제에 미치는 영향은 본질적으로 다르다. 인구증가율이 정체되어 인구가 늘지 않거나 인구증가율이 마이너스가 되어 인구가 줄어들더라도 그 자체로서는 그리 큰 문제가 아니다. 인구가 늘어야만 좋은 것이 아니기 때문이다. 우리나라 국토가 감당할 만한 인구의 적정수준이 얼마인가 하는 논의에 비추어보면 인구감소가 오히려 더 바람직한 현상일지도 모른다. 이 문제와 관련해서 우리가 주목해야 할 것은 우리는 아직 한 번도 우리나라의 적정인구가 얼마인가에 관해 논의해본 적이 없다는 사실이다. 만일 그러한 논의에서 우리나라의 적정인구가 지금보다 훨씬 적은 수준으로, 예를 들어 3,500만 명으로 나온다면 인구감소가 지나치게 빨리 진행되지만 않는다면 인구증가율의 하락추세를 지나치게 크게 문제시할 필요가 없을 것이다.

문제가 되는 것은 현재의 인구에서 적정인구에 도달할 때까지의 조정과정이 순탄치 않을 것이라는 점이다. 이 문제를 두 가지로 나누어 살펴보면 유익할 것이다. 먼저 인구의 총 수효가 일정한 경우에도 출산율과 수명의 변화로 인해 인구의 구성이 바뀌게 된다는 점이다. 이는 위에서 언급한 대로 상당히 오랜 동안에 걸쳐 젊은이의 상대적 감소와 늙은이의 상대적 증가로 표출될 터인데 그에 따라 사회 전체로 보아 줄어드는 젊은이들이 어떻게 늘어나는 늙은이를 먹여 살릴 것인가 하는 문제가 발생한다.

출산율의 저하가 지속되거나 낮은 출산율이 그대로 유지되고 수명연장의 추세가 한계에 봉착하는 단계에 이르면 인구가 줄어들기 시작할 것이다. 이 경우 새로운 균형상태에 이르기까지 인구감소와 연령구조의 노령화라는 두 가지 현상이 동시에 발생하게 될 것이다. 이때 발생하게 되는 문제는 인구가 증가하거나 인구가 일정한 상태에서 고령화가 진행되는 경우에 비해 심각성이 더할 것이다. 그만큼 인구문제에 대처하기가 어려워진다.

출산율의 하락은 두 가지 요인이 결합되어 나타나는 현상이다. 하나는 혼인율의 하락에서 보듯이 남녀가 짝지어 사는 관습이 와해되는 현상이고, 또 다른 하나는 남녀가 짝을 지었더라도 출산을 기피하는 현상이다. 앞으로 우리 사회에는 누구나 때가 되면 결혼하던 과거의 관습은 약화되는 대신 독신으로 살아가는 관습이 새롭게 힘을 얻게 될 것이다. 그 결과 독신가구가 크게 늘어날 전망이다. 결혼을 해야 꼭 아이를 낳는 것은 아니지만 결혼하고서도 아이를 적게 낳는 현재의 추세를 볼 때 독신가구가 크게 늘어나면 출산율은 지금보다 더 낮아질 전망이다.

출산율이 낮아지는 추세와 평균수명이 늘어나는 추세가 앞으로 더 가속화되지는 않더라도 쉽게 반전되지는 않을 것이므로 우리나라 인구의 증가세 정체와 고령화 현상은 앞으로도 지속될 것이다. 또한 여성의 경제활동 참여 확대와 그에 힘입은 경제적 지위의 향상은 독신가구의 수를 크게 증가시킬 것이다.

5 │ 모방에서 창조로, 지식에서 지혜로

크고 힘센 것에서 작고 똑똑한 것으로의 힘의 이전을 불러오는 근본적인 힘은 지식과 정보가 새로운 세상을 지배하게 된다는 데 있다. 현재 아주 빠른 속도로 진행되고 있는 우리 경제의 지식정보화는 다가오는 세기에는 지식과 정보를 효율적으로 활용할 줄 아는 사람이 그렇지 못한 사람에 비해 훨씬 더 유리한 위치를 점하게 될 것임을 예고한다.

같은 지식근로자라 하더라도 지식과 정보를 처리하는 일에 종사하는 근로자보다는 지식과 정보를 창출하여 활용할 줄 아는 근로자가 힘을 갖게 될 것이다. 왜냐하면 지식과 정보를 처리하는 기능은 아주 빠른 속도로 지능화되고 있는 첨단기기들에 의해 대체될 것이기 때문이다.

이러한 추세는 더 나아가 지식에서 지혜로, 분석에서 종합으로, 자연과학에서 인문학으로의 권력이동으로 이어질 수 있다.

지식과 정보가 중요해진다는 것은 우리가 평생에 걸쳐 배움을 지속해야 한다는 것을 뜻하기도 한다. 이는 청소년기의 학교 교육을 통해 이루어지던 인적자본 형성과정이 학교를 나온 이후부터 죽기까지 생애의 전 과정에 걸쳐 부단하게 이루어져야 함을 의미한다.

한편 아날로그 경제에서 힘을 발휘하던 기성의 노동조합은 앞으로 그 영향력이 크게 약화될 것이다. 또한 정부·정치가·통치자보다는 민간 부문과 시민 그리고 피통치자가 훨씬 더 강력한 힘을 갖게 될 것이다.

창조형 인재가 더 필요하다

경제력의 대이동은 회피할 수 없는 추세이다. 따라서 그러한 추세를 거부하거나 회피하려 들기보다는 그것을 받아들이고 동시에 거기에 효과적으로 대처하는 것이 바람직하다.

경제력의 대이동은 기존 차별적 관계의 대등한 관계로의 변화를 의미한다. 즉 부자와 가난한 자, 남성과 여성, 젊은이와 늙은이, 성한 사람과 장애인, 사용자와 종업원, 선생과 학생, 부모와 자녀 등 사이에 엄연히 존재하던 힘의 불균형 상태를 좀더 대등한 관계로 변화시킨다.

미래사회에서 경제력의 크기를 정하는 가장 중요한 요소는 물질이나 육체적인 힘이 아니라 그가 지닌 지적 능력이 될 것이다. 단순히 무엇을 알거나 암기하는 능력이 아니라, 새로운 것을 배우고 창조하며 그것을 종합하고 재구성해서 적극적으로 활용하는 능력이 경제력의 원천이 된다.

미래사회에서는 사람들 사이의 불평등을 낳는 가장 중요한 요인이 유산과 가정환경 그리고 육체적·정신적·감성적 능력의 차이보다는 배우고 판단하고 새롭게 만들고 종합하고 재구성하고 활용할 줄 아는 능력의 차이가 될 것이다.

그러므로 미래사회에서 발생할 수도 있는 불평등을 줄이고자 한다면 개개인이 스스로 새로운 것을 배워 알고 새로운 것을 만들며 아는 것을 종합하거나 재구성해서 그것을 슬기롭게 활용할 줄 아는 능력을 가져야 할 것이다. 이것은 무엇보다도 우리가 지금까지 지녀왔던 교육과 훈련에 관한 패러다임을 근본적으로 바꿔야 할 것임을 시사한다.

이러한 힘의 재배치 트렌드는 새로운 시대에서는 종업원을 진정으로 우대하는 기업이 더 크게 성공할 가능성이 높음을 시사한다. 종업원을 한 식구처럼 보살피는 기업, 기업활동에 대한 종업원의 활발한 참여를 장려하는 기업, 종업원이 이윤배분에 참여하는 제도를 지닌 기업, 종업원의 인간적 성장을 지원하는 기업, 종업원에게 다양한 교육훈련 프로그램을 제공하는 기업, 기업에 필요한 기술뿐 아니라 종업원에게 필요한 기술도 배양하는 기업 그리고 고객을 감동시키고 봉사활동에 앞장서는 기업이 성공하는 시대가 될 것이다.

한편 인구변화 역시 많은 문제를 불러올 것이다. 가장 큰 것 몇 가지만 본다면 어떻게 하면 젊은이의 생산성을 높여 경제의 고령화에서 오는 생산성 하락 추세를 반전시킬 것인가, 어떻게 하면 크게 늘어날 독신가구에게 필요한 서비스를 제공할 수 있는가, 어떻게 하면 크게 늘어나게 될 고령자에게 일자리를 제공할 수 있을 것인가 그리고 어떻게 하면 고령자에게 필요한 서비스를 원활하게 공급할 수 있을 것인가 등이다.

이 중에서 독신가구나 고령자에게 필요한 서비스의 제공은 우리가 걱정하지 않더라도 시장을 통해 원만하게 해결될 것이다. 수요가 있는 곳에 공급이 따르게 마련이므로 그러하다. 다만 노령자 중 일부는 그러한 서비스에 접근할 능력을 갖지 못할 가능성이 크므로 그런 부분에 대한 재정수요를 어떻게 감당할 것인가는 문제가 된다. 한편 이 분야에서도 스마트 홈, 첨단기기의 활용, 원격제어 시스템을 활용한 의료행위 등 IT를 중심으로 한 과학기술의 발달이 새로운 서비스 제공에 크게 공헌할 것이다.

인구의 고령화에서 오는 생산성 저하 추세를 반전시키려면 상대적으로 적은 수의 젊은이들이 지금보다 훨씬 더 생산적인 근로자로 변신할 수 있어야 한다. 이를 위해서는 젊은이를 대상으로 한 교육과 훈련 시스템을 획기적으로 개선하여야 한다. 교육과 훈련 시스템의 개혁은 지금보다 더 오랜 기간에 걸쳐 경제활동에 종사하게 될 늙은이의 훈련과 재교육을 위해서도 필요하다.

교육과 훈련에 더해 젊은이의 생산성을 획기적으로 높이는 방안은 지속적인 투자와 기술진보를 통해 경제의 생산성을 꾸준하게 높여나가는 일이다. 노동시간의 증가나 노동자의 인적자본 축적 그리고 물적자본 축적을 통한 생산력 증대에는 뚜렷한 한계가 있을 것이므로 무엇보다도 중요한 것은 기술진보를 통해 경제의 생산성을 지속적으로 높여나가는 일이다.

여성 및 노령자의 경제적 역할을 증대시키는 것은 인구증가의 정체와 인구의 고령화에서 오는 생산력 감퇴현상을 극복하는 수단뿐 아니라 그 자체가 가치를 지니므로 적극적으로 추진해나가야 한다. 예를 들어 육아원이나 보육원 또는 탁아소에 대한 지원확대와 아직도 도처에 남아 있는 성차별을 해소함으로써 여성의 경제활동을 크게 활성화시킬 수 있을 것이며, 임금 피크제를 도입하면서 정년을 연장하거나 폐지할 수도 있고 노령자를 위해 새로운 일자리를 창출할 수도 있을 것이다.

기술은 개인 중심으로

디지털 기술의 급속한 발전으로 영화는 더 이상 극장이나 TV의 점유물이 아니다. 집에서 홈씨어터로, 방에서 PC로, 심지어 지하철에서 개인용 단말기나 휴대전화로도 볼 수 있다. 이제 사람이 기술을 찾아다니는 것이 아니라 기술이 사람을 찾아다니는 것이다.

IT와 인간의 결합, 좀더 구체적으로 인간의 몸과의 결합은 필연적으로 개인성을 강화할 것이다. 개개인의 신체가 고유한 형태와 특성을 가졌듯이 정보의 이용과 생산뿐만 아니라 개인이 수행하는 일과 놀이의 양상도 개인의 고유한 특성이 두드러지는 방향으로 변모해갈 것이다. 문화변동의 양상에 따른 집단성의 약화와 개인성의 강화가 여기에서 다룰 영역이다.

집단성의 약화가 집단의 소멸 또는 집단의 중요도의 필연적 감소를 의미하지는 않는다. 전통적인 의미에서의 집단인 국가나 지역사회, 가족, 학교동문 등의 소수의 영속적이며 사고와 행위의 준거가 되는 집단이 개인에게 갖는 구속력이 약화되어가는 것을 의미한다. 반면 사안에 따라, 발생하는 필요에 따라 소속과 탈퇴를 비교적 손쉽게 하는 중단기적인 집단에 개인이 소속되는 경향이 두드러질 것이다. 이는 소속집단을 변경하는 데서 발생하는 전환비용을, 이 과정에서 관여하는 다른 여러 원인 중에서도, IT가 비교적 저렴하게 하는 데서 기인한다. 동시에 개인을 구분하는 IT기술은 지속적으로 발전해왔고 미래에도 지속적으로 진보할 것이다.

익명성이 가능한 인터넷은 또 다른 의미의 개인성을 강화한다. 내가 되고 싶은 나, 즉 새로운 정체성을 갖게 할 수 있다. 가명이나 아바타를 이용하여 내가 아닌 "나"로 행세할 수 있는 자유를 누리게 할 수 있다. 이때 개인은 다중자아로 분열하여 사고하고 행위하게 된다.

개인성의 강화는 미디어 발달사에서 그 추이를 살펴볼 수 있다. 20세기에는 미디어와 정보가 희소했다. 신문과 방송과 같은 매스 미디어는 소수의 정보원이 단일한 메시지를 다중에게 일방향으로 전파했다. 개별 미디어 내에서도 서너 개의 채널이 지배적인 영향력을 행사하는 것이 일반적인 모델이었다. 미디어와 정보의 집합적인 수용이 정보의 사회적인 소통의 일반적인 현상이었다. 사회적으로 유용한 정보를 독점한 미디어와 채널은 사회적 권력의 상징이었고 대중은 이러한 정보를 수동적으로 수용할 수밖에 없었다.

IT는 인간과 미디어의 권력관계를 역전시켜가고 있다. 21세기에 들어 보편화하고 있는 인터넷을 통해 개인은 거의 무제한적인 정보원에 접속이 가능할 뿐 아니라 정보를 시공간의 제약을 극복하여 자유롭게 주고받을 수 있게 되었다.

특정 미디어가 그것이 전하는 정보의 내용과 형식을 규정하는 힘도 약화되었다. 예를 들어 과거에는 영화를 보려면 극장에 가야 볼 수 있고 기사는 신문을 접해야 읽을 수 있고 드라마는 TV를 통해서만 볼 수 있었으나 지금은 인터넷을 통해서 위에 열거한 모든 것을 수용할 수 있게 되었다. 이러한 현상은 권력의 역전 현상을 가져왔다. 다수의 수용자가 소수의 미디어를 경쟁적으로 이용하던 상황에서 다수의 미디어가 수용자 개인의 시간과 관심을 얻기 위해 경쟁하는 상황이 전개되고 있는 것이다.(아래 그림 참조) 다수의 미디어가 개인의 관심을 갖기 위해 경쟁할 때 개인성은 더욱 더 강화될 수밖에 없다. 이러한 경향은 문화현상을 분석하는 데 있어서 미디어 중심적 분석의 적실성은 떨어지고 이용자 중심적 분석의 유용성을 증가시키고 있다. 이제 단일 신문이나 단일 TV 채널, 단일 인터넷 포털 사이트에 대한 분석보다는 한 개인이 신문과 TV, 인터넷을 어떻게 이용하는가에 대한 분석이 문화 전반의 양상을 더욱 전체적으로 접근하는 것을 가능하게 한다. 궁극적으로는 다수 개인의 정보미디어 이용 행태를 집합적으로 분석하는 것이 분석의 전체성과 타당성을 제고할 것이다.

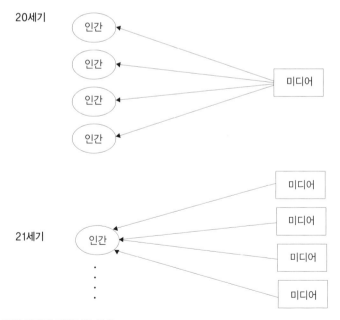

IT의 발전과 개인성의 강화

개인성의 강화는 몇 가지 차원에서 이루어질 것이다. 첫째는 개인의 편익 증대이다. 개인의 편익은 원하는 정보를, 원하는 시점에, 원하는 곳에서 이용할 수 있게 하는 것이다. 즉 개인이 만족할 수 있는 기회의 증대이다. 둘째는 개인의 취향을 적극적으로 반영하는 것이다. 이른바 검색 비용을 낮추기 위해서 개인이 원하는 정보를 미리 선별하여 정보의 내용과 형식을 개인의 취향에 맞게 가공하여 제시하는 것이다. 이른바 "인텔리전트 에이전트", "디지털 어시스턴트", "소프트웨어 에이전트" 등으로 불리는 기능이 개인이 단말기를 통해 네트워크와 상호작용하는 행위를 매개할 것이다. 셋째는 프로슈머의 대두이다. 선별된 정보를 일방적으로 수용하기보다는 개인의 필요와 욕구에 따라 정보를 재구성하거나 재배열하여 고유의 조합으로 저장하는 것이다.

개인성의 강화는 사회적으로 최소한 두 가지의 상호 연관된 전망에 대한 토론을 제기할 것이다. 하나는 사회적인 통합이 저해될 것인가에 관한 전망이고 또 다른 하나는 사회적 다양성이 증가할 것인가에 대한 전망이다. 사회적 통합의 와해는 일찍이 한 세대 전부터 일군의 학자들이 IT의 발달로 인해 파생할 수 있는 부정적 결과의 하나로 제기해왔다. 즉 개인이 각기 다른 커뮤니케이션 모드에서 각기 다른 정보를 이용할 때 사회의 구성원으로서 개인 간에 공유할 수 있는 부분이 점점 더 축소될 때 발생한다. 현재로서는 사회통합의 저해를 우려할 만한 심각한 증거를 제시할 만한 경험적인 연구결과는 부재하다. 다만 게임 중독자와 같은 소수의 편집증적인 정보이용자의 일탈적인 사례들이 보고되고 있으나, 이러한 사례가 과거에도 존재했던 일탈적인 개인에 의한 일탈적인 행위의 범주와 빈도를 넘어서고 있다고 주장하기는 어렵다. 통상 개인은 개인적이고 분산적인 소구에 반응하기도 하지만 동시에 집합적인 소구에도 반영하는 속성을 갖고 있다. 즉 함께 보고 즐기는 것이 정보의 내용이 개인에게 갖는 효용을 증가시키기도 한다.

개개인이 이용하는 정보가 다를 경우 문화 전반적으로 다양성이 증가하는가에 대해서도 좀더 심층적인 논의가 요구된다. 개인성의 강화는 정보이용의 편익이 증대하는 데서 기인하는 바가 개인이 원하는 고유한 정보를 생산하여 제공하는 데서 기인하는 바보다 훨씬 크다. 다르게 표현하면 개인성의 증가는 이용 가능한 정보의 바다에서 개인적으로 다른 조합의 정보를 다른 시점에 다른 공간에서, 경우에 따라서는 다른 구체성의 정도를 갖고 이용하는 것으로 볼 수 있다. 따라서 미디어와 채널, 그리고 정보의 수적·양적 증가에 비례하여 다양성이 증가하는 것은 불가능하다고 단정할 수 있다. 오히려 정보의 생산과 유통, 그리고 소비가 이윤추구의 동기에서 이루어진다면 다량의 유사한 상업적인 정보가 범람하여 문화적 다양성이 감소할 수 있는 가능성도 배제할 수 없다. 더 나아가 상업적인 정보가 공공적인 정보를 축출하여 상업적인 것만이 범람하는, 다양성이 감소되는 상황도 가능하다. 또 다른 차원의 논의를 전개하자면, 이용 가능한 정보의 다양성보다 실제 개인이 수용하는 정보의 다양성에 주목할 필요가 있다. 개인의 이념과 가치, 취향에 부합하는 정보만을 선별해서 수용할 수 있는 가능성이 높아졌으며 이러한 경향은 일정 수준 경험적인 연구결과를 통해 나타나고 있다. 결국 개인성의 강화와 문화적 다양성의 관계에 대한 규명은 더욱 분석적인 논의를 필요로 한다. 개인성 강화의 경향은 존재하지만 사회통합과 다양성에 관한 논의에서와 같이 상반된 이항대립의 양면성은 미래에도 존재할 것이다.

홀리즘 vs 미이즘	집단적 소비와 개인 중심의 소비 행태가 동시에 존재
디지털 노마디즘과 코쿠니즘	이동과 속도를 중시하는 유목민적 성향과 안정과 정착을 중시하는 농경민적 성향이 상존
디지털 합리주의와 디지털 탐미주의	이성적·합리적 소비와 감성적·과시적 소비의 양면성

개인성 강화의 경향과 양면성

매스미디어와 퍼스널미디어를 둘러싼 소비자의 양면적 소비행태가 서비스 제공자인 미디어 기업으로 하여금 디지털 패러다임에 맞는 통합적 생존전략을 취하도록 하고 있다. 매스미디어 기업들이 디지털미디어 기업으로 진화함으로써 기존에는 제공할 수 없었던 개인화된 서비스를 제공하게 될 것이다.(현대원 · 박창신, 2004)

기술은 왜 개인 중심으로 변화하는가

자본주의의 진전으로 인한 효율성의 추구는 두 가지 방식으로 나타난다. 하나는 개인의 차별화된 필요를 감안하여 차별화된 가격을 설정할 때 소비자의 만족도가 높아지고, 이는 더욱 높은 가격을 설정할 수 있게 되어 전체 수입이 증가하게 된다. 자본주의가 추구하는 효율성은 인력시장에서 개인이 소속된 집단(인종 · 학력 · 출신지역 등)보다는 개인의 고유한 능력과 자질을 중시하는 방향으로 변화하고 있다. 제품 생산과 마케팅, 그리고 인력 고용에서 개인성을 더욱 강화하는 방향으로 변화하고 있다.

매스미디어와 통신에서의 기술발달은 미디어/기술의 집단적 이용에서 개인 단위의 이용 방식으로 변모하고 있다. TV는 가족이 공동으로 시청하는 미디어로 출발하여 점점 개인 단위의 시청 행태로 변화하고 있다. 전화 역시 가족 구성원이 공유하는 방식에서 개개인이 하나의 독립된 번호의 전화를 소유하는 방식으로 변화하고 있다. 개인이 이용 단위가 될 때 정보 선택의 효용이 증가하고 상시 이용이 가능하게 된다.

IT의 발달은 개인을 구분하고 개인의 편익을 증대시키는 것을 더욱 용이하게 하고 있다. 예를 들어 단말기를 인식하여 정보를 제공하는 조건부 접속 시스템(CAS: Conditional Access System)이 유료매체를 중심으로 보편화하고 있다. 이러한 유료 방송에서는 개인의 특성에 따라 프로그램 사이에 삽입되는 광고를 달리 방송할 수 있게 된다. 인터넷에서 포털 서비스 가입자의 개인별 특성에 따라 각기 다른 정보를 선별하여 보낼 수 있는 것과 유사하다. 이러한 디지털 신호처리 기술은 지속적으로 발달할 것이며 개인의 고유한 필요를 충족시키는 다양한 제품과 서비스는 점점 더 정교하게 이루어질 것이다.

미디어 역사학자인 팽(Irving Fang)은 인류가 여섯 번의 정보혁명을 경험했으며 마지막 단계인 일곱 번째의 정보혁명은 개인미디어혁명이 될 것으로 전망한다.(현대원·박창신, 2004)

제1정보혁명	문자 혁명으로 알파벳과 파피루스의 만남
제2정보혁명	중국에서 발명된 종이와 구텐베르크 금속활자의 결합
제3정보혁명	대량 인쇄기술(신문)과 전신 전보의 등장에 따른 매스미디어 혁명
제4정보혁명	엔터테인먼트 혁명(영화·축음기 등)
제5정보혁명	커뮤니케이션 기기 혁명(전화·방송·음향기기·발달된 인쇄기술)
제6정보혁명	통신과 방송의 컨버전스(컴퓨터)
제7정보혁명	개인 미디어 혁명으로 새로운 정보혁명의 핵심적인 주제는 대통합이며, 그 중심에는 개인으로서의 인간이 위치하게 된다.

제1에서 제7까지의 정보혁명

팽은 또한 정보고속도로 혁명을 제1단계 디지털 혁명으로, 퍼스널 미디어 중심의 세상은 제2단계의 디지털 혁명으로 특징짓고 있다. 컴퓨터와 인터넷, 무선통신의 제1단계 디지털 혁명은 생산성과 효율성 증대에 초점이 맞춰진 세상의 변화로 보고 제2단계 디지털 혁명은 생산성과 효율성의 차원을 넘어 개인의 만족과 행복, 안락한 삶에 초점이 맞춰진다.

개인 중심의 기술사회에서의 5가지 변화

인류의 역사는 원시사회에서 근대사회(산업사회)에 이르기까지 사회적으로 의미 있는 집단의 규모가 커져왔다. 이는 개체로서의 개인으로 시작하여 가족·부족·근대국가·국가연합이 지배적 영향력을 행사하는 단계까지 도달했다. 후기근대사회의 도래는 기존의 국가·지연·학연·혈연 등에 의한 집단의 연대를 약화시키는 동시에 다양하고 새로운 기준에 의한 집단화의 가능성을 열고 있다. 이러한 경향은 지속되어 개인의 이익과 선호, 그리고 편익이 극대화하는 방향으로 변화해갈 것이다.

1 | 분중화와 수용자 파편화

20세기를 풍미했던 어휘 중의 하나는 대중(mass)이었다. 대량생산과 대량소비는 대중문화를 형성했고 이는 대중사회의 표상으로 등장했다. IT의 발달은 대중을 조각내기 시작했다. 이른바 분중화(demassification)는 과점구조의 미디어 산업이 독점적 경쟁구조로 다원화하면서 전개되었다. 방송(broadcasting)은 협송(narrowcasting)으로 변화하고, 더 나아가 점송(point-casting)으로 진화해왔다. 20세기 상당 기간 과점구조를 유지해왔던 지상파 네트워크는 케이블과 같은 다채널 TV에 의해 협송으로 변모했고, 인터넷 VOD 서비스는 점송을 실현했다. 불특정 다수의 미디어 소비자는 특정소수집단으로, 더 나아가 개인이 원하는 것을 원하는 시점에 볼 수 있게 되어 개인이 미디어 소비의 주된 단위로 진화해갈 것이다.

미디어의 변화와 함께 인터넷은 더욱 더 개인 단위의 소비를 강화해왔다. 컴퓨터는 기본적으로 개인 단위로 이용하는 미디어이다. 더불어 개인의 필요와 욕구에 따라 정보수용에 있어서 시공간의 제약을 손쉽게 극복할 수 있게 하는 정보기기이다. 이는 사회적으로 거대 집단의 분절화(fragmentation)를 야기했다. 소수집단은 인터넷 환경에서 과거에는 불가능했던 조직화와 관계의 유지를 할 수 있게 된다. 물리적 · 공간적 근접성에 의해 집단을 형성하고 구속하는 힘이 약화되어 개인의 신념 · 가치 · 태도 · 관심 · 취미 등에 의해 집단을 형성하고 유지하기가 용이해졌다.

2 │ 네트워크화된 개인

사회집단의 분절화는 문화현상에서도 유사한 변화를 가져온다. IT의 발달은 세계화를 촉진시켜 인적 · 물적 · 정보의 교류를 촉진시켜왔고, 국가가 그 소속원에 갖는 다양한 영향력을 감소시키고 있다. 한국사회는 더 이상 '국민' '시민' 혹은 '민중'이라는 다수적 집단성으로 묶여지지 않는다. 균질적 · 동질적 사회는 다양한 취향과 욕망, 정체성 혹은 '느낌 구조'를 기초로 한 실제적 혹은 잠재적 소수집단으로 급격하게 분열되고 있다. 이러한 소수집단의 동학은 계급 · 성 · 인종 · 지역 · 민족이라는 기존의 범주를 훨씬 뛰어넘어, 매우 다양한 접합의 방식으로 이루어진다. 소수(자)성의 구성은 특정한 생활방식의 드러냄이자 특이한 미학/예술적 감수성의 표식이며, 개성 있는 의미화의 실천이라는 점에서 삼중적으로 문화적인 주제다.

뉴미디어의 등장은 소수자 언론 실천에 결정적 도움을 주었다. 특히 인터넷은 소수자들이 자기 정체성을 표현하고 의사를 공유하는 핵심 공간으로 떠올랐다. 주류 사회 내 활동이 자유롭지 못했고 보수적인 주류 매체로부터 배제 · 왜곡되기 십상이던 소수자들에게 인터넷은 새로운 자유와 해방의 공간이었다. 1990년대 동성애자들도 마주침이 자유로운 사이버 공간 내부로 집단적인 공간이동을 하게 되고, 그 안에서 감수성과 주체성, 언어 세계를 교환했다.(전규찬, 2005: 97~113)

네트워크에 상시 접속이 가능한 개인은 이러한 네트워크를 통해 지인들과 상시 상호작용이 가능해진다. 이른바 사회적 실재감(social presence)은 물리적으로는 홀로 있지만 전화나 여타 통신수단을 통해 의사소통을 함으로써 다른 사람과 함께 있는 것처럼 느끼게 되는 것을 지칭한다. 이제까지의 연구결과를 종합해보면 가족이나 가까운 친구들과는 더욱 빈번하고 다양한 상호작용을 통해 관계를 더욱 총합적이고 친밀하게 유지할 수 있게 된다. 반면 관계를 유지하기는 하나 약한 친밀도(week ties)를 가진 보다 많은 사람과 소통이 가능해지기도 한다.

3 | 이용자 권력의 강화

앞서 서술한 바와 같이 개인과 미디어 간에 권력의 역전현상이 나타나고 있다. 이를 피스크(John Fiske)는 수용자 권력의 강화로 지칭하고 있다. 미디어와 채널, 통신수단의 증가는 이용자의 선별력을 상당 수준 높여왔다. 인터넷 검색엔진은 자신이 필요한 맞춤형 정보를 손쉽게 찾을 수 있게 한다. 또한 다채널 TV의 EPG(Electronic Program Guide)는 원하는 프로그램을 채널별·장르별·시간대별로 구분하여 목록을 제시한다. 이로 인해 이용자의 선호를 정확하게 반영하는 선택이 손쉽게 된다.

이용자 권력의 강화는 또 다른 차원에서 이루어진다. 원하는 정보를 원하는 시간에 이용할 수 있게 된 것이다. 이른바 비동시적 커뮤니케이션이 보편화하고 있다. 전화의 음성메시지나 문자메시지는 수신이 불가능한 시간에 메시지를 받아두었다가 자신이 원하는 시간에 수용이 가능하다. TV 시청에서의 녹화시청도 유사한 예다. 최근 디지털 TV 수상기에는 실시간 방송을 일정 시간 지연해서 시청하는 기능이 추가되었다. 대용량 저장장치를 탑재한 PVR(Personal Video Recorder)은 프로그램의 사전 예약은 물론 시청자의 편익을 돕는 다양한 기능을 수행하고 있다. 프로그램을 선택하고 배열하고, 방송시간을 정하는 방송사의 편성 기능을 이제는 개인이 편리하게 수행할 수 있게 된 것이다. 이러한 경향을 예견한 니그로폰테는 『*Being Digital*』에서 미래의 TV는 선거 개표방송과 스포츠 중계를 제외하고는 시청자가 편리한 시간에 프로그램을 선택하여 시청하게 될 것으로 예견했다. 이럴 경우 방송의 내용 또한 거대한 데이터베이스화하는 것이다. 지상파 방송 3사가 제공하는 인터넷 VOD 서비스가 한 예다. 과거에 주시청 시간의 편성은 방송사가 결정했지만 미래의 주시청 시간은 시청자가 결정하게 될 것이다.

유비쿼터스 컴퓨팅 사례는 개인의 시공간적 위치에 적합한 정보 서비스를 제공하게 된다. "내 음악이 내가 어디 가든지 나를 따라 다녀"라는 다소 긴 이름의 기술은 개인이 어디에 있든지 개인화된 서비스를 이용하게 하는 것이다. PC가 항상 개인의 서버 역할을 해서 사용자 개인의 PC가 집에 있든 사무실에 있든 언제 어디서나 PDA나 스마트폰 등의 인터넷으로 연결된 디바이스로 PC를 접속, 디바이스의 브라우저상에 내 PC를 띄워놓고 사용할 수 있음을 의미한다. U-Personal Life 기술에 도전하고 있는 한국의 벤처기업 '유비테크놀로지스'는 "나의 컴퓨터가 내가 어디 가든지 나를 따라다니는"기술을 개발하였으며, 이러한 기술은 궁극적으로 "모든 사물은 나의 컴퓨터를 통해 내가 어디 가든지 따라다니는 것"을 가능하게 할 것이다.

4 | 고객화

제품과 서비스를 개인의 필요와 선호에 맞추어 생산하는 것을 고객화라 한다. IT 기술의 발달은 개인의 특성에 대한 대량의 데이터베이스를 구축하는 것을 용이하게 한다. 그리고 제품이나 서비스 생산 단계에서도 이러한 개인적 특성의 고려를 용이하게 한다.

고객화라는 말은 생산이라는 개념에서 출발한다. 따라서 생산의 역사와 변화를 먼저 이해해야 한다. 대량생산에 의존했던 과거의 마케팅은 전적으로 수요 예측에 의존하여, 미리 제품을 만들어 창고나 대리점에 쌓아두고 고객의 주문이 들어오면 제공하는 방식이었다. 따라서 마케팅의 역할은 정확한 수요 예측과 제품의 표준화에 집중되었으며, 생산방식은 포드 자동차가 추구했던 선 공정방식처럼 규모의 경제를 달성함으로써 비용을 절감하기 위해 3S(단순화 · 전문화 · 표준화)를 추구한 대량 생산이었다.

그뒤 점차 고객의 필요가 다양해지고 고객의 욕구가 커지기 시작했다. 따라서 표준화 제품에 다양한 기능의 옵션을 접목시킬 필요성이 대두되면서 생산 시스템이 변화되기 시작한 것이다. 고객의 요구가 다양해짐에 따라 다품종 소량생산이나 소품종 대량생산의 후 공정방식인 린(Lean 방식, 예: Toyota), 또는 동시성 엔지니어링(Concurrent Engineering) 방식으로 변하게 되고, 이는 다시 모듈러 생산방식으로 발전하여, 구성요소를 공유하는 방식(예: GE, Black & Decker), 구성요소를 교환하는 방식(예: Hyatt-Legal Service), 절단 맞춤형 방식(예: 내쇼날 자전거), 페인트 등에 활용하는 혼합형 방식, 기판 위의 봉형 방식(예: Farm Journal), 미세 단위를 창조하는 장난감 생산방식인 조립형(예: Lego) 등으로 발전하게 되었다. 이는 다시 중복개발을 피하고 기존의 개발된 기술을 활용하며 유사부품을 그룹화하는 그룹기술 방식으로, 그리고 최근에는 최첨단 생산 방식인 유사제품을 모아 조립 생산하는 셀룰러 생산시스템(CMS)과 유사부품을 모아 개별공정(Job Shop)에 의해 생산하는 유연생산시스템(FMS)으로 발전하여, 오늘날 기업들은 이들 생산방식을 제품과 프로세스에 맞도록 혼합(Hybrid)하는 형식을 취함으로써 규모의 경제에서, 범위의 경제로, 그리고 이제는 이 두 가지를 연결하는 경제 또는 통합의 경제로 진입하여 대량 고객화를 실현하고 있는 것이다.

이와 같이 전통 생산방식에서도 이미 대량 고객화를 달성하기 위한 노력은 존재했다. 그런데 지금은 디지털과 인터넷 시대이므로 과거의 전통적인 방식보다는 한층 더 고객과의 상호작용 기회가 많아짐으로써 개인별 고객화가 가능하다. 슬라이워츠키(Slywotzky, 1996)는 디지털 비즈니스는 똑 같은 고객을 차별화하고 그 다음 개별의 독특성을 추구하는 것이라고 정의하며, 고객을 마이크로 세그먼테이션으로 나누어야 한다고 강조하고 있는데, 이것이 바로 일대일 비즈니스 마케팅인 것이다.

더 나아가 인터넷은 소비자에게 "대량 주문생산을 가능하게 할 것이다. 미래에는 개인이 자신이 원하는 모양과 무늬를 골라 인터넷을 통해 공장에 보내 의복을 제작할 수 있을 것이다.

이미 'Technology/Clothing Technology Corp'라는 회사는 850만 달러의 스캐너를 개발하여 2초 이내에 인간 신체를 3차원으로 스캔할 수 있다. 소비자가 먼저 몸에 달라붙는 옷을 입으면 스캐너는 6개의 투사기와 6대의 카메라를 이용하여 몸에 투사된 수많은 수평적인 선을 촬영한다. 컴퓨터는 신체의 모든 곡선을 3차원의 데이터로 계산하고, 소비자가 원하는 천을 고르면 컴퓨터는 자료를 공장에 보내고 그 자료는 재단하는 기계에 전해진다.(Kaku, 1998: 52)

5 | 프로슈머의 등장

프로슈머는 주문생산보다 이용자의 개인적 특성과 능동성을 더욱 발현하는 개념이다. 생산자를 지칭하는 프로듀서(producer)와 소비자를 지칭하는 컨슈머(consumer)를 합성한 프로슈머는 제품이나 서비스의 내용과 구성에 참여하는 적극적인 소비자를 지칭한다. 생산자는 제품의 최종 구성을 위한 원자재를 제공하고 제품은 소비자의 필요와 욕구에 의해 최종 완성된다. 이러한 경향은 다수의 제품에 있어서 부품의 모듈화를 가져올 것이다. 다양하게 조합이 가능한 모듈을 생산하여 제공하고 소비자는 이를 다양하게 조합하여 자신의 고유한 최종 제품을 완성하는 것이다. 이미 가구 제품 등에서 나타나고 있는 일련의 DIY(Do It Yourself) 제품이 전형적인 예가 된다. 이러한 방식은 정보재에도 적용되어 수용자가 이야기에 참여하여 완성시켜 나아가는 예술과 정보 서비스에도 적용되어가고 있다.

건전한 사회 네트워크를 만들자

IT는 개인의 신념 · 가치 · 태도 · 관심 · 취미 등에 의해 동류집단을 형성하고 유지하게 할 것이다. 소속집단의 전환비용이 낮아져 소속집단의 수는 늘어날 수 있으나 소속기간은 짧아지는 경향을 보일 것이다. 반면 일차집단인 가족과 친구와의 교류나 의사소통을 언제, 어디서나, 더욱 심도 있게 할 수 있을 것이다.

향후 확산되어갈 모바일 미디어는 그 속성상 개인 단위의 미디어 이용을 더욱 촉진시킬 것이다. 개인이 사용하는 정보단말기는 TV, 인터넷, 전화의 기능과 RFID의 기능을 통합하는 기능과 형식으로 발달할 것이다. 이러한 기술로 인하여 개인은 자신의 필요와 욕구에 부응하는 방향으로 일상생활을 설계하는 것이 더욱 용이하게 될 것이다. 인텔리전트 에이전트, 디지털 어시스턴트, 소프트웨어 에이전트 등으로 불리는 기능이 개인이 단말기나 네트워크와 상호작용하는 행위를 매개할 것이다.

엠비언트(Ambient) 인텔리전스는 개인이 환경에 적응하는 것이 아니라 환경이 개인에 적응하도록 할 것이다. 개인이 필요한 정보이용 환경뿐만 아니라 온도·습도·가구와 장치의 기능과 배열과 같은 물리적 환경도 개인의 특성에 따라 적응하게 될 것이다. 요약하자면 과거의 개인과 국가, 개인과 사회, 개인과 집단의 이항대립으로부터 개인과 환경(물리적, 사이버상의) 간의 이항대립이 사회문화적으로 주요한 관심의 대상이 될 것이다.

개인성의 강화는 개인의 지적, 기술적 능력과 개인이 소유한 부의 정도에 따라 차별적으로 나타날 것이다. 또한 익명의 간접적인 상호작용과 실명의 직접적인 상호작용의 양분화를 의미하기도 하며 상호신뢰, 정서적 배려와 같은 개인적인 속성이 더욱 중요해질 수 있다. 개인성의 강화가 반드시 다양성의 확대를 의미하지 않을 수도 있다. 다수의 유사한 정보와 상품의 소비에 있어서 개인적인 조합의 차이에 불과할 수 있기 때문이다.

언제 어디서나 접속이 가능한 환경은 개인의 사생활 침해 우려를 더욱 증대시킬 것이다. 결과적으로 보안기술이 중요해지고 네트워크 환경과의 차단 기능이 모든 단말기에서 중요해질 것이다.

IT의 발달로 인한 개인성의 강화는 인류 역사상 오랫동안 개인에게 가해진 집단과 권력에 의한 통제로부터 개인이 자유로워질 수 있는 가능성을 열어주고 있다. 개인의 복지 증대가 사회 전체의 복지 증대로 이어질 수 있도록 정책적인 배려를 해야 할 것이고 장애인이나 그 외 사회적 소수자들에게도 IT가 제공하는 혜택이 돌아갈 수 있게 해야 한다.

로보틱스와 인텔리전트 에이전트와 같은 기술의 연구 개발을 이루어 현재 IT에서의 선도적인 위치를 공고히 하는 것이 국가 경쟁력과 산업의 발전을 위해서 필수적이다.

반면 고립된 자아나, 다중자아로 인한 분열증, 가상현실로의 과도한 몰입과 같은 사회병리적인 현상이 나타날 위험도 동시에 존재한다. 가족과 동류집단과 같은 건전한 사회적 네트워크를 구축하여 개인성의 강화로 인해 나타날 수 있는 사회적으로 부정적인 결과를 최소화해야 한다.

개인성을 강화하는 기술의 발전은 필연적으로 사생활 침해의 우려를 가져온다. 미래의 기술이 개인의 인권을 보호하는 방향으로 개발되고 활용될 수 있도록 해야 한다.

자발적 참여의 증가

인터넷의 등장은 사회참여의 길을 활짝 열어놓았고, 시민들은 인터넷게시판, 사이버카페 등을 놀라울 정도로 똑똑하게 이용하면서 사회문제에 직접 참여하기 시작했다. 이러한 참여는 정치·사회·문화 전방위에 걸쳐 놀라운 변화를 일으키고 있다.

IT혁명은 정치참여의 주체와 패턴을 크게 바꾸어놓고 있다. 과거에는 연고형 집단 구성원, 정당·결사체 등과 같은 폐쇄적이고 위계적인 조직 중심의 집단화된 정치참여가 지배적이었으나, 최근에 와서는 다원적이고 분산적인 네트워크에 기반한 '자율적 개인들'이나 '유동적'이고, '임시적'이며, '가상적인 조직'이 주도하는 정치참여가 점차 부각되고 있다.

이러한 새로운 정치참여 트렌드는 지난 2002~2004년 한국의 정치사회적 격변기 동안 새로운 형태의 '참여시민'으로 출현한 이른바 'P-세대' 또는 '2030세대'가 실천했던 좀더 진화된 형태의 정치참여 양상에서 잘 나타났다.

이들은 고도의 연결성과 분산화를 기본 특징으로 하는 정보통신기술을 적극적으로 활용하면서 중요한 정치·사회적 의제선정 및 정책결정과정에 강력한 영향을 미침으로써 정부, 정당 및 정치인들이 좀더 적극적으로 반응하도록 압력을 행사했고 실제로 정치질서의 변화를 가져오기도 하였다.

이러한 변화의 기저에는 IT혁명이 자리잡고 있다. 인터넷, 모바일 등 IT 이용이 점차 보편화됨에 따라 정치참여가 이슈 또는 현안별로, 조직형태에 따라, 그리고 지역 – 국가 – 글로벌 등의 차원에 따라 복잡하고 다양한 형태로 전개될 가능성이 커지고 있다.

이러한 IT를 기반으로 하는 다층적·복합적·다원적인 형태의 정치참여의 활성화로 인해 기존의 장소 중심적 또는 정주적 형태의 정치참여는 점차 쇠퇴하는 반면, IT에 기반하여 매우 유동적이고 빠른 '속도의 정치,' 즉 영역과 경계를 초월하여 탈중심화, 분권화된 형태로 다양한 지점에서 다양한 주체들이 참여하는 정치는 증가하는 추세에 있다.

왜 자발적 참여자들이 늘어나는가

이러한 정치참여의 행태와 패턴의 변화를 초래한 기본적인 동인은 역시 IT이다. IT의 발달과 이용의 보편화가 개인의 의사소통능력을 크게 신장시키면서 점차 연고형 집단 구성원과 폐쇄적 집단 멤버십에 기반한 사회네트워크에서 가족·학교·직장 등 오프라인 사회관계망에서뿐만 아니라 동호회·취미집단·결사체 등 장소에 구애받지 않는 다양한 온-오프라인상의 문화적, 사회정치적 관계망에 복잡하게 얽혀 있는 이른바 '네트워크화된 개인들'로 구성된 사회네트워크로 변화하고 있다. 이러한 네트워크화된 개인들의 사회네트워크는 보다 중층적이고 복합적이며 다층적인 형태의 사회관계망의 성격을 띠게 될 것이다.

이와 같은 사회관계망의 변화는 산업화시대의 집단 중심의 정치참여에서 탈산업시대의 유목형 정치참여로의 변화를 이끌어갈 것이고, 정치참여의 주체로서 '시민' 존재양식의 변화를 가져올 것이다. 정치참여가 더 이상 특정한 집단이나 공식화, 제도화된 채널(선거과정)에 의해서만 이루어지는 것이 아니라 다양한 사회관계망 속에 복잡하게 얽혀 있는 네트워크화된 개인들의 일상적 행위를 통해서 이루어지는 것이다. IT기술의 발전은 시민 개개인의 정치적 역할과 영향력을 고양시키고 동시에 정치사회 시스템 전반에도 연쇄적인 영향을 유발시킴으로써 정치참여가 더 이상 특정한 정치집단이나 공식화, 제도화된 채널을 통한 참여로 한정되지 않고 비공식화되고 제도화되지 않은 영역에서도 일상적인 참여를 가능케 하고 있다.

또한 인터넷, 모바일 등 IT 이용이 점차 보편화됨에 따라 이와 같은 네트워크화된 유목형 정치참여 양상은 이슈 또는 현안별로, 조직형태에 따라 그리고 국내–지역–지구의 차원에 따라 더욱 복잡하고 다양한 형태로 전개될 가능성도 높아지고 있다.

자발적 참여의 증가로 나타날 5가지 변화

1 | 오프라인과 온라인 정치참여의 융합

현재 오프라인에서 온라인으로, 온라인에서 오프라인으로의 정치참여의 방향 전환이 매우 빈번해지고 있다. 오프라인 기반의 정치조직들이 유권자 정치동원을 위해 온라인화 또는 디지털화되고 있을 뿐 아니라, 온라인에서 자발적으로 형성된 다양한 형태의 온라인 정치조직(예컨대 온라인 정치커뮤니티)을 중심으로 한 유권자들의 오프라인 정치참여도 증가하고 있다.

　여기에 더하여 최근 온라인 정치참여와 오프라인 정치참여를 유기적으로 결합하려는 움직임이 증가하고 있다. 온라인 정치참여는 네티즌이 주도하고 온라인 공론장에서의 토론·대화·심의·온라인 투표·선거운동·시위를 하면서 정치에 참여하고 쌍방향 소통을 하는 정치참여의 성격을 갖고 있다. 반면에 오프라인 정치참여는 시민이 주도하고, 오프라인상에서 투표·선거운동·정당활동·시민운동에 참여하고, 일방적 방향성, 면대면 소통을 하는 정치참여의 성격을 갖고 있다. 이러한 온라인 정치참여와 오프라인 정치참여를 유기적으로 결합할 경우, 엄청난 참여의 시너지 효과를 낼 수 있다. 미국의 미트업 온라인 커뮤니티는 온라인과 오프라인을 결합한 대표적인 사례이다. 미트업(www. meet-up.com)이라는 온라인 커뮤니티를 통해서 20~30대 사이버 회원들이 하워드 딘을 지지하는 모임인 '딘사모'를 결성하여 온라인상에서 후원 활동을 벌였고 서로 연락을 취하면서 직접 선거운동에 나서서 2004년 1월말 미국 전역의 1,440가구에서 하워드 딘을 지지하는 신년모임을 전국적으로 동시에 열었다. 미트업을 통한 온라인-오프라인 참여는 70만 명의 지지자들이 4,000만 달러에 육박하는 선거자금을 기부하였고, 무명의 하워드 딘을 민주당 대통령후보 경선 선두주자로 올려놓았다.

　한국에서 온라인-오프라인이 결합된 정치참여는 쉽게 발견할 수 있다. 2000년 시민운동단체의 낙천낙선운동은 오프라인상의 낙천낙선운동을 온라인을 통해 전달하고 동원한 사례이며, 2002년 노무현 대통령을 탄생시킨 노사모 운동은 한국 최초의 정치인 팬클럽 운동으로서 온라인상에서 기획되고 결성되었으며 오프라인상에서 노후보를 지지하는 대규모의 자발적 정치적 결사체로 발전하였다. 미국의 '딘사모'는 대통령 후보를 만드는 데도 실패했지만 한국의 노사모는 후보는 물론 대통령을 만들어냈다. 탄핵정국과 17대 총선에서 맹위를 떨쳤던 '촛불시위'

는 오프라인 정치참여의 형태를 띠고 있지만, (온라인에서의 제안→온라인상에서의 여론 확산→배너달기, 인터넷 서명운동 등의 온라인 집단행동→온라인에서 오프라인상으로의 확산→온라인상에서의 재결집)의 순으로 온라인에서 촉발하여 오프라인으로 확산되고 다시 온라인으로의 재결집, 재확산되는 온라인-오프라인 정치참여의 혼융화의 양상을 보여주고 있다.(이원태, 2004)

그럼에도 불구하고 아직까지 온라인 정치참여는 오프라인상의 사회관계에 기반하여 이루어지는 네트워크화된 정치참여의 성격이 지배적이다. 말하자면 온라인 정치참여는 '오프모임'·'지역모임'·촛불시위와 같은 '오프집단행동' 등 오프라인상의 정치참여를 온라인상에서 네트워크화하는 역할에 치중하고 있는 것이다.

2 | 정치참여, 집단화에서 개인화로

한국의 정치참여는 아직까지 집단화된 정치참여와 개인화된 정치참여가 혼재된 양상을 보여주고 있으나, 점차 개인화된 정치참여로 전환할 것이다. 앞으로는 휴대전화·PDA·MP3 등 모바일을 통한 정부·정당·정치인과 유권자 간의 직접적이고 쌍방향적 커뮤니케이션에 기초한 이른바 '모바일 정치'가 활성화됨에 따라 개인화된 정치참여가 더욱 증가할 것이다.

이러한 현상을 웰만은 '네트워크화된 개인들의 정치참여'(Wellman, 2002: 10~25)로 개념화하였고, 미셸레티와 이원태 등은 '정치참여의 개인주의화' 또는 '개인주의화된 정치참여'로 개념화하였으며(Micheletti, 2002; 이원태, 2004), 빔버는 '가속화된 다원주의화'(Bimber, 1998)로 표현하였다.

IT와 관련된 정치참여도 클럽, 카페 등 사이버공동체를 통한 정치참

여에서 미니홈피, 블로그 등 개인(소수)적 공간에 기반을 둔 개인화된
정치참여로 이동하는 추세에 있다. 그러나 이와 반대로 개인화된 정치
참여가 집단화된 정치참여로 전환하는 사례들도 많이 존재한다. '블로
그 커뮤니티' 또는 '메타 블로그'는 개인적 정치참여를 집단적 정치참
여로 전환하기 위해 등장한 사이버 공간이다.

3 | '대의적' 정치참여에서 '자발적' 정치참여로

정치참여의 새로운 트렌드는 정부 · 정당 · 정치인 · NGO 등 기존의
'정치적 대표'(공급자)가 주도하는 '대의적' 정치참여에서 유권자 · 네
티즌 등 수용자/수요자가 주도하는 '직접적' '자발적' 정치참여로 점차
변화하고 있는 현상에서 찾을 수 있다.

자발적 정치참여로의 전환은 정부와 시민, 정당(정치인)과 유권자 간
의 '직접적 접촉'에 기초한 IT네트워크형 정치참여를 증대시킬 것이고,
이는 이른바 '인터넷 포퓰리즘'의 일상화를 초래할 가능성도 높여주고
있다.

현재 한국에서 자발적 정치참여를 이끌고 있는 주도 세력은 속칭
2030세대로 불리는 젊은 유권자 집단이다. 젊은 한국의 유목민들은 N-
세대(netizen), P-세대(Participation · Passion · Potential Power),
M-세대(Mtizen: mobile citizen), 또는 W-세대(World Cup genera-
tion)로 변모하면서 인터넷 · 휴대전화 · MP3 등과 같은 신유목 물품을
휴대하고 사이버 공간과 오프라인 공간을 번갈아 가면서 적극적으로 정
치에 참여하고, 대표와 동료 시민들과 소통하고, 심의하고, 토론하였다.

2002년 한일월드컵은 한국에서 N-세대가 동원되는 전기를 마련해
주었다. 월드컵 기간 중 연 인원 2,400만 명이 자발적으로 축제와 같은
거리응원에 참가하였다. 모든 세대가 거리응원에 합세했지만 주도세력

은 '붉은 악마'로 불리는 한국응원단과 10대·20대·30대의 젊은 한국인들이었고 월드컵 기간 중에 그들은 이미 W-세대라는 명칭을 얻고 있었다. 2002년의 월드컵에서 표출된 에너지의 동원은 그 이전의 대규모 동원과는 여러 면에서 차이가 있었다.(임혁백, 2002) 민주화 시대의 동원은 기본적으로 '저항의 동원'이었다. 1970년대와 80년대의 민주화 세대는 국가주의를 거역하고(revolt), 성장주의를 거부하고(reject), 권위주의에 저항하는(resist) 3R의 세대였다.(송호근, 2003: 99) 그러나 월드컵에서의 동원은 자신의 성취를 자축하는 '환희의 동원'이었다. 1987년 6월 민주화 항쟁은 독재를 타도하기 위한 네거티브한 동원이었으나 월드컵에서 거리로 쏟아져 나온 수백만이 펼친 응원은 신바람나는 긍정적 동원이었다.

월드컵은 이기주의·고립성·폐쇄성·익명성 속에서 갇혀 있던 N-세대를 광장으로 끌어내었다. 월드컵이 끝난 후 대선 경쟁이 본격화되자 그들은 정치도 스포츠와 같은 축제로 바꾸기 위해 나서게 되면서 스포츠에 참여하는 W-세대에서 정치에 참여하는 P-세대로 변하였다. 과거에 정치적으로 냉소적이고 무관심했던 젊은이들이 정치적으로 적극적인 시민으로 변하였다. 그들은 스포츠에 쏟았던 열정을 정치로 옮겨 자신이 가지고 있는 창의성과 잠재력을 최대한으로 발휘하여 적극적으로 정치를 변화시키기 위해 참여하는 3P세대가 되었다.

선거과정에서 P-세대는 온라인·오프라인을 번갈아 넘나들면서 대선 유세, 미군 장갑차에 깔린 여중생을 추모하는 촛불시위, 반전 평화 시위에 참여하였다. 한국의 참여 세대(P-generation)의 핵심은 N-세대와 M-세대였다. P-세대는 지적으로 개방적이며, 포용적이고, 소통적이며, 사회의식이 높고, 혁신적이며, 빠르고, 이동성이 높으며, 신뢰도가 높은 신유목민의 특질을 보유하고 있었다. (Tapscott, 1998)[1]

P-세대의 정치참여는 IT를 매개로 해서 이루어지고 있다. 한국의 P-

세대는 노사모와 같은 인터넷 팬클럽이나 번개모임과 같은 플래시몹 시위의 방식으로 정치에 참여하고 있다. 그들은 인터넷, 휴대전화와 같은 신유목적 물품을 가지고 온라인상에서 공동체를 조직하며 이를 오프라인상의 시위, 보이코트, 공적 심의의 현장으로 동원하고 있다.

4 | 표현주의적 정치참여의 활성화

IT는 또한 자기절제와 이성적, 합리적 판단이 요구되는 '심의적' 정치참여에서 '자기표출'(드러냄), 감성적 표현의 자유로움이 더욱 강조되는 이른바 '표현주의적' 또는 "표출적" 정치참여로의 전환을 이끌고 있다.

현재 온라인상에서는 게시판 대화 또는 토론 중심의 정치참여에서 '리플', '댓글' 중심의 자기표출적 글쓰기 방식('리플놀이' 등)이나 패러디 사진 및 동영상 등 네티즌들이 직접 생산한 이미지 콘텐츠 중심의 정보공유를 특징으로 하는 표현주의적 정치참여가 일상화되고 있다.

예를 들어 지난 2004년 탄핵 및 총선 당시의 '정치패러디' '플래시몹' '인터넷 페인' '메신저 아이디 바꾸기' 등은 전형적인 표현주의적 정치참여의 사례이다. 플래시몹은 불특정인들이 휴대전화 문자 메시지나 인터넷으로 약속해 한꺼번에 '퍼포먼스'를 하고 흩어지는 행위로서 메신저·휴대전화 등과 같은 개인화된 커뮤니케이션 수단을 통해서 온라인과 오프라인을 연결하는 P-세대의 정치참여 수단이다. 이는 1970년

1) 탭스콧(Tapscott, 1998)은 N세대가 1) 독립심, 자율성이 높고 2) 감성적이나 지적 개방성이 높고 3) 사회적 포용성이 높고 4) 자유로운 표현과 토론을 좋아하나 사회문제에 대해서는 강한 자기 주장을 갖고 있으며 5) 더 나은 것을 추구하는 혁신지향적이라는데서 베이비붐 세대와 다르며 6) 어른들이 생각하는 것보다 성숙하며 7) 새로운 기술의 작동원리를 알고 싶은 탐구심이 강하고 8) 성급해서 리얼타임의 세계를 선호하며 9) 기업적 이익에 민감하고 비판적이며 10) 네트워크의 익명성·접근성·다양성·편재성 때문에 인간에 대한 높은 신뢰를 갖고 있다는 특징이 있다고 주장한다.

대와 80년대에 운동권들이 하던 '기습시위' 방식과 유사한 시위 방식이다. '메신저 대화명 바꾸기'는 메신저 채팅을 통하여 정치적 성격을 띤 구호 · 슬로건 · 상징을 대화명으로 바꾸는 방식을 통해 정치적 이슈나 사건에 대한 자신의 의사를 표출하는 것으로 탄핵반대 운동, 17세대 총선 참여촉구운동에서 활용되었다.

최근에는 '싸이질'이라는 지극히 개인주의화된 표출 방식을 통해서 나타나는 이른바 '미니홈피'를 통한 '노출경쟁'이 일어나고 있는데, 이러한 새로운 인터넷 문화를 '신규범체제'(New Normarcy: 노출이 일반화되는 상황을 의미)라고 부르기도 한다. 이와 같은 '싸이질'을 통한 노출경쟁이 정치인들의 인물 중심의 이미지 노출경쟁으로 변질되기도 한다.

이러한 '자기표출적 정치참여'(이원태, 2004)와 '표출적 저널리즘'의 활성화에 따른 '이질적, 복수적 공론장의 출현'(이기형, 2004)으로 다양한 형태의 온라인 자발적 결사체가 급격하게 늘어나고 있을 뿐 아니라, 인터넷상의 독특하고 다양한 하위(집단)문화가 정치참여의 새로운 채널이 되면서 더욱 다층적이고 복합적인 정치참여문화를 형성시키고 동시에 정치를 활성화시켜주고 있다.

기존의 정치참여가 합리적 판단 · 전략적 선택 · 심층적 사려를 요구하는 '심각하고 무거운 정치행위'였다면, 표출적 정치참여는 정치를 '즐거움' 또는 '희열' · '정서적 흥겨움' · '놀이'의 대상으로 여기는 '쾌락적' · '축제적 정치참여이다. 이러한 표현주의적 정치참여는 미래 한국 정치 거버넌스가 규격화 · 표준화 · 대규모의 위계적 조직화 · 합리화 · 규율을 특징으로 하는 산업화 시대의 아폴론적 정치참여 거버넌스에서 자발성 · 창의성 · 개방성 · 축제성을 특징으로 하는 탈산업화 · 탈근대 시대의 디오니소스적 정치참여 거버넌스로 전환될 것이라는 것을 보여주고 있다.

IT를 기반으로 하는 정치참여는 정치참여의 의미와 범위를 확장시키고 있다. 정치참여는 투표, 선거 등 공식화되고 제도화된 정치과정에만 더 이상 한정되지 않으며 일상적인 정치참여, 정치참여의 일상화로 확대되고 있다.

IT는 자유로운 정보제공 또는 정보접근을 확대시킬 뿐 아니라, 쌍방향적, 상호작용적 소통을 통해 사람들간의 상호관계(정당/정치인과 유권자/시민, 시민-시민 간의 관계)를 일방적이고 위계적인 관계에서 쌍방향적이고 수평적인 관계로 변화시킨다.

IT기반의 정치참여는 이슈 중심 정치로의 전환을 주도할 것이다. 인터넷 · 휴대전화 · PDA 등을 통한 정치참여의 활성화는 점차 정치과정을 이른바 영구적 캠페인의 일상화 또는 권리주창정치의 일상화로 바꾸어놓을 것이다. 선거를 비롯한 정치참여 과정이 IT에 의존하게 되면서 선거캠페인의 일상화 또는 정치의 일상화가 나타날 것이다.

밝은 얼굴과 어두운 얼굴을 가진 신유목형 정치참여

이와 같은 신유목형 정치참여는 밝은 얼굴과 어두운 얼굴을 동시에 갖고 있다. 신유목형 정치참여가 참여하는 적극적 시민의 육성, 소통능력의 향상을 가져다주는 긍정적 효과가 기대되는 것과 동시에 사회적 통합력을 떨어뜨리고, 정치과정을 파편화시키고, 정치적 불확실성을 증대시킬 것이라는 우려도 제기되고 있다.

신유목형 정치참여의 밝은 얼굴은 첫째, 정치참여에서 IT를 적극 활용할 경우 '정치적 개인'의 역할을 크게 증대시킴으로써 국가에 봉사하고 헌신하는 수동적 개인들에서 국가의 정책결정과정에 직접 참여하는 적극적 개인들이 정치와 행정의 주체가 되는 상황을 가져올 것이라는 것이다. 말하자면, 구성원을 주체로 하여 운용되는 참여적 자치의 의미를 지니는 참여 민주주의의 정치시스템을 작동시킬 수 있게 되는 것이다.

둘째, IT의 적극적 활용을 통해 지구적 소통능력을 갖춘 '세계시민' 또는 '지구적 한국인'을 배양할 수 있게 될 것이라는 점이다. IT의 적극적 활용을 통해서 국민 개개인이 고급정보의 생산자인 동시에 선진문화의 소비자가 되는 문화강국, 정보강국을 형성해나갈 수 있을 것이다. 미래의 한국은 최고의 디지털 인프라와 높은 디지털 이용률을 보유한 세계적으로도 주목받는 디지털 선도국이자 동시에 역동적인 디지털 정치참여를 보여주고 있는 디지털 정치선진국으로 발돋움할 것으로 보인다.

신유목적 정치참여가 밝은 미래만을 약속하고 있는 것은 아니다. 어두운 얼굴도 가지고 있다. 첫째, IT의 적극적 활용에 따라 개인의 자유와 소통능력이 급격하게 강화되고 '가속화된 다원주의'가 증대하는 반면, 이들 네트워크화된 개인들의 사회적, 정치적 책임의식이 크게 약화되어 민주주의와 정치참여의 질을 떨어뜨릴 것이라는 우려가 제기되고 있다. 말하자면 개인화된 정치참여는 협애한 이슈와 이해관계를 뛰어넘는 정치참여를 어렵게 하여 사회적 정치적 통합력을 감소시킬 것이라는 우려가 제기되고 있다

둘째, 정보화의 진전으로 개별의식 · 지역의식 · 민족의식 · 글로벌 의식 등의 다층적 의식구조가 형성됨에 따라 정치과정을 파편화, 불안정화시킬 수 있다는 우려가 제기되고 있다. IT를 통한 정치참여의 과부하가 정책의 양극화를 조장하며 반대의 목소리만 높아지고 정치적 이념과 정파에 따라 사이버 공간을 끊임없이 분극화, 파편화(공론장의 분열)시

킴으로써 타협의 정치를 질식시키고 그 결과 시민의 정치적 냉소주의와 불참여를 초래할 수 있다는 우려가 제기되고 있다.

셋째, IT기반 정치참여의 활성화가 '정치의 유동성' 또는 '정치의 불확실성', 그리고 '투표유동성'을 크게 증대시킴으로써 전통적인 형태의 정당 기능 및 역할을 약화시킴으로써 대의제 민주주의의 제도적 기반을 약화시키고, 민주주의의 제도화와 공고화를 저해할 것이라는 우려가 제기되고 있다.

네트워크화된 유목형 정치참여가 정치적·사회적 통합력의 약화를 가져오지 않도록 하기 위해서는 첫째, 정부·정당 등 정치사회는 개방적 소통, 높은 사회적 신뢰에 바탕한 신유목적 참여정치 거버넌스(제도화된 정치참여 및 시민참여의 허브 또는 게이트웨이)를 구축해야 한다.

이와 관련하여 최근 온라인상의 다양한 정치커뮤니티들을 통해 형성되고 있는 네트워크에 기반한 분산화되고 개인화된 정치참여를 효과적으로 통합하기 위해서 기존의 정치조직들도 스스로 '정치적 메타네트워크' 또는 '참여정치 거버넌스'로 전환할 필요가 있다.

둘째, 협애한 이슈와 이해관계를 뛰어넘는 사회정치적 통합력을 증대시키기 위해서는 일반적 이익의 매개체로서의 참여정치 거버넌스를 구축할 필요가 있다.

정치참여의 다양한 분출과 다층적 복잡화가 초래하는 부작용과 문제점으로 지적되는 파편화·분절화·분극화를 통한 사회적 정치적 통합의 약화를 제도적으로 치유하고 보완하기 위해서는 불가피하게 정치참여의 제도화 요구가 증가할 것이고, 이 경우 일정한 시점에 가면 기존 정치제도의 수용능력도 증가할 것으로 보인다. 그러나 위로부터의 지나친 정치제도화, 즉 과잉제도화는 신유목적 정치참여의 활성화에 오히려 장애가 될 수도 있다는 사실을 유념하여야 한다. 미국의 '딘사모' 실패는 위로부터의 제도화 시도가 자발적 정치참여의 폭발적 열기와 의욕을 얼마나 빠른 속도로 냉각시켰는가를 잘 보여주는 사례이다. 따라서 신유목적 참여정치 거버넌스가 모색될 필요성이 제기된다. 개방적 소통, 포용 및 높은 사회적 신뢰에 기반한 신유목적 참여정치 거버넌스의 모색이 필요한 것이다.

신유목적 참여정치 거버넌스를 구축하는 데 있어서 유의할 점은 제도권 차원의 위로부터의 거버넌스와 자발적인 형태의 아래로부터의 거버넌스를 긴밀히 접합시켜야 한다는 것이다. 양자가 서로 접합하는 형태의 참여정치 거버넌스의 예로서는 자발적 정치인 팬클럽이 정당 또는 정치조직(정치세력화)으로 전환하는 경우, 또는 사이버 공간과 온라인 커뮤니티를 오프라인의 정치세력화할 경우에 적용되는 거버넌스를 들 수 있다. 그러나 거버넌스의 접합과정에서 아래로부터의 거버넌스, 즉 다양한 결사체 중심의 풀뿌리 거버넌스의 자율적 발전을 침해하지 말아야 한다.[2]

---

2) 펑(Archon Fung)은 이를 "시카고 스타일의 심의민주주의"라고 지칭하고 있다. (Fung, 2003)

양극화의 가속화

한국사회에서 기존의 중산층이 상류층과 하류층으로 편입되는 상황이 뚜렷하게 나타나고 있다. 이러한 계층구조의 양극화에 따라 일상생활과 문화생활 역시 크게 차별화되고 있어 소위 '노는 물'과 '사는 물'이 달라지고 있다.

정보사회론자 벨이 『후기산업사회의 도래』(*The Coming of Postindustrial Society*)에서 마르크스의 노동가치설에 대응한 지식가치설을 제시한 바 있듯이 (Bell, 1973) 정보사회에서는 지식정보가 사회경제적 자원의 핵심으로 대두함으로써 사회불평등 체계가 지식정보의 분포에 의해 좌우되는 경향이 커진다. 지식정보의 접근 가능성에 준거한 정보격차론이 정보화 시대의 사회불평등에 관한 주류 이론으로 등장하고 있음은 바로 이 때문이다. 그러나 '정보사회론'이라는 낙관론에 안주하여온 기존 정보격차론은 정보기기나 정보매체에 대한 접근성 문제에 천착함으로써 산업화 시대의 계급계층론에 필적할 만한 정격 이론을 산출하지 못하고 있는 실정이다.

오늘날 정보사회는 첨단 정보통신기술이 경제·정치·교육·문화 등의 제반 영역에서 새로운 질서를 구축하고 있을 뿐 아니라 새로운 사회의식 및 인간형을 창출하고 있다는 점에서 문명사적 전환기로 간주되고 있다. 따라서 정보화가 가속화할 미래 한국사회의 불평등 체계는 기존 관점을 넘어선 새로운 패러다임으로 조망되어야 할 것이다.

IMF 이전까지의 고도성장기를 특징짓던 "노동력 고급화 추세"가 잔존하는 동시에 대량 실업사태, 고용형태의 변화, 자산가치의 붕괴 등으로 인한 중산층 침하 현상이 등장하면서, 최근 한국사회는 최상층 및 전문 지식근로자층이 형성하는 소수의 상층과 범용·비(非)지식근로자층 및 실업자층을 통괄하는 다수의 하층으로 양분되어가는 8자형 사회를 지향하고 있다. 8자형 사회는 기본적으로 다음 두 가지 함의를 내포한다. 첫째는 사회적 위계구조의 양극화를 촉진한다는 점이요, 다른 하나는 계층 간 단절을 심화시킨다는 점이다.

1997년 외환위기 이후 학계 안팎에서 거론되어온 중산층 붕괴론은 그 같은 위계적 사회질서의 양대 변화를 촉발하는 단초를 거론한 것으로서, 그것은 향후 한국사회의 계층구조가 '신부르주아지화' 및 '신프롤레타리아화'라는 상반된 흐름이 교차하는 새로운 국면으로 전환되어 나아갈 것임을 시사한다.

따라서 여기서는 현대사회에 있어 가장 핵심적인 구조적 단면으로 간주되고 있는 계층구조에 초점을 맞추어,(Bourdieu, 1984) 그것이 정보기술의 발달 및 사회적 활용도 증가에 따라 어떤 양상으로 전개될 것인가라는 미래 정보화 시대의 사회계층적 질서를 추론해보고자 한다.

양극화는 왜 빨라지는가

1 | 해체되는 중산층

1997년 이후의 노동시장 구조변화로부터 우리는 중산층 붕괴를 전망할 수 있는 몇 가지 단서를 추출할 수 있다. 노동패널 자료 분석에 의하면 1997년 외환위기 이후 노동시장의 여건이 악화되어 실업자·퇴직자가 격증하였음은 물론 비정규직도 급증하였고, 또 정규직 근로자들의 직장유지율도 하락해 단기근속자의 비율이 높아진 것으로 밝혀졌다.(금재호·조준모, 2000) 물론 비정규직·저학력·여성·중고령자 층이 그런 과정의 최대 피해자로 알려지고 있지만 전체 근로자층에 널리 보편화된 고용불안정성의 가장 결정적 요인은 근로활동에서 발휘할 수 있는 전문지식의 유무라고 아니할 수 없다. 요컨대 고도의 지식정보를 지닌 근로자가 사회적으로 우대되는 정보화 시대에 경기불황으로 인한 고용압박이 커지자 전문적 지식을 지닌 지식근로자는 상층으로 편입되고 그

계 층	주요 특성	추정 구성비	함의
최상층	기업 소유 및 최고 경영자, 고소득 전문가 60평 이상 주택 소유자/소득 1분위층	5% 내외	고급 지식근로자층의 형성으로 인한 상층부의 재편
상 층	전문직/40~60평 주택 소유자/대학졸업자 소득 2~3분위층	15% 내외	
중상층	사무·판매·기능·서비스직(일부) 25~40평 주택 소유자/소득 4~5분위층	15% 내외	중산층의 하향화
중하층	사무·판매·기능·서비스직(일부) 국민주택 이하 소유자/소득 6~7분위층	15% 내외	
하 층	육체근로자·단순노무직(일부) 주택비소유자/8~9분위층	25% 내외	
최하층	단순노무직(일부)/근로능력 상실층 기초생활보장제 수급 대상자	15% 내외	

한국사회의 계층구조(박형준, 2003: 277)

렇지 못한 범용근로자는 하층으로 침하하는 중간층 분해현상이 촉진되었다고 풀이할 수 있다. 1997년 사태로 고용상 동요가 가장 심했던 것이 중간계급이요 재취업 이후의 지위변화가 가장 컸던 것 역시 중간계급이었다는 사실이 그러한 점을 반증한다.(신광영·이성균, 2000)

이 같은 중간층 분해현상은 현대사회의 계층분화에 가장 크게 기여하여온 학력·직업·수입이라는 3대 변인에 오늘날 우리 사회의 계층화현상에 결정적 영향을 끼친다고 추정되는 주거지 및 주거형태까지 고려한, 보다 종합적인 객관적 척도에 의한 계층질서의 최근 형태에 관한 분석 결과에서 단적으로 확인할 수 있다(앞쪽 표 참조).

2 │ 정보자원의 수용격차

정보화의 역기능에 속하는 정보격차란 원초적으로 정보기기의 이용 및 접근과 관련된 사회경제적인 요인에 의해 발생한다. 그런데 정보화가 확산되면서 정보격차의 핵심 쟁점은 "누가 더 많은 정보를 취득할 수 있는가 하는 문제"나 "누가 정보를 올바르게 사용하는가"라는 문제로 전환된다. 말하자면 정보격차의 관심사가 보편적 접근의 차원에서 주체적 향유의 차원으로 이행하게 된다(옆쪽 그림 참조).

경제적 능력은 정보격차의 양대 핵심요소인 정보기기의 접근 및 정보 활용을 보장하는 선결 요건으로 간주된다. 그런데 이같이 경제력이 정보격차의 1차적 원인이라는 점은 의심의 여지가 없지만, 기술 확산이론 분야의 연구 결과에 의하면 기기 접근이나 사용을 위한 경제적 여건 못지않게 문화적 혹은 심미적 욕구, 정보화 마인드 등 비경제적 요인들도 경시할 수 없는 것으로 인식되고 있다. 다시 말해 정보화의 진전과 함께 격차 해소의 관건으로 부각되고 있는 것은, 첨단 정보기기나 시설물에 대한 접근이나 활용 자체가 아니라 사용자들이 그것을 어떻게 삶의 이

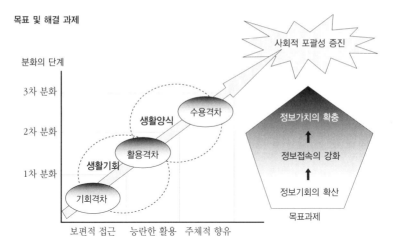

목표 및 해결 과제

정보격차의 유형 및 해결과제

기로서 지혜롭게 수용할 수 있는지의 여부이다.

즉 정보화가 진전하게 되면 정보접근성 문제는 상당 부분 해소될 것으로 예상되는 반면 정보격차 논의의 축이 정보공간상에서 누가 보다 많은 영향력을 행사하게 되며 그러한 조건과 환경은 어떤 것일까 라는 소재로 이동할 것으로 보인다. 요컨대 정보격차의 논점이 경제자본에서 사회자본을 거쳐 문화자본으로 이동할 것으로 보인다.

특히 한국사회의 경우, 정보기술의 보급은 세계적 선진국으로 인정받고 있는 실정이지만 국민의 정보교양 수준은 선진국의 경우에 비해 크게 뒤떨어지는 것으로 평가되고 있다. 컴퓨터 사용 시간 증가에 반비례하여 독서 시간이 급격히 줄고 있다는 보도에서 보듯, 인터넷에 대한 폭발적인 관심은 기본적으로 독서, 토론 및 사색 등을 통한 자기성찰적 시간을 축소시키고 있다. 이 같은 현상은 향후 사회불평등의 크나큰 장애요소로 작용할 것으로 예상되는데, 정보의 접근성이라든가 활용성 문제를 넘어서서 주로 정보 콘텐츠의 해득 및 이해의 문제와 직결된 수용격차는 향후 우리 사회의 계층분화를 심화시키는 새로운 요인으로 주시할 필요가 있다고 본다.

3 | 문화시대의 감성격차

"뿌리고 살피고 거두는 경작을 통한 정련된 정신"은 19세기 말 이전까지 철학자·예술가·역사가 들이 간직해온 인문학적 문화관의 핵심이었다. 그러다가 19세기 말부터 세계 각처에 산재한 폐쇄적 전통사회를 답파한 서구 인류학자들은 인류문화의 보편적 속성을 인지해 생활양식의 "복합적 총체"라는 사회과학적 문화개념을 정립하기에 이르렀다. 그러나 오늘날 문화의 다양화·이질화·파편화가 촉진되면서 그 공유의 폭이 날로 감축되어 사회통합적 기능이 유실되고 있음에도 불구하고 문화의 사회적 수요가 퇴조하지 않자, 문화의 사회적 존재가치가 재론되어 "상징적 형태로서 구현된 의미의 유형"이라는 상징적 문화 개념이 위력을 발하고 있다.(Thompson, 1990)

복잡다단한 생활체험을 정돈하여 삶의 이치를 깨닫게 하는 질서의식 및 의미 부여를 도모하자는 것이 상징적 문화 개념의 요체임을 상기하면서, 정보화 시대의 새로운 문화욕구를 행위주체인 개인의 행태적 특성과 변화된 생활환경의 핵심인 정보통신공간의 속성으로부터 추론하면 다음과 같다.

'탈(脫)제약성'으로서 총괄할 수 있는 사이버 공간의 속성으로서는 접속성/익명성· 편집성/조작성·복합성/중층성·신속성/동시성·탈공간성·가상성/초현실성 등을 들 수 있다. 한편 이같이 새로운 생활환경에 대처해야 하는 현대인의 행태적 특성은 '구성적 사고방식' 및 '임의적 행동양식'으로 축약할 수 있는 '가변성'으로 요약할 수 있는 바, 그러한 주체와 객체의 접점에서 파생하는 새로운 문화의식의 원천은 창의성 혹은 창조성으로 대변되는 문화적 감성이라고 말할 수 있다. 이처럼 문화적 감성이 사회적 자원동원의 새로운 기제로 등장하면서 가정·학교·지역사회 등과 같은 근접 생활공간에서 조성되는 감성격차가 '취향'이라는 것에 근거한 새로운 불평등 요소로 각광받고 있다.

양극화 사회에서의 3가지 변화

1 │ 계층구조의 양극화

현대사회의 불평등 체계는 기본적으로 피라미드형과 다이아몬드형이라는 두 가지 이념형을 오가는 것으로 이해되어 왔으며, 중간층(또는 중간계급이나 중산층)의 크기는 현대사회의 불평등 구조를 파악하는 관건으로 간주되어 왔다.

오랫동안 서구 선진제국이나 후발 공업국들에서는 고도 경제성장으로 고용기회가 확대되고 대중적 소비로 생활수준이 향상되면서 양극화 논리를 강조한 마르크스 주의의 계급론을 전면적으로 거부할 수 있으리만큼 중간층의 성장세가 지속되어 왔다. 그러나 경기불황이 잦아지고 국가 간 경쟁이 가열되는 근자에 들어서면서는 "20:80 사회"라는 표현으로 대변되는 중간층 퇴조 현상이 가시화하고 있다.

오일파동으로 인한 일련의 경기침체 이후 새로운 호황기로 접어들었다고 이야기되는 미국사회의 경우, 탈산업화나 정보화로 인한 고용축소, 세계화로 인한 경쟁강화, 구조조정으로 인한 실업률 증가, 노조의 약화 등 제반 시장적·제도적 요인으로 빈부격차가 꾸준히 확대되어 1980년대 말부터 "중산층 축소"나 "중산층 붕괴"라는 문제가 거론되어 왔으며(Stier and Grusky, 1990; Weeden, 1999), 유사한 사회경제적 궤적을 밟아온 여타 구미 선진국들에서도 동일한 현상이 출현해 "중산층의 소멸"이라는 마르크스의 예견이 다시금 주시되고 있다. 또 전후의 경제부흥과 한국전 특수를 통한 고도 경제성장으로 "천국에서 가장 가까운 나라"라고 자찬되어온 일본사회에서도 생활수준의 전폭적 향상에도 불구하고 수입격차, 학력 및 직업지위, 세대 간 이동 등에서 여전히 축소되지 않거나 오히려 확대되고 있는 계급격차가 엄존하는 것으로 알려지고 있다.(原・盛山, 1999)

한국사회 역시 예외가 아니다. 1960년대 초에서 97년 중반에 이르는 고도성장기에는 경영・감독・전문인층을 중심으로 한 신중간계급이 크게 성장하고, 전체 국민의 절반 이상이 중산층 귀속의식을 지니고 있어 한국사회의 계층구조는 기본적으로 마름모형을 지향해왔다는 것이 정설이었다.(신광영・조돈문・조은, 2003) 그러나 1997년 IMF 환란 이후에는 기업도산이나 대량해고로 인한 실업률 상승, 노동시장 유연화를 위한 임시직・계약직 근로층의 확대, 개별적 성취를 강조하는 신보수주의 이념의 확산 등으로 중간층 비율이 축소되는 새로운 현상이 목도되고 있다.(홍성민・민주홍, 2001)

그 직접적 증거의 하나라고 할 수 있는 소득분배 악화 현상은 1997년 IMF 이전에는 0.28~0.29 사이를 오르내리던 지니계수가 1998년 이후 0.3대에서 고원형태를 유지하고 있다는 도시가계연보 자료를 통해 확인할 수 있는데, 그러한 경향은 해당 자료에서 제외된 1인 가구와 비(非)임금근로자 가구를 포함한 노동패널 자료의 분석결과, 그리고 1인 가구는 물론이요 비도시 가구 및 소득불명인 사업자 가구까지를 포함한 대우패널 자료에 관한 분석결과에서 보다 명백히 드러난다.(김성환 외, 2004; 이정우・이성림, 2001)

2 | 거주공간의 차등화

지식근로자층의 거주지 이전 역시 최근 한국사회의 계층구조 변화에 무시못할 영향을 끼쳤다고 판단된다. 1995년 및 2000년 인구센서스 자료에 나타난 지역별 직업분포도에 의하면 전국 수준에서는 대도시가 지방보다, 권역별로는 대체적으로 수도권이 비수도권보다, 또 서울 시내에서는 서초구·강남구·송파구의 세칭 '강남권'이 비강남권보다 '지식정보직업군'이라고 불리는 전문기술직 및 행정관리직 종사자의 비율이 높았고 그러한 경향은 최근 5년간 오히려 강화된 측면이 있다.(조동기, 2003)

회고해볼 때 지난 40여 년 동안 한국사회의 거주지 분포는 산업구조의 변화와 더불어 크나큰 변화를 겪었다. 1960년까지의 농업 중심 사회에서 최근의 탈제조업 시대에 이르기까지의 산업구조 변화는 대규모 인구이동을 수반하는 공간구조의 재편을 초래하였는데, 한마디로 제3세계형 '과잉도시화'라 불리는 도시와 도시인구의 급속한 팽창은 공간적 불균형을 심화시켰다. 즉 대규모 인구이동을 수반한 저간의 불균등 성장은 도시인구의 급격한 증가와 함께 농촌의 황폐화와 더불어 도시민의 공간적 분리를 촉진시켰다.(신광영·이성균, 2003; 최항섭, 2005) 그러한 경향이 가장 적나라하게 드러나는 서울의 공간적 분화, 특히 '특구지역'이라고 불리는 강남과 여타 지역의 계급적 분화에 대한 비판적 진술은 학술자료에서는 물론, 신문보도나 잡지 등을 통해서도 무수히 찾아볼 수 있다.(남기범, 2005 참조)

거주지를 중심으로 한 생활공간의 분리는 라이프스타일의 분화를 통해 사고·가치·행위·의식 세계를 통괄하는 생활 격차를 야기함으로써 계급질서를 공고화한다. 이러한 점은 "존재가 의식을 결정한다"는 지식사회학의 기본 명제로부터도 유추할 수 있는 것이나 정보적 발전양식으로 인한 문화공간의 재구성에 관한 연구물에서 보다 직접적으로 확인 가능한 것으로서(Castells, 1989), 주로 학력 및 주거지 변인을 매개로 한 일상생활의 분화 현상은 계급불평등의 논의과정에서 결코 좌시되어서는 아니 될 사항이라고 본다.

3 | 계층체계의 탈구조화

사회경제적 환경이 복잡성을 더해감에 사회불평등의 양상 역시 그와
유사한 변천 과정에 놓이게 된다. 즉 물질적 정신적 자원의 분포라는 단
일 함수로 표상할 수 있었던 사회불평등 현상이 고등 해법을 요하는 다
종다기한 양태로 분화되어간다. 따라서 사회갈등의 양상도 점차 다변
화·정교화·중층화되어가는데, 우리는 그 같은 변화의 모습을 최근의
계급갈등·지역갈등·세대갈등·남녀갈등을 통해 감지할 수 있다.

계급갈등	빈부격차를 중심으로 한 종전의 계급관계는 소득수준의 점진적 개선과 함께 완화될 것으로 전망되기도 하나, '돈벌이' 문제를 떠난 소비양식을 중심으로 한 계급분화가 최근 새로운 계급갈등의 원천으로 대두되고 있다.
지역갈등	주로 출신도 단위로 진행되던 종전의 지역갈등은 최근 지역개발사업이나 공공시설의 설치 등을 계기로 지역규모에 관계없이 격발되어 내집단-외집단 구도가 임의적으로 교체되고 있다.
세대갈등	주로 보수-진보라는 이원적 도식으로 이해되어왔던 세대갈등은 그러한 이분법 자체를 거부하는 탈근대적 신세대의 등장으로 보다 복잡다단한 양상으로 치닫고 있으며, 세대 간 갈등을 넘어선 세대 내적 분화나 갈등도 점증하고 있다.
남녀갈등	주로 가사분담이나 직업활동과 같은 가정 내외의 성역할 격차나 지위문제를 화두로 전개되어 온 남녀갈등은 최근 성희롱이나 성폭력과 같은 인권문제로 소재영역을 확장해 다양한 성적 갈등을 유발하고 있다.

사회갈등의 양상

이같은 불평등 양상의 변화는 일단은 복잡성을 더해가는 새로운 사회
질서의 소산으로 전가시킬 수 있겠으나, 그 근저에는 권력이나 재화와
같은 정치경제적 요소와 더불어 사회적 존재가치나 정체성 확보 등과
같은 상징적 쟁투와 연루된 승인의 욕구가 잠재해 있다. 즉 소비의식,

지역정서, 탈근대성, 성해방 의식 등 다양한 주의주장이 점착된 작금의 집합적 갈등상황에는 생활기회의 향상이라는 기대 차원을 넘어선 적정 생활양식의 향유라는 문화적 쟁점이 부착되고 있다.

상징적 가치를 향한 승인의 욕구는 물적 자원에 대한 소유욕과는 여러 점에서 대비된다. 1차적으로 물적 자산은 양적 계측이 가능하나 상징적 자원은 그렇지 못해 기대치에 대한 준거를 확정하기가 원천적으로 불가하다. 또 승인이란 타인과의 상호착용 상황에서 획득되는 것이나, 적정선에 대한 기준이 사람마다 다를 뿐 아니라 그에 대한 자신의 생각마저 불분명한 경우가 많아 조정과 타협이 쉽지 않다. 또 하나의 중요한 차이란, 기본적으로 배분적 원리를 준행하는 물적 자산과는 달리 상징적 자원은 차별화 원리를 통해 가치를 실현한다는 점이다.(Honneth, 2001)

한마디로 전자에서 파생하는 쟁점은 경제적 위해로서 이는 곧 정의의 명목하에 실현되어야 할 개인의 권리와 직결된 칸트적 문제제기인 반면, 후자의 그것은 문화적 위해의 범주에 귀속시킬 수 있는 것으로서 공동체 내에서의 지선한 생활이라는 헤겔적 문제제기에 해당하는 것이라고 말할 수 있다.(Lash and Featherstone, 2001) 따라서 계측이나 기준이 모호한 상태에서 전개되는 상징적 쟁투를 물적 자원의 재분배를 규명하기 위한 분석틀로 인식하거나 대응하게 되면 불만이나 좌절을 증폭시켜 예상외의 엄청난 후폭풍을 초래할 위험성이 없지 않다. 1968년 프랑스의 '5월 사태' 혹은 1987년 우리 사회의 '6월 항쟁'과 같은 것이 바로 그 전형적 사례라고 할 수 있다.

개인화 명제를 내세우는 벡은 생활수준의 지속적 향상, 교육기회의 확대, 복지제도의 강화 등으로 근대 부르주아 형성기의 개인화와는 구별되는 새로운 형태의 개인화 경향이 출현해, 사회불평등 구조의 집합적 토대를 와해시킴으로써 집합적 현상으로서의 계급불평등이 개인 일대기상의 실패나 위험으로 환치되는 불평등 현상의 파편화가 초래된다고 말한다.(Beck, 2001) 불평등의식의 집단적 기반이 완화된다 함은 곧 불평등의 소멸이 아닌 "불평등의 개인화"를 뜻하는 것으로서, 개인화 과정과 더불어 계급갈등에서 표출되던 사회적 저항은 각양각색의 차별로 전환되어 "모든 것이 하기 나름"이라는 수행윤리를 위험사회의 핵심적 구성원리로 부각시킨다. 왜냐하면 수행의 윤리는 부당한 계급적 격차를 개인적 의지나 노력의 소산으로 귀인시키기 때문이다.(Herman, 2002)

이렇듯 계층질서가 복합적 양상을 지니게 됨으로써 사회적 위계구도는 종전의 계급적 분석틀로는 쉽게 포착할 수 없는 비가시성을 높여나가게 되는데, 계층구조의 비가시화에 기여하는 주요 단면들을 열거하면 다음과 같다.

1. 사회불평등 요소가 재력·권력·신분지위 외에 학력·기회구조·사회관계 등으로 다원화하고 있음.
2. 사회불평등 차원도 정경유착·정언유착·문화권력 등으로 중첩화되고 있음.
3. 사회불평등 영역 또한 계급 이외에 성·연령·지역·인종 등으로 다변화하고 있음.
4. 세대 내/세대 간 사회이동성이 증가해 불평등 체계의 가변성이 촉진되고 있음.
5. 탈물질주의를 지향하는 후기산업적 가치관의 대두로 위계적 판별 기준의 혼돈이 야기되고 있음.
6. 소유나 분배보다 자아실현이나 자존의식을 강조하는 주관적 평가원리가 대두되어 위계질서의 불확정성이 증가하고 있음.

7. 개인화 현상으로 인한 자기 선택성의 강화로 전통적 계급의 준거기반인 집단적 응집력이 약화되어가고 있음.

이상과 같은 일련의 추세로 향후 계층질서는 "탈구조화"하게 될 것으로 예견되는데, 그러한 변화상을 도식화하면 아래와 같다.

구조적 불평등	탈구조적 불평등
단선적 지위	복합적 위상
상위-하위	상류-하류
통제	배제
정태적 구조	역동적 과정
고착적 · 객관적 · 가시적	가변적 · 주관적 · 비가시적

사회불평등 체계의 총체적 변화상

문화계급의 출현

사회현실 일반과 마찬가지로 '문화시대의 도래'와 더불어 혼돈의 도를 더해가는 계급적 현실을 간파하거나 그에 효과적으로 대처하기 위한 지각적 · 실행적 의미로서의 계급문화의 실질적 가치는 날로 증대하고 있다. 이처럼 "총체적 삶의 양식"으로 정의되는 문화가 계급적 질서의 새로운 차원으로 자연스럽게 접목되어가고 있는 만큼, 이제 우리는 경제적 차원에 한정시켜 생각했던 지난날의 계급론을 넘어선 '문화계급론'을 새로운 패러다임으로 제안할 수 있다고 본다.

권력 및 자산의 점유와 관련된 정치경제적 불평등은 기본적으로 분배구조의 개선에서 그 해결책을 도모할 수 있다. 그러나 다양한 상징적 요인들이 가세된 오늘날의 사회불평등 체계는 '결핍의 문제'를 넘어선 '의미의 문제'로 외연되어 나아가고 있다는 점에서 "사회불평등의 문화화"라는 테제로 일괄할 수 있으리라 생각한다. 상징적 요소가 가미된 이 같은 사회문화적 불평등은 때때로 "차별이 아닌 차이" 혹은 "강제가 아닌 자율"이라는 명목으로 그 양상이 은폐될 경우도 있으나, 오히려 유연적 형태로 사회불평등의 재생산을 조장하고 있다고 본다.(Bourdieu, 1984)

따라서 향후 한국사회의 불평등 체계는 계급관계를 주축으로 한 기존 위계구도의 탈구조화 과정을 거쳐 사회문화적 불평등 체계로 전환될 것으로 전망되는데, 그러한 불평등 현상의 효과적 규명과 대응을 위해서는 사회질서의 문화적 배태성을 고려한 새로운 분석 패러다임의 개발이 절실하다고 생각된다.

현대사회의 발전가치는 단순한 물질적 관심사를 넘어선 삶의 질적 향상을 목표로 한다. 삶의 질이란 재산이나 권력과 같은 객관적 삶의 여건을 넘어서서 주체적 자아실현을 보장하는 생활양식을 포괄하는 개념으로서, 자아실현 의지와 함께 주체적 삶에 대한 욕구가 상승함으로써 계급질서의 성격도 종전의 단선적·획일적 형식에서 차츰 복잡다단한 형태로 정교화하게 된다.

이 같은 보편적 동향과 더불어 IMF 외환위기 이후 한국사회의 계급구조에는 "중산층 해체"라고 불리는 양극화 현상이 부가되고 있다. 여기에 재산격차로 인한 생활양식상의 격차나 거주지를 중심으로 한 공간적 격차까지 가세해 오늘날 한국사회는 빈부 차이를 넘어선 사회문화적 단절이 심각한 과제로 대두되고 있다. 이는 곧 사회불평등 현상이 경제적 차원을 넘어서서 사회관계 및 생활양식의 차원까지 외연된다는 점을 시사하는 것으로서, 따라서 향후 우리 사회에서는 상징적 요인들이 부가된 새로운 불평등 체계의 형성과 함께 "위계의 문제"를 넘어선 "경계의 문제"가 새로운 사회적 쟁점으로 부상할 것으로 전망된다.

신중세적 국제사회로의 전환

21세기 들어 국제사회에서는 이미 국경의 의미가 퇴색되었다. 국경을 초월한 나라와 나라들간의 연합, 민족과 민족들간의 교류, 개인과 개인간의 접속이 신미디어와 매체의 발달과 비례하여 활발히 이루어지고 있다.

21세기에 들어 지난 수백 년 간 유지되어온 영토적 국민국가를 기본 단위로 하는 베스트팔리아 시스템이 변모하고 있으며, 탈(脫)베스트팔리아 시스템으로서의 네트워크국가 시스템이 부상하고 있다.

이러한 세계정치의 메가트렌드 형성과정에서 IT는 세계화와 더불어 결정적인 역할을 하고 있다. IT는 세계정치의 기반이 되는 물적 조건을 변화시키고 있고, 새로운 시대, 새로운 국가의 '부강'을 달성하는 효과적인 '수단'을 제공하고 있으며, 국가 간의 상호작용과 세력관계 및 존재양식까지도 변화시키는 '구성적 동인'으로 작동하고 있다.

구성적 동인으로서의 IT는 지식국가를 부상시킴으로써 세계정치의 권력이동을 초래하고 있으며, 네트워크국가를 가능하게 함으로써 국민국가로 구성되는 국제체제를 재조정하고 있다. 국민국가의 특권이 재조정되는 것과 동시에 국가 −비국가 행위자의 연결망을 바탕으로 하는 네트워크 지식국가가 출현하고 있다.(김상배, 2005)

　네트워크 국가체제에서는 노드(node)인 국민국가보다는 노드 간의 관계, 즉 링크(link) 및 이들 노드와 링크가 만드는 체제의 아키텍처와 작동방식이 중요하다. 네트워크 국가체제는 아키텍처와 작동방식에 따라 다른 유형의 국가체제를 만들어내고 있다. 멀티 허브형 네트워크로 구성되는 기왕의 국민국가체제는 모노 허브형 네트워크 형인 "21세기 제국(미국과 세계) 네트워크," 유럽연합에서 보는 바와 같은 지역통합 형태의 동심원형 네트워크, 그리고 탈허브형 또는 허브 바이패스형 네트워크 국가 등으로 변형되고 있다.

　실제로는 이러한 3~4개의 네트워크 형태가 중첩되면서 세계질서의 변화가 진행되고 있으며, 집중의 네트워크와 탈집중의 네트워크가 상호작용하면서 복합 네트워크의 세계질서를 창출하고 있다. 이러한 복합 네트워크의 출현은 IT가 지니고 있는 이중적 속성, 즉 탈집중의 속성과 집중의 속성에 기인하는 바가 크다.

　(가) 무작위형　(나) 단(單)허브형　(다) 다(多)허브형　(라) 탈(脫)허브형　(마) 전방위형

네트워크의 다섯 가지 유형(김상배, 2005: 93~101)

왜 국제사회는 신중세적으로 전환되는가

1 | 탈집중적 글로벌 거버넌스를 도래시킨 IT

이러한 국민국가의 재조정 과정에서 정보기술은 국민국가의 관리능력과 권위에 대한 도전과 이에 따른 세계질서의 심층적 변화를 부추기는 주요한 구성적 요인이다. 특히 인터넷이 국민국가의 도전세력에 물적 기반을 제공하고 있다. 기술적 관점에서 보면, 인터넷의 아키텍처와 작동방식 그 자체가 국가의 능력과 권위를 약화시키는 역할을 한다. 인터넷이 만들어낸 초국가적 환경인 사이버 공간에서 세계정치의 행위들이 발생하면서 국민국가의 개념과 이를 뒷받침하는 국민정체성의 개념이 변화하고 있다. 국민국가의 시민들이 사이버 공간에서 활동하면서 개별 국민국가의 경계를 넘나드는 글로벌 네티즌으로 행위함으로써, 국민국가의 영토성을 잠식하고 있는 것이다.(Mathews, 1997: 93~105) 이 밖에도 인공위성이나 글로벌 미디어와 같은 커뮤니케이션 기술들도 전 세계적인 차원에서 작동하는 정보의 흐름을 가능하게 한다는 점에서 기존에 국민국가가 그어놓은 경계를 허무는 데 기여하고 있다.

새로운 IT기술은 다중심적 · 탈집중적 · 분산적 글로벌 거버넌스를 등장시키고 있다. 국가권위의 분산, 정치에 대한 경제의 우위 확산, 비국가 행위자나 사회운동단체 또는 기타 초국가적 집단행동의 역할 증대 등의 현상이 국민국가 정부 간 또는 정부와 기타 비국가 행위자 간의 상호작용의 양식을 변화시키고 있는 것이다. 새로운 글로벌 거버넌스는 기존의 국가 행위자를 중심으로 집중되어 있던 거버넌스를 보다 다양한 행위자들을 포괄하는 형태로 네트워크화되고 탈집중되는 거버넌스로 바꾸고 있다. 이러한 변화를 통하여 등장하는 새로운 세계질서는 국가 행위자뿐만 아니라 국가 이외의 다양한 행위자들을 아우르며 작동하는 '탈집중 네트워크'의 형태를 띨 것이다.(Roseneau, 1995: 13~43)

그렇다고 새로운 IT환경에서 국가가 다른 행위자들에 의해 대체되어 완전히 도태된다고 볼 수는 없다. 왜냐하면 정보화의 세계정치는 진공 상태에서 진행되는 것이 아니라 국가의 기득권이 작동하는 정치적 공간에서 진행되는 게임이기 때문이다.(Keohane and Nye, 1998: 84) 이러한 공간에서 기득권을 가지고 있는 국가가 초국가적으로 발생하는 상호의존의 추세를 왜곡시키는 방향으로 여전히 권력을 행사할 수 있을 것이다. 따라서 IT가 영토국가에 대해서 도전의 동력을 제공하면서 '버추얼 국가'가 등장하는 형태로 국가가 소멸할 가능성이 예견되기도 하지만, '현실국가'로서의 영토국가가 담당했던 전통적 기능이 완전히 소멸했다고 보기는 어렵다. 최근 들어 사이버 공간에서 주권국가가 차츰 '실제화'하는 과정에 접어들었으며, 그 역할과 위상을 찾아가고 있는 조짐이 보인다. 실제로 국가에 유리한 방향으로 제도환경의 선택에 관여하는 '국가의 반격'도 만만치 않다. 결국 IT가 야기하는 세계정치의 변화는 국가의 소멸보다는 부단한 '제도조정'의 과정을 통해서 일정한 정도로 국가의 형태가 IT를 매개로 하여 국가의 안과 밖에서 다양한 네트워크가 형성되는 '네트워크 국가'의 형태로 변화하는 방식으로 귀결될 가능성이 크다.

2 | 권력의 이동을 가져온 IT

IT의 발달은 세계정치의 권력자원과 권력메커니즘의 변형을 초래함으로써 세계정치를 변화시키고 있다.(김상배, 2001: 304~330) 국제정치에서 전통적인 권력자원은 물질적 차원에서 측정 가능한 권력자원, 즉 영토 · 인구 · 무기나 군대 · GNP · 에너지 생산량 등이었다.(Morgenthau, 1948; J. A. Jart · S. Kim, 2000) 그런데 정보화의 진전은 이러한 물질적 권력 개념의 확장 및 수정을 요구하고 있다.

무엇보다도 현대 세계정치에 있어서 기술·정보·지식이 가장 중요한 물질적 권력자원이 되는 '권력이동'이 일어나고 있는 것이다. 말하자면 권력의 중심이 군사와 경제에서 지식으로 옮겨가면서 토지·노동·자본 등의 전통적인 생산요소에 비견되는 새로운 제4의 생산요소가 등장하고 있는 것이다.(Toffler, 1990; Drucker, 1993) 최근 반도체 생산량, PC의 보급률, 초고속인터넷 가입자의 수, 인터넷에 접속된 서버컴퓨터의 수, 개설된 웹사이트의 수 등의 지표가 국력을 재는 범주로서 사용되고 있는 것은 권력이동을 실감나게 해주고 있다.

IT가 새로운 권력자원으로 부상함에 따라 정보기술의 개발과 인적자원의 양성을 통해 정보산업의 기반을 육성하려는 노력이 일어나고 있고, 정보기술의 지적재산권을 보호하려는 민간 또는 정부 차원의 노력도 가중되고 있다.(Tyson, 1992; Hart, 1992)

또한 기술·정보·지식 자원의 부상으로 정치군사적 현안에 못지않게 기술이전·기술표준·지적재산권·문화콘텐츠 등의 IT 관련 쟁점들을 둘러싼 국제적 협상, 협력이 외교의 주 과제로 등장하고 있다. 지식주권의 문제를 다루는 '지식외교'의 부상은 IT가 물질적 차원을 넘어서 세계정치의 구조적 권력이 되고 있다는 것을 보여준다.

3 | 사이버 국제정치 공간을 등장시킨 IT

정보화는 버추얼 공간으로서의 사이버 공간을 창출하였다. 사이버 공간은 컴퓨터와 정보통신 인프라 및 이를 통해 연결되는 디지털정보의 전 세계적인 네트워크를 기반으로 하여 만들어진 공간이다. 그러나 사이버 공간은 단순한 '기술공간'만을 의미하지는 않는다. 사이버 공간은 그 구성 과정에서부터 사회적 영향을 강하게 받을 뿐만 아니라, 역으로 현실공간의 사회적 재구성 과정에도 지대한 영향을 미친다. 다시 말해,

사이버 공간은 기존 현실공간을 보완하면서 꾸준히 그 외연과 내포를 확장시키고 있는 '사회공간'이다.

태생적으로 사이버 공간은 현실공간과는 다른 특성을 가지고 있다. 사이버 공간의 존재는 현실공간의 존재와는 달리 정보기술의 물적 인프라를 매개로 인간이 집단적으로 상상해낸 것이다. 주목해야 할 것은 이러한 집단적 상상이 거의 무제한으로 공급될 수 있는 디지털정보에 기반하여 이루어진다는 것이다. 따라서, 사이버 공간은 디지털정보에 기반한 집단적 상상에 의해 구성된 다양한 노드들이 상호작동하는 네트워크로 복잡하게 얽혀 있는 모습을 보여준다. 사이버 공간의 개별 노드들 간의 접속은 단순하게 일방적으로 이루어지는 것이 아니라 복잡하게 쌍방적으로 이루어지고 있으며, 더 나아가 사이버 공간은 '버추얼공동체'로 발전할 여지가 있다. (Rheingold, 1994) 정보화가 국제정치학의 각별한 관심을 끄는 가장 큰 이유 중의 하나가 바로 이러한 사이버 공간에서의 새로운 세계정치의 출현 때문이다.(하영선 편, 2001) 버추얼 공간으로서의 사이버 공간이 창출됨으로써 세계는 이를 관리할 거버넌스를 만들어 나가기에 여념이 없는 것이다.

인터넷의 확산은 영토성을 기반으로 하여 국가가 독점해온 안보유지 능력의 물적 토대를 잠식하고 있다. 왜냐하면 인터넷은 새로운 사이버 공간에서의 안보의 문제를 야기하고 있기 때문이다. 현재 세계정치의 상황을 고려할 때, 사이버 공간에서 국가 간의 분쟁이 전면적으로 발생할 가능성은 그리 크지 않아 보인다. 반면에 사이버 공간에서 비국가 행위자들이 분쟁을 일으킬 가능성은 오히려 증가하고 있으며, 이는 국가에 의해 독점되어온 군사력의 개념뿐만 아니라 군사전략과 안보의 개념 자체를 그 기저에서부터 뒤흔들어 놓고 있다. 인터넷 환경은 테러리스트 그룹이나 범죄자들에 의해 도발될 이른바 '비대칭적 전쟁'의 효과를 키워주고 있다.(Rothkopf, 2002: 115~142)

정보화시대에 이러한 비대칭적 전쟁이 가장 첨예하게 드러나는 분야가 바로 사이버테러이다. 예를 들어 해커 또는 크랙커들에 의해 세계 주요 기관 웹서버의 작동이 정지된다거나 웹사이트가 해킹당할 가능성에 대한 우려가 높아지고 있다. 이외에도 데이터베이스의 파괴, 컴퓨터 바이러스의 유포, 기타 정보 인프라에 대한 사이버공격 등이 새로운 위협 요인으로서 등장하고 있다. 이러한 사이버테러의 행위들은 정치적 목적을 갖는 단체나 국가에 의해 조직화되고 물질적 지원을 받아 국가 간 분쟁으로 발전할 가능성을 항상 내포하고 있다.

사이버테러와 더불어 영토성에 기반을 둔 국가의 능력과 권위에 대해 도전하는 사이버 공간은 전자상거래에서 찾을 수 있다. 사이버 공간으로서의 전자상거래가 갖는 가장 큰 특징 중 하나는 초국가적으로 발생한 전자상거래의 물리적 장소의 소재를 밝히는 것이 쉽지 않다는 점이다. 주권국가에 있어서 전자상거래는 국가가 수립한 기존의 조세 및 관세 시스템은 물론 국가의 대내외적 경제 시스템 전반에 변화를 야기하고 있다.(Cohen, 2001) 특히 이러한 전자상거래의 탈장소성은 근대 이래 영토국가에 의해 행사되어온 소득세·부가가치세·관세 등 조세관할권에 대해 도전하고 있다. 전자상거래의 등장으로 소득을 발생시킨 상행위와 구체적인 장소와의 연결고리가 해체됨으로써 누가 세금을 누구에게 내야 하는가의 문제를 제기하고 있는 것이다. 인터넷상에서 전자적으로 상행위가 이루어질 경우 판매자와 구매자가 물리적 공간에서 어디에 위치하는가를 판별하는 문제가 쉽지 않다. 만약 이러한 1차적 문제가 해결된다고 해도 사이버 공간의 수많은 노드를 거치면서 복잡한 상호작용을 통해 초국가적으로 발생한 부가가치 창출의 행위를 영토적 조세관할권에 의해 구분하고 누가 세금을 낼 것인지를 결정하는 것은 매우 어려운 문제이다.(Kobrin, 1997: 74)

영토국가의 능력과 권위에 도전하는 또 다른 사이버 공간은 전자화폐의 공간이다. 최근 정보기술의 발달은 다양한 형태의 전자화폐들을 창출하고 있는데, 이들 전자화폐는 기존의 화폐수단에 유동성을 높여준다는 차원을 넘어서 영토국가의 화폐정책에 잠재적인 도전으로 작용한다. 인터넷상에서 벌어지는 화폐 흐름에 대한 디지털정보는 국가가 규제자로 나서서 통제하기에는 너무 복잡한 상호작용의 양상을 띠고 있다. 1차적으로 금융행위와 다른 커뮤니케이션의 행위를 구분하는 것이 쉽지 않을 뿐만 아니라 전자적 금융행위가 국경을 가로질러 사이버 공간에서 이루어질 경우 국내법에 기반을 둔 국가의 화폐정책적 통제는 부정적인 의미를 갖기 쉽다.(Helleiner, 1998: 388~389)

이러한 사이버 공간에서 영토국가의 관리 능력의 약화는 '버추얼 국가'의 등장 가능성을 높이고 있다. 버추얼 국가란 영토에 기반하지 않는, 따라서 영토적 정체성이 약한 국가인 동시에 영토성으로부터 해방된 국가이다. 사이버 공간의 버추얼 국가는 종래의 영토국가가 담당했던 '통제'의 기능이 아닌 사이버 공간의 거버넌스를 '관리'하는 역할을 담당한다. 버추얼 국가는 영토적 경계 안의 물적, 인적 자원을 통제하려하기보다는 사이버 공간의 세계시장을 개척하고, 글로벌한 정보유통의 노드를 제공하며, 사이버 안보전략을 수립하는 데 초점을 맞춘다.

신중세적 국제사회에서의 4가지 변화

1 | 미국 주도 네트워크의 전 세계적 확산

지난 20세기는 미국의 세기였다. 미국은 20세기 초 제1차 세계대전을 계기로 고립주의에서 벗어나 세계의 리더가 되었다. 포디즘으로 불리는 미국적 생산방식은 세계표준이 되었고, 미국의 민주주의는 신생 국가들이 벤치마킹하는 정치제도가 되었다. 다원적 민주주의와 대량생산 경제에 기초한 미국 문화는 전 세계의 젊은 세대를 열광시켰다. 물론 도전이 있었다. 독일의 나치는 군국주의 일본과 파시스트 이탈리아와 더불어 미국의 헤게모니에 도전하였으나 무참히 패배하였고, 그 뒤를 이어서 소련이 미국 중심의 자본주의 세계체제에 대항하는 사회주의 세계체제를 구축하려 하였고, 그 결과 장기간의 냉전이 지속되었으나 사회주의 세계체제는 1989년 그 자체의 모순으로 조용히 평화적으로 자멸하였다. 21세기를 앞두고 미국은 도전자 없는 단일 헤게모니를 확보하였던 것이다.(임혁백, 2000: 53~55)

물론 20세기 말에 미국 쇠퇴론이 나오지 않은 것은 아니었다. 길핀·크래스너·케네디로 대표되는 "미국 쇠퇴학파"에 의하면 미국의 국력은 1960년대 후반을 기점으로 쇠퇴하기 시작하였다는 것이다. 패권의 유지에 따른 과도한 국방비의 지출, 경제적 상쇄효과, 미국자본의 해외 유출로 인한 공동화 현상, 과학기술의 해외이전으로 인한 미국경제에 대한 부정적 부메랑효과 등으로 미국은 더 이상 패권적 지위가 유지될 수 없으며, 21세기의 질서는 단극체제에서 다극체제로 갈 것이라고 예측하였다. 그러나 쇠퇴학파의 예언은 실현되지 않았다.

미국은 소련 제국의 몰락으로 정치적, 군사적인 경쟁자가 사라진 시점에서 IT혁명을 주도함으로써 경제적인 경쟁력을 확보한 가운데, 이러한 우월적인 지위를 이용하여 21세기에도 전 세계를 미국화하려 하고 있다. 미국의 표준이 세계의 표준이 되는 세계화를 추진하고 있는 것이다. 우루과이라운드를 시발로 WTO체제를 수립함으로써 미국의 자유무역규범을 전 세계에 표준화하려 하였고, 걸프전·코소보·동티모르·아프가니스탄·이라크에 대한 군사 개입을 통해 미국이 주도하는 세계평화 체제(Pax Americana)를 유지하려 하고 있다. 미국은 헤게모니의 재충전을 통하여 21세기도 미국의 세기로 만들려 하고 있다.

그러므로 세계정치의 첫 번째 메가트렌드는 미국 제국의 부활이다.

그러나 미국 제국은 통념적인 국민국가시대의 영토적 제국(19세기의 영국, 프랑스)과 그 성격을 달리한다. 첫째, 미국 제국은 탈영토 제국이다. 미국은 영토적 야심이 없는 유일한 제국이다. 이 점에서 미국 제국은 IT시대의 탈근대적이고 탈영토적인 네트워크 제국이다. 미국 제국은 영토적 팽창을 노리는 민족국가에 의한 제국이 아니라 민족국가를 넘어서는 전 지구적 네트워크를 구축하려는 제국이다.

21세기에 미국을 제국으로 만든 것은 IT와 지식이다. IT와 지식이 국제정치를 변화시키는 구성적 동인이다. IT와 지식은 노드형 국민국가를 넘어서 네트워크국가를 등장시켰다. 독점적 배타적 주권을 가진 국가가 아니라 국가와 비국가 행위자의 연결망이 주체가 되는 네트워크 국가이다. 그러나 미국을 굳이 '제국'이라고 부르는 이유는 다중의 자율적 네트워크가 아닌 제국이라는 비대칭적 네트워크가 주도하고 있기 때문이다.

물론 네트워크는 IT와 지식을 매개로 형성되고 있다.[1] IT는 모노 허브와 탈허브형 네트워크가 중첩되면서 작동하는 것을 가능케 해주고 있다. 인터넷의 경우, 하드웨어적 구성은 탈허브형 네트워크이나 소프트웨어적 구성은 모노 허브형 네트워크이다. IT의 기술표준은 모노 허브이나 노드 간의 활동은 탈허브적으로 이루어진다.(김상배, 2005: 109)

IT시대에 권력배분의 변화와 행위자 간의 관계 위상 변화를 통해 패권의 향방을 결정하는 것을 지식이라고 가정한다면, 탈냉전 이후의 시대는 미국이 패권을 보유한 단극체제의 시대이다. 미국은 21세기 지식정보화 혁명을 주도하고 있다. 미국의 R&D 투자는 2000년 기준으로

---

1) 여기서 네트워크는 수직적 질서로서의 위계와 수평적 질서로서의 시장의 중간 지대에 속하는 수직, 수평의 복합질서를 의미한다.

볼 때 2,426억 달러로 일본의 936억 달러, 독일의 473억 달러, 프랑스의 294억 달러, 영국의 235억 달러를 합친 것보다 많다. 2003년 8월까지 SCI급 게재 과학 논문을 보면, 미국은 270.5만 편으로 일본(71.1만 편), 독일(65.5만 편), 영국(59.8만 편), 프랑스(48.4만 편)를 합한 것보다 많은 편수의 게재를 자랑한다. 미국은 반도체·컴퓨터·소프트웨어·인터넷 등과 같은 IT산물을 최초로 개발한 나라이며, 이를 활용하여 IT산업을 일으키고, 디지털경제 붐을 조성한 대표적인 나라이다. 실리콘밸리로 대표되는 미국의 IT업계는 IT의 미래 비전을 전파하는 지식 네트워크의 허브 역할을 하고 있다.(김상배, 2005: 110)

미국 IT지식의 생산과 조직은 이중적 복합적 네트워크의 형태를 띠고 있다. IT산업의 유치 단계에서는 국가, 특히 펜타곤이 중요한 역할을 담당하였다. 미국의 국가는 맨해튼 프로젝트와 같은 대형 프로젝트를 실행함으로써 지식의 생산을 지원하는 지식국가로서의 역할을 담당하였고, 미국이 선도해온 반도체·컴퓨터·소프트웨어·인터넷 등의 개발은 정부예산 투자를 통한 군사적 목적을 충족시키기 위해서 이루어진 국가 주도의 개발이었다. 그러나 IT산업 발전에 있어서 국가 주도의 지식생산 모델만이 작동한 것이 아니라 대학·연구소·기업 등을 중심으로 한 탈집중 국가기술혁신체계도 작동하고 있다. 대표적인 사례는 컴퓨터산업에서 발견되는 '수평적 통합'을 특징으로 하는 '실리콘밸리 모델'이다. 미국은 모노 허브형의 맨해튼 프로젝트 모델과 탈 허브형의 실리콘밸리 모델이 결합한 복합모델에 기초하여 지식산업의 패권을 장악, 유지할 수 있었다.

21세기 지식의 생산과 배분에 있어서 미국의 패권적 지위는 유지되고 있다. 미국은 이러한 지식패권을 바탕으로 지식제국의 지위를 구축하고 이를 기초로 하여 군사·경제·문화 분야에서 제국을 건설하고 있다. 미국은 이를 세계화로 포장하고 있다. 미국의 세계화는 미국화이다. 미국의 기술·군사·경제·문화가 표준이 되는 세계를 확산시켜 나가려 하고 있으며, 이러한 현상은 9·11 테러 이후 더욱 강화되고 있다.

그러나 21세기 정보문명에서 지식패권을 장악하고 있는 실체는 미국이라는 단순한 국민국가가 아니라 미국을 허브로 하는 네트워크다. 미국이라는 단일 허브가 전 세계를 스포크로 연결하는 단일 허브형 네트워크가 지식패권을 장악하고 제국을 구축하고 있는 것이다.

냉전이 해체되고 미국이 유일한 헤게모니 국가로 남게 되었고, 군사력과 경제력으로 측정되는 하드파워에 있어서는 더 이상 경쟁자가 없는 상황을 맞이하고 있다. 미국은 경제의 디지털화를 통해 경제력에 있어서 세계 최강을 유지하고 있으며 앵글로색슨 형 국제금융질서를 전 세계에 확산시킴으로써 경제적 헤게모니를 보장받고 있다.

군사력에 있어서 미국의 초강세는 경제력에서의 강세보다 더하다. 미국은 경쟁국의 군사비를 합친 것보다 더 많은 군사비를 지출하는 세계 유일의 군사적 초강대국이다. 그러나 미국의 우위는 하드파워(경성권력)보다는 소프트파워(연성권력)에서 더 두드러진다. 문화, 정치적 제도와 가치, 도덕적 권위와 같은 매력을 바탕으로 상대방을 설득시키고 묵종을 얻어낼 수 있는 힘을 소프트파워라고 한다면(나이, 2005: 30~39) 미국은 민주주의·개인의 자유·문화적 보편성과 국제적 활동을 규율하는 법과 제도를 만들어내는 능력에서 우위를 보여주고 있다는 점에서 소프트파워 강국이라 할 수 있다.(이수형, 2005: 78)

그러나 미국은 소프트파워와 하드파워가 결합된 제국이다. 이 점에서 미국은 21세기의 로마제국이다. 30만에 달하는 로마제국의 군단 및 보조군 병력이 로마의 하드파워라면, 전 인류에게 평화(Pax-Romana)와 인간다운 삶을 보급한다는 소명의식, 그리고 개방적인 시민권 정책은 제국의 통합에 기여한 로마의 소프트파워였다.(김경현, 2005: 167)

IT는 소프트파워 분야에서 미국을 문화제국으로 성장시키는 데 결정적 기여를 하였다. IT시대 미국의 문화제국적 지위를 표현하는 용어로 '실리우드'(Silliwood)가 있다. 실리콘밸리와 할리우드를 합성해서 만든 말이다. 즉 영화산업의 종주로 군림해왔던 할리우드의 스튜디오들이 실리콘밸리의 IT기업들과 제휴하는 현상을 지칭한다. 실리콘밸리의 기술 지원을 받은 할리우드는 미국의 매력(소프트파워)의 메커니즘을 정교화해서 미국의 문화를 전 세계적으로 전파하고 있는 것이다.(김상배, 2005 : 114)

미국이 19세기 유럽의 제국과 다른 점은 영토적 병합을 우선적 목표로 설정하지 않는 탈영토적 제국이라는 것이다. 물론 미국도 19세기에 영토의 구매·전쟁·협약 등을 통해 영토확장에 나선 바 있다. 그러나 21세기의 미국 제국은 영토적 제국 또는 식민 제국과는 달리 탈영토성을 특징으로 하고 있다.

미국은 700~1,000개에 달하는 해외 주둔기지와 25만의 해외 주둔군을 전 세계에 걸쳐 배치하고 있는 '기지 제국'이다. 그러나 미군의 해외 기지는 미국의 해외 영토를 관리하기 위해 주둔하고 있는 것이 아니라 전 세계적으로 미국의 안보이익과 군사적 협력과 공동의 안보이익에 바탕을 둔 '미국에 의한 평화'(팍스 아메리카나)를 유지하기 위해 주둔하고 있는 일종의 군사 네트워크이다. 전 세계에 걸친 방대한 미군기지 네트워크가 새로운 형태의 제국을 구성하고 있는 것이다.(이수형, 2005 : 85)

25만에 달하는 해외 주둔 미군 병력은 1989년 냉전해체 직전의 51만 명에 비해 크게 감소한 병력 규모이다. 그러나 미국은 여전히 전 지구적 차원에서 힘의 투사가 가능하고 미국에 의한 평화를 실현하는 것이 가능하다고 믿고 있다. 미국이 믿고 있는 것은 IT의 힘이다. IT는 숫자가 아닌 능력에 기초한 해외 주둔 미군의 재조정을 가능케 한다고 믿고 있기 때문이다.

9·11 이후 미국은 탈냉전시대의 새로운 안보위협에 대처하기 위해 해외 주둔 미군의 전력을 재조정하는 군사변환전략을 추진하여왔다. 2003년에 발표된 세계방위태세재검토(GPR: Global Defense Posture Review)는 부시 정부의 신안보전략의 논리적 귀결이다.(차두현, 2004) 2003년 11월 부시대통령은 21세기의 새로운 위협에 대비하기 위해 보다 기민하고, 융통성 있는 군사력의 건설을 해외 주둔 미군의 규모, 형태, 위치 및 능력에 대한 광범위한 재편을 발표하였다.(Feith, 2003) GPR의 5대 핵심전략은 다음과 같다.

1. 동맹관계의 효율화와 필요시 새로운 협력관계를 수립한다.
2. 불확실성에 대응할 유연성을 개발한다.
3. 지역 내 및 지역 간 활동에 중점을 둔다.
4. 유사시 신속하게 동맹국을 지원할 전개능력을 확보한다.
5. 병력 부대 및 기지 숫자보다 능력에 중점을 둔다.

미국의 군사변환 전략의 핵심은 최첨단 무기체계를 기반으로 한 '유동성 있는 군사능력'을 지향하여 미군을 언제 어디서든지 전투가 가능한 '모듈 군대' 또는 신유목적 군대로 바꾸는 것이다. 모듈 군대의 대표적 예로서 스트라이커 전투부대를 들 수 있는데, 스트라이커 부대는 첨단장비로 무장했으면서도 가볍고 기동성이 뛰어나 최첨단 전차들과 함께 유사시 초대형 수송기에 실려 사나흘 만에 분쟁지역으로 투입될 수 있는 부대이다. 미국의 군사변환전략은 이와 같은 기동성을 갖춘 최첨단 전투부대를 기존 기지에 두지 않고 신유목적 기동군으로 활용하겠다는 것이다.

따라서 미국은 냉전시대의 해외 주둔 미군을 해외 배치군을 넘어서 해외 기동군으로 전환하려고 하는데, 이를 위해 해외 주둔 미군 기지를 4개 그룹으로 분류하여 재배치를 시도하고 있다. 즉 전략적 목적에 따라 해외 주둔 미군 기지를 대규모 병력전개의 근거지인 '전력투사중추'(PPH: Power Projection Hub), 대규모 병력이 장기 주둔하는 상설기지인 '주요작전기지'(MOB: Main Operating Base), 소규모 상주 간부와 상당수 교체근무 병력을 포함한 '전진작전거점'(FOS: Forward Operating Site), 소규모 연락요원과 훈련장만 유지하고 상황에 따라 필요한 지원을 외부에서 확보하는 '안보협력대상지역'(CSL: Cooperative Security Location) 등 4개의 그룹으로 분류하고 있다. 이러한 전략적 재배치는 미국 제국의 탈영토성을 더욱 강화하고 있으며, 해외 주둔 미군은 유연성·신속성·초지역성 그리고 능력에 바탕을 둔 신유목형 주둔군으로 변형될 것이다. IT에 힘입은 미국 군사기술의 우월성은 바로 이러한 군사변환을 가능케 한 주 동력이다.

2 | 신중세적 글로벌 거버넌스의 출현

IT와 세계화로 글로벌 거버넌스가 등장하고 있다. 영토에 기반을 둔 국민국가가 인류의 기본적 정치조직이라는 근대적 국제질서의 가정이 무너지고 있다. 세계화 시대에 초국가적 통합운동과 지방적 분리운동이 동시에 일어나면서 국민국가의 배타적 관할영역이 축소되고 있다.

세계화와 함께 국가는 샌드위치가 되고 말았다. 국가는 위로부터 초국가적인 세계정부, 지역정부에 의해 압도당하고, 하위 수준의 기업, 지방, 시민사회에 의해 도전을 받고 있다. 세계화로 초국적 거대기업이 출현하여 경제 정책 결정의 축을 국가에서 시장으로 이동시키고 있다.[2] 또한 세계화로 인해 국가의 지배 능력이 약화되면서 시민사회 내에서

"결사체적 자치 거버넌스"가 활성화되고 있다.(Hirst, 2000) 또한 세계화는 문화의 이동에 관한 시간적 공간적 제약을 해제하면서 전 세계인으로 하여금 동 시간대에 문화를 향유하는 것을 가능하게 하고 있다. 그러나 동시에 이러한 문화 전파에 저항하는 움직임도 격화되고 있다. 신부족주의가 세계주의에 대항하기 위해 부활하고 있다.

세계화는 1648년에 시작되었던 베스트팔리아체제의 종언을 예고하고 있다. 국민국가가 기본 단위로 군림했던 시대가 지나가고 복합적, 중층적인 국제체제가 출현하고 있다. 오늘날의 국가는 신성로마제국과 교황과 같은 세계정부와 자율권과 자치권을 갖고 있는 자치도시, 자치영주로부터 협공을 받았던 중세국가와 비슷한 처지에 있다는 점에서 21세기의 국제정치질서를 '신중세주의'라고 이야기한다.[3]

유럽의 중세에는 다양한 주체들과 이 주체들로 구성되는 네트워크가 존재하였다. 물론 근대국가의 주체가 된 군주가 존재하고 있었지만 신성로마제국의 황제, 교황과 같은 '세계정부'가 있었고, 군주 밑에 있는 봉건영주, 제후와 기사들은 자율적인 영역을 보유하고 있었다. 봉건영주 외에도 추기경과 대주교·수도원·피렌체·베네치아·제노아와 같은 자치도시국가, 한자동맹과 같은 자치도시국가 네트워크, 그리고 대학까지 자율적인 영역을 확보하고 있었다. 중세는 국가의 통치가 배타적으로 미치는 지리적 경계와 '국민'이 확정되어 있는 '영토국가의 시대'가 아니라, 지리적 경계와 국민의 경계가 일치하지 않고 중복·중첩

---

2) 현재 OECD 내의 100대 경제주체 중 52개가 거대기업이고 48개만이 국민국가이다. Kimon Valaskakis, "Long Term Trends in Global Governance: From Westphalia to Seattle" in OECD, *Governance in the 21st Century*(Paris: OECD, 2001), P. 56.
3) 신중세를 처음 개념화한 학자는 불(Hedley Bull)이다. 그러나 불은 신중세가 지배적인 국제적 통치구조를 형성할 것이라는 데 대해서는 회의적이었으며 국가의 주권이 계속될 것이라고 예측하였다. 그런데 현재 나타나고 있는 현상은 불의 예언과는 다르게 전개되고 있다.(Bull, 1977: 245~305)

되는 '영역의 시대'였다. 중세유럽에는 오늘날 이야기하는 근대적인 관할권이 상호배타적으로 작동하는 지리적 경계를 의미하는 '국경'은 존재하지 않았다. 다수의 주체가 관할권을 동시에 주장하고 있었으며, 따라서 국제정치·국내정치·지방정치의 구별이 뚜렷하지 않았다. 중세 군주는 세계정부(신성로마제국 황제와 교황)와 지방정부(봉건영주·자치도시국가·대주교·수도원·대학) 사이에 끼어 있는 '샌드위치 국가'였다.

영토국가시대의 국제질서는 국가주권 간의 공존을 보장하는 국제체제였다. 영토국가의 주권을 보장하는 국제질서가 등장하기 위해서는 피비린내 나는 전쟁을 겪어야 했다. 영토국가 간의 전쟁은 종교적인 갈등에서 발발하였다. '30년 전쟁'(1618~48)이다. 30년 전쟁을 종료시킨 베스트팔리아 조약(1648)에서 영토국가들의 국제체제가 마련되었다. 이른바 베스트팔리아체제가 형성된 것이다. 베스트팔리아체제는 국가의 규모에 관계없이 국가주권을 국제적으로 보장해주는 체제였다. 따라서 벨기에와 같은 소국도 주권을 유지할 수 있는 체제였다. 국제적으로 보장된 주권에 의지하여 법과 강압력을 합법적으로 독점하고 있는 영토국가는 거대한 영토 내에 살고 있는 시민에게 단일한 재정·통화·재판·법·군사·문화를 부과하였다. 이로부터 유럽은 상호배타적인 주권을 가진 영토국가들로 구성되었다. '국가의 시대'가 열린 것이다.(Tilly, 1994: 279) 영토국가는 주어진 영토 내에서 시민으로서의 의무와 권리를 받아들이고 공유하는 집단인 국민(민족)으로 구성된 국민국가의 이념을 창출해내었으며, 1750년부터는 중세와는 달리, 중간매개 권위를 통하지 않고 직접 시민의 생활에 지속적으로 개입하기 시작하였다. 생산·고용·복지·교육·공적 윤리·교통·소득에 이르기까지 영토국가는 가족·개인의 특수시간을 더 보편적이고 강력한 국가의 시간으로 대체해나갔다.(Tilly, 1994: 279~281)

그런데 세계화 시대에 국경의 의미가 퇴색하고 불분명해지면서 영토국가들로 구성된 근대 국제시스템이 쇠퇴하고 중세의 세계시스템이 부활하고 있다. 세계화의 시대가 도래하면서 WTO와 같은 새로운 세계정부가 등장하고 있으며, 유엔 · IMF · 세계은행과 같은 기존의 세계정부의 위상과 역할이 강화되고 있으며, 우루과이라운드(무역) · 블루라운드(노동) · 그린라운드(환경) · 테크노라운드(기술) · 클린라운드(부패)와 같이 영역별로 세계규범을 설정하려는 제도적 연합체가 출현하고 있다. 세계정부의 하위 수준에서는 경제의 초국적화에 대응하려는 국민국가들의 융합운동이 나타나고 있다. EU와 같은 의회와 단일통화를 갖춘 초국가적 주권연방이 나타나는가 하면, NAFTA · APEC · Mercosur · ASEAN과 같은 초국가적 국가연합체도 속속 출현하고 있다.

다른 한편으로 영토국가는 아래로부터 도전을 받고 있다. 구소련지역 · 유고연방 · 체코슬로바키아 · 에티오피아 · 소말리아 등에서 볼 수 있는 바와 같이 기존의 국민국가가 언어적 · 종교적 · 종족적 단위로 분해되고 있으며, 퀘벡 · 북아일랜드 · 카탈로니아 · 크로아티아와 같은 자율성을 갖춘 미시적 자치지방정부가 등장하고 있다. 유럽인들은 한편으로는 초국가적 연방을 건설하면서 다른 한편으로는 원심적인 자치도시화와 도시지역연합체 형성을 시도하고 있다. 유럽인들은 영토국가가 자신들의 일상적인 문제를 해결해주기에는 너무 크며, 지구촌적인 문제를 해결해주기에는 너무 작다고 느끼고 있는 것이다. 유럽인들은 자신들을 이탈리아 국민 · 네덜란드 국민 · 독일 국민 · 에스파냐 국민보다는 플로렌스 시민 · 베니스 시민 · 함부르크 시민 · 암스테르담 시민, 바르셀로나 시민으로 동일시하는 경향이 있다. 국경을 가로질러 형성되고 있는 리옹 ‒제네바 ‒토리노 삼각지대는 대표적인 도시지역연합으로 현재 유럽에서 가장 활기찬 경제와 가장 높은 생활수준을 향유하고 있는 지역으로 떠오르고 있다.(Washington Post, October 22, 1995) 갈수록 집단적

정체성의 기초로서 국민국가의 의미와 활력이 감소하고 있는 것이다.(Ake, 1997: 286)

서니(Cerny)가 요약한 바와 같이 세계화 시대의 거버넌스는 중세 시대와 많은 속성을 공유하고 있다. 첫째, 중복되는 관할영역을 가진 기구들(국가·체제·초국가적 네트워크·사적이익정부 등) 간에 경쟁이 벌어지고 있으며 둘째, 영토적 경계는 점점 더 유동적이 되고 있고 셋째, 글로벌 혁신·커뮤니케이션·자원의 중핵인 글로벌 도시와 천대받는 배후지 간의 소외와 갈등이 증가하고 있고 넷째, 불평등의 증가로 인해 하층계급이 양산되고 있으며 다섯째, 다중적 정체성을 가진 시민이 늘어나면서 복합문화가 출현하고 있고 다른 한편으로 파편화된 충성의 확산으로 종족갈등이 격화되고 있으며 여섯째, 초영토국가적 관할영역의 등장으로 인한 재산권과 법적 경계를 둘러싼 분쟁이 일어나고 있고 일곱째, 국제화된 조직범죄 활동·국제 테러와 같은 법의 지배가 통하지 않는 '회색지대'의 확장이 일어나고 있다는 것이다.(Cerny, 2000: 178~179)

신중세적 세계질서 주체의 구성은 중세와 비슷하다. 주체에 있어서 '근대 군주'(modern prince)인 국민국가의 중요성이 약화되고, 세계정부, 지역정부와 다원적인 '근대 영주'(modern lords)인 기업과 시민사회의 힘이 커지고 있다. 21세기는 더 이상 '국가의 시대'가 아니다.[4] 말하자면 복합적 주체들이 세계를 이끌어가고 있는 것이다. IMF와 같은 세계정부, OECD와 같은 지역정부가 국민국가의 통화정책·기업정

---

4) 그러나 21세기도 여전히 '국가의 시대'가 될 것이라고 주장하는 국가주의자들도 있다. 와이스(Linda Weiss)는 국가의 '변형 능력'(transformative capacity)에 주목하면서, 기술혁신, 국내외 경제의 급격한 변화에 적응하고 변화할 수 있는 능력에 있어서 국민국가는 누구도 따라올 수 없는 비교우위를 갖고 있다고 주장한다. 맥닐(William McNeal)도 "영토국가는 너무 일찍 매장되었다"고 이야기한다. 여전히 21세기의 국제정치구조는 지구촌적(global)이라기보다는 국제적(inter-national)이다.(Weiss, 1998; McNeal, 1997; Waltz, 1999)

책·노동정책·환경정책의 상당 부분을 결정하고 있다. 거대기업은 세계화 시대의 대표적인 '근대 영주'들이다. 그들은 국경을 넘나들면서 복수의 '근대 군주'들로부터 '봉토'(기업영역)를 하사 받고 있으며, 여러 국가의 노동자에 대한 관할권을 행사하고 있다. 기업뿐만 아니라 그린피스·엠네스티 인터내셔널, 트란스패어런시 인터내셔널과 국제 NGO들·경실련·참여연대·총선시민연대와 같은 국내 NGO들이 독자적인 관할권을 행사하고 있으며, 지방도시들의 원심적인 자치운동이 활발해지고 있다.

그렇다면 신중세 시대의 글로벌 거버넌스의 기본적 특징은 무엇인가? 무엇보다도 신중세 시대의 글로벌 거버넌스는 불평등하고 위계적이다. 신중세 시대 세계의 중심은 자유민주주의와 시장경제가 역전되지 않을 정도로 공고화되어 있고 국가 간에 국민의 이동, 거래와 교류가 자유롭게 이루어지고 있으며, 국가 간의 상호의존이 커지고 있고, 영토국가가 세계정부, 초국적 정치체와 자치적 지방 사이에 끼어있는 '제1권역' 또는 '신중세권역'이다. 신중세권역을 제외한 대부분의 다른 나라들은 세계화된 경제에 일정 부분 편입되어 있으면서 동시에 정치적 자유가 확립되어 있지 않으며, 여전히 20세기적인 영토국가중심의 근대화를 진행하고 있는 '제2권역', 또는 반주변부적인 '근대권역'에 속해 있다. 여기에 더하여 여전히 근대권에도 진입하지 못한 채 빈곤과 억압이 교차하는 전근대적 사회에 살고 있는 '제3권역' 또는 '혼돈권역'이 잔존하고 있다.[5]

---

5) 타나카 아키히코, 『새로운 중세』: 208~234. 신중세시대 세 개의 권역이론은 사토오 세이자부로의 영국왕립국제문제연구소 강연에서 힌트를 얻은 쿠퍼(Cooper)에서 나왔다. 쿠퍼는 전근대·근대·탈근대권역으로 나누었으나, 타나카 아키히코는 제3권역(혼돈권역), 제2권역(근대권역), 제1권역(신중세권역)으로 재명명하였다. 제1세계

신중세 시대에 국제지배구조가 불평등한 위계구조의 특징을 띠고 있는 이유는 기본적으로 세계화가 지역적으로 불균등하게 일어나고 있다는 데서 기인한다. 기실 세계화는 전 세계적으로 고르게 확산되고 있는 것이 아니다. 세계화는 미국·유럽연합·동아시아와 같은 선진화된 경제를 가지고 있는 지역에 집중적으로 일어나고 있다. 기실 경제의 세계화는 기본적으로 선진 자본주의국가들 간에 일어나고 있는 '밑둥치가 잘린 세계화'이다. 이는 경제의 세계화가 '신중세권역'에 집중적으로 일어나고 있다는 것을 보여준다. 세계화란 북미·유럽연합·일본과 동아시아 신흥공업국으로 이루어지는 3극지역 간의 생산·기술·금융·사회문화적 구조가 수렴·통합되고 있는 현상을 의미한다고 해도 과언이 아니다.(Axtmann, 1997: 119) 따라서 세계화를 3극화로 부르는 것이 더 정확한 표현인지 모른다. 세계화가 진행되고 있는 현 시점에서 자본·기술·투자의 이동은 이 세 지역에 집중되어 있다. 사실 세계무역의 증대는 이 세 지역 간의 무역이 증대된 데 기인하고 있으며, 대부분의 고기술, 고부가가치의 생산도 이 지역에서 집중적으로 일어나고 있다. 1980년대에 이 세 지역은 국제자본이동의 80퍼센트를 차지한 반면 개발도상국들의 비중은 1970년대의 25퍼센트에서 19퍼센트로 떨어졌다.(Petrella, 1996: 77) 1980년에 이 세 지역 간의 수출은 전 세계 수출의 31퍼센트를 차지했으나 1992년에는 43퍼센트로 높아졌으며, 이 세 지역 나라들의 수출 비중은 1980년의 54.8퍼센트에서 1990년의 64.0퍼센트로 상승하고, 수입 비중은 1980년의 59.5퍼센트에서 1990년의 63.8퍼센트로 상승하였다. 이 세 지역의 다국적 기업은 전 세계 해외직접투자(FDI)의 80퍼센트를 담당하였다.(Fantozzi·Narduzzi, 1997)

(서방 선진국), 제2세계(동구 공산국가), 제3세계(개발도상국가)로 분류하는 20세기의 세계지배구조는 냉전과 영토국가 중심의 근대화 개념에 기초한 것이다. (Cooper, 1993)

기업들 간의 전략적 기술제휴의 91.9퍼센트가 이 세 지역의 기업들 간에 이루어졌다는 사실은 고부가가치 기술 이동의 방향을 보여준다. (Stallings · Streek, 1995: 77~79) 세계화로 인해 신중세권역의 3극지역 국가들 간의 경제통합은 더 확산되고 심화되고 있는 반면, 선진 자본주의 3극지역과 저개발국가 간 그리고 저발전국가들 사이의 경제교류와 통합은 그 범위와 강도가 약해지고 있다. 1980년에 가장 가난한 102개국의 수출 비중은 7.9퍼센트였으나 1990년에는 1.4퍼센트로 낮아졌고, 수입 비중은 9.0퍼센트였으나 1990년에는 4.9퍼센트로 낮아졌다. 그 결과 근대권역에 속한 일부 국가들과 모든 혼돈권역의 나라들은 발전된 선진 자본주의국가들과의 "연결고리를 상실할" 위험에 처해 있다. 저발전국가들은 새로이 형성되고 있는 글로벌 경제로부터 배제되고 있는 것이다. 세계화는 점점 더 통합되고 있는 3극지역의 글로벌 경제와 3극지역 바깥에 있는 배제된 비글로벌 경제로 양극화시키고 있다.

교역 · 투자 · 기술의 이전이 이 3극지역에 집중됨으로써 경제적으로 저발전된 근대권역과 혼돈권역의 국가들은 자본과 기술의 고갈에 직면하고 있다. 자본과 기술의 고갈에 직면한 저발전국들과 신흥시장국가들이 다시금 선진국과 글로벌 자본에 종속시켜달라고 애원하는 사태가 벌어지고 있다. 그러나 신종속의 조건은 가혹하였다. 글로벌 자본주의의 네트워크에 재편입될 수 있는 조건은 글로벌 자본주의의 규칙과 규범을 받아들이는 것이다. 말하자면 제3세계국가들은 독자적인 경제개발대안을 수립할 수 있는 권한을 포기하고 글로벌 자본과 국제금융기구가 선호하는 이른바 '워싱턴컨센서스'로 불리는 신자유주의적 경제개혁을 수용하도록 강요받고 있다.

세계화와 정보화로 영토적 국민국가는 예전의 영광을 회복할 수 없게 되었다. 국가의 정책주권은 갈수록 약화되고 있으며, 영토성이 약화되면서 물리적 폭력의 독점적 사용자로서 국가 권력의 정당성도 약화되고 있다. 글로벌 금융체제 · 인터넷 · 글로벌 환경문제 · 유전자 조작식품 · 신종 전염병의 확산 · 국제 테러리즘과 대량살상무기의 확산과 같은 단일 주권국가가 다룰 수 없는 새로운 문제가 터져 나오고 있다. 인터넷 혁명으로 거리의 개념이 소멸하면서(Cairncross, 1997), 이제 경쟁은 지리적으로 이루어지지 않고 가상적으로 이루어지고 있다. 구 베스트팔리아 체제하에서 독보적인 존재였던 국가는 왜소해진 행위자로 전락하고 있는 반면 기업 · 이익집단 · NGO 등이 스타 플레이어로 떠오르고 있다.(Valaskakis, 2001: 56~65)

그러므로 영토국가를 기본 행위자로 하는 구 베스트팔리아체제는 황혼을 맞이하고 있는 것은 틀림없다. 그렇다면 구 베스트팔리아체제를 대체하는 새로운 글로벌 거버넌스는 무엇인가? 현재의 상황은 "옛 체제는 사라지고 있으나 새로운 체제는 아직 탄생하지 않고 있는" 그람시적 전환기이다.(Gramsci, 1971: 276) 새로운 글로벌 거버넌스의 모습에 관해서는 대체로 두 가지의 상반된 견해가 있다. '네오 베스트팔리아'(또는 베스트팔리아 2기)와 '포스트 베스트팔리아' 논쟁이다.

'네오 베스트팔리아론' 주장의 핵심은 구 베스트팔리아체제는 사라질 것이지만 구 베스트팔리아체제의 구조조정을 담당하는 주역은 여전히 국가라는 것이다. 우선 '시애틀 접근'을 살펴보자. WTO는 1999년 11월 시애틀에서 140개 회원국 재무장관이 참석한 가운데 21세기의 글로벌 거버넌스를 확립하려는 밀레니엄 라운드를 개최하였다. 시애틀의 밀레니엄 라운드는 베스트팔리아 이후의 거버넌스 확립도 국가가 주도할 것이라는 것을 보여준다. 세계화 시대에 기존의 주권국민국가에 의해 마련된 규칙을 폐지하고 새로운 국제규칙을 마련하는 주역이 바로 국민국가의 재무장관들이었던 것이다. 주권국가의 대표들이 주권국가의 역할을 축소하고, 국가에서 자유시장으로의 권력이전을 주도하고 있었던 것이다.

　네오 베스트팔리아론은 세계화의 시대에 국가는 예전과 같은 배타적, 독점적 권력을 보유하고 있지 않지만 여전히 가장 중요한 행위자로서 새로운 글로벌 거버넌스 확립의 주역이 될 것이라고 내다본다. 영토국가가 중심이 되어 영토국가 영역의 축소와 관할영역의 재조정이 이루어진다는 것이다. '영토국가의 무력화' 주장은 정치적으로 조작된 신화이며, 여전히 국가는 가장 중요한 행위자로서 새로운 환경에 적응하는 적응능력을 보유하고 있으며, 국가는 세계화의 희생양이 아니라 세계화의 산파로서 강한 사회 변형 능력을 갖고 있고, 세계화 시대의 다양한 국가적, 지역적 교역과 투자의 망을 결합하는 '촉매국가'로 변신한다는 것이다.(Weiss, 1998: 209~211) 국제안보와 평화의 문제도 다수 강대국의 협력에 의해서 해결하는 19세기의 '유럽 콘서트' 방식을 추구하는 전투적 다수강대국주의나, 또는 유엔 안보리 내에서 불평등하게 큰 영향력을 행사하는 강대국들이 밀어붙이는 '공세적 다자주의'가 될 것이라는 것이다.(Hettne, 2002: 19~22)

　반면에 '포스트 베스트팔리아론'은 영토국가가 세계화 시대의 다원적 행위자 중의 하나로 전락할 것이라고 주장한다. '시애틀 접근'이 IGO · NGO · 소비자집단 · 특수이익집단과 같은 비국가 행위자들의 집단적 저항에 의해 실패로 끝난 것이 바로 국민국가 중심의 네오 베스트팔리아체제가 실현 가능하지 않을 것이라는 점을 보여주었다는 것이다.(Valaskakis, 2001: 62~63) 국민국가 주권의 절대성이 약화되면서 국민국가는 초국가연합 · 지방 · IGO · NGO · 거대기업과 관할영역을 둘러싸고 경쟁을 할 것이며, 주권을 다중적으로 분점 · 공유할 것이라고 본다. 그러므로 주권국가가 중심이 되는 베스트팔리아체제와는 근본적으로 다른 체제가 등장한다는 것이다. 기본적으로 국제질서 유지의 핵심적 행위자는 초국적 수준으로 올라간다. 국제평화의 수립과 유지에서 주권국가는 '초국적 지역연합'(Hettne·Inotai·Sunkel, 1999/2000) 또는 강화된 글로벌 시민사회에 의해 대체되거나 보완된다. 유토피아적 세계화론자들은 세계화와 정보화 혁명이 글로벌 시장·글로벌 빌리지·세계정부를 형성하면서 국민국가는 소멸하거나 주변화되고 궁극적으로는 국내뿐 아니라 국제기구(초국적 지역기구·글로벌 기구)에도 민주적 참여·책임성·투명성·법치·사회정의의 규범을 갖춘 코즈모폴리턴 민주주의로 갈 것이라고 예언한다. 국제형사재판소·글로벌 시민회의·국제적 법치 규범은 '인간적인 글로벌 거버넌스'를 확립하는 데 필요한 제도디자인이란 것이다.(Falk, 2002: 164~169)

포스트 베스트팔리아론은 그 주창자들이 인정하듯이 현실 분석에 근거하고 있다기보다는 규범적인 미래 희망적 사고라는 한계를 갖고 있다. 포스트 베스트팔리아는 인권의 실현·과거 국가범죄의 책임 추궁·주권의 축소, 인도주의적 국제평화유지군과 같은 다차원적 규범적 의제가 가시화되었을 때 실현가능하지만, 현재 세계는 지역주의·전통주의·민족자결·집단적 권리·국제테러리즘·초국적 범죄화의 경향이 글로벌 빌리지의 의식과 제도의 출현을 저해하고 있으며, 9·11 테러 이후 다자주의보다는 미국의 일방주의 또는 강대국주의가 더욱 강화되고 있고, 국제형사재판소나 국제적 법치의 확립에 대해 강대국인 미국·중국·러시아가 반대하고 있다는 사실은 포스트 베스트팔리아 체제의 출현이 가까운 장래에 가능하지 않을 것이라는 점을 보여준다.(Falk, 2002: 178)

3 | 초국가적 지역통합과 지역주의의 강화

신중세적 질서가 도래하면 국민국가의 점진적 쇠퇴와 함께 지역적으로는 국민국가간의 통합의 움직임이 일어난다. 콕스(1996: 308)의 "글로벌 페레스트로이카"에 의하면 베스트팔리아 국가시스템은 미시적 지방과 도시, 전통적 국가, 그리고 초국가적 거대 지역으로 이루어지는 복합체로 변모할 것이라고 한다. 단일 글로벌 경제가 다층적인 신중세적 정치구조와 결합되는 국제정치경제체제를 형성할 것이라는 이야기다.

각 지역별로 모색되고 있는 지역통합의 움직임의 내용을 들여다보면 국민국가 단위를 넘어서는 국가네트워크가 지역단위로 부상하고 있다는 것을 알 수 있다. 그러나 각 지역에 따라서 그 네트워킹의 형태는 다를 수 있으며 실제로 유럽과 북미, 동아시아에서 다르게 나타나고 있다. (Gamble · Payne, 1996: 206~215)

유럽에서는 이미 EU로의 통합과정이 진행되고 있다. EU는 다층적 지역통합 거버넌스의 형태를 띠고 있다. 즉 국가와 하위국가, 공적 부문과 사적 부문, 국제기구와 초국가기구로 구성되는 행위자들이 다양하고 수평적이면서 동시에 수직적인 동심원 네트워크를 형성하고 있다. 첨단 분야의 R&D 컨소시엄이나 이동통신과 디지털 TV 분야에서 발견되는 지식 분야의 협력은 좋은 사례이다. 동심원형 국가네트워크는 단일 허브형과 다(多)허브형 국가네트워크의 중간 형태를 띠고 있다고 볼 수 있다.

둘째, 미국의 텃밭인 북미에서는 기존의 미국을 중심으로 하는 '중추와 부채살' 구조를 중심으로 통합의 과정을 밟고 있다. 미국은 북미 지역 거버넌스의 틀을 형성하는 데 결정적인 역할을 하고 있다. 여기서 미국이라는 국가는 유럽에서 EU가 하는 역할을 대행한다. 미국이라는 국가 자체가 다층적 거버넌스를 보여주고 있기 때문이다. 미국 자본, 초국적 자본, 다양한 국내 그리고 국외 이익단체, 행정부, 입법부, 사법부 간의 견제와 균형, 백악관, 국무성, 국방성, CIA, 재무성, 연방준비위 등의 연방정부기구 관료들 간의 경쟁은 미국 정치시스템 내에 다양한 '미국'

이 존재하는 다층적 구조를 형성하고 있다. 북미의 국가들 캐나다, 멕시코, 카리브 해 연안국가들은 바로 이러한 다층적 거버넌스 구조를 가지고 있는 복합적인 미국을 상대로 협상하고 로비하여 자신의 이익을 실현하여야 한다. 중추와 부채살 구조 하에서는, 부채살 국가들이 중추 국가의 정책을 움직이는 것이 중요하지만, 동시에 부채살 국가들은 역으로 중추 국가의 정책형성 과정에 영향력을 미칠 수 있다.

셋째, 동아시아 지역은 여전히 지역통합 거버넌스의 전 단계에 머물러 있다. 동아시아의 지역주의는 유럽보다는 네트워킹의 진전이 덜 된 상태에 있다. 동아시아는 아직 다허브의 형태로서 국민국가체제의 모습을 가장 많이 지니고 있는 지역이다.

동아시아에서 '시장주도 지역주의'는 태동하고 있으나 여전히 제도 또는 레짐으로서의 지역주의로 발전하지 못하고 있다.(Higgott, 1995: 369) APEC과 같은 지역기구는 여전히 자유주의적 경제협력의 이점을 역설하는 지역적 대화기구에 머물러 있고 아직 정책 자율성을 갖춘 지역기구로 발전하지 못하고 있다.

아시아 태평양 지역의 지역통합이 제도화 단계에 들어갈 경우 예상되는 거버넌스 구조는 멀티 허브형 네트워크가 될 것이다. 왜냐하면 동아시아에서는 세계화 시대에 경제적 통합과 더불어 국민국가가 강화되는 역설적인 경향이 있기 때문이다. 따라서 EU와 같은 탈영토국가형 지역통합이 아니라 중국·일본·한국을 중추로 하는 다수의 '중추와 부채살' 간의 교환·거래·교류가 늘어나는 통합의 형태를 띠게 될 것이다.

4 | 지식분야 국제제도의 구조변동

IT혁명은 세계정치의 '사실상(de facto)의 구조'를 변화시킬 뿐 아니라, 세계정치의 '법률상(de jure)의 구조'라 할 수 있는 국제레짐 또는 국제제도를 변화시키고 있다.(Cowhey, 1990; Zacher · Sutton, 1996; Drake, 2000) 인터넷과 같은 탈집중 네트워크를 속성으로 하는 IT의 발달은 국제적인 차원에서 이에 적합한 제도환경의 등장을 요구한다. 최근 들어 인터넷의 등장과 함께 논의되고 있는 통신 레짐이나 지적재산권 레짐 또는 서비스무역 레짐 등에서 우리는 IT환경의 도래에 적응하는 국제레짐의 변화를 발견한다.

IT분야 국제레짐의 특징은 기존에는 당연한 것으로 여겨졌던 국민국가를 중심으로 형성되는 정부 간 레짐의 독점이 끝나고, 국가 · 정부 간 국제기구 그리고 다양한 비국가 행위자들이 참여하는 '다면적 제도체'의 형태를 띠고 있다는 것이다. 말하자면 IT를 관장하는 글로벌 거버넌스도 다중적 정체성을 가진 기구들 간의 중층적 구조를 띠는 '신중세주의'의 형태(Kobrin, 1998; Ruggie, 1993) 또는 분화와 통합의 현상이 동시에 발생하는 '분합'의 구조를 띠고 있다는 것이다.(Rosneau, 2003)

IT영역에서도 영토국가의 '지식주권'의 침식현상이 일어나고 있다. IT를 관장하는 글로벌 거버넌스의 형성과정에서 영토국가는 국제기구 · 비국가 행위자들과 관할영역을 분점하고 있다. 가장 대표적인 사례는 바로 인터넷 거버넌스이다.(김상배, 2004)

인터넷의 기술적 핵심은 데이터교환을 위한 기술표준으로서의 공동 프로토콜에 있다. 인터넷 프로토콜은 각각의 하드웨어와 소프트웨어 및 서비스 · 콘텐츠가 네트워크의 형태로 연결되면서 하나의 시스템으로서 작동하게 만드는 일종의 '기술공간의 거버넌스' 역할을 한다.

인터넷은 탈집중 관리구조를 요구하는 느슨한 결합도의 기술체계이다. '네트워크들의 네트워크'라는 말이 반영하듯이 인터넷은 그 초기의 형성단계에서부터 다양한 네트워크들이 느슨하고 비대칭적이며 비집중적인 형태로 결합되면서 발전해왔다. 다시 말해 인터넷은 앞서 언급한 인터넷 프로토콜만 지킨다면 어느 누구도 네트워크와 프로그램을 개발하여 접속시킬 수 있는 개념의 기술체계이다.

1990년에 도입된 WWW(The World Wide Web)는 이러한 인터넷의 탈집중 네트워크적 속성을 반영하는 전형적인 예이다. WWW는 정보를 하이퍼텍스트 형식으로 나타내는 분산 데이터베이스 시스템인데, 이를 통해 사용자 자신이 어떠한 정보라도 웹에 띄우고 사용할 것인지를 결정할 수 있다. 거미집 모양을 의미하는 웹(web)이라는 용어 자체가 전 세계를 탈집중 네트워크로 연결하고 있는 인터넷 관리구조의 성격을 잘 드러내준다.

요약하면 인터넷 기술은 그 자체가 기술공간에서의 탈집중 네트워크를 가능하게 하는 거버넌스의 역할을 수행할 뿐만 아니라, 인터넷 정보기술에 적합한 제도환경으로 탈집중 네트워크형의 관리구조를 요구하는 내재적인 속성을 갖고 있다.(Reindenberg, 1997: 84~105)

현재까지의 과정을 보면, 인터넷 분야의 제도화는 초기에는 특정한 주체의 주도로 시작되었지만, 탈집중 네트워크의 기술적 속성을 갖는 인터넷 관련 기술의 내재적 요구를 구현하는 과정에서 결국에는 다양한 주체들에 의해 다층적인 수준에서 조정메커니즘이 이루어지고 있다. 인터넷의 물적 기반이 되는 세계정보인프라(GII: IGlobal Information Infrastructure)의 구축과정은 이러한 특징을 보여주는 대표적인 사례이다. 각국별로 국가가 중심이 되어 추진된 국가정보인프라(NII: National Information Infrastructure)의 건설 사업이 진행되면서 그 범위 면에서 국민국가의 영토적 경계를 넘어서는 GII의 글로벌 네트워크로 확장되었다는 사실은 국가에 의한 집중형 정책 주도만으로는 인프라 구축의 목표를 달성할 수 없다는 것을 보여주었다.(Kahin · Wilson, 1997)

사이버 공간으로 가는 길목을 제도화하는 의미를 갖는 인터넷 이름체계(domain name systems, 이하 DNS)의 형성과정도 같은 맥락에서 이해될 수 있다.(김상배, 2003) DNS란 숫자로 구성된 IP(Internet Protocol) 주소를 기억하기 쉬운 도메인 이름의 형태로 간소화하여 인터넷상의 정보자원에 대한 식별을 가능하게 하는 관리체계이다.

무엇보다도 DNS는 현실공간과 사이버 공간의 교차점에서 사이버 공간으로 통하는 길목을 누가 장악할 것이냐를 다룬다는 점에서 정치적으로 매우 중요한 의미를 지닌다. 말하자면 DNS는 새롭게 등장하는 버추얼 공간의 경계를 설정하고 사이버영토를 구획하여 사이버 공간 자체의 아키텍처를 어떻게 구성할 것인가를 다루는 것이다.

일반적으로 인터넷은 중앙 집중적인 통제가 불가능한 탈집중화 현상의 전형으로 인식되고 있지만 예외적으로 도메인 이름체계는 기술적으로나 행정적으로나 매우 위계적인 구조를 형성하고 있다. 최상위 루트 서버에 절대적인 권한이 집중되고 나뭇가지 구조의 형태를 보이며 상위 단계의 영향력은 점차 하위단계로 내려가는 양상을 보이고 있다. 루트 서버란 최상위 도메인을 관리하고 있는 서버의 구역정보파일을 저장하고 있는 서버로서 인터넷의 모든 주소의 처음 출발점이며 인터넷상에서 도메인들이 혼란 없이 정확하게 연결되게 하는 중요한 기능을 수행하고 있다.[6] 루트서버가 인터넷에 있어서 도메인 이름의 생사를 결정하는 권력을 가지고 있기 때문에 루트서버를 관장하는 단위체가 인터넷 거버넌스 전반을 관장하게 되는 것이다.

현재 루트서버의 관리나 신규 일반 최상위 도메인(gTLD: General Top Level Domain)의 생성, 도메인이름 관리기관에 대한 지침 등과 같은 전 세계 도메인이름에 대한 정책은 ICANN(Internet Corporation for Assigned Names and Numbers)에서 결정되고 있다. 일반 최상위

---

6) 루트서버는 안정성을 위하여 현재 ICANN에서 관리하고 있는 A 루트서버 외에도 포스텔(Jon Postel)이 관리하던 B 루트서버 등 13개로 복사되어 세계 곳곳에 분산되어 관리되고 있다.

도메인은 물론이고 국가 최상위 도메인까지도 ICANN의 관리 하에 있다. 국가 최상위 도메인의 경우는 각 국가의 최상위 도메인 매니저들(ccTLD Managers)에 의해 상당 부분 독립적으로 운영되고 있으나, 이 매니저들이 다시 ICANN과 계약을 맺음으로써 궁극적으로 ICANN이 최종 권위체가 되고 있기 때문이다.[7]

그런데 ICANN은 미국 상무성이 인터넷 주소관리 정책과정에 폭넓은 참여를 확보하기 위해 설립한 기관이지만,[8] ICANN의 활동에는 정부 관계자뿐만 아니라 민간 전문가 그룹과 상업적 이해관계를 갖는 기업들도 참여하고 있으며, 일반회원 제도를 통해 인터넷 이용자그룹도 인터넷주소 관련 정책결정과정에 참여할 수 있는 통로가 마련되어 있다. ICANN은 그 조직의 구성이나 운영방식이라는 측면에서 볼 때 기존의 정부 간 국제기구나 순수민간 국제기구들과는 다른 복합적인 관리구조의 가능성을 보여주고 있으며, 집중된 관리양식보다는 탈집중적이고 복합적인 성격을 지닌 거버넌스의 특징을 갖고 있다.(Kahi · Keller, 1998:

---

7) 그러나 이론적으로 보면 초국가적 네트워크의 형태로 형성되고 있는 사이버 공간의 제도화 과정에 특정한 이해관계를 관철시킨다는 것은 가능하지 않은 일이겠지만, 현실적으로 보면 여태까지 인터넷 관련 아젠다의 설정은 미국 인터넷 사용자들에 의해 주도되어왔던 것이 사실이다. 이른바 오프라인에서의 미국의 영향력이 온라인으로 투영되어 정보화시대 미국의 주도권을 강화하는 방향으로 인터넷 거버넌스가 진행되어왔다고 볼 수 있다.

8) ICANN의 역사를 간략히 살펴보면, 미국 국방부의 프로젝트였던 ARPANET으로 시작된 인터넷 초기에는 미국 정부가 루트서버를 운영하였으며, 포스텔을 비롯한 소수의 엔지니어로 이루어진 IANA(Internet Assigned Numbering Authority)를 중심으로 도메인 네임 시스템의 관리가 이루어졌다. 1992년에 이르러 인터넷의 양적 확대에 따라 도메인 네임 시스템 관리에 어려움이 발생하자 미국 정부는 NSI(Network Solutions)라는 회사에 .com, .org, .net 도메인의 관리를 위임하였다. 그러나 NSI 중심의 관리체계에 대한 반론이 제기되고 좀더 안전하고 자율적이며 대표성이 보장되는 도메인 네임 시스템의 관리를 달성하려는 요구가 지속되었다. 결국 이에 부응하는 과정에서 현재의 ICANN 중심의 도메인 네임 시스템 관리체계가 탄생하였다.(Milton Mueller, 1999)

147~169) 말하자면 기존 정부 간 레짐에 의해서 다루어졌던 도메인 분야에 다양한 비국가 행위자들이 참여하면서 다층적, 다층적 복합 거버넌스의 양상을 보여주고 있다.

현재 인터넷이 전 세계적으로 보급·확산되고 인터넷과 관련된 국가적·기업적·개인적 이해관계가 첨예해지면서 미국 중심의 ICANN 체제의 관리방식과 권위의 정당성에 대한 논란이 일고 있다. 실제로 미국·EU·호주·일본 등은 ICANN에 적극 참여하여 각종 하부조직의 활동을 통해 사이버 공간의 제도화를 주도하기 위한 경쟁을 벌이고 있다. 최근 들어 ICANN에서의 미국의 주도권에 대항하는 국가군(群)이 연합하여 지역블럭 단위로 인터넷 거버넌스를 추진하려는 움직임도 일고 있다. 요컨대 대표적인 정보화시대의 탈집중 네트워크인 인터넷의 관리를 둘러싸고 일종의 '네트워크 국가'를 지향하는 다양한 세계정치의 움직임이 있는 것이다.

최근 IT를 둘러싸고 벌어지는 정보산업의 경쟁에서 나타나는 두드러진 현상은 경쟁의 초점이 우수한 기술과 품질을 추구하는 '제품경쟁'의 형태에서 기술게임의 규칙을 장악하려는 '표준경쟁'의 형태로 이동하고 있다는 점이다. 누가 글로벌 스탠다드를 설정할 것인가를 둘러싼 경쟁이다. 정보산업 경쟁에서의 최종 승자는 우수한 기술과 제품을 생산하는 측이라기보다는 시장에서 사실상의 글로벌 표준을 장악함으로써 해당 산업을 구조적으로 지배하는 측이다.[9]

9) 경제학의 용어를 빌려 기술표준경쟁이 대두되는 구조적 권력의 차원을 설명하자면, 일단 어느 정보산업 분야에서 기술표준의 주도권을 바탕으로 한 '선발자의 이익'이 확립되면, 이는 곧 '지배적 표준'의 지위를 누리게 된다. 다시 말해 '네트워크의 외부성'이라는 특성을 갖는 정보산업 분야에서 특정 행위자에 의해 일단 '사실상 표준'이 장악되면, 소비자들은 특별한 계기가 마련되지 않는 한 다른 기술표준으로의 '전환

가장 대표적인 기술표준경쟁의 예는 컴퓨터산업의 PC아키텍처 표준 경쟁일 것이다. PC아키텍처의 표준경쟁은 IBM호환기종의 개인용컴퓨터인 PC시리즈와 애플의 매킨토시 시리즈 간의 경쟁이었다. 비록 컴퓨터 애호가의 일치된 견해는 매킨토시의 아키텍처가 기술적인 측면에서 IBM호환기종의 그것에 비해 우수하다는 것이었지만, 결국 시장에서 승리를 거둔 것은 IBM호환기종 측이었다. 그 성공의 비결로 IBM호환기종 진영이 '개방표준' 전략을 채택함으로써 기술발전과 저변확대의 기회를 높이고, 저렴한 가격에 다양한 제품군을 선보임으로써 소비자 기반들에 호소했다는 점이 지적된다.(Yoffie, 1995)

그런데 이러한 IBM호환기종 컴퓨터 성공의 최대 수혜자는 아이러니하게도 PC를 처음으로 개발한 IBM이라기보다는 PC운영체계를 공급하던 마이크로소프트(MS)와 마이크로프로세서를 개발했던 인텔이었다. MS의 컴퓨터 운영체계인 윈도(Windows)와 인텔(Intel)의 두 단어를 합성하여 만든 '윈텔'(Wintel) 또는 '윈텔리즘'(Wintelism)은 1980년대 초반 이래 PC의 아키텍처 표준을 장악하고 있는 두 기업의 구조적 지배력을 빗대어서 붙여진 용어이다. 특히 윈텔리즘은 단순히 두 기업을 합쳐서 부르는 용어라기보다는 PC아키텍처의 표준 연합체로서의 MS와 인텔의 독특한 관계를 상징적으로 보여주는 용어라고 할 것이다. 실제로 1980년대 초반 이래 윈텔표준 또는 IBM호환표준은 PC아키텍처의 사실상 표준을 주도하면서 컴퓨터 업계의 패권을 누려왔다.

세계 PC산업에서 윈텔리즘의 성공 비결은 이른바 '개방과 소유'라는 동시적 표준전략의 채택에 있었다. 먼저 개방표준을 채택하여 호환기종 생산자들을 허용함으로써 윈텔표준의 저변을 확산시키고, 지적재산권

비용'을 감수하지 않으려는 성향이 있다. 이러한 메커니즘은 기존의 시장에 새로운 참가자의 진입을 구조적으로 봉쇄하는 효과를 갖는다. 다시 말해 표준경쟁의 영역은 '승자가 모두 갖는' 이른바 '수확체증'의 영역이다.(Arthur, 1996: 100~109)

의 기제를 통해 자신들이 보유한 표준관련 기술의 무절제한 유출을 막았다. 그러나 보다 중요한 윈텔의 성공 비밀은 1980~90년대에 걸쳐서 PC에 대한 수요가 폭증하고 IBM호환기종의 판매가 증가하던 컴퓨터산업의 구조적인 특징에서 발견된다. 다시 말해 IBM호환기종 생산자들이 인텔의 반도체칩과 MS의 운영체계를 사용하고 있는 한, 그리고 소프트웨어 개발자들이 IBM호환기종을 위한 소프트웨어 제품을 출시하면 할수록 윈텔의 수익은 자동적으로 보장될 수밖에 없었던 구조적인 메커니즘이 작동하고 있었던 것이다. 다시 말해 펜티엄칩과 윈도는 단순히 기술적으로 우수한 컴퓨터 부품으로서의 의미만을 가지는 것이 아니라, 컴퓨터산업에 진입하려는 모든 참여자들이 지켜야 하는 게임의 규칙을 제공하는 구조적 권력의 담지자 또는 컴퓨터산업 분야 세계지식구조의 지배자였던 것이다.(김상배, 2002)

윈텔리즘은 단순히 컴퓨터산업에 대한 MS와 인텔의 구조적 지배라는 차원을 넘어서, 윈텔의 성공을 뒷받침한 산업구조와 정책 및 제도환경과 같은, 넓은 의미의 권력, 즉 '제도표준' 설정자의 등장을 의미한다. 실제로 윈텔이 성공한 이면에는 흔히 '실리콘밸리 모델'이라고 불리는 '수평적 통합'의 산업구조의 등장이 자리잡고 있었으며, 또한 이러한 '탈집중 네트워크'의 형태를 띠는 산업구조의 등장을 간접적으로 지원한 미국형 '조절국가'(regulatory state)의 역할이 작동하고 있었다. 이렇게 윈텔리즘으로 파악된 산업구조의 탈집중 네트워크화 경향은 PC시대를 넘어서 포스트 PC시대의 컴퓨터산업에까지 확대되고 있으며, 더 나아가 컴퓨터 산업 부문을 넘어서 방송이나 통신과 같은 여타 정보산업 부문, 또는 디지털융합을 배경으로 하는 정보산업 일반에까지 확산되고 있는 추세를 보여주고 있다.(김상배, 2001b: 359~376)

윈텔리즘의 등장은 1980년대에 이르러 한때 쇠락하는 것으로 여겨지던 미국의 국제경쟁력을 재도약시키는 데 기여하였다. 윈텔리즘으로 표상되는 탈집중 네트워크형의 기업조직과 산업구조 및 제도 환경이 컴퓨터산업의 새로운 '산업패러다임'이라는 이름하에 전 세계적으로 전파되고 있다. 여기에 더하여 윈텔리즘의 '제도표준'에 자국의 제도를 적응시키려는 과정에서 미국의 비즈니스문화, 미국적 가치관마저도 정보화시대의 '문명표준'으로서 받아들이게 되는 메커니즘이 작동하게 된다. 이러한 의미에서 볼 때 윈텔리즘은 '정보문명'의 권력이라고 할 수 있다.(Hart · S. Kim, 2002: 1~12; S. Kim · Hart, 2002)

지식 분야의 국제레짐의 구조변동이라는 관점에서 주목해야 할 다른 하나의 사례는 바로 지적재산권을 둘러싼 세계정치이다. 정보화 시대를 맞아 기술 · 정보 · 지식의 중요성이 크게 부각되면서 지적재산권의 보호에 대한 요구가 부쩍 늘어나고 있다. 막대한 비용을 들여서 연구 · 개발된 IT의 기술적 성과가 상대적으로 적은 비용으로 손쉽게 불법복제되거나 역설계의 과정을 거쳐서 해제되는 상황에서 기술을 개발한 기업들이 연구개발에 투자한 비용의 회수를 보장하거나 해당 국가가 자국의 산업경쟁력을 확보하기 위한 적절한 법적 · 정치적 장치의 마련에 나서게 됨으로써 이를 조정할 지적재산권에 대한 글로벌 거버넌스 확립의 요구가 점증되어 왔다.

따라서 경제적 세계화와 정보기술의 급속한 발달은 기술 및 제도적 차원에서 현실 정보사회에 걸맞은 지적재산권 제도의 확립을 촉진하고 있다. 이러한 변화를 보여주는 가장 중요한 지표는 1994년에 조인된 세계무역기구의 무역관련 지적재산권협정(WTO/TRIPs)이다. 이 협정을 통해 이제 지적재산권은 이전부터 존재해온 것과 같이 자본주의를 보완하는 제도로서가 아니라 국가의 기술주권 차원 및 경제적 성장 차원에서 그리고 선진국의 정보 우위를 유지하는 경제적 주권 차원에서 가장 중요한 그리고 논쟁적인 제도가 되고 있다. TRIPs 협정은 세계적인 지적재산권의 보호를 강화하기 위해 마련된 것이다. TRIPs 협정에서 선진국을 중심으로 한 이전의 GATT 회원국들은 기존의 국제협약들을 최저보호수준으로 해서 더욱 강화시키는 '기존 협정 플러스'방식을 채택했다. 준용된 기존 협정들은 산업재산권의 보호를 위한 파리협약, 문학 및 예술 저작물의 보호에 관한 베른협약, 실연자·음반 제작자·방송 사업자의 보호에 관한 로마협약, 집적회로에 관한 지적재산권 협정 등이다. TRIPs 안에도 지적재산권의 남용을 방지하기 위한 장치가 없는 것은 아니지만, 그럼에도 불구하고 지적재산권 보호의 강도를 강화하고 범주를 확대하는 것이 TRIPs 협정의 기본 방향이었다. TRIPs 협정은 본래 WIPO의 고유영역이었던 지적재산권과 관련된 사항을 WTO가 자신의 업무영역 내로 끌어들였다는 것을 보여준다. 이는 지적재산권 문제가 미국을 비롯한 선진국이 주도하는 IT의 글로벌 거버넌스의 핵심적인 의제가 되었다는 것을 보여준다.

　TRIPs의 사례가 보여주는, 새롭게 짜여진 지적재산권의 국제레짐은 세계정치경제의 장에서 기술개발자 측에 유리한 조건을 제공하는 하나의 권력으로서 작용한다.(Sell, 2003) 특히 미국 정부나 기업이 주도가 되어 이러한 지적재산권을 역사적·문화적 배경이 다른 개발도상국에 부과하는 과정에서 종종 해당국과의 이른바 '체제마찰'을 일으키곤 한다. 이 과정에서 이들 국가들이 기술개발자의 이익을 대변하는 지적재산권 관련 국제규범을 받아들이는 경우, 이는 서구에 그 기원을 두고 있는 지적재산권의 법체계를 받아들이는 것뿐만 아니라, 인간의 가치·노력·보상 등에 대한 서구적 법 사상 내지는 가치체계까지도 수용하게 된다고 할 수 있다. 지적재산권 분쟁이 문명표준의 수용과정에 연관되는 것은 바로 이러한 맥락에서이다.(김상배, 2002)

　따라서 기존의 지적재산권 거버넌스에 대한 도전이 일어나는 것은 자연스러운 현상이다. 기존의 지적재산권 질서에 대한 대항담론이 등장하고 있다. 즉, '배타적 권리'(copyright)로서의 근대적 지적재산권 개념에 대응하는 '정보공유운동'(copyleft)의 도전이다. 초기 정보산업에서는 지적재산권 진영의 주도로 기술개발자의 이익과 관념을 반영하는 제도로서의 국내외적 규범이 대내외적으로 형성되어왔다면, 최근 양상은 이에 대항하여 기술사용자의 이익을 확보하려는 시민사회 진영의 결집이 눈에 띈다. 정보공유운동은 정보사회에서 펼쳐지는 디지털 문맹 퇴치운동이자 지식 공유운동이다.(백욱인, 2003) 정보통신 기술이 발전할수록 사회의식이 있는 지식인들을 중심으로 지식의 사회적 공유와 그를 통한 집단 지성의 발현을 추구해야 한다는 목소리가 높아지고 있다. 프랑스를 중심으로 이루어지고 있는 '지식상호 교환 네트워크 운동' (MRERS: Mouvement des Reseaux d'Echanges Reciproques de Savoirs)이나 미국의 '디지털 공유운동'은 대표적인 정보공유운동이다.

리눅스(Linux)로 대변되는 오픈소스 운영체제 사용운동은 MS의 소스코드 독점과 구조적 권력에 대항하여 등장하였다. 윈텔에 대한 대안적 운영체계로서의 리눅스가 지난 몇 년 간 보여준 성장 잠재력은 이러한 정보공유운동이 단순히 기술이용자들을 중심으로 한 관념 차원의 운동에만 그치는 것이 아니라 기존의 지적재산권 진영에 반하는 이해관계를 가진 기업이나 국가까지도 가세한 새로운 대항 거버넌스의 모색이라는 것을 보여준다.

이상에서 제시된 사례는 미국의 지식패권이 차지하는 세계적 위상의 단초를 엿보게 하는 몇 가지 사례에 불과하다. 21세기의 정보산업 분야에 존재하는 세계지식구조에 대한 사실상의 패권은 미국이 장악하고 있다. 또한 정보산업에서뿐만 아니라 군사 · 정치 · 경제 · 문화 · 환경 등을 포괄하는 세계정치의 전 영역에 있어서 미국은 기술 · 정보 · 지식의 창출과 확산 및 공유의 과정에서 주도권을 행사함으로써 새롭게 짜여지고 있는 세계지식질서의 핵심에 서 있는 것이다.

지식패권, 강대국으로 집중되다

21세기 정보화 시대를 맞이하는 세계질서 변화의 핵심은 세계정치의 권력자원과 그 작동 메커니즘의 변형과 지난 수백 년 간 세계질서의 운영과정에서 중심적 역할을 담당해왔던 국민국가의 위상과 역할이 재조정되는 데 있다. 다시 말해 기술·정보·지식을 중심으로 한 구조적 권력의 부상과 네트워크형의 세계정치 단위체의 등장이라는 현상이 군사·정치·행정·경제·산업·사회·문화 등 세계질서의 전 영역에 걸쳐서 진행되고 있는 것이다.

그런데 이러한 과정에서 특별히 주목해야 할 것은 정보화 시대 신세계질서 형성에 있어서 미국이 오프라인에서의 '하드파워'를 바탕으로 온라인의 '소프트파워'에까지 그 영역을 확대하면서 정보화 시대 세계 지식구조의 사실상 패권을 장악하고 새로운 탈영토적 제국으로 등장하고 있다는 점이다.

아울러 또 하나 명심하여야 할 사항은 정보세계정치의 장에서는 국가뿐만 아니라 기업이나 시민사회단체와 같은 다양한 비국가 행위자(NGOs)들이 복합적인 네트워크를 구성하면서 복수의 주체로서 등장하고 있는 신중세적 질서를 재현하고 있다는 점이다.

또한 정보화시대의 권력이동이 국민국가를 어떻게 재조정하고 있는가를 주시해야 한다. 즉 기존의 주권적 영토국가로서의 정체성을 탈피하고 새로운 모습으로 변화하고 있는 '네트워크국가'의 등장과정에 유의하여야 한다.

이러한 맥락에서 정보화 시대의 신세계질서에 대응하는 미래전략의 기본 방향은 우선 부국강병적인 국가 목표를 넘어서는 새로운 국가전략을 추구할 것과 아울러 공존공영의 목표를 추구해야 할 것이다. 여기에 더하여 대외적으로는 세계화와 정보화 시대의 세계정치 행위자로서 국민국가를 넘어서는 '네트워크국가'를 추구하는 글로벌 및 동아시아 지역 차원의 대외전략과 대내적으로는 국가 중심적인 추진주체 설정을 넘어서 정부 부처 간 및 정부-기업-시민사회 등의 조정체계를 구축하는 전략을 수립하여야 할 것이다.

21세기 한국의 생존과 번영은 IT혁명으로 등장한 새로운 문명표준으로서의 지식과 네트워크의 세계정치에 어떻게 효과적으로 적응하느냐의 여부에 달려 있다. 21세기를 헤쳐 나가면서 우리는 19세기에 세계의 문명표준을 따라잡지 못해 식민지가 되었던 역사를 반복하지 않기 위해서 새로운 문명표준의 실체를 정확히 파악하고 이를 바탕으로 한국형 대응전략을 마련해야 할 것이다.

현실원리를 넘어서

언제부터인가 우리는 현실에서는 존재하지 않지만, 인터넷이나 TV, 스크린의 대상들을 실제로 존재하는 것으로 종종 믿게 되었다. 동영상 기술의 엄청난 발전이 허구의 것을 실재하는 것으로 믿게 만든 것이다.

정신분석학의 창시자 프로이트는 문명화 과정의 근대적 형태인 '현실원리'를 도외시하고는 주요 사회 변동이나 그 부수현상을 이해하기가 불가능하다고 단언한 바 있다. 하지만 '근검절약'으로 대변되는 근대 산업사회의 현실원리는 인간의 내재적 욕구나 충동을 강조하는 현대사회로 접어들면서 크게 도전받고 있다. 지난 2~3세기 간 우리 의식세계를 지배하여온 현실원리가 미래사회에도 과연 유효할 것인가?

정보화의 촉진과 함께 근대사회를 특징지어온 '현실원리'에 의문을 제기하는 여러 부정적 징후들이 도처에서 목도되고 있다. 따라서 미래사회에 풍미하게 될 새로운 의식정향에 관한 탐구가 학계 내외에서 꾸준히 진행되어왔는데, 그 중에는 쾌락원리로의 복귀를 주장하는 견해가 있는가 하면 쾌락원리도 현실원리가 아닌 새로운 행위원리의 출현을 전망하는 견해도 있다.

사이버 공간의 확장으로 한동안 현실원리에 의해 압도되어 무의식세계에 내재되어온 쾌락원리가 재현될 가능성이 없는 것은 아니다. 사이버 공간 내에서의 행위자는 익명적 상태로 존속하며 자체적 욕구의 실현을 꾀할 수 있다는 점에서 쾌락원리의 부활이 점쳐질 수 있다. 탈제약적 사이버 공간 내에서는 신체적 · 물리적 · 규범적 한계를 넘어 자유로이 자신을 변신하면서 자유로움을 구가할 수 있기 때문에 그러하다.(김문조, 1999)

하지만 사이버 공간이 지닌 일련의 내재적 속성들은 그러한 단순 회귀와는 변별되는 새로운 의식정향의 출현을 예고한다. 무엇보다 사이버 공간에서는 현실원리의 준거기반이라고 할 수 있는 '현실'이 급진적으로 변모하고 있기 때문이다. 지금까지의 현실은 주로 개인의 주관적 의식세계에 외재하며 그것에 영향을 끼치는 외적, 객관적 실재로 인식되어 왔다. 하지만 모사물이나 가상현실 등과 같은 개념으로 묘사되는 새로운 생활세계의 모습이 부각되면서 '현실원리'를 넘어선 새로운 행위원리가 대두할 것이라는 전망이 보다 유력시되고 있다.

IT로 인한 사회의식의 새로운 전개를 탐지하고자 하는 이 장에서는 실물적 현실 공간에 한정된 사유양식에 기초한 현실원리를 뛰어넘어 디지털로 구현된 초월적 사이버 공간의 특성들에 상응하는 미래사회의 새로운 의식정향을 외삽적 방법을 통해 추정해보고자 한다.

현실원리는 왜 약해지는가

1 | 실재성의 소멸

시대 상황에 따라 실재에 접근하는 방편이 달라졌다 하더라도 지금까지 실재의 존재를 믿는 사람들은 현실에 대한 문제를 실재에 의거해 해결할 수 있다는 믿음을 유지해왔다. 그들은 비록 실재가 힘이 약해 우리에게 길을 인도해주지는 못하더라도, 우리가 선택하거나 마련한 길들 중 어느 쪽이 보다 바람직한 것인지에 대한 판단은 내릴 수 있다는 믿음을 견지하고 있었다. 즉 인간의 지적 능력이 아무리 우수하고 자연을 설계하는 인간 능력이 아무리 커졌다고 하더라도 현실에 대한 판단은 우리 '밖'에 외재한 실재에 의해 이루어질 수밖에 없다고 믿었던 것인데, 현실원리는 바로 이러한 신념에 기초한 것이라고 말할 수 있다.

하지만 1970년대 초 '초현실'(hyperreality)이라는 개념이 등장하면서 후자, 즉 '현실감'이란 의미에서의 '리얼리티'가 논쟁의 중심이 되기 시작했다. 즉 '초현실'은 '실재' 없는 '현실'이 가능하다는 점을 시사함으로써 '리얼리티'에 대한 인식적 전환의 필요성을 주지시켰다.

실재에 대한 회의는 매체의 발전과 관련이 깊다. 인간 문명의 발전과 궤적을 함께해온 각종 매체의 발달은 우리의 인식 과정을 매체와 떼어서 생각하지 못하도록 하여 상황을 보다 악화시켜 왔다. 왜냐하면 실재를 확보하기 위해서는 실재와 인식주관 사이에 개재하는 것들이 없어야 하는데 오히려 실재에 다가기 위해 거쳐야 할 것들이 더욱 많아지고, 게다가 그들 역할까지 강화되고 있기 때문이다. 즉 실재와 인식주관 간의 거리가 멀어지면서 실재가 했던 역할을 그 사이의 것인 미디어가 대신하며, 또 그렇게 하는 것이 오히려 바람직한 상황 속에 살아가고 있다. 보다 심하게는 우리는 온전한 의미에서의 실재를 직접 대하면 오히려 더 낯설게 느끼는 역설적 삶을 살아가고 있다.

슬로카는 미디어의 발전과 함께 자연으로부터 점점 멀어져가는 인간들을 다음과 같이 기술하고 있다.

지금의 우리를 놀라게 하는 것은 주로 실제적 존재들에 의한 충격이다. 면대면 의사소통의 적나라함, 자연세계의 거친 힘 등이 바로 그에 해당한다. 우리는 TV를 통해서는 자연현상을 장시간 관찰할 수 있지만 실제적 숲이나 초원에서는 어찌해야 할 바를 모른다…… 매체를 통하지 않고 현실을 직접 대면하면 당황하게 된다는 말이다. 파티장 같은 곳에서 악기를 연주하는 사람을 볼 때도 불편함을 느낀다. 그런 일이 어쩐지 적나라하기 때문이다. 따라서 그들은 내부에서 살아간다. TV 시청, 혹은 가정용 오락시스템을 사용하거나 컴퓨터 온라인 게임을 즐기면서. 밖으로 나간다면 그것은 단지 어딘가 내부로 들어가기 위함이다. 쇼핑몰이나 상점이나 영화관 등으로.(Slouka, 1996)

TV와 같은 일방향적 매체에서도 그러한 조짐이 역력한데 사이버 공간이 행사하는 파괴력은 오죽 하겠는가? 더구나 사용자의 참여를 보장하는 사이버 공간은 실제 자연보다 못할 게 없다. 따라서 우리는 마음만 먹으면 방구석에서 원하는 모든 것을 얻을 수 있다. 즉 사이버 공간은 실공간이 되고, 실제 공간이 허구의 공간이 될 수 있다.

2 | 공간적 미디어의 확산

사이버 공간은 더 이상 윌리엄 깁슨의 소설 『뉴로맨서』(Neuromancer)에 묘사된 허구적 '매트릭스'를 지시하지 않는다. 인터넷, 특히 월드와이드웹의 등장과 함께 사이버 공간은 웹으로 대표되는 인터넷, 보다 넓게는 컴퓨터 매개 네트워크를 가리키는 용어가 되었다는 점을 어느 누구도 부인하지 않으리라 본다. 따라서 사이버 공간은 더 이상 소설이 아닌 우리의 일상적 현실이 되어가고 있다.

의미심장한 것은 그간 책·라디오·TV·전화 등의 다양한 미디어가 등장했지만 미디어에 '공간'이란 말이 붙은 것은 인터넷이 최초라는 사실이다. 물론 이 공간은 물리적 공간은 아니다. 그래서 '사이버'라는 말이 붙었다. 우리는 전화를 들고 있으면서 어디로 "가지는" 않는다. 하지만 이 전화선에 컴퓨터가 결합되면 갑자기 공간과 운동의 은유가 번성하기 시작한다.(Nunes, 1995)

인터넷과 관련된 공간적 개념을 우리는 도처에서 찾아볼 수 있다. 미백악관이 국가 정보화 사업을 추진하면서 캐치프레이즈로 내세운 것도 "정보 초고속도로"였다. 그것은 고속도로가 물리적 이동의 변혁을 촉진해 나라를 바꾸었듯이, 정보 고속도로가 가상의 경관을 바꾸어 미국을 변화시키리라는 기대의 발로였다. 사이버 공간이 공간적 개념인 고속도로가 될 수 있는 것은 물론 그 속에서 속도와 운동과 방향이 가능하기 때문이다. 물론 이때의 속도 · 운동 · 방향은 물리적 고속도로에서의 그것과는 달리 가상적 지형에서 성립하는 것이다. 우리는 인터넷을 "항해"(navigate)하거나 "여행"(travel)하며, "주소"(address)를 가진 "처소"(site)를 "방문"(invite)한다. 사이버 공간은 명실상부한 "세계"이며, 우리는 그 세계를 "탐험"(explore)한다. 사이버 공간이 태동하는 시기의 사이버 선구자들의 외침에는 거친 미지의 땅을 먼저 확보하려는 미 대륙 팽창기의 개척자들을 연상케 하는 어휘들이 많이 발견된다. "전자개척재단"(EEF: Electronic Frontier Foundation)이라는 명칭이 바로 그 좋은 예라고 할 수 있다.(Woolley, 1992)

3 | 시간의 실시간화

우리는 지금 매스미디어에서 상호작용적 디지털 미디어로의 이행기에 있다. 디지털 기술은 공간뿐만 아니라 시간까지 압축한다.(Harvey, 1990) 휴대전화 · 이메일 · 메신저 · PDA 등 거의 우리 몸의 일부가 되다시피한 전자장비들과 함께 우리는 일주일, 24시간 내내 전 지구적 정보 네트워크에 "꽂혀져"(plugged in) 산다. 휴대전화 벨소리는 끊임없이 우리의 직접적 대화를 방해한다. 속도는 이제 더 이상 물리적 수송 수단에 의한 지리적 거리의 이동에 한정되지 않는다. 오히려 속도는 광속도로 움직이는 실시간 데이터 전송과 동일시된다. '즉각'(instantaneity) 또는 '즉시'(immediacy)로 대변되는 실시간 테크놀로지는 현실 세계의 마찰을 제거하고 있다. 전자 상거래는 생산자와 소비자의 거리를 없애며, 언제, 어디서, 어떤 것이든 소비자가 구매할 수 있는 실시간 소비는 즉각적 만족을 약속한다.

실시간, 즉 절대 속도에 숙달되는 것은 이제 생존과 직결되는 것으로, 선택이 아니라 필수라는 구호가 사방에서 들린다. 시간이 돈으로 환산되고, '시테크'에 관한 책이 쏟아진다. 맥키나의 『Real Time』은 바로 이러한 시간관을 충직하게 대변한다.

시간이 완전히 사라지고 공간이 말랑말랑해진 세계를 상상해보라. 욕구나 욕망과 충족 사이의 간격이 영으로 떨어진 세계를. 거리가 접속에 걸리는 시간인 100만 분의 1초와 똑같은 세계를.

오늘날 거의 모든 테크놀로지가 정보를 얻고 사용하는 데, 배우는 데, 결정을 내리는 데, 행위를 시작하는 데, 자원을 배치하는 데, 혁신하는 데 걸리는 시간을 제로로 압축하는 데 초점을 맞추고 있다. 행위와 반응이 동시적일 때, 우리는 실시간으로 살아가는 것이다.(McKenna, 1997: 3~4)

이렇듯 실시간은 한편으로는 우리에게 새로운 기회를 마련해주지만 다른 한편으로는 또 다른 형태의 왜곡을 안겨다준다. 실시간에 의해 지배되는 현재는 결국 과거와 미래에 대한 우리의 시각까지 바꾸며, 그럼으로써 우리의 시간관 전체를 바꾼다.

앞서 말했다시피 인터넷은 인류 역사상 최초의 공간적 미디어라고 할수 있다. 공간적 미디어라 함은 그곳에서 교제·놀이·정보교환·거래 등 주체들 간의 다양한 상호작용이 이루어짐을 뜻한다.(황경식, 2005) 하지만 공간이 물리적 공간과 구별되는 '사이버' 공간인 한 그곳 행위자들의 상호작용 양식과 정체성 형성 방식은 실제 현실에서의 그것과 다를 수밖에 없다.

첫째, 사이버 공간은 물리적 공간의 제약이 극복된 실시간 공간이다. (황주성, 2005) 이것은 일면 시간과 공간이 우리에게 안겨준 많은 제약과 장애들을 극복하게 해준다는 점에서 많은 기술주의론자들로 하여금 유토피아적 기대감에 젖어들게 한다. 하지만 다른 일면 그것은 실시간의 노예가 되어 인간성을 상실하게 만드는 부정적 요소가 되기도 한다. 그렇지만 메신저나 채팅과 같은 실시간 커뮤니케이션 도구, 게시판 혹은 블로그와 같은 시차를 허용하는 커뮤니케이션 도구를 적절히 활용한다면 그것은 사회화에 긍정적으로 기능할 수 있다.

둘째, 사이버 커뮤니케이션은 아직까지는 문자 중심의 커뮤니케이션이라고 할 수 있다. 문자가 실시간 커뮤니케이션과 잘 안 어울리는 것은 아니다. 왜냐하면 타이핑 속도의 한계는 즉각적 반응에 장애로 작용하기 때문이다. 따라서 비동시적 커뮤니케이션이 사이버 공간에서 활성화되었는데, 게시판 문화가 바로 그 전형에 속한다. 특히 주목할 것은 게시판의 일방향성을 극복하기 위한 여러 장치들인데, 게시물에 대한 댓글, 또 그 댓글에 대한 댓글, 또 블로그에서 서로 다른 곳에 있는 게시물들을 서로 잇는 트랙백, 「싸이월드」의 촌수 맺기 등이 대표적인 것들이라 할 수 있다. 바로 이런 종류의 행위들이 사이버 공간에서의 네티즌들의 주요한 사회적 행위들이 될 터인데, 과연 이것이 사이버 공간의 사회화, 공동체화를 위해 충분할지가 문제시 될 수 있다.

셋째, 사이버 공간은 본질적으로 신체 없는 익명적 주체의 공간이다. 신체 없음, 익명성은 양날의 칼이다. 그것은 한편으로 신체의 굴레를 끊고 사이버 공간을 활보할 수 있는 자유를 제공하지만 다른 한편 사이버 공간의 형성에 치명타를 입힐 수 있다. 신체 없는 익명적 주체의 정체성은 본질적으로 비역사적일 수밖에 없다. 몸에는 삶의 역사가 기록된다. 어릴 적의 상처, 베인 자국, 눈가의 기미, 여드름, 사지의 절단, 귀걸이, 코걸이, 꿰맨 자리, 수술 자국 그리고 그 몸을 가리고 치장하는 많은 의복과 액세서리 등이 그 몸의 정체성을 형성한다. 그런데 이 몸이 사라진다면? 게다가 쉽게 부활되고, 끝없이 선택가능하고, 변형가능하고, 죽을 수 있는 그런 주체라면? 이런 주체가 사회적 관계와 교감을 형성하는 주체가 될 수 있을까? 이런 주체들이 모두 사회를 이루려면 이들이 자기 자신일 뿐만 아니라 또한 '타자'가 될 수 있어야 한다. 이들이 과연 타인에 대한 타자가 될 수 있을까? 갱신의 유혹 속에서 과연 타자로서 자신의 역할을 다 할 수 있을까? 이런 주체들이 공동체를 만들 수 있을지에 대해서는 의문이 있을 수 있겠지만, 어쨌든 이 공동체가 기존의 공동체와는 아주 다를 것만은 분명하다.

넷째, 사이버 공간은 문맥에 대한 서로간의 공통적 지각이 희소한 공간이다. 따라서 사람들은 분리하고 격리하는 사회적 인습에 구애받지 않고 낯선 사람과 접속한다. 남·여, 어른·아이, 흑·백·황인, 부자·빈자, 권력자·비권력자의 구분에 대한 시각적 단서가 없기 때문에 참여자들은 거의 금기 없이 자신을 표현하며 쉽게 친분을 나눌 수 있다. 특히 사이버 공간에서는 각 개인이 자신의 정체성을 자각했을 때 이미 형성되어 있는 자신의 굴레에 얽매이지 않고 자신의 정체성을 새롭게 형성할 수 있다. 이는 타자와의 만남을 사실상 '백지상태'에서 시작할 수 있도록 해준다는 점에서 긍정적인 측면이 있기는 하지만, 반면에 공

동체의 중요한 기반 중의 하나가 사라진다는 부정적 측면을 내포하기도
한다.

약해진 현실원리 사회의 4가지 변화

1 | 실재적 현실에서 비실재적 현실로

한때 "다모 폐인"이란 말이 우리 사회에 유행했다. TV 드라마 「다모」
의 애청자로서 해당 홈페이지에 자신의 심정·소감·바람 등을 격정적
으로 토로하는 사람들이 그에 속한다. 그들은 스스로를 '폐인'이라 자
처하며 매회 방영되는 드라마의 세세한 내용에 대해 자신의 의견을 표
출하고 다른 시청자들의 의견에 대해 공감하며, 심지어는 자신과 다른
의견을 갖거나 자신이 미워하는 주인공을 옹호하는 이들에게는 격렬한
비난을 퍼붓기도 한다. 또 그에 그치지 않고 자신들이 원하는 대로 드라
마의 결말을 바꿀 것을 집단으로 요구하기도 했는데, 그들에게는 「다
모」 드라마의 주인공들이 가족보다 더 친근하고 가까우며 자신의 삶에
훨씬 더 의미 있는 존재라고 할 수 있다.

이 모든 현상들은 초현실, 즉 실물 세계를 넘어선 가상세계의 크나큰
위력을 실증하는 사례라고 할 수 있다. 초현실세계란 "원본 없는 복사
물" "닮음이 없는 이미지" 등으로 정의되는 모사의 세계로서, 실제로는
존재하지 않는 대상을 존재하는 것처럼 만들어놓은 가공적 현실을 말한
다.(Delueze, 1990)

모사는 단순한 재현이 아니다. 재현은 재현될 실재를 전제로 하는 개
념인데 반해, 모사는 사물의 단순한 복원 이상의 복합적 의미를 내포한
다. 보드리야르는 재현에서 모사로의 진전을 다음 네 가지 질서와 이
미지의 구분을 통해 설명한다. 요컨대 모사는 최초에는 실재를 반영하

나, 다음에는 실재를 숨기거나 왜곡하며, 다음에는 실재의 부재를 숨기며, 최종적으로는 실재와 아무런 관계도 갖지 않게 된다는 것이다. (Baudrillard, 1994a) 초현실은 바로 그러한 진전과정의 마지막 단계에 해당하는 것이라고 할 수 있다.

이처럼 인류는 지금 실재와의 어떤 연관도 없는 이미지들로 점철된 모사의 완숙 단계로 진입하고 있는데, 그러한 상황은 "모사물이 대량 생산되는 초국적 자본주의" 시대의 전형으로 간주되는가 하면, 미디어기술의 "재현적 위기" 상황으로 규정되기도 한다.(Jameson, 1990)

에코는 "디즈니랜드는 왁스박물관보다 더 초현실적"이라고 말한다. 후자는 우리가 보는 것이 전적으로 실재를 복제한 것이라는 믿음을 주는데 반해, 전자는 자체의 마술적 울타리 안에서 복제되는 것이 환상이라는 것을 관객들에게 분명히 하고자 하기 때문이다.(Eco, 1986) 그런데 보드리야르는 여기서 한 걸음 더 나아가 디즈니랜드에는 그 이상의 숨겨진 의미가 있다고 말한다.

디즈니랜드는 '실제의' 나라, '실제의' 미국 전체가 디즈니랜드라는 사실을 숨기기 위해 거기 있다.(마치 감옥이 사회 전체가 감옥이라는 사실을 숨기기 위해 있는 것과 같이) 디즈니랜드는 나머지 세상이 실재한다고 믿게 하기 위해 상상적 세계로 제시된다. 즉, 그것이 위치한 LA 전체나 미국도 더 이상 실재가 아니며, 오히려 초현실과 모사의 질서임을 지향한다. 그것은 더 이상 실재의 거짓 재현(이데올로기)의 문제가 아니며, 오히려 실재가 더 이상 실재가 아니라는 사실을 숨기는, 그리하여 현실원리를 구하는 문제이다.(Baudrillard, 1992: 40~41)

더구나 인터넷·월드와이드웹·가상현실·온라인 3D 게임 등의 새로운 미디어 기술들이 급속히 발전하여 우리 일상생활 깊숙이 침투함으로써 우리는 이들이 생산해내는 모사물을 통하지 않고는 삶에 필요한 정보를 얻을 수 없는 지경에 이르렀다.

그렇다면 우리는 향후 이 모사의 세계에 어떻게 반응할 것인가? 일찍이 마셜 맥루언은 미디어 기술이 막강한 소통적 잠재력을 발휘하는 사회로 진전될 것이라고 낙관적으로 전망한 바 있다. 하지만 보드리야르는 오히려 상반된 견해를 개진한다. 그는 대중 매체가 대중 통제의 효과적 장치일 뿐 커뮤니케이션과는 무관한 것이라고 본다. 초기 저작에서 그는 전송장치를 없애고, 혁명적 행동을 통해 미디어 테크놀로지의 세계를 파괴하며, 면대면 대화를 되찾자는 등의 급진적 저항책을 제시했으나(Baudrillard, 1981), 후기 저작에 들어서서는 모사에 전적으로 무관심하라는 허무주의적 결론을 제시한다.(Baudrillard, 1994b) 반면 일종의 게릴라 전술을 제안하는 에코는 저항의 가능성을 보다 희망적으로 전망한다. 혁명가들은 자신의 전복적 메시지를 확산시키기 위해 풀뿌리 TV 프로그래밍을 활용할 수 있다는 것이다.(Eco, 1986)

이러한 다양한 견해에도 불구하고 한 가지 분명한 점은 이제 모사로서 표상되는 무실재가 실재를 압도하는 새로운 시대로 접어들고 있다는 사실이다. 모사에 대한 저항은 새로운 모사의 생산을 필요로 하는 바, 이는 곧 모사적 세계로의 재귀를 뜻하는 것이기 때문이다.

2 | 발산적 공간에서 수렴적 공간으로

사이버 공간은 거리 개념이 사상된 공간이라고 할 수 있다. 인터넷은 거리 · 간격 · 분리 개념을 내파(內破)하는 "초잠재적인 점"으로 공간을 붕괴시키며, 그에 따라 삶의 현장에서는 "주체가 시공간적 맥락으로부터 끊임없이 반복적으로 피납된다."(Virilio, 1991: 101) 따라서 사이버 공간에서는 세상이 나를 중심으로 구성되는데, 이 같은 새로운 상황을 보드리야르는 궤도의 시대, 즉 "진정한 의미의 항해는 더 이상 없고, 단지 자신의 주변 영역 내에서 원환운동을 반복하는 사람들의 끊임없는 여행만이 존재하는 시대"로 규정한다.(Baudrillard, 1993: 29)

사이버 공간은 물리적 공간의 제약성을 극복함으로써 자체적 권력을 획득한다. 사이버 공간은 모든 지형적 문제들을 해결해버리겠다고 위협하는 '최후의 운송체'로 기능한다.(Virilio, 1989) 사이버 공간에서의 운동·속도·여행은 물리적 공간에서의 운동·속도·여행에 위협을 가한다. 이 위협은 어떤 측면에는 치명타를, 또 어떤 측면에는 형태나 성격의 근본적 변화를 초래할 것이다. 따라서 지구를 물리적으로 돌아다니는 능력보다 전자적으로 여행하는 것이 더 큰 가치를 행사할 것이다. 네트는 이미 "사이트"를 만들어 사업을 하는 "장소"가 되어가고, 기업들은 이러한 네트에 앞다투어 참여하고자 한다. 물리적 공간을 극복해온 기존의 탁월한 운송수단들이었던 기차·자동차·비행기 등도 이 같은 비물리적 공간의 출현으로 비롯된 전체 공간 질서의 변화에 새롭게 적응하지 않으면 안 된다.

물론 사이버 공간의 출현이 모든 물리적 운송수단의 소멸이나 축소를 야기하는 것은 아니다. 택배가 번성하는 우리 사회의 현실이 바로 그 점을 실증한다. 하지만 운송수단이 지니는 의미는 크게 달라질 수밖에 없다. 지금까지 운송수단의 주요 대상은 사람이었으나 궤도의 시대에는 그렇지가 않다. 지난날의 공간은 내가 "가야 하는" 발산적 공간이었다면 앞으로의 그것은 내게로 "와야 하는" 수렴적 공간으로 변모하고 있다. 그 결과 운송이 향유해온 독자적 가치도 날로 상실되고 있다. 쇼핑의 예를 들어보자. 오프라인 쇼핑의 경우 운송이 쇼핑의 필수 요인으로 꼽혀져 왔다. 쇼핑을 위해 차를 타고 대형 마트나 백화점으로 이동해서 구매를 하고 구매한 물품을 가져올 수 있었기 때문이다. 하지만 온라인 쇼핑의 경우, 인터넷 쇼핑몰에서 원하는 물건을 고른 후 몇 번의 클릭으로 쇼핑을 마치게 되니, 운송은 기존의 쇼핑이 현실화되는 구매자와는 무관한 별도의 과정으로 풀이될 뿐이다.

3 | 녹색 생태학에서 회색 생태학으로

휴대전화나 MSN 메신저, ICQ와 같은 인스턴트 메신저를 써본 사람은 그 편리함에 매혹되지 않을 수 없다. 이제 휴대전화는 고등학생 이상은 누구나, 심지어 초등학생도 가지고 다니는 일용품이 되었고, 메신저는 세계인이 필요에 따라 언제 어디서나 실시간으로 대화를 나눌 수 있는 도구가 되었다. 실시간의 유혹은 이에 그치지 않는다. 이것으로도 모자라 사람들은 휴대전화에 발신자표시 기능을 넣고, 이메일에는 수신확인 기능을 첨가했다. 이런 기능들은 전화를 받고 싶지 않아도 받지 않을 수 없도록, 또 이메일에 답장을 하고 싶지 않아도 하지 않을 수 없도록 만든다. 다시 말해 이러한 실시간 테크놀로지들은 다른 한편으로 우리의 발을 묶는 족쇄의 역할도 한다.

그러나 실시간의 중요성이나 위력을 강조하며 이의 적극적 활용을 주장하는 이들은 인간이라는 물리적 존재에 대한 그릇된 가정을 전제로 한다. 즉 그들은 객관적이고 물리적인 시간이 생명체의 심리적 시간 위에 중첩된다고 가정한다. 이런 관점은 기술적 시간의 가속과 심리적 시간 의식을 구별하지 않는다. 즉 이런 유형의 사고는 시간 경과에 대한 우리의 감각, 즉 심리적 시간과 압축된 시계 –시간 사이의 차이를 애써 무시하면서, 삶의 시간이 궁극적으로 시계 시간에 조응될 것이라고 가정한다. 하지만 이러한 기술 중심적 해석은 삶의 조건에 무지하거나 이를 무시한 결과라고 아니할 수 없다. 그런 점에서 실시간에 대한 대안적 시간 개념이 중요시된다.

비릴리오는 디지털미디어와 함께 연대기적 시간에서 극미적 시간으로의 전환이 일어난다고 주장하면서, 극미적 시간이 가져올 파장을 면밀히 분석한다. 나아가 그는 실시간이 무엇보다도 중시되는 극미적 시간의 등장과 함께 우리의 시간 생태계가 "속도계적 오염"이라는 새로운 형태의 오염을 겪을 것으로 전망한다.(Virilio, 1997)

따라서 지금까지의 생태학이 "녹색 생태학"이었다면 그것은 이제 "회색 생태학"으로 바뀌게 될 것이다. 요컨대 자연환경의 악화가 지금까지의 관심사였다면, 이제는 현실 공간의 무화와 시간 영역의 오염이 가져올 여러 문제의 해결에 노력해야 한다. 우선 지각의 왜곡이 있을 수 있다. 어느 곳이든 실시간으로 즉각 접근할 수 있게 되면서 "가까이 대 멀리", "여기 대 저기"와 같은 공간적 개념들이 무의미한 것이 될 수 있기 때문이다. 또 생각과 행위가 실시간으로 이루어지는 상황에 직면하면서 인간의 판단이 부식될 위험에 처할 수 있다. 사건에 대한 즉각적 반응을 요구할 때, 그에 관한 공동체적 차원의 성찰이나 대응을 가할 여건이 주어지기 어렵기 때문이다. 더구나 광속으로 데이터를 송수신하는 원격 통신네트워크가 편재해 있다면 국지적 위기나 위험이 전 지구적 차원으로 증폭되어 그에 대한 적절한 대응을 더더욱 어렵게 한다.

4 | 공동체 의식에서 네트워크 의식으로

"공동체 의식이 사라져가는 인류사회에 새로운 공동체성을 되살릴 필요가 있다"고 주장하는 학자들은 이동성과 소비능력의 증대로 인해 잃어버린 공동체를 키보드·모니터·네트워크의 도움으로 사이버 공간에서 되살릴 수 있다는 희망적인 전망을 '가상공동체' 논의를 통해 개진해왔다.(Rheingold, 1994)

하지만 그러한 기술결정론적 낙관론에 대한 회의적 시각도 만만치 않다. 예컨대 위텔은 첫째, 공동체 해체의 도도한 흐름이 단순히 기술적인 도구 하나로 역류될 수 있다는 생각은 너무 순진하고 과거회귀적인 발상이며 둘째, 지역·역사·가치체계를 공유하며 같은 종교에 뿌리를 둔 현실 공동체와 비교하면 라인골드가 말하는 가상 공동체는 사실상 공동체라는 이름을 붙일 수 없는 것이며 셋째, '현실'과 대비되는 의미의 '가상'이란 말을 붙이는 것은 현실의 오프라인 세계와 가상의 온라인 세계가 서로 떨어져서 독립적으로 존재하는 듯한 오해를 불러일으킨다고 비판한 바 있다.(Wittel, 2001)

가상 공동체가 공동체냐 아니냐를 논하는 것은 공동체를 얼마나 엄격히 정의하느냐에 크게 달려 있다. 하지만 라인골드처럼 공동체 개념을 약화시켜 외연을 확대하다보면 결국 공동체라 할 수 없는 것까지 공동체로 인정할 위험이 적지 않다. 사실상 우리는 사이버 공간이 과연 공동체적 또는 사회적 공간이 되기에 충분할 만큼의 커뮤니케이션·신뢰·상호성·정체성·행위를 보장할 것인가에 대해 의심을 가질만한 많은 현상들을 목격할 수 있다. 물론 이메일을 보내고, 채팅을 하고, 웹 서핑을 하고, 그 밖의 상호작용을 행하면서 사람들이 매우 현실적 체험을 갖게 된다는 점 외에 지난날의 많은 경험적 연구가 보여주고 있으며(Miller·Slater, 2000), 이러한 사실은 우리 사회에 널리 알려져 있기도 하다. 하지만 그렇다고 사이버 공간과 현실공간의 엄연한 차이를 간과해서도 안 될 것이다. 아마도 가장 큰 차이점은 사이버 공간은 현실공간에 비해 탈대면적·탈육체적·탈역사적·탈인습적이라는 점일 것인데, 이들 모두는 그간 공동체 형성을 저해하는 요소로 꼽혀온 사항들이다.

그러므로 사이버 공간의 이러한 특성들이 우리 삶의 중요한 부분을 차지할 미래사회를 파악하는 데 '공동체' 개념은 적절한 것이 아니라는 것이 위텔의 견해이다. 그녀는 대안으로 '네트워크 사회성'이라는 개념을 제안한다. 그것은 공동체보다는 약하고 탈사회화보다는 강한 개념으로서, 기본적으로 다음과 같은 특성을 견지할 것으로 예견된다.

첫째, 개인화의 특성을 갖는다. 물론 이때의 개인은 방어적 정체성을 가진 개인이 아니라 공격적 정체성을 갖는 개인으로서, 다양한 경험과 일대기를 가진 유목적 존재를 뜻한다.(Touraine, 1988)

둘째, 네트워크 사회성은 단명하되 강한 관계를 지시한다. 사실상 두 가지 특성들은 서로 양립하기 어려운 것이나, 프로젝트를 매개로 한 협력과 유대로써 양자를 화합적으로 결합시킬 수 있다.

셋째, 네트워크 사회성은 서사가 아니라 정보에 바탕을 두고 형성되는 것으로 이해된다. 따라서 이때 사회관계는 공통적 체험이나 역사성에 기반한 것이 아니라 데이터의 교환이나 '따라잡기'에 의해 이루어진다.

넷째, 네트워크 사회성에서는 일과 놀이가 자연스럽게 동화된다. 직업적인 유대이되 사무적이지 않고 재미있게 놀 수 있어야 한다는 것이다. 더구나 창의성·실험정신·혁신이 중시되는 미래사회의 직무 환경을 감안할 때, 일과 놀이의 융합은 우리 생존에 필요한 조건임이 분명하다.

증가하는 폐쇄적 개인들

초현실의 시간과 공간에서 초현실의 타자와 부딪치며, 현실과 초현실의 경계를 넘나드는 유목적 개인은 과거로부터 해방되었을 뿐만 아니라 미래로부터도 해방된 개인이라 할 수 있다. 첫째, 그들은 과거로부터 해방되었다. 왜냐하면 그들 과거가 고스란히 축적된 신체성의 탈피가 용이해졌기 때문이다. 더구나 그들은 미래로부터도 해방되었다. 왜냐하면 그들의 미래를 규율하던 획일화된 전통적 규범들이 무력해졌기 때문이다. 하지만 그 같은 양가적 해방이 반드시 진보를 초래하는 것만은 아니다. 그들 앞에는 종전의 현실적 공간에서는 추구될 수 없는 두 가지 상이한 길이 열려 있다. 자폐적 자아의 길과 참여적 자아의 길, 혹은 은둔형 외톨이와 영리한 군중이 바로 그것이다.

일본에서는 이미 100만을 넘어섰다는 히키코모리(은둔형 외톨이)들이 국내에서도 발견되어 TV에 소개되면서 최근 우리를 충격에 빠뜨린 일이 있다. 이들은 대부분 방문을 걸어 잠그고 틀어박혀 바깥세상과의 일체의 교섭을 심하게는 10년이 넘게 거부한 채 살아가고 있다. 그런데 "거기에는 항시 컴퓨터가 있었다." 현실 공간에서는 어떤 식으로든 자기실현에 심각한 좌절을 겪은 이들이 네트워크로 연결된 컴퓨터를 통해 폐쇄적 자아를 형성해 초현실 공간을 부유하고 있었던 것이다. 역설적으로 IT기술이 오히려 그들의 자폐 증세를 유지·조장·존속시키는 물적 토대로 작용한 것이다.

이와 반대로 라인골드의 "영리한 군중"이나 레비의 "집단 지성"과 같이 긍정적으로 발전될 가능성도 얼마든지 상존한다. 영리한 군중이란 휴대전화·PDA·인터넷 등으로 무장한 '같은 생각을 가진 사람들'을 뜻하는 신조어로서, 이들로 인해 우리 사회의 미래가 바뀌어간다는 변혁적 메시지를 함축하는 개념이다. 한편 집단 지성이란 "어디에나 존재하며, 지속적으로 가치가 부여되고, 실시간으로 조정되며, 역량의 실제적 동원에 이르는 지성"으로(Lévi, 1994), 사이버 공간의 핵심적 사회세력의 하나라 할 수 있다. 이들은 끊이지 않는 네트워크와의 접속하에서 능동적으로 자신의 정체성과 집단적 연대의 틀을 형성하고 표출함으로써 즐거운 혁명을 일궈나갈 것으로 기대된다.(Rheingold, 2002; Lévi, 1994)

사실상 우리는 낮은 수준에서 높은 수준에 이르는 참여적 자아의 행태를 폭넓게 관망할 수 있다. 낮은 수준의 참여는 무엇보다 댓글 폭탄에서 잘 찾아볼 수 있다. 모 연예인의 로커 발언에 수십만 개의 댓글이 달렸던 최근의 사건 같은 것이 그 좋은 예라고 할 수 있다. 물론 여기서는 댓글의 내용이 중요한 것이 아니라 수효가 더욱 중요하다. 댓글의 양은 그들 자신들의 강력한 경향성을 표현하기 때문이다. 이러한 댓글 러시가 오프라인으로 확장되어 표출된 대표적인 것이 바로 '촛불시위'이다. 이들은 각자의 조그마한 참여가 큰 효과를 낼 수 있다는 사실을 월드컵 응원 이후 체험적으로 익히 숙지해왔다.

그 후속적 사례로는 디지털 카메라 정보 공유 사이트「디시인사이드」(www.dcinside. com)에서 비롯된 '폐인'들의 활동을 들 수 있다. 이들은 '아햏햏' 등 독특한 언어 구성과 문화 양식으로 자신들의 소통 체계를 확립하면서, 집단적 연대를 강화하고 있다. 얼핏 봐서는 사이버 공간에서의 이들 행태가 비속한 문화집단의 저급한 놀이로 여겨지기도 하겠지만, 그런 와중에도 때때로 성찰적이고 비판적인 여론을 창조하거나 주도하는 주체로서 새로운 사회정치적 실험을 주도하는 신선한 모습을 보이기도 한다. 그들은 '놀면서 참여'하는 방식으로 정치 · 경제 · 사회 · 문화 제반 영역에서 새로운 지평을 열어나가고 있다.(김문조, 2005)

마지막으로 주목해야 할 점은 이들이 크랙커와 구별되는 디지털 시대의 고급 기술자인 해커라는 사실이다. 그들은 기득권자의 이익 추구에 충실한 기존의 권위에 반감을 가지며 정보의 독점에 도전한다. 또 자신의 고된 노동의 결과가 동료들 다수에게 공유되는 것이나 그로 인해 동료의 인정을 받는 것으로 큰 만족감을 느낀다. DVD 영화를 Divx로 압축해 자신의 해커명으로 릴리즈하는 네티즌들, 그리고 이렇게 나온, CD 한두 장에 달하는 분량의 영화 대사를 일일이 번역해서 자막을 올리는 네티즌들의 노고는 공리적 사고로서는 도저히 납득하기 어려운 이타적 행동이 아닐 수 없다. 탈근대 의식의 확산과 더불어 규범인지 아닌지조차 따지기 힘든 그 같은 위반적 행태는 더욱 고조될 전망이다.

디지털 기술로 인한 인간능력의 진화

미래에 기술은 단지 인간에게 편리함을 제공해주는 데 그치지 않고 인간에게 직접 이식되어 인간을 더욱 똑똑하게, 더욱 튼튼하게 만들 것이다. 그것의 찬반은 차치하고, 이미 칩의 뇌 이식을 통한 인간의 IQ 능력 상승은 머지않은 현실이 되었다.

이 장에서 다룰 내용은 인간과 IT의 관계 변화에 관한 것이다. 정보기술과 문화변동의 핵심적인 출발점은 개인이 IT를 매개로 하여 환경과 어떻게 교호(交互)하는가에 있다. 미래에는 정보기술이 인간의 몸에 점점 더 근접되어 활용되고 궁극적으로는 인간의 몸과 결합하여 활용될 것이라는 전제하에 논의를 전개할 것이다. 정보기술은 이용자의 편익을 극대화하는 방향으로 발달해왔고, 이는 이용자가 IT를 이용하는 데 있어서 시간과 공간의 제약을 극복하는 것과 맥을 같이 해왔다. 정보기술이 인간의 몸과 결합한 상태에서 개인의 선호를 발현하는 상황이 이용자의 편익을 극대화하는 것으로 본다.

IT의 발달은 미디어 이용의 편익을 증대시키는 방향으로 전개되어왔다. 이는 시공간적인 제약을 점진적으로 극복하는 과정으로 볼 수 있다. 예를 들어 휴대전화는 공간적인 제약의 극복을 가능하게 하고 PVR은 시간적인 제약을 극복하게 하는 것이다. 이는 지금, 여기의 환경에서 다양한 상호작용을 가능하게 하는 방향으로 전개될 것이다. 휴대전화와 같은 모바일 미디어의 확산은 정보를 송수신하는 장소에 있어서 공간의 제약을 소멸시키고 있다. RFID기술은 사람과 사람뿐만 아니라 사람과 사물, 그리고 사물과 사물 간의 정보교환을 용이하게 만들 것이다.

개인이 환경과 상호작용하는 데 사용하는 단말기는 지속적으로 그 형태와 기능이 변모하고 있으며, 개인의 편익을 극대화하는 방향으로 그 변화가 전개되고 있다. 가까운 미래에 인간의 신체에 심어진 바이오칩이 개인이 환경과 교호하는 과정에서 단말기와 소프트웨어의 기능을 수행할 것이다. 이렇듯 인간의 정신적, 신체적 활동을 IT가 대체해나가며 개인의 편익을 극대화할 것이다.

아래 그림은 인간이 단말기를 이용해서 미디어에 접속하는 현재의 상황에서 단말기가 인간의 몸에 근접하게 위치하거나 몸 안에 내재되고 이 또한 미디어와 중첩되어가는 미래의 모습을 보여주고 있다. 궁극적으로는 인간의 몸이 현재의 단말기와 미디어의 기능을 수행하며 네트워크화된 환경과 상호작용하게 되는 단계에 이르게 된다.

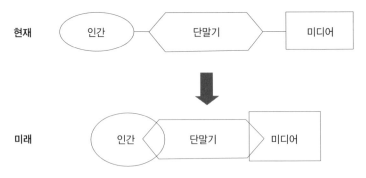

IT에 의한 인간의 정신적·신체적 기능의 대체

인간이 환경과 상호작용하는 것을 돕는 미디어가 인간의 신체와 결합하기 위해서는 필연적으로 BT(생명기술)의 도움이 필요하다. IT와 BT의 결합은 정보기술에 관한 제반 영역에서 차세대의 주된 화두가 될 것이다. 아울러 IT와 결합하는 BT의 사이즈와 기능의 개선을 위해서 NT(나노기술)과의 결합이 필연적일 것이다. 이러한 기술이 일정 수준 진보되는 상황에서는 "보이지도, 느껴지지도 않는 바이오칩"이 개인의 인지적·신체적 활동을 대체해나갈 것이다. 궁극적으로는 인간과 기계의 경계가 모호해지고 개인의 정체성에 관한 고민이 점증할 것이다. 예를 들어 범죄를 행한 사람이 바이오칩의 오작동을 이유로 무죄를 주장할 수 있는 상황도 발생할 수 있다.

MIT의 컴퓨터공학과 인공지능 연구실의 디렉터인 브룩스(2002)는 신체와 기계의 결합에 관한 구체적인 단계를 다음과 같이 열거하고 있다.

우리는 이미 지난 50년 간 발달해온 분자생물학의 분석적 도구들을 공학적 도구로 전환하기 시작했다. 이와 같이 우리는 생명에서의, 구체적으로 인간 생명에서의, 가장 기초적인 수준의 작동원리를 조작하는 것을 실현해가고 있다. 2차대전 직후까지의 공학은 기능에 기초한 공학이었고, 그 이후 50년은 물리학 기반의 공학이 주류를 이루었고, 지금은 상당 부분 생물학에 기반한 영역으로 변모해가고 있다.

신체와 기계 결합의 첫 단계는 실리콘과 금속을 인간의 신체에 받아들이는 것을 촉진함으로써 시작한다. 이는 주로 의료적인 목적으로 시작되는데 신체에 가해진 부상이나 퇴화를 보상하는 의도로 이루어졌다. 심장박동기와 인공대퇴부, 그리고 인공심장이 몇 가지 예다. 최근에는 보다 더 복잡한 신경대체기관이 보편화되고 있다. 심각한 청각장애를 갖고 있는 사람들을 위해 인공청각을 시술하는 기술이 완성 단계에 있다. 이는 실리콘과 신경회로를 결합하여 뇌신경을 직접 자극함으로써 이루어진다. 시각장애자를 위한 인공시각이 개발되는 것도 멀지 않았다. 전신마비자의 경우 뇌에 신경이식을 함으로써 단순히 생각하는 것만으로 컴퓨터의 마우스를 움직일 수 있게 되었다. 몇몇 실험에서는 사고를 통해 로봇을 조정해서 일상생활을 영위하는 데 도움을 얻게 하였다.

가까운 장래에 이러한 의료적인 목적에 응용되는 기술이 선택적으로 실현될 것이다. 향후 10년에서 20년 정도에는 로봇과 실리콘, 금속을 이용하여 우리의 신체적인 움직임과 환경을 이해하는 능력을 향상시키려는 문화적 전환이 올 것이다. 정상적인 시각을 가진 사람이 적외선과 자외선을 판별할 수 있는 장치를 선택적으로 채택할 수 있다. 또는 무선인터넷을 우리의 두뇌에 직접 연결할 수 있을 것이다. 이때 웹페이지를 보거나 느끼는 것은 우리에게 아직 알려지지 않은 방식일 수 있다.

21세기의 첫 4분기를 지나서는 보다 더 생물학적 성격의 진보가 있을 것이다. 유전자공학은 석유산업, 플라스틱과 같은 물질의 생산, 자원 재활용, 배터리, 재생 가능한 에너지원과 같은, 현재로서는 상상하기 어려운 영역에서 활용될 것이다. 동시에 2025년에 이르러서는 이러한 기술에 확신을 갖고 인간의 신체에 적용하는 데 충분한 통제가 확실히 가능할 것이다. 동일한 과학과 기술이 인간과 사물에 적용된다는 것은 놀라운 일이 아닐 것이다. 인간신체를 생물학적으로 보완하는 작업은 아마도 대뇌피질에 신경세포를 증가시키는 것에서 출발할지 모른다. 신경세포막을 성인의 두뇌에 덧붙여 IQ와 기억능력을 증진시킬 수 있을 것이다.

21세기 중반에 이르러서는 신생아의 성별뿐만 아니라 신체적·정신적·성격적 특성을 태아의 잉태 시에 선별하는 것이 어렵지 않게 될 것이다. 동시에 기존의 신체를 변형하는 것이 가능할 것이다. 서구에서는 지난 20여 년 간 성형과 보톡스를 이용하는 것이 보편화되었다.

50년 후에는 유전자 조작을 이용하여 인간의 신체를 우리가 현재 상상할 수 없을 정도로 변형할 수 있게 될 것이고, 이 기술은 산업기반에도 이용될 것이다. 현재 우리가 생산하는 것의 상당 부분이 미래에는 재배될 것이며 이는 유전자공학에 의한 유기체들이 디지털 조정에 의해 분자를 조작함으로써 이루어질 것이다. 우리는 이제 개인과 인류의 차원에서 인류의 진화에 구체적으로 참여할 수 있는 선택을 할 수 있게 되었다.(Brooks 2002: 186~192).

디지털 기술은 어떻게 인간능력을 진화시키는가

IT와 인간의 결합을 추동하는 요인은 인간이 IT를 채택해온 과정을 분석함으로써 추론할 수 있다. 인간은 합리성에 기반하여 시공간적인 편익을 제공하는 IT를 채택해왔다. 새로운 기술은 인간의 현시적이거나 잠재된 욕구, 그러나 충족되지 않은 욕구를 충족시켜왔다. 전화나 TV, PC와 인터넷은 그 이전에는 가능하지 않았던 기능을 인간을 위해 수행하는 기술이다. 이러한 미디어가 채택된 이후에도 특정 미디어는 인간의 편익을 극대화하는 방향으로 진화해왔다.

한편 새로운 기술(IT)이 개발되고 채택되는 과정에서 기업의 이윤추구 동기가 시장에서 강력하게 작동되어왔다. 한마디로 기술과 과학의 결합이 IT의 개발과 채택, 기술적 진화에 영향을 주어온 것이다. 현 시대의 가장 두드러진 특징은 과학과 기술, 그리고 기업의 강력한 연합이다. 그리고 예측·통제·혁신·경영 그리고 확장이라는 주된 원칙에 기초하여 이 연합이 만들어낸 전 지구적인 문화이다. 이러한 원칙들의 근저에는 합리성과 권력이 존재한다.(Goodwin, 2002: 41) 합리성은 인간이 편익을 추구하는 것과 기업이 이윤을 추구하는 것으로 이해할 수 있고 이는 개인적 · 사회적인 권력을 취득하는 것과 일맥상통하게 된다.

발명가와 기업은 유비쿼터스 환경이 제공하는 잠재적 시장에 착안하여 기술발달과 상품화에 진력하고 있다. IT는 이용자의 기술습득 비용을 최소화하는 방향으로 발달하고 있다. IT의 핵심적인 기능을 하는 컴퓨터는 인비저블(invisible) 컴퓨터, 사고하고 판단하는 컴퓨터, 신체에 부착되거나 신체 내에 심어지는 컴퓨터로 발달해갈 것이다. 여기에 IT와 BT의 결합, 이에 덧붙여 NT의 결합이 미래의 변화를 주도할 것이다.

2020년에 이르러서는 NT가 의료적인 목적으로 활용될 것이 예측되고 있다. 우리나라 최고 정책결정기구인 국가과학기술위원회(국과위)가 발표한 '과학기술 예측조사'(2005~2030)에서는 미래의 모습을 다음과 같이 그리고 있다.

2020년 경에는 나노미터(10억 분의 1미터) 크기의 '로봇 내과의사(나노로봇)'가 등장, 혈류를 따라 항해하면서 나노컴퓨터에 저장된 병원균 정보를 토대로 병원균으로 판단하고 이를 즉시 격멸할 것이다. 또 '스마트 약'으로 불리는 나노캡슐은 핏속을 헤엄치고 다니다가 특정 질병의 바이러스를 만나면 약물을 방출해 격퇴할 것이다.(디지털타임즈 2005. 5. 18)

IT와 NT의 결합은 다음의 세 가지 유형으로 전개될 것이다.

첫째는 인간 중심적 기술을 개발하는 것으로 인간은 오감을 통해 지각하고 경험을 축적한다. 둘째는 IT가 NT에 의해 초소형화(SOC, POC)되어 인간의 몸속으로(BT) 들어온다. 인간의 몸속으로 들어온다는 것은 1) 의학용 기술의 개발 2) 인간의 오감 신경망과 연결된 기술의 개발을 의미한다. 오감 중 인간은 시각으로 70퍼센트, 청각으로 20퍼센트, 나머지로 10퍼센트의 의사결정을 한다. 따라서 당분간 2010년까지는 시각과 청각의 컨버징 기술 개발에 집중해야 한다. 셋째로 인간의 오감이 초소형(NT)의 기계(IT)에 들어가는 방식이다. 이제 곧 기계들이(IT) 보고(시각) 듣고 말하고(청각) 냄새 맡고(후각), 맛을 보고(미각) 인간과 터치(촉각)할 수 있는 시대가 온다. 이는 인간 인체공학기술(Ergonomics) 시대가 도래한다는 뜻이다. 이 가운데 기계들이 보고 듣고 말하는 시각과 청각의 컨버징 기술들인 센서의 개발이 시급하다.

IT로 진화된 인간능력의 3가지 변화

우리나라 국민의 경우 인간의 신체를 보족하거나 변형하는 것에 대한 저항감이 낮은 편이다. 안경을 사용하는 것에 대한 사회적인 저항감이 작은 것은 물론이고 최근 성형수술이 보편화하고 있고 보톡스를 활용하는 데에서도 서구 수준에 비해 낮지 않은 실정이다. 특히 최근 10년 동안 새로운 IT를 채택하는 데 있어서는 전 세계 다른 나라에서 유례가 없을 정도로 혁신적인 특성을 보이고 있다.

기술의 발달은 인간이 제공하는 노동과 서비스에 지불하는 비용보다 저렴하게 유사한 서비스를 기계가 제공할 수 있게 한다. 산업혁명을 지나며 인간의 육체노동 상당 부분을 기계가 대체해왔다. IT의 발달은 인간의 정신적인 노동을 지속적으로 대체해가고 있다. 미래의 기계와 기술은 인간의 감성노동을 대체해갈 것이다. 기계나 기술이 감성적인 효용을 발생시키는 것은 상품 디자인의 강조에서 시작하여 인간과 기계의 인터페이스, 종국에는 서비스 차원에서 인간보다 더 친절하고 친밀한 동반자의 기능을 수행하게 될 것이다.

커뮤니케이션 기술의 발달은 인간의 대면 커뮤니케이션에 유사한 방향으로 발달해왔다. 대면 커뮤니케이션은 인간이 사회화되면서 가장 친숙하고 편리한 의사소통 방식이다. IT와의 인터페이스는 추상적인 수준에서 실제적인 수준으로 그 방식이 변화해왔다. 컴퓨터에서 아이콘을 이용하는 윈도 GUI 시스템은 문자와 기호를 이용하는 DOS를 대체해왔고, 전화기에 번호를 입력하는 방식에서 음성인식 방식으로 변화해왔다. 윈도는 자판기를 마우스로 대체했고 음성인식기술은 전화번호 수첩과 숫자판을 대체했다. TV 리모콘은 수상기에 부착되어 있는 로터리식 다이얼을 대체했다. 현재 활발히 개발되고 있는 동작인식기술은 바로 그 리모콘을 대체해갈 것이다.

1 | 로보틱스, 인간의 정신과 신체 기능을 대체하다

나노기술(NT)은 정보기기(ITs)의 크기를 최소화함으로써 인간의 구조와 기능(BT)을 강화하게 될 것이다. 특히 인간의 구조와 기능 중 제일 먼저 기계들이 들어오는 곳은 바로 감각기관이다. 감각은 모든 이미지들을 센싱하는 기능을 하기 때문이다. 시각은 디지털 이미징을 센싱하고, 청각은 음성을 센싱하며, 후각은 냄새를, 촉각은 피부의 감촉을, 그리고 미각은 맛을 센싱한다. 이와 같이 기계들이 인간의 감각기관으로 들어오는 것을 사이보그(Cyborg)라고 하는데 이는 인공적 유기체(Cybernetics Organism)의 약자로 생물과 무생물이 결합된 자기조절 유기체라는 뜻이다. 기계의 도움을 받아 현실을 보다 더욱 정확하고 신속하게 받아들이고자 하는 것인데, 이를 바로 유비쿼터스 환경의 증강현실(AR: Augmented Reality)이라고 한다. 이러한 사이보그 기술들은 더욱 발전하여 인간 두뇌의 신경망 속으로 들어가게 되고, 미래의 더욱 정교해지는 기계들을 지배하기 위해선 이러한 기계들이 인간의 두뇌 속으로 들어와 인간의 두뇌를 진화시킬 것이다. 그게 바로 칩 이식인데, 이렇게 됨으로써 인간들은 엄청난 지적능력을 지닌 존재로 변신할 것이다. 조만간 무선장치를 이용해 두뇌가 직접 중앙컴퓨터 네트워크에 연결된 사이보그들은 생각만으로 네트워크에 접속해 중앙컴퓨터의 지적 능력과 기억을 불러낼 수 있으며, 반대로 중앙 네트워크는 정보를 얻거나 임무를 주기 위해 개별 사이보그와 의사소통을 하게 될 것이다. 즉 미래의 기술 컨버전스는 이렇듯 기계와 인간과의 컨버전스가 될 것이다.

로봇은 이미 산업현장에서 그리고 군사 목적으로 활용되고 있다. 이제 가정의 일을 돕는 개인적인 생활의 편익을 주는 로봇이 개발되고 있다. 로봇은 인간이 견딜 수 없는 극한 상황에서 작업을 수행할 수 있는 장점이 있다. 기계와 기술이 인간의 신체적·정신적·감성적 노동을 대체해온 궤적과 같이 로봇도 초기에는 신체적 또는 물리적 노동을 대체할 것이다. 다음 단계에서는 로봇이 물리적·공간적인 노동에 덧붙여 정보통신 단말기로 기능을 수행하는 것이다. 이용자가 필요한 정보를 선택하고 처리하는 현재의 컴퓨터와 휴대전화의 기능을 로봇에 접목시키는 일은 어렵지 않게 된다.

로봇의 종류는 크게 세 가지의 형태가 될 것이다. 1) 보이지 않는 지능 에이전트(IA)들로 이들은 콘텐츠·데이터베이스·웹·네트워킹 속에 살아 숨쉬면서 인간이 원하는 정보들을 검색하여 원하는 시멘틱 웹(Semantic Web)으로 제공해줄 것이다. 2) 물리적 형태를 갖는 로봇으로 이는 엔터테인먼트형·인간형·생활용·군사용·우주용·산업용·의료용 등 다양하게 개발되어 인간의 일을 대신해줄 것이다. 3) 세 번째는 우리가 지금 구축하고 있는 그리드(Grid) 컴퓨팅 시스템으로, 인간을 위해 하인 역할을 하는 어브저번트 컴퓨팅(Observant Computing)으로 발전하다가 궁극적으로는 영화 「매트릭스」의 매트릭스 컴퓨팅 시스템으로 발전할 것이다.(Forbes, 2004. 3. 9)

물리적인 형태를 가진 로봇의 유형 중에서 개인서비스 로봇인 퍼스널 로봇은 가장 중요한 로봇이 될 것이다. 1990년대 초까지는 로봇을 말할 경우 산업용 로봇 분야에서 사람의 팔을 닮은 제조업용 로봇을 지칭하는 경우가 많았다. 그러나 21세기에 접어든 지금, 다양한 지능형 로봇이 선을 보이고 있다. 정보통신기술을 기반으로 한 디지털 사회의 구현을 위해 사람과 함께 동일한 공간에서 생활하면서 사람에게 즐거움과 유익한 서비스를 제공할 수 있는 로봇의 필요성이 대두되기 때문이다. 퍼스널 로봇은 결국 지능을 가지는 인간 공존형 대인지원 로봇이다. 우리와 함께 집에서 생활하는 로봇으로, 산업용 로봇처럼 주어진 장소에서 주어진 일을 단순 반복적으로 작업하기보다는 우리 생활에 편리를 제공하기 위한 사람들과의 '상호작용 능력'이 더 중요한 개념이 됐다. 그러기 위해서는 이동이 자유로워야 하고, 주변 환경뿐만 아니라 사람도 인식할 줄 알아야 하고, 통신 및 대화가 가능한 인간친화적인 지능형 로봇이어야 한다. 이를 위해서 인간과 유사한 움직임을 보이는 보행로봇의 개발과 인식 및 인지시스템, 자율제어기술과 관련된 연산지능이 매우 중요해졌다.

이제 막 상용화가 시작된 가사용 로봇 외에 장애인이나 노약자를 도와주는 생활 도우미 로봇에 대해서도 많은 연구가 이뤄지고 있다. 2003년 4월 한국과학기술원(KAIST)에서 열린 국제재활로봇학술회의를 통해 국내외에서 개발되고 있는 장애인 지원 재활로봇이 선보여 사회적 주목과 함께 그 실용화의 가능성을 보여주었다. 또한 영국 및 일본의 경비용 로봇의 등장도 눈여겨 볼 만하다. 이미 일본 후지쯔 연구소에서는 집 밖에서 휴대전화를 이용해 원격조정할 수 있는 '집지킴이 로봇'을 개발했고, 영국의 로보사이언스에서 개발한 로봇 '도그'는 인터넷에 연결되어 주인이 부재중일 때 외부에서 집 주변을 감시할 수 있는 기능을 가지고 있다. 보안경비회사들의 투자와 개발을 통해 보안로봇이 등장하여 개 대신 로봇개가 집과 건물을 지키는 날이 조만간 올 것이다. 이러한 지능형 로봇이 가정용으로 확산되는 과정을 살펴보면 지난 20년 동안 PC가 보급되는 과정과 비슷한 양상을 띠고 있다. 최근 판매가 급증하고 있는 일본의 개인용 애완로봇은 비교적 높은 가격에도 불구하고 그 귀여운 행동에 인기가 식을 줄 모른다. 예견하건대 미래에는 다양한 형태의 로봇이 출현할 것이고, 그 시장은 가정용 로봇, 지능형 이동 PC와 엔터테인먼트 및 사람의 동반자로서의 로봇을 통해 열릴 것이다.(아스펙경영컨설팅)

로봇 시대의 덕을 가장 먼저 볼 사람들은 노약자나 장애인 등 사회 소외 계층이 될 것으로 보인다. 방 안에서 식사 준비나 청소 등을 로봇이 할 수 있기 때문이다. 또 응급상황이 되면 로봇이 직접 구급차를 부르거나 경찰서에 연락할 수도 있다. 때로는 책을 읽어주거나 기초적인 말동무도 가능하게 된다. 이동이 불편한 장애인도 로봇 시대가 되면 크게 걱정하지 않아도 될 듯하다. 계단도 자유롭게 오르내릴 수 있는 로봇 휠체어가 개발될 것이기 때문이다.

앨빈 토플러, 이언 피어슨 등 미래학자들은 로봇기술이 정보통신기술과 접목해 인간 생활을 더욱 편리하고 풍요롭게 할 것으로 예측하고 있다. 로봇과 인터넷을 무선으로 연결하면 휴가 중에도 집 안에서 일어나는 일을 손금 보듯 할 수 있다. 로봇에 장착된 카메라로 집 안 내부를 속속들이 촬영해 주인의 PDA나 휴대전화에 즉시 전송해줄 수 있기 때문이다. 도둑이 들어오면 경보를 울리거나 경찰서에 신고하는 역할도 로봇이 맡는다. 배터리나 전기만 연결돼 있으면 24시간 잠을 잘 필요가 없으므로 물샐틈없는 경비가 가능하다.(ZDnet)

최근 씨엠에스와 서울산업대는 보행 속도를 1~2초로 높이고, 누웠다가 일어나기, 앉았다 일어나기, 장애물 피하기 등 다양한 동작이 가능하고, 인간의 음성명령에 반응하거나 이미 입력된 사진을 통해 사람을 알아보는 기능, 자동충전 기능 등 성능이 개선된 보노보를 오는 6월말 공개키로 했다. 또한 보노보의 개선된 기능을 지닌 여성 로봇을 개발 중이라고 밝혔다.

일본인 과학자들이 지금까지 개발된 로봇 중 가장 인간다운 모습을 지닌 레플리 Q1이라 불리는 여성 인조인간을 개발했다고 영국의 BBC가 2005년 7월 27일자로 보도하고 있다. 레플리 Q1은 딱딱한 플라스틱 대신 말랑말랑한 실리콘 피부, 수많은 센서와 모터를 가지고 있어 뒤를 돌아보거나 눈꺼풀을 깜빡거릴 수도 있고 인간처럼 손을 움직일 수도 있으며 숨을 쉬기도 한다.(아스펙경영컨설팅)

종국에는 스스로 학습을 하고 판단을 하는 지능을 가진 로봇이 개발될 것이다. 특히 사회적으로 소외된 사람에게 정서적인 동반자 기능을 하는 로봇이 개발될 것이다.

2 | 유비쿼터스, 신유목주의 시대를 열다

지난 수년 간 개선된 다양한 성능을 가진 휴대전화의 보급과 확산으로 인해 모바일 커뮤니케이션이 일상의 일부가 되었다. 휴대전화는 대인간 통신은 물론, 인터넷·MP3·카메라의 기능을 장착하여 멀티미디어화되었다. 전화의 일종에 불과했던 휴대전화가 이제는 컴퓨터 두뇌(CPU)와 저장능력(하드디스크)을 갖춘 '손 안의 수퍼컴퓨터'로 변신하고 있다. 미래에는 가정에서는 TV와 PC가 결합한 단말기와, 이동 중에는 휴대전화(또는 휴대 단말기)가 각기 공간고정 미디어와 이동형 미디어의 주종으로 기능할 것이다.

이동형 미디어의 장점은 과거에는 미디어에의 접속이 불가능했던 상황, 즉 이동 중에도 미디어를 활용할 수 있게 된 점이다. 이는 미디어나 미디어와의 상호작용을 가능하게 하는 단말기가 인간의 몸에 근접하는 과정으로 볼 수 있다. 최근 블루투스(blue tooth) 기술의 활용은 단말기와 인간의 몸을 연결하는 선을 없애고 있다. 착용식 컴퓨터나 착용식 모니터(안경에 장착된)는 모바일 커뮤니케이션을 진전시키는 또 다른 예이다.

다음 단계에는 바이오칩이 인간과 환경을 매개하는 휴대전화나 컴퓨터의 역할을 수행하게 될 것이다. 이때 RFID를 활용하는 유비쿼터스 환경에서는 인간과 인간의 의사소통뿐만 아니라 인간과 사물의 커뮤니케이션이 가능해진다. 가정이나 차량, 사무실이 개인의 상황과 조건에 따라 자동적으로 변모되는 것이 가능해진다. 종국에는 아무런 매개 장치 없이 인간의 두뇌를 직접 자극하는 방식의 개인과 환경의 상호작용 방식이 연구개발될 것으로 전망되고 있다.

향후 RFID는 유비쿼터스 환경을 더욱 진전시킬 것이다. 지난 2003년 소개된 독일 뒤셀도르프 시 인근 라인베르그의 할인점 '엑스트라' 매장 입구에 비치된 쇼핑 카트 앞에는 노트북만한 컴퓨터가 달려 있었다. 고객들은 쇼핑 카트에 달린 컴퓨터 화면을 손가락으로 가볍게 눌러 원하는 물건을 찾는다. 그러면 상품의 위치와 가격이 화면에 표시된다. IBM · 오라클은 제품 정보를 고객에 알려주고 보여주는 '인포터미널'이라는 첨단기기를 선보였다. 인포터미널은 소비자들이 구입한 고기의 부위 그림, 영양분석표와 사육농가, 조리법까지 소비자들에게 알려준다. 저울 위에 올려진 과일이 바나나인지 사과인지를 스스로 인식하는 '스마트저울'은 메틀러톨레도와 IBM, 시스코가 개발했다. 2004년 5월 문을 연 미국 시애틀 중앙도서관이 대출과 반납을 사람 손을 거치지 않고 처리하는 무인도서관 시스템을 구축하였다.

이러한 RFID는 다음과 같은 효용을 제공한다. 소비자를 위한 서비스를 향상하고, 식품의 생산에서 유통까지의 정보를 취득할 뿐만 아니라, 보다 안심하고 맛 있게 소비하기 위한 정보제공을 할 수 있다. 또한 제조판매 공동마케팅을 가능하게 하며, 물류를 효율화할 수 있다.

RFID는 이용자가 언제, 어디에 있든 간에 환경과의 접속을 용이하게 하는 장점을 갖고 있다. 매개 장치가 쇼핑카트·휴대단말기 또는 바이오칩이든 간에 이용자와 환경을 매개할 뿐만 아니라 다양한 네트워크에 상시 접속이 되어 필요한 정보와 통제를 가능하게 한다. 과거에는 인간이 상시 변하는 환경에 적응했어야 하는 반면 유비쿼터스 환경에서는 환경이 개인의 필요와 욕구에 적합하게 변화하게 된다.

이탈리아의 의류 대기업인 베네통, 고급 의류기업인 프라다 등이 이미 옷에 RFID 태그를 장착할 예정으로 알려졌다. RFID를 활용한 태그는 각각의 제품들을 일일이 수작업으로 스캐닝하던 작업을 자동화하여 재고관리 인력을 줄일 뿐 아니라 절도까지 예방할 수 있다는 점에서 혁신적이다. 비단 의류기업뿐 아니라 P&G, 월마트 그리고 영국의 테스코 등 제조·유통업에서도 RFID를 활용한 시스템 구축을 고려 중인데 근무자들이 핸드헬드 스캐너를 이용하여 기존 바코드를 로그인하는 대신 이 컴퓨터 시스템은 라디오 시그널을 이용하여 물품이 선적창고에 도착할 때 자동으로 제품을 식별해준다. 표면에 붙은 바코드를 스캐닝하는 것과는 달리, RFID를 부착한 직원들이나 선반은 5피트(1.5미터) 거리에서도 모든 상품을 포함한 박스 전체까지 스캐닝할 수 있다. 그러므로 과거에 수십 명이 하던 재고관리를 단 한두 명만이 할 수 있어 그만큼 비용이 절감되는 것이다. 뿐만 아니라 이 시스템은 생산공정에도 활용이 가능한데, 공급자들은 제품 위치를 24시간 동안 관리할 수 있다. 재고관리·반품관리뿐 아니라, RFID시스템은 절도방지와 모조품방지 관리에도 이점이 있다. RFID 칩 태그는 프로그램이 가능하기 때문에 만약 누군가 돈을 지불하지 않고 옷이나 제품을 가지고 나가면 알람 경고가 울리도록 하면 되는 것이다. 사용의 편리성 외에도, RFID는 마케팅 측면에서도 획기적인 도구이다. 고객의 구매정보·신상정보·행동·습관·기호 등의 정보를 쉽게 저장하고 활용할 수 있으며, 상품의 절도 역시 예방할 수 있다. 사생활 침해에 대한 우려도 있지만 소비자들에게도 이점은 있다. 소비자들이 원하는 상품을 쉽게 찾을 수 있다든지, 영수증 없이도 반품과 교환이 쉽기 때문이다.(아스펙경영컨설팅)

MIT대학의 "프로젝트 옥시전"(Project Oxygen)을 보면 사람들이 작은 센서를 목에 걸고 있으며, 천장과 벽에도 같은 크기의 센서들이 붙어 있어 어느 방에서 음악을 듣다가 나와 라운지로 가면 그 방의 컴퓨터ㆍ전등ㆍ기타 선풍기가 자동적으로 꺼지고 센서를 착용한 사람의 위치에서 가장 가까운 컴퓨터와 스피커로 연결 이동되어 음악이 흘러나오게 하는 시스템을 개발하였다. 센서가 사람의 움직임을 간파하여 자동으로 가까운 곳의 컴퓨터와 스피커로 연결 로그온해주어 음악을 듣게 하는 것이다.(아스펙경영컨설팅)

3 | 인간의 몸만으로 미디어를 즐기다

개인이 환경과 상호작용하는 미디어를 이용할 때 이용자의 편익은 기계적 장치가 인간의 신체에 근접할수록 극대화한다. 예를 들어 유선전화(신체적 이동을 요구함)에서 무선전화(타인과 공유해야함)로, 그리고 개인 휴대전화로의 전환이 이를 반영한다. TV리모콘이 등장하여 채널 변경이 용이해지면서 리모콘은 TV가 제공하는 프로그램의 내용과 형식, 그리고 배열에 지대한 영향을 미쳤다. 이제 전화와 TV리모콘과 같은 인터페이스 장치가 불필요한 방향으로 기술의 발달이 전개되고 있다. 즉 인간의 몸이 인터페이스의 기능을 수행하는 것이다.

현재 보편화하고 있는 지문인식 기술이나 홍체인식 기술은 보안과 같은 초보적인 기능을 수행하고 있다. 또한 기대보다는 지연되고 있으나 음성인식기술은 보안은 물론 다양한 과업을 단말기에 지시하는 방식으로 발전하고 있다. 2004년 7월에 아메리칸 세이빙 뱅크는 음성인식 시스템을 고객 서비스에 활용하기 시작했다. 고객은 고객센터에 전화를 걸어 상호작용 음성반응(IVR: Interactive Voice Response) 시스템을 이용하여 은행 업무를 처리하게 된다. 가까운 미래에 냉장고나 컴퓨터, 자동차에 음성언어로 지시를 하는 방식의 제품이 소개될 것이다.

동작인식기술은 인간의 몸이 기계와의 인터페이스 기능을 하는 전형적인 예다. 고갯짓과 손짓으로 원하는 과업을 단말기나 기계에 지시할 수 있게 된다. 한편 음성이나 몸짓과 같은 신체적인 노력을 경감하는 방식은 전술한 바와 같이 바이오칩에 의해 달성될 것이다. 이용자의 의도나 필요를 바이오칩이 자동으로 인식하여 로봇이나 정보기기, 생활 편의기기를 작동할 수 있게 된다. 초기에는 신체장애자를 위한 시스템이 채택될 것이고 점점 더 일반인에게도 비용 대비 효용이 커짐에 따라 보편화될 것이다.

앞으로 10년 후엔 과학과 패션이 공존하는 시대가 올 것이다. 다양한 기능을 발휘하는 디지털 섬유들로 만들어진 옷이 패션의 주류를 형성할 것이기 때문이다. 앞으로 약 10년 후, 젊은이들은 MP3가 부착된 옷을 입고 다닐 것이며 어린아이나 노인들은 위치추적센서가 부착된 옷을 입고 다니게 될 것이다. 또 군인이나 운동선수 소방관들은 각기 직업적 특성에 맞게 만들어진 특수 유니폼을 입고 보다 효율적으로 업무를 수행하게 될 것이다. 환자들은 자체적으로 체온·혈압 등 몸 상태를 실시간으로 체크해 병원의 시스템과 연결된 네트워크로 건강 상태를 관리하는가 하면 비를 맞아도 젖지 않는 옷도 가까운 미래에 등장하게 될 것이다.(테크타임즈, 2004. 8.)

입는 컴퓨터 시장을 가속화시키는 것은 최첨단의 직물 안에 내장된 전자기기들이다. 지난 2년 간 미국의 듀폰은 아라콘(Aracon)이라는 새로운 섬유를 개발했는데, 이는 전도체인 케블라(Kevlar)로 만든 섬유로서, 일반적인 옷감과 함께 직조가 가능하다. 반도체 기업인 독일의 인피

네온(Infineon)은 세탁이 가능한 칩 패키징을 개발했다. 이 칩이 내장된 옷은 세탁 이후에도 저장된 정보들이 손상없이 보존된다.

입는 컴퓨터의 성장 가능성은 특히 의료 분야에서 클 것이다. 미국 캘리포니아 주 벤추라 소재의 비보메트릭스(VivoMetrics) 사가 개발한 '라이프 셔츠'는 이미 미국 내 주요 의과대학과 제약회사들이 대부분 사용하는 제품으로, 땀의 흘림·심장박동률 등 주요 건강 데이터를 수집하고 분석한다. 이를 통해 연구원들이나 의사들은 실시간으로 언제 처방이나 치료를 해야 하는지 알 수 있으며, 특별한 임상실험 시에도 사용한다.

한편 입는 컴퓨터를 활용하여 산업 생산성을 제고시킬 수 있음을 입증하는 사례가 발표되기도 하였다. 오레곤 주의 포틀랜드에 있는 짐 피서 볼보(Jim Fisher Volvo) 딜러십 수리 센터는 최근 마이크로비전(Microvision) 사의 헤드마운트 디스플레이를 구입하여 7개월 동안 분석한 결과 기술자들의 생산성이 10퍼센트에서 20퍼센트로 증가했다고 보고했다.

MIT 미디어랩의 리처드 드보는 일상생활의 기억을 도와주는 메모리 안경을 개발하였는데, 왼쪽 안경 렌즈에 이미지와 메시지들이 디스플레이되어 착용자의 기억을 돕는 기능을 한다. 한편 휴렛패커드의 영국 브리스톨 디지털 미디어 연구소에서 개발한 디지털 안경 선글라스는 모든 일상생활의 라이프 로그를 기록, 눈으로 보는 모든 환경을 그대로 기록하는 기능을 갖추고 있다.(아스펙경영컨설팅)

인간과 기계의 모호한 경계

미래에 인간은 기계와 말과 동작으로 상호작용할 것이다. 한 단계 더 나아가 생체칩은 다수의 사람에게 보편화되어 장착될 것이다. 일상생활의 상당 부분에서 IT는 개인의 인지적·정서적 활동을 지시하고 통제할 것이다. 더 나아가 2050년에는 인간의 의식을 다운로드할 수 있을 것이라는 전망이 제시되고 있다. 영국 BT(British Telecom) 사의 미래기획단의 단장인 피어슨(Ian Pearson)은 2050년 경엔 인간의 두뇌를 컴퓨터로, 컴퓨터의 프로그램을 두뇌로 다운받는 사이버-불멸의 현실로 진입할 것으로 예상한다.(CNN, 2005. 5. 23) 이는 최근 컴퓨터의 파워가 급속적으로 발전하는 덕분이라고 지적하고 있다. 기계인간, 즉 사이보그의 출현은 인간과 기계의 경계를 모호하게 할 것이다. 이러한 상황에서는 컴퓨터가 인간의 정체성은 물론 의식과 도덕성을 대체할 가능성이 진지하게 논의될 것이다.

인간의 몸이 환경과의 인터페이스의 주요한 수단이 되어감에 따라 개인과 사회의 신체에 대한 관심이 증가할 것이다. 음성인식기술은 정확하고 논리적인 발화를 중시하게 되고 동장인식기술은 신체의 움직임에 개인적으로나 사회적으로 더욱 큰 의미를 부여할 것이다. 미래에는 기계가 인간의 정서적 상호작용을 일정 수준 대체하게 될 것이다. 예를 들어 '다마고찌'와 같은 친밀한 기계가 확산 보급될 것이다. 이는 인간보다 더 친밀한 기계가 등장할 수 있는 가능성을 제공한다. 개인에 따라서는 사회적으로 소외된 정도에 따라 기계·기술이 가족과 친구를 일정 수준 대체할 수 있다.

현재 컴퓨터와 네트워크에 문제를 일으키는 바이러스는 미래에 기계와 결합된 인간인 사이보그에도 유사한 문제를 일으킬 것이고 미래에는 동일하게 취급될 것이다. 특히 인간이 네트워크화 되는 상황에서 해커에 의한 개인적 사회적인 피해는 훨씬 더 치명적일 것이다. 현재 가볍게 여겨지는 컴퓨터 네트워크에서의 해킹은 미래 휴먼 네트워크에서 철저하게 단속되어야 할 것이다.

우리나라는 'IT강국'으로 불리고 있다. 좀더 분석적으로 접근하면 첫째는 초고속 통신망의 보급, 휴대전화의 보급과 다양한 IT서비스의 이용 측면에서 세계적으로 높은 수준에 이르렀다. 둘째는 휴대전화와 PC 모니터, 박막 스크린의 생산과 수출 등 IT 산업적인 측면에 있어서 한국은 선도적인 위치에 있다. 미래에 한국은 이와 같은 경쟁 우위의 분야에서 지속적으로 선두주자의 위치를 점해야 한다.

반면 서비스와 일부 단말기나 부품의 상용화와 제품화를 제외하고는 원천기술의 연구와 개발에서는 여전히 다른 선진국에 비해 열등한 위치에 있다. 연구와 기술개발에서 우위를 점하지 못하는 상황에서는 현재 우위를 점하는 부문에서도 선진국에 종속될 위험에 처해 있다. "IT강국"을 유지하기 위해서는 기술의 연구개발에 국가적인 노력을 경주해야 할 것이다.

동시에 IT서비스의 확산에 따르는 반사회적인 현상들에 주목할 필요가 있다. IT의 이용에 있어서의 선도적인 위치 그 자체가 중요하다기보다는 IT로 인해 국가가 강성해지고 기업이 경쟁력을 강화하고 국민의 복지가 증진되는 방향으로 IT를 이용해야 할 것이다. 특히 IT와 인간이 결합됨으로써 파생할 수 있는 사생활 침해나 탈인간화와 같은 반사회적인 현상을 방지할 수 있어야 한다.

커리어의 복잡화

더 이상 한 직장에서 평생을 일한다는 것이 불가능한 사회가 올 것이다. 하나의 전문지식으로 한 직장에서 안정적으로 생활하는 패턴은 찾아볼 수 없을 것이며 관리능력, 연구능력 등 여러 능력들을 두루 갖춘 사람만이 경쟁사회에서 살아남게 될 것이다.

새로운 '부'의 개념, 요컨대 새로운 생산 패러다임이 우리 앞에 전개되고 있다. 물질노동이 가치로 직결되던 포드주의 패러다임이 막을 내리고 정보지식이 교환가치로서의 희소성을 발하며 가장 중요한 사회적 자산으로 간주되는 새로운 시대가 출현하고 있다. 기술발전의 가속화와 함께 정보지식의 가치가 경제 핵심 분야의 천연자원으로 떠오르면서 지식정보사회로의 전환이 본격화되고 있는 것이다.

지식사회는 지적 체계뿐 아니라 정치 · 경제 · 문화 등 우리 생활의 제반 영역이 지식의 생산, 재생산 및 이용과 관련된 모든 기능이 지식에 의존하는 사회를 지칭한다. 지식이 이렇듯 우리 삶의 핵심적 위치에 자리하게 된 것은 정보통신의 비약적인 발달로 속도와 범위의 제약에서

풀려난 지식이 효용적 가치를 증대하게 되었다는 점에서 연원한다. (Drucker, 1993)

지식사회에서는 생산수단에 투여된 노동시간에 의해 상품가치가 평가되는 것이 아니라 해당 과정에 투여된 전문지식의 양에 따라 결정된다. 그러나 인간 활동의 속도나 범위가 급변하는 고도 기술시대에 지식은 역동성, 확장성, 복잡성과 같은 속성들을 겸비하게 된다. 때문에 지속적으로 새로운 지식을 익혀 그것을 날로 다양화해가는 정보의 홍수 속에서 해체하고 재분석할 수 있는 능력이 강조될 것은 당연하다.

이런 와중에 전문화된 정보지식에 대한 사회적인 필요가 격증할 것인바, 그것은 개인의 행동방식 및 사고방식을 규정하는 데 결정적 역할을 담당하게 된다. 다름아닌 지식이 가치창출의 원천이자 사회변혁의 중추가 되는 새로운 시대에 접어들면서 직무의 형태도 바뀌어 일은 삶의 형태를 다변화시키는 중심 요소로 작용하게 된다.(이지순, 2005)

이 장에서는 정보지식기반사회의 도래로 인해 야기되는 일련의 변화 중 개인 생애과정의 변화에 초점을 맞추고자 한다. 지식기반 사회에서 개인은 정보지식을 생산하고 유통하며 소비하는 궁극적 주체이기 때문이다. 따라서 지식기반사회로의 변혁이 이루어지는 와중에서 개인의 생애과정을 새로이 재구성하는 '일상생활의 혁명'을 추동하는 동인에 대한 탐색을 거친 후, 개인의 행동양식과 사고방식에 직접적으로 영향을 미치는 노동세계의 변화를 검토하며, 그에 동반된 여타 생애부문의 변모 상황을 고찰하고, 지식기반사회의 미래 전망을 시도해보고자 한다.

왜 커리어는 복잡해지는가

1 | 유연적 축적체제의 확립

생애과정 변화의 1차적 원인은 자본주의적 생산체제에 내재한 한계와 정보통신기술의 비약적인 발달로 인한 축적체계의 변화라고 할 수 있다. 정보혁명은 기존 산업사회의 생산체제가 자체적 한계에 직면해 새로운 활로를 모색하는 과정에서 돌출한 획기적 사건이라고 간주할 수 있다.

산업자본주의시대에는 자본주의적 생산양식의 기본 목표인 이윤 극대화를 위한 행보가 대량생산체제인 포디즘으로 귀착되었다. 포디즘의 국제적 확산은 세계적 '보편시장'의 형성과 함께 가속화되었는데, 그것은 표준화·효율성·관료적 기술합리성의 원칙에 따라 운영되는 국가 개입, 대규모 경제를 규정하는 하나의 생산양식으로 자리잡게 된다.

포드주의적 생산양식은 경직성을 특징으로 하는데, 대규모 장기적 고정자본의 투자·노동시장이나 노동분배, 노동계약의 경직성·국가 행위의 경직성은 바로 생산의 경직성으로 이어지게 된다. 이것이 곧 역기능을 초래, 1960년대부터 포디즘 내부에서 축적의 문제가 야기되고 1970년대 초 3차에 걸친 오일쇼크와 디플레이션이 발생하자 국가의 생존을 위한 새로운 경쟁 전략이 강력히 요청되었다.

이러한 상황에서 노동과정·노동시장·제품·소비패턴 등에서 유연성을 강조하는 새로운 자본주의 질서인 유연적 축적체제가 등장하게 되어 자본주의 경제질서의 혁신적 전환점이 마련되었다. 정보통신체제의 발달에 힘입은 그것은 속도의 혁명으로 이어져, 세계는 지리적인 한계를 넘어선 하나의 '지구촌'을 형성하게 된다. 즉 속도가 규모를 밀어내기 시작하여 획일화·표준화·영속성·확실성 대신 일시적·찰나적이고 변화무쌍하며 단기적·유동적인 불확실성이 지배하는 새로운 경제질서로 재편되게 된다.

유연적 축적체제의 핵심은 적소 시장을 위한 신속한 생산 라인으로의 변화와 소량 생산 능력이다. 그러한 생산을 위해서 정보기술과 전산화된 생산체제 등과 같은 여러 가지 일에 숙련된 융통성을 가진 보다 적은 수의 노동자를 필요로 하며, 또 지속적 변화를 산출하기 위해서는 새로운 유행상품을 필요로 한다. 생산 라인의 끊임없는 변경, 그리고 일시적 유행이나 선풍에 의해 소비주의와 자본주의라는 양대 수레바퀴는 이처럼 동조적 회전을 거듭해왔다.(Smith, 2001)

2 | IT 발달로 인한 시공간의 재구조화

기계적이고 단정적인 시계시간은 산업자본주의를 구성하는 핵심 원리라고 할 수 있다. 산업사회는 '밥 먹을 동안', '소 젖 짜는 동안', '주기도문을 외는 동안'과 같이 막연한 시간 대신 시·분·초와 같은 정밀한 시간 단위들을 요구했다. 이 시간 단위들은 계절·공동체·지역적인 차이에 관계없이 규격화되고 표준화된 시간 개념에 해당하는 것으로서, 결국 산업문명은 시간을 소정의 정확한 단위로 나눌 뿐 아니라 나누어진 시간을 일직선으로 획선화함으로써 진보와 발전이라는 산업사회의 테제를 실현하고자 했다.(Toffler, 1980)

이렇듯 산업화라는 '제2물결' 시대에서는 시간이 기계적인 리듬에 의해 유지되었다고 한다면, 정보화라는 '제3물결'의 시대는 기계와 템포를 같이 하는 시간관을 부정하고 인간을 기계로부터 자유롭게 하는 새로운 시간관을 요청한다.(Toffler, 1980) 카스텔은 이러한 현재적 변화를 자기확장이 아닌 자기유지, 주기적이 아닌 임의적, 회귀적이 아닌 내포적 우주를 창조하는 시제의 혼합이며 기술을 사용하여 존재의 정황에서 탈출하고 각각의 정황이 영원한 현재에 제공하는 초시간적 시간으로 묘사한다.(Castells, 1996)

즉 이러한 변화 과정에서 산업사회의 근무 형태를 특징짓던 정시 출퇴근제는 점차 감소하고, 플렉시타임제·파트타임제·야간작업의 증가 등과 같은 유연적 근무 형태가 확산되는데, 이러한 시간적 유연성은 직무 수행시간뿐 아니라 식사시간·TV 시청시간·사교시간 등에 관한 변화를 초래함으로써 가정생활은 물론이요 생애주기 일반에까지 영향을 끼친다.

그 결과 교육–노동–여가라는 단선적이고 순차적인 연령분절적 생애주기가 연령통합적 생애주기로 변화할 뿐 아니라 일상생활 역시 놀이와 학습, 학습과 일의 경계가 상호 통합되는 형태를 취함으로써 복선적인 삶을 구축하는 또 하나의 동인을 형성한다고 말할 수 있다.

사냥·목축·어로·채집 등을 위주로 한 원시시대에 인류는 보다 나은 생존 환경을 찾아 떠돌아다니는 유목생활을 감수해야 했다. 그러나 유목에서 정착생활로 전환한 농경사회는 사람들을 한정적 공간에 묶어놓아, 대부분의 사람들은 자신의 경작지·마을·교회·이웃 마을 정도의 좁은 공간에서 활동하게 되었고 이동 거리 역시 극히 제한적이었다.

하지만 산업화의 물결은 상품과 사람, 사상의 대규모 이동을 불러왔다. 인구와 생산원료가 농촌에서 도시로 이동했는가 하면, 공산품·유행·사상·금융정책 등은 도시에서 농촌으로 이동하게 되었다. 아울러 도시 내부에서도 보다 전문화된 공간이 발달하였다. 토플러는 사무실·은행·경찰서·공장·역·백화점·감옥·소방서·극장 등 전문공간의 조정이 적시(適時)에 적재(適材)를 적소(適所)에서 얻기 위한 산업화의 불가결한 조건으로서, 시간의 동시화처럼 공간의 동시화를 초래했다고 본다. 거리를 최단거리로 직선화하는 근대적 도로·건물·농지정리에서 간파할 수 있듯, 당시의 공간 개념은 시간의 직선화와 상응해 공간적 직선화로 전환되었다.

이 같은 산업사회의 역동적 공간 재배치에도 불구하고 당시의 공간 개념은 지리적으로 정박된 개념을 크게 벗어나지 못함으로써 공간의식의 혁명에 이르지는 못했다고 평가되고 있다. 대신 진정한 공간적 혁명은 IT의 발달과 함께 시작되었다고 주장된다. 즉 정보혁명기 이후 '흐름의 공간'이 형성되어 공간 개념의 변혁이 촉진되었다는 것이다.(Castells, 2001)

요컨대 IT의 발달은 인터넷 지리로서의 새로운 영토 구성은 물론 도시와 지역의 공간적인 변모를 가져왔다고 말할 수 있는데, 특히 원격통신의 발달은 근무 형태를 전폭적으로 변화시켜 자동차나 비행기에 의존한 이동식 업무처리 방식이나 재택근무와 같은 원격근무 양식의 증가를 야기하게 되었다.(이병혁, 2005) 더구나 이동업무나 원격근무의 증가는 시간과 공간의 동시적인 유연적 사용을 가능케 함으로써 노동과 여가, 직장과 가정, 그리고 여타 활동이나 생활영역 간의 경계를 와해시켜 개인의 삶을 다차원적으로 재구조화하는 데 결정적으로 기여해왔다. 그에 대한 경험적 증거는 교통·홈쇼핑(원격쇼핑)·건강서비스(원격의료), 학교 및 교육(원격교육) 등에서 널리 찾아볼 수 있다.(LG 커뮤니케토피아연구소 편, 1999)

3 | N-세대의 출현

기술은 생산체계뿐만 아니라 생활체계, 의식체계에 이르기까지 전면적 영향을 끼친다. 정보통신기술의 발달은 사회의 생산체계에 유연성을 증폭시켰고, 개인의 생활이나 의식에 영향을 미쳐 유연적 생활방식과 유연적인 사고방식을 요구하고 있다. 그러나 IT기술의 발달이 사회의 전방위적인 변화에 영향을 미치는 것은 틀림없는 사실이나, 기술체계가 사회체계·문화체계·인성체계를 결정짓는다고 속단하기에는 무리가 따른다. 개인의 생활체계나 의식체계가 기술적인 환경에 영향을 받기도 하고, 의식체계가 여타의 체계들에 영향을 끼침으로써 전방위적인 변화를 초래할 수 있기 때문이다. 즉 정보통신기술에 의해 사회 · 문화 · 인성이 결정되는 대신 조건화한다고 보는 것이 보다 온당한 견해라고 생각된다. 기술 · 사회 · 문화 · 의식이 각각 독립체로 존재하면서 기술체계에 의해서만 도미노 현상이 일어나는 것이 아니라 복합적인 상호작용의 관계 속에서 변화를 추동해간다고 볼 수 있기 때문이다. 이러한 측면에서 IT기술의 발달이 진전된 시기에 태어나 그와 함께 성장한 N-세대의 사고방식 · 가치관을 일별하는 것이 필요하다고 본다.

탭스콧은 기성세대와 N-세대는 사고방식, 생활방식 및 가치관 등이 판이하게 다르다고 천명한다. 어렸을 적부터 컴퓨터를 자유자재로 다루고 자연스럽게 활용하면서 인터넷이 구성하는 가상공간을 삶의 중요한 무대로 인식하면서 지극히 개성적인 삶을 꾸려왔다는 이유에서. (Tapscott, 1997) 즉 N-세대들은 일 · 놀이 · 소비 · 가족관계에 있어서 기성세대와는 다른 사고방식을 나타내는데, 이러한 차이는 대체로 서로 다른 세대경험에서 비롯된 것으로 풀이된다.(김신동, 2005; 김종길, 2005)

4 | 인지적 내파와의 융합

보드리야르는 모든 유형의 이원적 대립체계가 내파되는 것을 포스트모더니즘의 특징으로 지적한 바 있다. 그는 근대성과 변별되는 포스트모더니즘의 특징을 다음과 같이 기술한다. "근대성은 새로운 분열의 증가, 새로운 차이의 출현, 그리고 새로운 문화의 구별을 특징으로 하나, 탈근대성은 내파(implosion)의 과정으로 특징지을 수 있다. 제도영역 간의 경계도 붕괴된다. 즉 놀이와 일, 오락과 뉴스, 정치와 과학 혹은 경영학, 대중문화와 고급문화, 문화적 영역과 사회적 영역 간의 경계가 점차 무력화된다.(Seidman, 1998) 학문연구에 있어서도 학문 간 경계의 내파가 부각되고 노동과 여가, 여가와 학습, 학습과 노동의 경계 파괴, 심지어 개인의 생애주기별 경계흐리기 현상도 나타난다. 또한 산업화 시대의 기본적 특징인 신뢰성을 대신하는 새로운 시대적 특징들이 나타나며 산업화 시대에 중요시되었던 핵심 가치들이 새로운 가치들에 밀려나게 된다. 이같이 21세기에는 사회 전 분야에서 내파가 촉진될 것으로 예상된다.

보드리야르가 내세운 주요 개념의 하나인 '내파'는 정보통신의 발달로 인한 사회 구조의 변화를 추동하는 핵심 동인의 하나로 꼽힌다. (Baudrillard, 1983) '내파'의 원리는 경계 소멸을 초래한다고 볼 수 있는데, 사회의 모든 영역에서 일어나고 있는 경계 소멸 현상을 개방성의 증가와 커뮤니케이션의 증가로 환치해도 무방할 것 같다. 이는 카스텔이 네트워크 사회의 도래를 예단하면서 네트워크를 상호 연관된 결절의 집합으로 개념화한 것과 상통한다고 할 수 있다.

모든 분야에서 일어나는 내파로 인한 경계 파괴는 개방성을 의미하고 이러한 개방성은 창조적인 융합을 낳는다고 할 수 있다. 노동과정이 점차 개별화되고 노동이 그 실행에서 분리되는 반면 삶의 여러 현장에서 발견되는 여러 결과들이 재통합되어 영역별, 생애주기별 경계를 이완시킴으로써 궁극적으로 사회는 새로운 통합의 전기를 마련할 수 있다. (Castells, 1996) 따라서 내파와 융합의 원리는 개인의 삶을 새롭게 조직하는 현대사회의 핵심적 동인으로 꼽아 마땅하다.

복잡해진 커리어로 인한 5가지 변화

1 | 노동중심에서 지식중심의 사회로

자본주의와 기술은 신문명을 창조했지만, 자본주의나 기술이란 말 자체는 새로운 것이 아니었다. 그러나 오늘날 자본주의나 기술혁신은 과거의 것과는 다른 것으로 부각되고 있다. 그것은 그것이 퍼져나가는 속도와 정치 · 경제 · 사회 · 문화 등에 있어서 지리적인 공간의 한계를 뛰어넘어 뻗어나가는 힘에 그 원인이 있다고 할 수 있다.

18세기 후반에서 19세기 중반에 이르는 시기의 자본주의가 단순히 자본가가 "노동자를 부리고 기계에 대해 명령을 한다"는 개념에 부합된 것이었다면, 현재 우리가 목도하고 있는 '자본주의'의 형태는 자본가들이 기계뿐만 아니라 기술적 지식이나 커뮤니케이션까지도 지배하는 사회라고 말할 수 있다.

호르크스는 산업사회는 인간을 농촌 생활의 종속과 부역에서 해방시켰으나 또 다른 종속, 즉 인간을 봉급에 예속되게 하였다고 주장한다. 월급봉투는 직장에 소속되어 있다는 증거이고 우리의 직업 사회 및 이념과 관련한 실존의 중심이었던 것이다. '직장'이라는 개념은 산업문화의 핵심 세포인 공장과 직결되어 있는데, 공장은 하위체계인 사무실을 많이 거느리고 최대한 짧은 시간에 동일한 상품을 많이 생산해야 했다. 그러기 위해서는 엄격한 시간 관리, 테일러 방식의 노동조직, 가능한 동일한 형식으로 유지시키는 것이 필요했다. 노동자들은 수많은 기능 분야로 '쪼개진' 상태에서, 평생 동안 자신들의 경험을 기업에 제공하고자 하였다. 이러한 생산 환경에서 기업가는 '일자리' 창출에 관심을 기울이고 피고용자들이 가능한 장기계약을 체결하고자 하는 데 치중했다. (Horx, 1999)

그러나 상품생산 자체보다는 혁신(차별화, 속도)이 생산적인 과제가 되는 요즘에는 지식이 현대사회의 핵심자원이 되고 있다. 즉 이제 육체노동자들의 뒤를 이어 새로운 '지식근로자들'이 지배적인 집단으로 떠오르게 되는데, 이들의 등장은 지식사회에서 요구하는 새로운 직업이 생겨나는 것과 관련이 있다고 할 수 있다. 새로운 직업은 대부분 과거의 육체노동자들이 갖고 있지 않거나 습득하기 어려운 자질을 요구한다. 새로운 직업들은 정규적인 교육을 통해 이론적이고 분석적인 지식을 습득하고 응용할 수 있는 능력을 요구한다. 그것들은 직무를 수행하는 데 있어서도 과거와는 다른 방식과 마음가짐을 요구한다. 무엇보다도 그것들은 지속적인 학습을 습관화할 것을 요구한다.

드러커는 이러한 급속한 변화의 기로에 서 있는 오늘날의 시기를 "전환의 시대"로 규정한다. 이 전환은 지식의 의미에 대한 근본적인 변화에 의해 촉진되었다고 보는데, 그것은 토플러를 비롯한 많은 미래학자들이 새로이 다가오는 시대는 지식의 중요성이 강조되는 사회일 것이라고 예단하는 것과 맥을 같이 한다고 볼 수 있다.(Drucker, 2001) 물론 지식은 동서양을 막론하고 어느 시기에나 중요했다. 경험과 기술을 지식으로 바꾸어 지식을 응용케 함으로써 기술에 의한 사회와 문명의 세계사적 전환을 이루게 한 것 또한 정보사회에 이르러 처음 제기된 것도 아니다. 그러나 정보통신기술의 발달은 그 어느 시기보다도 지식의 중요성이 강조되는 시기라고 할 수 있다. 바로 노동과 자본이 생산수단이 되던 시기를 지나 이제는 지식이 곧 핵심적 생산수단이 되고 있기 때문이다.

2 | 고정된 직장인에서 유목적 직업인으로

새로운 시대의 노동세계는 '유연성'을 내재적 원리로 삼고 있다. 유연성이란 나무가 바람을 맞고 휘어졌다가도 탄력에 의해 원래의 자리로 되돌아온다는 단순한 관찰에서 유래했다고 한다. 즉 구부러졌다가 되돌아오는 나무의 힘, 즉 자신의 형태를 시험하고 복구하는 두 가지 능력을 일컫는 말로서, 그것은 변화와 적응의 의미를 포괄한다.(Sennett, 2002) 벡은 유연성이라는 것이 궁극적으로 고용주가 피고용자를 좀더 쉽게 해고할 수 있고 국가와 경제의 위험 감수는 각 개인에게 전가되며,

일자리가 있다 해도 단기간이면서 해고도 용이한 것, 즉 '갱신가능성'이 높은 것이라고 설명한다. 그는 유연성이란 궁극적으로 "당신의 지식과 능력이 낡아버린 이제 어느 누구도 당신에게 장래 써먹을지도 모르니 무언가 배워나 두라고 잔소리할 수 없음을 기뻐하라"는 것을 의미한다고 말한다.(Beck, 1999) 이러한 변화에 개인은 빠르고 신속하게 적응할 것이 요구된다.

그런 측면에서 바라보자면 경험·관례·신뢰 등과 같은 말은 끊임없이 재구조화되고 하이테크화된 노동시장에서 가치를 상실하게 된다. 평생 한 직장에서 일하고 승진하며 정년에 이르기까지 예측 가능하고 안정적인 삶을 설계하기란 더 이상 불가능하다. 평생 동안 지식을 습득하고, 새로운 능력을 키워나갈 프로그램을 끊임없이 구성하면서 언제 어디로든 직장을 옮겨다닐 수 있는 '잡노마드'(job nomad)가 되어야 한다. 이는 아탈리가 다음 세기 인간의 전형적인 모습으로 유목민을 꼽고, 유목민의 가치와 사상, 그리고 욕구가 사회를 지배할 것이라고 예단한 것과 유사한 진단이다.(Attali, 2003) 말하자면 평생 직장·고정된 직장의 개념은 이제 신화화되는 대신 평생 직업이 새로운 대안으로 떠오르고 있다.(남춘호, 2005)

이렇듯 21세기는 불연속성을 특징으로 하는 팀워크에 초점을 맞추고 있는 사회라고 할 수 있는 바, 개인은 단기적 프로젝트의 수행에 적합한 업무 능력을 갖추어야 한다. 그러기 위해서는 찰나적인 임시직에 익숙해야 하고 창조적이고 유연하고 순간적인 삶을 추구하는 자세를 필요로 한다. 변화와 모험도 두려워하지 말아야 한다. 안정적이고 연속적인 직업세계에 안주할 일이 없는 사회, 단기 프로젝트가 주가 되는 사회에서는 언제, 어디로든 떠날 각오가 되어 있어야 하기 때문에 직업의 유동성을 보편적 생활양식으로 받아들여야 한다. 또 성과 중심의 단기적 프로젝트 중심의 업무는 해체가 쉽고 재편도 용이해야 하기 때문에 네트워크형 위계질서에 적합한 자질을 갖추어야 하며, 한 개인이 다중 능력을 갖추는 것 또한 중요한 자질로 꼽히게 된다. 한 직장에서 한 가지 업무만으로 평생의 생존이 보장되었던 사회와는 달리 팀워크 중심의 사회에서는 즉각적인 과제수행 능력이 중시되는 사회라고 할 수 있는데 단기 프로젝트 과제는 한 분야의 일만을 처리하는 것으로는 변화에 능동적으로 대처할 수 없다. 그러므로 다기능적이고 복합적인 처리 능력이 요구된다고 볼 수 있다. 무엇보다 중요한 것은 이동성과 관련하여 생각의 속도나 회의와 결의의 속도, 정보교류의 속도, 구매절차의 속도, 상품생산의 속도 등에 민감하게 대처하는 능력이 요구된다고 할 수 있다.

이러한 변화들은 개인이 지속적인 경력을 쌓아가는 데 장애요소로 작용하여 경력 단절로 이어지게 된다. 그러므로 끊임없이 경력을 개발하고 새로운 정보를 처리할 수 있는 능력을 갖추어나갈 것이 근로자의 새로운 덕목으로 대두된다.

3 | 전파적 교육에서 상호작용적 학습으로

정보통신의 발달로 인해 모든 것이 하나의 흐름 속에 들어가고 매우 빠른 변화를 겪으며, 에피소드와 단편들이 모여 하나가 되고, 또 단기간 존속했다 사라지거나 가변적인 것이 되어가고 있다. 이러한 역동적 사회조건과 맞물려 노동세계는 고도로 유연화되어 지속적으로 새로운 과제를 설정하고 이에 적응할 것을 요구한다. 창의성과 민첩성을 지니고 자기 주도적인 개발을 하는 사람, 일터와 거주지를 기꺼이 바꾸고 불확실성을 긍정적 가치로 인정을 하는 사람, 모험을 즐기고 위험을 감수할 사람, 빠르게 변하는 새로운 기술정보지식을 남보다 앞서서 습득하는 사람만이 고도로 유연화된 노동세계의 승자가 될 수 있다. 노동세계가 고도의 유연화 과정을 밟게 됨으로써 이러한 가치는 더욱 부각된다고 할 수 있는데, 이를 뒷받침할 수 있는 교육체계 역시 새로운 길을 모색하지 않을 수 없는 상황에 처하게 된다.

산업화 시대의 교육은 공장의 시스템과 연관성이 깊다. 반복적인 실내 노동이나 연기, 소음에 잘 견디고 정시 출퇴근하는 체제에 적응할 수 있도록 시간 엄수를 중요시하는 교육이 관건이었다. 또한 경영자의 통제에 의문을 품지 않고 복종하는 것도 산업사회에서 요구되는 교육의 덕목이었다. 그렇기 때문에 학교는 철저하게 산업화 사회를 미리 알려주는 사회의 거울로서 안내자 역할을 충실히 수행하는 것이 산업사회의 '숨겨진 교과과정'이었다고 할 수 있다. 결국 산업사회의 학교들은 학생들을 계속해서 규격화시키고 전기기계나 조립작업에 적합한 일률적인 노동자로 키우는 것을 목표로 하는, 산업사회의 학생들을 적응시키는 총체적인 준비체제의 구성부분이 되었다.(Toffler, 1980)

그러나 노동세계가 고도로 유연화 과정을 밟게 됨으로써 이러한 산업화시대의 교육은 벽에 부딪히게 되었다. 드러커, 벨 및 토플러 등은 21세기를 지식의 창조·공유·활용이 경제나 사회체제 전반에 보편화되는 지식기반사회가 될 것으로 예견한다. 지식기반사회에서는 노동과 자본의 투입보다 지식과 정보의 창조 및 그 활용이 경제 발전과 사회구조 전환에 결정적 역할을 담당한다. 이때 지식은 일방적으로 주어지는 것이 아니고 개개인이 주체적으로 창조해야 하며, 개개의 주체 간의 역동적인 상호작용을 통해 끊임없이 창안되는 것이다. 따라서 교육의 목표는 1차적으로 창의성에 두어야 하는 것이다. 따라서 급변하는 현실에서 새로운 환경을 잘 헤쳐나가고, 급변하는 현실에서 새로운 관계를 재빨리 찾아내 비판적 판단을 가할 수 있는 사람에 대한 수요가 증가한다. 또 정해진 연령에 정규학교 교육을 이수하는 것으로 교육기간이 종료되던 것과는 달리 평생교육이 일상화되어야 하는 상황에서는 교육기간이 생애과정 중 일정한 연령에만 해당되는 것이 아니라 평생, 지속적으로,

다른 일과 병행적으로 이루어져야 할 필요성이 요구되고 있다.

이러한 요구들은 신세대의 등장과 신매체의 발달로 빠르게 실행되고 있다. 정보통신기술의 발달로 인해서 원격교육이 가능해지고 새로운 매체의 특성인 쌍방향적 상호작용이 이루어짐으로써 일방적 전달인 전파적인 학습이 쌍방향 상호작용적인 학습으로 전환되고 있다.(손상영, 2005) 이러한 신(新)교육체제하에서는 교사가 지식 전달자로서의 역할에 그치는 것이 아니라 평생학습의 필요성에 부응하는 학습자로서의 역할을 동시에 수행하면서 학생들로부터 새로운 지식을 배우게 된다. 학생도 일방적인 학습자로서의 역할에 머무는 것이 아니라 능동적인 학습자로서 스스로 탐구하고 학습하며 때에 따라서 새로운 정보의 전달자로서 교사 역할을 수행하기도 한다. 또 교육 프로그램 역시 변화하여 급변하는 주변 세계와의 상호작용을 통해 여러 경로로 분화된 지식을 습득할 수 있게끔 변해간다.

4 | 노동과 여가, 분리에서 혼용으로

전통사회에서 노동과 여가는 서로 상반된 활동범주가 아니었으나 산업화 시대에 들어서면서 상호 분리되어, 전자는 생존이나 자아실현의 원천으로 부각된 데 반해 후자는 휴식이나 낭비와 같은 부정적 뜻을 함유하게 되었다.

그러나 최근 노동과 여가의 개념이 변화해 양자 간 구분이 점차 사라지고 있다. 시공간 유연화는 가정이나 놀이 공간에 머무는 시간을 증가시켜 개인은 시간을 자유롭게 조직하고 사용할 수 있게 되어가고 있다. 또 기분 전환이나 즐긴다는 의미로 인식되었던 놀이, 오락이 돈벌이가 되는 경우가 빈번해지고 있으며, 탈물질적 가치관을 중시하는 풍조가 만연하면서 노동 지향에서 여가향유 지향 사회로의 이행이 가속화하고 있다.

일과 놀이의 경계가 사라지면서 생기는 부수적 현상의 하나는 "힘든 노동"과 "즐거운 여가"라는 전통적 노동관 및 여가관의 변모라고 할 수 있다. 생계수단의 일환으로 간주되던 규칙적이고 반복적인 노동은 창의성을 발휘해 몰두할 수 있는 "힘든 재미"로 재인식되고 있으며, 여흥이나 스포츠 등 취미생활에 속하던 여가활동들이 현대사회가 요구하는 새로운 가치창출의 원천이 되고 있다.(이주원, 2005)

나아가 토플러는 현대적 오락의 대부분이 복잡한 기술과학에 기초를 두고 있으므로 '놀이 전문화'가 요구되는 사회라고 주장한다. 스카이다이버·스쿠버다이버·스피드 광·카레이서·오토바이 경주자·우주활동·홀로그래피·정신통제술·심해 다이빙·잠수·컴퓨터게임 등이 여가를 토대로 하면서도 기술과학적인 고안품을 중심으로 조직화된 전문적인 놀이집단을 형성한다고 볼 수 있는데(Toffler, 1971), 이는 전문가 집단을 필요로 하는 지식사회의 도래로 놀이전문가가 대거 요구되는 시점에 도달했음을 시사한다.

5 | 순차적 생애에서 복선적 생애로

인류는 과학기술을 이용해 생물학적 생애주기를 극복하고자 부단히 노력해왔다. 그러나 평균수명을 연장하려는 노력은 최근 저출산 추세와 맞물려 저출산·고령화라는 21세기 문명의 심각한 인구학적 불균형을 야기하고 있다.

이 같은 생물학적 생애주기의 변화와 더불어 노동·학습·여가를 포함하는 사회적인 생애주기 역시 크나큰 변화를 맞이하고 있다. 산업사회에서는 성장→학습→취업→퇴직으로 이어지는 순차적인 생애주기가 보편적이었다. 그러나 고령화의 진전으로 인한 재교육의 필요성과 노동시간의 감소, 파트타임의 증가, 단기적 프로젝트와 같은 일련의 변

화로 인해 순차적이고 단선적인 구래의 생애주기는 복선적 형태로 변모
하고 있는데, 산업사회에서 지식정보사회로 이동하면서 나타나는 생애
주기의 변화상을 도시하면 아래와 같다.

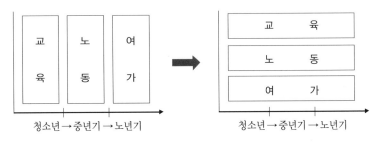

생애과정별 활동 유형(김문조, 2005: 67)

　요컨대 산업사회에서는 교육기-노동활동기-여가기가 순차적이고 분
절적인 형태를 띠었다고 할 수 있다. 즉 청소년기에 교육을 받고 장년기
에는 생산활동에 참여하며 노년기에 이르러서는 피부양자로서 여가기
를 보내는 것이 보편적인 생애과정이었다. 그러나 단기적이고 새로운
일에 참여해야 하는 유연사회에서는 언제든 새로운 지식을 습득해야 할
필요성이 상존한다고 할 수 있다. 이러한 상황에서는 평생교육의 필요
성도 증가해 배우고 놀고 일하는 일련의 활동들이 연령통합적 형태로
중첩된다.

기술위험 사회의 대비

　산업시대 동안 평안함과 안정감을 주었던 황금 새장의 문은 활짝 열
렸다.(Englisch, 2002: 240) 이러한 변화가 삶에 미치는 영향은 양가적
의미를 갖는다. 사람들은 안정이라는 이름의 보호막을 떠나 무한히 펼

쳐진 자율적 선택지대에서 반복적이고 지루한 예속적 삶을 접고 유연하고 자주적인 삶을 영위할 수 있다.

이러한 새로운 삶의 조건은 개인에게 자율성을 확대시키고 주체적이고 자주적인 삶을 구성해나간다는 긍정적 측면을 분명 내포한다. 그러나 안정성의 고리나 연속적 시간을 부정하는 지속적 리엔지니어링의 요구, 노동의 비정규직화로 인한 일상적 긴장감, 상시적 위기에 심리적 불안감, 정형성에 대한 거부나 단기적·즉흥적 업무에 필요한 순발력 요구는 범용성이나 신뢰성에 대한 부정, 공동체의식의 약화 등 사회불안정을 자초하는 수많은 문제점을 야기하는 것도 사실인데, 가장 심각한 문제점으로 거론되고 있는 것들을 정리하면 다음과 같다.

첫째, 비숙련·탈숙련화의 문제점이다. 소수의 하이테크 상품 생산자들을 제외한 대다수의 사람들은 복잡하고 새로운 기술에 수동적으로 대처하게 될 수밖에 없다. 발전된 기술은 숙련된 경험의 축적을 필요로 하지 않고 프로그램화된 기계 리듬에 맞추어 노동력을 투하하는 정도에 그치는 경우가 많다. 또 단기적인 팀워크 중심의 업무방식은 기술축적에 필요한 일정한 시간을 필요치 않으며, '말 바꿔타기'식의 잦은 이직은 한 분야에 대한 전문적 숙련을 저해함으로써 비숙련화·탈숙련화를 심화시킬 가능성이 크다.

둘째, 노동의 유연화는 비정규직화를 가속화시키는 기제로 작용될 가능성이 많다. 실제로 유연성이 지배하는 새로운 사회에서 유연성은 노동세계에 편중되는 경향이 있다. 이는 비용절감이라는 고용자의 입장에 의한 노동 유연성의 결과라고 판단되는데, 그러한 추정은 오늘날 비정규직에 고용된 사람들이 눈에 띄게 증가하고 정규직에 고용되는 사례가 감소하고 있는 사례로 입증 가능하다.

셋째, 복선적 삶에 대한 요구는 새로운 억압과 통제가 확장으로 외연될 수 있다. 정보통신기술에 바탕을 둔 유연사회에서는 빠른 변화 속도에 적응하고 모험을 두려워하지 않으며 안정이라는 이름의 안주를 강요하는 직업세계에 과감히 등을 돌리는 용기 있는 사람이 될 것을 요구한다. 엥리슈는 이런 부류의 사람들은 평생 한 직장, 한 지역 그리고 한 가지 업종에 매여 살지 않는 사람들이고, 승진 경쟁에 뛰어들지도 않고, 회사를 위해 목숨 바쳐 일하지도 않는다고 말한다. 직업세계에 새로 등장하는 이러한 신종 부류는 자신의 가치를 정확히 분석하고 자신을 위해 그것을 적극적으로 활용하는 현대화의 주역들이다. 또한 그들은 결핍을 극복하는 능력, 본질에 집중하는 힘, 풍부한 경험을 적극적으로 활용하는 기술, 동적인 것과 정적인 것 간의 균형을 유지하는 법, 뿌리와 날개를 동시에 지니는 능력을 지닌 자들로, 자신의 노동력을 자유롭게 사용할 수 있는 능력의 소지자인 것이다.(English, 2002)

이러한 새로운 가치는 현대사회에서 경영인이 요구하는 이상적인 근로자의 자질일 뿐, 실제상으로는 하나의 허구일 수 있다. 하지만 언제 어디로든 새로운 일을 찾아 과감히 떠날 수 있고, 일에서나 오락에서나 전문가가 되어야 하고, 모든 영역의 경계를 자유롭게 넘나들며 새로운 일을 훌륭하게 수행할 수 있는 능력을 갖추어야 한다는 새로운 시대적 요청은 개개인에게 유능한 멀티플레이어가 될 것을 요구한다. 하지만 이러한 구호는 삶의 조건을 악화시켜 더욱더 척박한 삶을 영위해야 한다는 사실을 은폐하고 있다. 유연한 사회의 승자가 되기 위해서는 빠르게 돌아가는 변화를 따라잡아야 하고 새로운 환경에 재빨리 적응하며 자신의 노동력을 자유롭게 활용할 수 있는 능력을 키워야 한다. 그런데 각종 리스크가 산재해 있는 사회구조적인 환경에서 이러한 삶의 조건들은 긴장감과 강박감을 증폭시킴으로써 자율적이고 자주적인 조건이기보다는 생존을 위한 투쟁을 격화시킬 수 있다.

끝으로 사회불평등의 심화를 들 수 있다. '유연성과 유동성'을 신조로 내세우는 지식정보사회는 정보의 생산과 창조적인 활용, 정보를 통제할 수 있는 힘이 가치의 주요 원천이 되는 사회이다. 즉 정보에의 접근과 창조적인 활용 능력이 곧 효율적 자본이 된다. 이러한 능력을 갖추고 있는 사람은 더 많은 자유와 부를 획득할 수 있는 것이 확실하지만 소수에 불과할 뿐, 많은 사람들은 생존을 위해 평생 동안 일자리를 찾아 여기저기 찾아다녀야 한다. 아탈리는 지식의 활용 능력에 따라 불평등이 심화되는 상황을 새로운 계급모형으로 설명한다. 그는 새로운 계급을 다음과 같은 세 부류로 나눈다.

모든 종류의 커뮤니케이션에 접근이 가능하고 유동적이며 변화에 민감하게 반응하고 변화를 주도하는 성공한 '가담자'들인 극소수의 하이퍼 계급, 겉보기에는 유동적이나 감독대상자로 '포함된 자'들로서 변화를 주도하기보다는 적응해가기 위해 노력하는 중간 계급, 그리고 단순히 먹을 것을 찾아 이동하는 사람들로서 비유동적이고 희망이 없는 '제외된 자'들인 대다수의 극빈유목 계급이 그것이다.(Attali, 2003) 이 같은 아탈리의 계급구조를 통해 다수의 제외된 자들과 극소수의 하이퍼 계급이 존재하게 되는 미래사회를 상정할 수 있는데, 따라서 지식기반적 정보사회는 그 어느 시기보다도 불평등이 심화될 수 있는 가능성이 내재되어 있다고 말할 수 있다.

창조적 파괴

IT기술의 발달은 전통산업을 발전시키는 동시에 새로운 산업을 탄생시키고 있다. 이러한 변화는 과거의 것이 현재에도 지속되어야 하는 당연한 것이 아니라 언제든지 새로운 것을 창조하기 위해서 과감히 파괴될 수 있는 것이라는 인식의 대전환에 기초한다.

IT혁명으로 가속화되기 시작한 과학기술의 새로운 발전은 중화학공업 중심의 우리나라 산업구조를 IT를 활용하는 고도의 지식정보형 제조업으로 변화시킴과 동시에 IT 및 IT관련 기술을 활용하는 신서비스산업의 등장을 촉진시킬 것이다. 아울러 IT가 BT, MT 및 NT와 접목됨으로써 첨단 신기술기반 제조업이 새로운 성장 엔진으로 부상하게 될 것이다.

이러한 변화는 1차적으로 IT 및 IT관련 산업에서 일어난다. 우리나라는 IT분야에서 이미 선진국 수준에 근접해 있다. 최근 세계경제포럼과 세계은행이 각각 발표한 자료를 보면 우리나라의 IT수준은 미국이나 핀란드 등 IT 최선진국의 그것에 크게 뒤지지 않는다.

IT 및 IT연관 산업의 지속적 성장 발전이야말로 앞으로도 상당한 기간에 걸쳐 세계 여러 국가 경제의 지속적인 성장 발전에 있어 가장 중요한 원동력이 될 것이다. 우리나라는 기술과 경험, 인적자원, 인프라 설비, 제도 등에 걸쳐서 IT 및 IT연관 산업이 지속적으로 발전할 수 있는 좋은 여건을 지니고 있다.

창조적 파괴는 왜 일어나는가

한 나라의 산업구조는 내외부의 충격요인에 반응하면서 끊임없이 진화한다. 우리나라가 1960년대 초만 하더라도 낙후된 농림어업 중심의 후진적 산업구조를 지녔다가 그 이후 40여 년에 걸친 지속적 경제발전을 이룩한 결과 농림어업에서 경공업으로, 경공업에서 중화학공업으로, 중화학공업에서 첨단 하이테크 제조업으로, 하이테크 제조업에서 IT에 기반을 둔 지식정보 산업에 이르기까지 산업구조의 고도화를 경험한 것이 그 좋은 예이다.

산업구조의 변화는 수요와 공급 측 요인들을 반영해서 이루어진다. 수요 측 요인이란 소비자 또는 구매자의 선호가 변화하는 것을 말하고 공급 측 요인이란 생산요소와 생산방식과 생산기술 등의 변화를 말한다.

21세기는 개성의 시대가 될 것이다. 남과 같은 것을 추구하던 데에서 나만의 것을 추구하는 것으로 변화할 것이며, 무엇보다도 자아실현을 위해 애쓰게 될 것이다. 타인이 제공하는 재화와 서비스를 수동적으로 구매하던 시대에서 각자의 선호에 맞추어 스스로 문제를 해결해나가는 방식으로 경제활동의 패턴이 변화할 것이다. 이러한 변화는 기업들로 하여금 개별 소비자의 기호에 딱 들어맞는 맞춤 제품을 공급하도록 유도할 것이며 'DIY' 원리를 중시하는 기업에게 유리한 환경이 전개될 것이다.

미래의 세상은 또한 친환경 산업의 세기가 될 것이다. 소득수준의 향상과 더불어 사람들은 누구나 더 깨끗하고 쾌적한 환경에서 살고자 한다. 그래서 유기농산물·친환경 소비재·친환경 주택·친환경 공산품·친환경 교육·환경운동 등 환경친화적인 제품과 서비스에 대한 수요가 크게 늘어날 것이다.

이와 관련해서 또 하나의 중요한 변화는 과학기술 혁명에 따라 경제가 발전할수록 천연적인 것, 자연적인 것, 오래된 것, 참된 것에 대한 선호도가 높아질 것이라는 점이다. 물론 이는 여가활동과도 밀접한 관련을 갖는 것으로 앞으로 1인당 노동시간이 줄어듦에 따라 여가활동과 관련된 상품과 서비스에 대한 수요가 크게 늘어나게 될 것이다.

예를 들어 항공·철도·자동차 등의 교통 서비스, 숙박 서비스, 스포츠 공연 축제 친환경행사 등의 콘텐츠 서비스, 놀이공원 자연공원 보호지역 등의 시설 서비스 등에 대한 수요가 크게 늘어날 것이다. 이는 또한 유능한 외국어 실력과 해당 분야의 전문지식을 갖춘 여행 안내원, 음식 숙박업 종사자, 각종 콘텐츠 산업 종사자 등에 대한 노동수요가 크게 늘어날 것임을 시사한다.

현재 맹렬한 속도로 진행 중인 IT혁명은 우리나라의 산업구조를 또한차례 고도화시킬 것이다. 그러한 변화는 IT 및 IT관련 산업의 비중이 높아지며, 전통적 비 IT제조업의 IT화가 이루어지고, 기존의 비 IT 서비스산업이 IT화되며, IT에 기반을 둔 새로운 서비스업이 출현하는 것을 통해 이루어지게 된다.

한편 이미 선진국 수준에 근접해 있는 IT와 아직은 태동기에 있는 BT, MT 및 NT가 광범위한 융합의 효과를 보이며 본격적으로 발전하기 시작하면 전혀 새로운 산업분야가 신성장산업으로 등장하게 될 것이다. 현재 상황으로 볼 때 가장 유망한 분야는 IT에 기반을 둔 BT 관련 산업으로 보인다. BT산업의 성장은 BT관련 제조업과 BT관련 서비스업의 양대 분야에 걸쳐 전개될 전망이다.

이러한 산업구조의 변화는 부가가치나 고용의 측면에서 기존 산업의 점진적인 비중 하락을 가져올 것이다. 그러나 그러한 비중 하락에도 불구하고 이 부문의 생산성은 전에 비해 현저히 높아질 것이며 절대액으로 보면 부가가치의 규모도 크게 확대될 것이다.

이러한 변화는 우리가 이미 농림어업의 변화를 통해 경험한 바이다. 현재 농림어업이 고용에서 점하는 비중은 약 10퍼센트 그리고 GDP에서 점하는 비중은 약 7퍼센트여서, 1960년대 초 각각 60퍼센트 이상을 점하던 것에 비하면 그 상대적 비중이 아주 낮아졌다. 그렇지만 농림어업 분야의 생산성과 생산량은 40여 년 전과는 비교할 수 없을 정도로 대폭 신장했다.

창조적 파괴로 인한 5가지 변화

1 | IT와 관련 산업의 급성장

우리나라의 IT 및 IT관련 산업이 전 산업에서 차지하는 비중은 앞으로 더 높아질 전망이다. 이를 제조업에 대해서 보면 휴대전화, 개인용 컴퓨터와 그 주변기기, 액정표시장치, 각종 게임기기 등의 완제품 제조업과 메모리 칩, 하드디스크나 DVD와 같은 저장장치, 회로기판, 세라믹스, 유기단백질 물체 등 각종 부품 제조업의 비중이 총생산량 및 수출액에 걸쳐 상당히 높음을 알 수 있다.

서비스업에 대해서 보면 2005년 6월 현재 2,300만 명에 달하는 유선전화 가입자 수를 보거나, 2004년 말 현재 3,659만 명에 이르는 휴대전화 가입자 수에서 보듯이 유무선 통신 서비스업이 크게 발달되어 있음을 알 수 있다. 물론 유무선 전화 서비스 가입자 수에서는 앞으로 최근 몇 년에 시현했던 것과 같은 큰 폭의 증가를 더 이상 기대하기는 어려울 것이다. 그러나 통신 서비스의 내용이 음성에서 데이터 그리고 첨단 콘텐츠로 다양화됨에 따라 통신 서비스에 대한 수요는 앞으로도 지속적인 증가세를 보일 것이다. 특히 상용화의 초기 단계에 있는 디지털 이동 방송 서비스가 정착되고 아울러 차세대 휴대전화의 보급이 일반화되면 통신 서비스업은 또 한차례 팽창기를 맞게 될 것이다.

IT 서비스업의 확장 추세를 나타내는 또 하나의 지표는 인터넷 가입자 수의 증가현상이다. 우리나라의 초고속 인터넷 서비스 가입자는 2000년만 하더라도 387만 명에 불과했으나 2004년에는 그 숫자가 1,192만 명으로 크게 늘어났다. 실제로 우리나라는 자타가 공인하는 인터넷 강국이다. 이는 인터넷을 활용한 각종 서비스업의 급속한 성장을 낳고 있다. 게임·음악·각종 동영상·뉴스·드라마·인터넷 문학작품 등 인터넷을 활용한 새로운 서비스의 급성장 현상이 그러한 추세를 보여준다.

IT관련 서비스업의 급성장은 「TTL」 열풍, 「싸이월드」 등 미니홈페이지 열풍, 「소리바다」 파동, 블로그를 활용한 개인 미디어의 확산, 「오마이뉴스」와 같은 온라인 전문 미디어의 성공에서 보듯이 우리가 전혀 예상하지 못하던 신종 사업을 탄생시키는 특징을 지닌다. 앞으로도 이러한 현상은 가속적으로 이루어질 것이다.

2 | 전통산업의 IT화

IT혁명은 기존 산업의 구조변화를 가져와서 경제의 생산성을 크게 향상시킬 것이다. IT의 활용으로 농업·어업·임업·축산업 등의 1차산업의 생산성 혁신이 일어날 뿐 아니라 식료품업·제약업·의류업·철강업 · 기계업 · 조선업 · 자동차업 · 석유화학업 · 전기전자기계업 등 전통적인 생산방식을 따르던 기존의 제조업을 첨단기술에 바탕을 둔 지식정보형 신제조업으로 환골탈태시킬 것이다.

예를 들어 농업의 경우 작물의 선택, 씨앗의 구매, 경작, 농기구의 활용, 농지관리, 작물 시비관리, 물과 온도와 햇빛관리, 수확, 유통과 판매, 농업기술의 전수 등 전 분야에 걸쳐 IT화가 이루어지게 되어 가장 좋은 품질의 작물을 가장 효율적으로 재배하여 전 세계를 대상으로 하여 가장 좋은 가격에 판매할 수 있게 될 것이다.

IT혁명은 또한 건설업 · 금융업 · 교통산업 · 유통업 · 통신업의 IT화를 촉진시킴으로써 전통적 서비스업을 지식정보형 신서비스산업으로 변모시키게 될 것이다.

예를 들어 현재 상대적으로 매우 낙후된 기술에 의존하고 있는 건설업이 앞으로 부지매입 · 설계 · 자재와 인원관리 · 건축 · 자금조달 · 판매와 사후관리 등 전 분야에 걸쳐 IT화를 이룸에 따라 공기단축과 비용절감 등의 생산성 증가를 경험하게 될 것이다. 아울러 건축 및 구조물도 고도의 IT화를 통해 최첨단 인텔리전트빌딩으로 변신하게 될 것이다.

또 다른 예로 자동차 생산에 대해서 보면 디자인과 설계, 모형차 제작, 부품조달과 조립, 판매와 홍보 등 자동차 제조와 판매의 전 공정에 걸쳐 IT의 활용이 크게 확대되고 있음을 볼 수 있다. 소비자가 원하는 스펙에 따라 자동차를 주문 생산하게 되며, 세계에서 가장 경쟁력이 뛰어난 곳에 디자인 및 설계 본부를 두더라도 본사와의 의사소통이 실시간으로 이루어질 수 있게 되었으며, 전 세계의 부품 업체를 상대로 가장 뛰어난 품질의 부품을 가장 유리한 가격으로 조달할 수 있게 되며 전 세계의 소비자를 상대로 한 인터넷 마케팅을 전개하는 시대가 되고 있다. 자동차 자체에 관해서 보더라도 가장 중요한 핵심부품이 첨단 전자제어 장치가 됨을 볼 수 있고 원격 통신 장치를 활용한 스마트 카의 등장이

멀지 않은 장래에 이루어질 것임을 알 수 있다.

이와 같이 기존 산업의 전 영역에 걸쳐 IT화의 진전이 지속적으로 이루어질 것이며 그러한 변화에 따라 전통산업의 생산성도 지속적으로 향상될 것이다.

3 | IT를 활용한 신종 산업의 대두

이러한 변화는 전자무역, 전자뱅킹 등의 예에서 보듯이 금융업의 획기적인 변화를 초래할 것이며, 교통 및 유통업의 혁신을 가져와 경제의 거래비용을 절감하는 데 크게 공헌하게 될 것이다.

경제의 IT화, 자유화 및 세계화는 교육과 훈련 · 보건과 의료 · 법률 · 관광과 오락 · 문화 · 종교 등 전통적인 서비스산업의 생산과 유통구조를 획기적으로 변화시킬 것이다.

예를 들어 교육과 훈련 분야에서는 IT를 활용한 맞춤 교육, 원격 교육, 첨단 시청각 교육, 쌍방향 교육, 시뮬레이션 교육 등이 광범위하게 보급될 것이다. 이는 교육의 효율성을 높일 뿐 아니라 나아가 교육 전달체계 자체의 변화를 유발하게 될 것이다.

또한 기존 서비스산업의 변모와 더불어 독신자 서비스산업, 노인서비스산업, 'DIY' 산업 등 새로운 서비스산업이 급성장하게 될 것이다.

최근 10여 년 사이에 전개되고 있는 한류 열풍에서 보듯이 앞으로도 영화 · 음악 · 애니메이션 · 게임 등 콘텐츠 및 문화산업도 경제의 IT화와 더불어 더욱 성장, 발전하게 될 것이다.

또한 아직은 구체적인 형태가 불확실하지만 IT · BT · MT · NT 등의 첨단 신기술이 독자적으로 또는 융합하여 발전함에 따라 이들 첨단기술에 기반을 둔 신산업이 출현하게 될 것이다.

예를 들어 현재 아주 활발하게 진행되고 있는 IT와 BT의 결합현상과 그에 힘입은 생명과학 분야의 눈부신 발전은 앞으로 생물 –생명 산업이 신성장산업으로 등장할 수 있음을 시사한다. 그러나 아직은 불확실한 요인이 많으며 다른 첨단기술 분야는 아직 초보적 단계에 있어 어떠한 대변화가 이루어질 것인지 전망하기는 쉽지 않다.

우리나라의 경우에는 앞으로도 상당한 기간에 걸쳐 첨단 신기술 개발을 통해 성장 동력을 확보하려는 시도와 병행해서 미국 등 기술선진국이 개발한 원천기술을 더 잘 활용하는 응용 산업분야에서 경쟁력의 원천을 찾을 수 있을 것이다.

4 | 여가활동 관련 산업의 급속한 성장

일의 패턴이 크게 달라짐에 따라 새로운 상품과 서비스에 대한 수요가 확대될 것이다. 일의 패턴은 크게 두 가지 측면에서 달라진다. 우선 1인당 주당 노동시간이 지속적으로 줄어드는 대신 여가 시간은 지속적으로 늘어난다. 학업 기간이 연장됨에 따라 노동개시 연령이 늦어지는 반면 노동시장에서 완전히 은퇴하는 연령도 아주 늦어지게 되므로 한 사람이 일생에 걸쳐 하게 되는 총노동시간은 지금보다 늘 전망이다. 그러나 이는 총노동기간의 확대로 인해 생기는 현상이며 노동기간 중 주당 노동시간은 줄어들 것이므로 총여가시간 역시 지속적으로 늘어난다.

이와 같이 총여가시간이 늘어남에 따라 여가활동과 관련된 산업이 급속도로 성장하게 될 것이다. 이는 앞으로 여행과 관광, 각종 스포츠, 등산과 하이킹, 공연 및 오락, 자전거 타기와 롤러스케이팅 등 '즐거움을 주는 산업'이 크게 성장할 것임을 의미한다. 즉 여행과 관광과 관련한 항공, 철도, 도로 등 각종 교통 서비스, 숙박 및 식음료 서비스, 스포츠 및 공연 시설 서비스, 스포츠 및 공연 콘텐츠 서비스업, 게임 서비스업, 놀이공원 및 자연공원 등의 시설 서비스 및 콘텐츠 서비스업 등이 빠른 속도로 성장할 것이다.

한편 여가활동의 성장은 단순한 여가활동을 넘어 자아실현에 도움이 되는 체험 및 참여형 여가활동의 성장을 불러올 것이다. 이는 또한 주말 농장, 생태관광, 자연체험 등 자연친화형 산업의 성장을 가져오게 된다. 왜냐하면 경제가 세계화되고 과학기술이 발달하면 할수록 사람들이 천연적인 것, 옛것이나 우리 고유의 것 그리고 쾌적한 자연환경을 찾으려는 욕구도 병행해서 커질 것이기 때문이다.

우리는 이미 전원생활에 대한 욕구 증가, 주말농장의 일반화, 유기 농수산물에 대한 수요 증가, 생태 체험 관광의 보급, 지역문화 활동의 활성화, 지역축제 운동의 확산 등에서 그러한 조짐을 볼 수 있다. 앞으로도 그러한 추세는 더욱 강화될 것이며, 전국이 1일 생활권화함에 따라 깨끗한 산과 숲과 강과 습지와 바다를 찾아 나서는 생태 및 체험 관광이 더욱 다양하게 보급될 것이다. 물론 생태 체험 관광의 대상이 국내로만 한정되지는 않을 것이다. 세계화의 진전으로 외국으로 나가기 쉬워졌고 인터넷의 보급으로 외국에 관한 정보의 입수가 용이해졌으므로 생태체험 문화관광 여행도 이제부터는 전 지구를 대상으로 해서 이루어지게 될 것이다.

이를 역으로 비추어 생각하면 우리나라가 이 분야에서 경쟁력을 갖추려면 지금까지 했던 것과는 비교가 안 될 정도로 더 비상한 노력을 전개하지 않으면 안 될 것임을 시사한다. 이제는 어느 누구도 우리나라 사람이라고 해서 국내에 잡아둘 수 없는 세상이 되고 있다. 깨끗한 자연환경을 찾고 고유한 문화를 체험하는 일에서조차 우리가 경쟁력을 갖추지 못하면 크게 늘어날 고객을 다른 나라에 빼앗기는 결과를 갖게 될 것이다.

반면 우리나라가 이 분야에서 경쟁력을 갖추려고 노력한다면 우리나라 사람은 물론 많은 수의 외국인을 국내로 유치할 수 있게 될 것이다.

그렇게 하려면 무엇보다도 자연환경을 보호하고 알맞게 활용하려는 노력을 지속적으로 기울여야 할 것이다. 우리나라의 산과 숲과 강과 습지와 바다와 공기와 물이 청정해지지 않고서는 고객을 유치할 수 없을 것이며, 깨끗한 자연환경을 갖추었더라도 거기에 수반하는 각종 문화 관광 오락 체험 서비스가 고급화되지 않는다면 반복적인 고객유치가 어려울 것이다.

이러한 면에서 보면 자연환경의 보호에 못지않게 중요한 것이 여행 및 관광업 종사자, 음식 및 숙박업 종사자, 고유 역사 및 문화 전문가, 지역전문가, 체험관광 안내자 등을 망라한 새로운 전문가를 양성하는 일임을 알 수 있다. 그들은 해당 분야의 전문적 지식과 경험과 기술을 지녔을 뿐 아니라 다종다양한 외국어에도 어느 정도 능통할 필요가 있다. 이 부문에서 우리나라의 현 수준은 매우 낙후되어 있다.

5 | 여성과 고령자 관련 산업의 수요 증가

여성의 경제활동 참여가 지속적으로 확대되고 동시에 여성노동의 고급화가 이루어짐에 따라 이들 직장 여성을 위한 상품과 서비스에 대한 수요가 크게 증가할 것임을 짐작할 수 있다. 사실 그러한 현상은 우리나라보다 앞서 여성의 활발한 경제활동 참여를 경험한 나라에서는 이미 예전부터 이루어지고 있다.

여성의 가사활동을 대체할 수 있는 상품과 서비스에 대한 수요가 증가하게 된다. 가사노동을 대체할 가재도구에 대한 수요가 증가할 것이고 가사노동을 대체하거나 보완해줄 노동 대체 서비스에 대한 수요가 증가하게 될 것이다. 예를 들어 첨단 원격제어 기능을 갖춘 냉장고와 세탁기와 식기세척기와 전기밥솥에 대한 수요가 증가할 것이며 파출부에 대한 수요도 증가하게 될 것이다.

또한 기혼 여성의 경제활동 참여가 크게 늘어날 것이므로 육아 및 자녀 교육을 대행해주는 서비스에 대한 수요도 크게 늘어날 전망이다. 예를 들어 보육원, 놀이방, 방과 후 놀이교실, 육아 전담 파출부 등에 대한 서비스 수요가 늘어날 것이다. 아울러 직장에서 집에 두고 온 자녀들을 관찰하고 보호할 수 있게 해주는 첨단 통신장치에 대한 수요도 증가할 것이다.

한편 여성의 경제활동 참여 증가는 독신 여성의 숫자를 크게 늘려놓을 전망이다. 지금도 많은 수의 젊은 여성들이 그들의 커리어 개발에 장애가 된다는 생각에서 결혼과 출산을 기피하는 경향을 보이고 있는데 앞으로 그러한 추세는 더 강화될 것이다. 이와 같이 독신 여성의 수가 크게 늘어나게 되면서 그들을 위한 맞춤형 상품과 서비스에 대한 수요도 증가하게 될 것이다. 예를 들어 그들의 특별한 수요에 맞춘 주거 · 가재도구 · 자동차 · 전자제품 등의 매출이 늘어날 것이며, 교육 · 문화 · 오락 · 유흥 · 음식 · 관광 · 스포츠 등 다양한 분야의 서비스에서 독신 여성을 위한 특화 상품이 출현하게 될 것이다.

이러한 변화는 고령자 관련 산업에서도 일어나게 된다. 전 인구에서 고령자가 차지하는 비중이 크게 늘어나고 고령자의 경제력이 지금보다 훨씬 커질 것이므로 그들의 특수한 요구에 부응하는 상품과 서비스의 공급이 활발하게 이루어질 것이다.

예를 들어 고령자에 대한 교육 및 훈련 서비스에 대한 수요가 늘어날 것이다. 이것은 고령자의 경제활동 지속을 위한 기술 및 지식 습득과 취미활동 및 지적 욕구를 충족시키기 위함이다. 고령자의 경제활동 확대와 더불어 고령자에 대한 취업알선업이 부상할 것이다. 또한 고령자 중 독신자의 숫자가 크게 늘어날 것이므로 고령자끼리 여러 가지 형태의 짝을 찾는 일을 도와주는 중매업도 번성하게 될 것이다.

고령자에게 적합한 보건 · 의료 · 개인 보호 · 치료 서비스를 제공하는 산업이 성황을 이루게 될 것이며, 쇼핑 대행, 가사 대행, 운전 대행, 시간제 동반 서비스 등에 대한 수요도 크게 늘어날 것이다.

한편 고령자의 특수한 수요에 맞춘 주거, 가재도구, 교통수단, 통신수단, 외식산업, 관광 서비스를 제공하는 업체들이 활황을 이룰 것이다. 또한 고령자는 늘어나는데 전통적으로 그들을 돌보아왔던 여성의 노동 참여는 확대됨으로 인해 발생할 공백을 메울 상품과 서비스에 대한 수요도 창출될 것이다. 위에서 본 시간제 노인 보호 대행 서비스가 그 한 예이며 첨단 원격 통신 장치를 활용한 노령자 보호 시스템의 보급이 다른 예가 된다.

새롭게 짜야 할 교육의 틀

경제의 IT화가 진전됨에 따라 생산자 서비스업의 중요성이 증대될 것이다. 지금까지 대부분의 기업에서 자체적으로 해결하던 교육, 훈련, 법률, IT 서비스, 홍보, 배달, AS 등의 생산자 서비스 업무를 그 일만 전담하는 외부 전문기업에게 맡기게 된다. 그 결과 이 분야에 특화해서 다수의 기업을 상대로 서비스를 제공하는 생산자 서비스업이 크게 번창하게 될 것이다.

한편 IT화의 진전은 아주 넓은 범위에 걸쳐 전자비즈니스를 일반화시키게 될 것이며 그 결과 관련 산업이 급속도록 성장하게 될 것이다. 이미 우리나라에서는 전자상거래 · 전자무역 · 전자교육 · 전자경매 · 전자정부 · 전자운송 등의 전자비즈니스가 매우 활발하게 전개되고 있는데 앞으로도 이 분야는 빠른 속도의 성장을 지속하게 될 것이다.

IT혁명은 또한 콘텐츠 산업의 성장을 가져온다. 전형적인 수입 산업에서 수출 산업으로 변신하고 있는 영화 · 애니메이션 · 게임 · 음악 · 음악비디오 e-스포츠 등의 콘텐츠 산업의 지속적 성장세가 예견된다.

IT혁명이 주도하는 고도 지식 정보 사회에서 경쟁력을 결정하는 가장 중요한 요소는 그 나라 국민이 얼마나 개성적이고 창조적인가 하는 것과 과연 자율적으로 문제를 해결할 능력을 지니고 있는가 여부이다. 우리나라가 이러한 새 세상에서 국가경쟁력을 가지려면 우리의 교육 및 훈련 시스템을 전면적으로 개혁해야 할 것이다. 현재 우리가 갖고 있는 교육 및 훈련 시스템은 평균적인 제품을 대량생산하는 데 치중하던 IT혁명 이전 시기의 경제구조에 적합한 것에 머물고 있다.

교육 훈련과 관련하여 다양한 외국어 실력을 갖추고 각 분야의 전문 지식을 갖춘 서비스업 종사자를 효과적으로 배출하는 시스템을 구축할 필요가 있다. 특히 환경·문화·관광 등의 분야에서도 국제경쟁력을 갖추려면 앞으로 이 부문에 대한 대대적인 투자가 필요할 것이다.

환경과 문화를 주제로 한 관광 산업이 중요한 성장산업으로 등장할 것임은 이 분야의 세계시장 동향을 보면 잘 알 수 있다. 아름다운 풍광을 자랑하는 자연환경과 유구한 역사를 지닌 문화 환경에 비추어볼 때 환경과 문화를 주제로 한 관광산업이 국제 경쟁력을 갖춘 신성장산업으로 등장할 가능성이 높다. 문제는 인프라·소프트웨어·콘텐츠·인력 등에서 매우 낙후되어 있는 현실을 어떻게 타개할 것인가이다.

여성의 노동참여 확산 및 고령사회의 도래에 대해서도 대비책을 강구할 필요가 있다. 물론 그들이 요구하게 될 각종 상품과 서비스는 대부분 시장에서 자생적으로 공급이 이루어질 것이므로 크게 문제시할 것이 없다. 문제가 되는 것은 관념과 제도와 기구와 정책 등에서 지금까지 남성 및 젊은이 중심으로 이루어져오던 것을 양성 평등 및 고령자 사회에 적합한 것으로 뜯어 고치는 일이다. 아마도 이 일은 저절로 되지는 않을 것이며 정부가 일정한 부분 주도적인 역할을 담당해야 할 것이다.

한편 여성의 경제활동이 활발해짐에 따라 가사 및 육아 대행 서비스에 대한 수요가 증가하게 되는 과제와 고령자가 늘어남에 따라 그들에게 적절한 일자리를 제공해야 하는 과제를 동시에 고려할 때 직장 여성의 가사 및 육아 업무를 고령자가 대행해주는 것이 이 두 가지 과제에 대한 훌륭한 해결책이 될 수 있을 것이다. 아마 그냥 두어도 앞으로 그러한 일이 이루어지게 될 것이지만 이 분야에서 정부가 좀더 적극적인 중재자의 역할을 수행한다면 복합적인 사회문제를 동시에 해결하는 좋은 선례를 만들 수 있을 것이다.

작은 힘들의 전면적 부상

과거에 작은 힘들은 커다란 힘에 눌려왔지만 인터넷 기술이 발전함에 따라 이제 이 작은 힘들은 과거와는 비교가 되지 않을 정도로 큰 파급효과를 갖게 되었다. 이러한 작은 힘들의 전면적 부상은 미래에 사회운동을 일상화시키게 될 것이다.

19세기 초반에 처음 등장한 '사회운동'이란 용어는 1920년대까지만 해도 노동운동의 다양한 흐름 및 기획들을 지칭하는 단순 개념으로 사용되었다.(Heberle, 1967: 439) 농업사회에서 제조업을 중심으로 하는 사회구조의 대변혁이 이루어지면서 사회의 중심적 갈등으로 부상한 것이 노−자 간의 산업 갈등이었고, 이를 중심으로 전개된 운동이 노동운동이었던 까닭이다. 하지만 20세기 중반의 격동기를 거치면서 사회운동은 또 다른 사회 현상들, 예컨대 생활개혁운동, 농민운동, 청년운동 및 여성운동을 설명하는 개념으로 차용되기 시작했다.(김성국, 2005) 나아가 그것은 파시즘이나 국가사회주의 흐름을 가리키는 것으로까지 전용되었다. 이 같은 개념사적 편력을 거치면서 사회운동은 노동운동뿐만 아니라 정치·사회·문화적 변혁을 목표로 하는 폭넓은 용어로 전환되기에 이르렀다.(Rucht, 1982: 275)

그런데 지식정보사회의 진전으로 시간과 공간의 장벽을 넘어선 지구적 차원의 연대가 가능해지게 된 최근, 사회운동 영역에서 새로운 지평이 열리고 있다. 지구적 시민사회의 형성, 디지털 사회운동의 등장 그리고 지구적 사회운동의 확산이 그것이다.(조효제, 2000) 즉 오늘날 정보화와 한 쌍을 이루는 세계화의 본유적 특성 가운데 하나는 자본의 세계화라고 할 수 있는데, 역설적으로 이러한 초국적 자본의 세계화에 대응하는 사회운동의 세계화가 사이버 공간을 매개로 급성장하고 있다.

인터넷 초강국이라고 불리는 우리나라에서도 사이버 공간을 활용한 사회운동이 빠른 속도로 확산되고 있다. 인터넷의 확산과 사이버 공간의 일상화로 인해 사이버 공간이 시민의 친숙한 생활세계로 변모함으로써 사이버 공간의 자발적 집합행동이 오프라인 세계와 연계될 수 있었기 때문이다. 하지만 그 활용 수준과 단계는 천차만별이다. 총선시민연대의 경우처럼 사이버 공간과 오프라인 세계를 가로지르면서 의미 있는 성과를 거두고 있는 사례가 있는가 하면, 사이버 공간에서만 활동하는 '순수한' 사이버 사회운동도 나오고 있으며, 아직 홈페이지조차 구비하지 못한 사회운동단체들도 상당수에 달한다.

사이버 공간의 사회운동은 전통적인 노동운동이 제기했던 경제적, 계급적 이슈와는 구별되는 문제들을 전면에 배치하고 있다는 점에서 1970년대 이후에 성행하기 시작한 '신(新)사회운동'과 유사성을 지닌다. 또한 그들은 노동과 자본이 공유했던 경제적 성장과 물질적 풍요라는 가치 대신에 '삶의 질'을 고양하기 위한 참여민주주의 또는 평등한 사회관계를 강조한다는 점에서도 신사회운동과 상사성을 지니며, 전통적 사회운동과는 달리 사회적 배경과의 연관성 없이 목표나 가치를 공유한 집단에 의해 운동이 재생산되고 있다는 점에 대해서도 소정의 공

통성을 지닌다.(Eder, 1986; Japp, 1986; Scott, 1990)

하지만 보다 주목해야 할 점은 사이버 공간을 매개로 한 새로운 집합행동의 확산에 따른 사회운동 자체의 속성이 변화하고 있다는 사실이다.(김종길, 1997; 2003; 2004) 지식정보화의 진전과 함께 우리나라 사회운동의 인터넷 활용 방식 및 지배적인 사회운동 방식도 변모해왔다. 초창기에는 주로 기존의 제도화된 사회운동단체들이 홈페이지를 만들어 정보를 교환하는 정도였고, 중기에는 규모가 작고 재정이 빈약한 사회운동단체들이 단체 결성과 함께 홈페이지를 만들어 오프라인 운동의 취약점을 보완하고자 하는 '도구적' 형태가 주류를 이루었지만, 최근에는 오프라인 세계의 물리적 조직 없는 순수한 인터넷 기반 사회운동이 활성화됨으로써 사회운동의 새로운 양상이 현시되고 있다.

작은 힘들이 왜 부상하는가

1 | '거대 정치'에서 '삶의 정치'로

서구 선진 자본주의 사회들에서 일반화되기 시작한 물질적 부의 증대는 그 구성원들이 이제 물질적 가치보다는 비물질적인 가치들에 더 많은 관심을 기울이게끔 하는 대항의식의 기저로 작용해왔다. 개인적 욕구 위계체계 내에서 물질적 관심으로부터 비물질적 관심으로의 중심 이동 현상이 일어난 것이다.(Inglehart, 1990) 더불어 사회적 분화가 분절적·지역적 경계를 넘어 더욱 가속화되었고, 다수 사회구성원들의 공간적·사회적 이동성은 무한히 증대되었으며, 이질적인 사회 환경들이 조성·강화되었는데, 이들은 결국 '생활세계의 다원화'를 초래하였다.(Giddens, 1990)

이처럼 근대적 기획의 기본 가정들이 의문시되고 생활세계가 다원화되면서 사회적 갈등의 원천도 바뀌어왔다. 생산부문만이 아닌 사회생활 전 영역의 상품화, 노동의 재생산과정 등에 대한 국가 개입의 증대 및 이로 인한 관료제화, 대중문화의 확산으로 인한 획일화 등이 새로운 갈등의 원천으로 부상했다. 오늘날 이러한 갈등은 환경파괴와 오염으로 인한 인간의 자연적 생존 근거의 박탈 문제, 원전사고와 핵전쟁, 돌발적이고 우연적으로 발생하는 대형 사고들로 인해 위협받고 있는 인간의 안전 문제, 전통적인 사회관계들이 와해되고 삶 전체에 기술주의가 관철됨에 따른 방향감 상실 및 가치관 위기의 문제, 대량소비체제의 등장과 미국식 대중문화의 확산에 따른 비인간화의 문제, 제3세계의 빈곤 심화 문제 등 다양한 쟁점으로 구체화하고 있다.(박형신 외, 2000; 김성국, 2005)

한국사회에서 이 같은 쟁점들이 최초로 광범위하게 분출된 시기는 1987년이었다. 1987년 6월 항쟁의 여진 속에서 폭발한 노동자대투쟁은 노동운동의 정치적·조직적 발전의 출발점이었고 노동자가 거대한 사회세력으로 성장할 수 있었던 계기였다. 이를 기점으로 노동운동뿐만 아니라 농민운동, 교사운동, 빈민운동 등 다양한 민중운동들이 등장했으며, 나아가 시민사회의 다양한 영역에서 갖가지 이슈를 내건 각양각색의 사회운동들이 발화했다.(조희연, 2001) 이른바 '풀뿌리 정치' 혹은 '삶의 정치'가 한국사회에도 닻을 내리기 시작한 것이다.

이 과정에서 인터넷이 보인 풀뿌리 민주주의의 잠재력은 엄청났다. 인터넷으로 대변되는 사이버 공간은 사회운동의 과제와 사회적 조건의 변화에 따른 운동의 방식 변화, 참여 주체의 확대라는 질적으로 전혀 다른 차원의 사회운동을 가능하게 했으며, 풀뿌리 정치 혹은 삶의 정치가 활성화되고 실천되는 유력한 공론장을 제공했다. 물론 거대정치가 국민의 삶에 미치는 영향이 직접적이고 다면적이기 때문에 여전히 사회운동의 주요 활동 대상 영역이 되고 있는 것은 사실이지만, 인터넷의 일상화로 삶의 정치 혹은 풀뿌리 정치의 실현 가능성은 그 어느 때보다도 증대되었다.

2 | 기존 사회운동의 위기

1990년대 들어 한국사회는 오랜 권위주의 정권의 통치가 마감되었고 서구로부터 새로운 사회운동의 조류가 유입되었다. 이에 힘입어 경실련, 환경운동연합, 참여연대 등 사회운동단체들이 잇달아 결성되었다. 이들은 1990년대를 거치면서 시민 참여의 조직화, 정부의 각종 정책 건의, 정부 활동의 감시 통제 등을 통해 한국사회의 중요한 여론 주도 세력이자 비판 세력으로 부상하기에 이르렀다.(정수복, 1993; 송호근, 2003)

하지만 1990년대 후반에 접어들면서 승승장구하던 우리나라 사회운동에 대해 비판과 자성의 목소리가 일기 시작했다.(권해수, 1999; 하승찬, 2000; 민경배, 2002)

첫째, 우리나라 사회운동은 '백화점식'이라는 것이다. 경실련과 참여연대를 비롯한 주요 사회운동단체들이 보이는 운동 행태는 전문성과 집중성에 입각하기보다는 정치 · 경제 · 환경 · 인권 등 온갖 사회 현안에 대해 동시다발적으로 개입하는 '백화점식'이어서 조직의 비대화와 관료제화, 정체성의 위기를 초래하고 있다는 것이다.

둘째, 우리나라 사회운동은 '여론몰이식'이라는 비판이다. 사회운동단체들이 '백화점식' 운동 방식에 따른 조직의 비대화와 관료제화, 재정 위기 등을 타개하기 위해 일상적인 생활운동보다는 대중의 이목을 집중시킬 수 있는 언론 플레이 위주의 운동 또는 운동의 센세이셔널리즘, 즉 그때그때 대중의 관심에 영합하는 인기몰이에 치중한다는 것이다.

셋째, '시민 없는 사회운동' 또는 '그들만의 운동'이라는 지적이다. 비록 외형적으로는 회원 수가 늘어났지만, 일반 시민이나 회원들의 참여 열의가 저조하여 일부 전문가나 상근 활동가 또는 명망가들 중심으로 운동이 펼쳐지고 있고, 사회운동 역량이 소수의 엘리트운동가에 집중되어 대중적 확산이 쉽지 않으며, 중앙 집중도가 너무 높다는 비판이다.

넷째, 시민단체가 한국사회에 미치는 영향력에 비해 재정 상황이 열악하기 그지없다는 점이다. 시민단체의 재정은 회비와 후원금, 수익사업, 기업 협찬금, 정부 지원금 등으로 구성되는데, 바람직한 모습은 회비가 예산의 50퍼센트 이상을 차지하는 것이다. 그런데 1999년 현재 우리나라 시민단체 회원은 20여 만 명에 이르지만 연간 적게는 1만 원에서 많게는 10만 원에 이르는 회비를 내는 사람은 6만에서 8만여 명으로 전체 회원의 30~40퍼센트에 불과하다.(한국민간단체총람, 2000)

다섯째, 다양성을 생명으로 하는 사회운동단체들의 목소리가 오히려 획일화하고 있으며 내부 비판 정신이 미약하다는 지적이다. 시민단체 내부에서조차 연대지상주의로 인해 다양한 목소리와 자유로운 발언이 제한되고 있으며 건강한 대화 통로가 차단되어 있다는 우려의 목소리가 높다.

여섯째, 조직화와 관련하여 중앙 집중화 또는 서울 중심화에 대한 문제를 제기하는 쪽도 있다. 한국의 정치 · 경제 · 문화 등의 모든 현상이 중앙의 독점적 지배 구조하에 있는 것처럼 사회운동 조직 또한 지역 분산형이 아니라 중앙 집중형의 구조를 지니고 있다는 것이다.(김성국, 1993, 2005)

이처럼 위기에 처한 우리나라 사회운동단체들에게 인터넷은 재정 · 조직 · 동원 · 연대 등 현안 문제들을 획기적으로 해결할 수 있는 강력한 수단으로 다가왔다. 이에 따라 기존 사회운동단체의 사이버 공간 진출이 가속화되었으며, 더 나아가 카피레프트 운동처럼 사이버 공간에서 발원하여 정보화와 관련한 이슈를 내건 '순수' 인터넷 사회운동도 출현하고 있다.

3 | 인터넷 확산으로 늘어난 참여기회

통상적으로 미디어는 현대 사회운동의 성패에 심대한 영향을 미친다.

현대사회에서 의도하는 바를 대중에게 전달하기 위한 매개체, 즉 미디어가 필요하기 때문이다. 1987년 이후 등장한 '종합형' 사회운동이 여론몰이식이라는 비판을 들을 정도로 신문이나 방송과 같은 매스미디어를 활용한 언론 전략에 집착했던 것도 이 때문이다. 인터넷은 다른 어떤 미디어보다 민주주의적인 잠재력을 지닌 매체로 평가되고 있으며, 이에 따라 등장 초기부터 사회운동단체들의 주목을 받았다. 매스미디어가 중앙집중적이고 일방향적인데 비해, 인터넷 커뮤니케이션은 분산성 또는 쌍방향성을 특징으로 하는 뉴미디어의 속성을 지니고 있기 때문이다. (Berman & Weitzner, 1997; 강홍렬, 2005)

인터넷의 이 같은 장점은 시민 민주주의 또는 참여 민주주의의 기반을 제공해준다(김용호·박성우, 2005) 기본적 장비와 최소한의 비용만 있으면 누구나 자신의 의견을 아무런 억압과 제약 없이 자유롭게 표현할 수 있으며, 이러한 의견들이 모여 사회적인 다원성과 다양성이 구현될 수 있기 때문이다.(염재호, 2000; 민경배, 2002)

지금까지 한국사회에서 시민들의 자발적 참여에 기반한 풀뿌리 운동이 여기저기 산발적으로 나타나기는 했지만, 대중적 참여 기반의 협소, 재정적·인적 자원의 부족, 대중매체의 관심 부족 등으로 인해 많은 부분에서 취약했던 것이 사실이다. 사이버 공간은 이러한 문제들을 효과적으로 해결할 수 있는 유용한 대안이었다.(이재열·장덕진, 2005; 임혁백, 2005) 1980년대까지는 민주화운동이 한국 시민사회의 성장에 중요한 전기를 제공했다면, 1990년대 이후에는 정보사회의 도래에 따른 전자적 공공영역 또는 사이버 공론영역의 등장이 시민민주주의 또는 참여민주주의의 활성화에 중요한 계기를 부여하여왔다.(윤영민, 1996; 정보사회학회, 1998)

시민사회 내 공론장의 활성화라는 측면에서 볼 때, 새로운 커뮤니케이션 기술과 사이버 공간은 국가와 시장 부분의 지배력에 대한 강력한 규제력을 발휘할 수 있는 비판적 다중의 형성을 촉진함으로써 시민사회의 활성화를 위한 토대를 마련하는 데 기여한다.(고동현, 2003: 30) 다시 말해 정보통신기술의 발전은 시민사이에 다양한 문제들에 대한 대화와 토론을 진작시키고, 시민사회 내 다양한 이해집단들 간의 상호 연결을 용이하게 함으로써 비판적 다중 형성의 계기를 진작시킨다. 따라서 정보통신기술을 통한 시민사회의 재구조화 전략은 새로운 커뮤니케이션 양식을 활용한 비판적 담론의 형성 및 시민 연대의 폭을 증대시킴과 동시에 새로운 사이버 공간으로 자율적 시민사회의 영역을 확장시킬 수 있다.

작은 힘의 부상으로 인한 5가지 변화

1 | 거시 권력에서 미시 권력으로

운동 대상의 규정이라는 측면에서, 노동운동이 자본가계급에서 그 전략적 적대자를 찾았고, 신사회운동이 "생활세계를 식민화하는 사회체계"를 운동 대상으로 삼았다면, 디지털 사회운동은 자유로운 의사소통을 차단하는 소통장애물을 변혁의 타깃으로 삼는다. 그 대상이 개인·조직·국가·특정 이슈나 정책처럼 다양하고 폭넓을 수 있다는 점에서 디지털 사회운동의 대립항과 기존 사회운동의 사회적 적대자는 명백히 구분된다. 이들의 목소리는 거시권력을 넘어 우리 생활권 도처에 아직 그 내밀한 영향력을 행사하고 있는 미시권력들을 겨냥한다.

청소년권리찾기 차원에서 전개된 전형적인 네티즌운동인 '노컷'(No Cut)은 디지털 사회운동의 미시권력에 대한 저항적 성격을 여실히 보여준다. 이 운동의 발단은 2000년 5월 두발제한반대 서명운동이었다. '두발제한반대 서명운동' 홈페이지 운영진이었던 한 청소년이 올린 글이

순식간에 인터넷 게시판 곳곳으로 퍼 옮겨지면서 청소년들 사이에 두발 규제에 대한 불만의 목소리들이 터져나오면서 시작했다. 이를 계기로 「사이버유스」「아이두」「채널텐」등 10대 청소년들이 운영하는 사이트의 운영자 70여 명이 모여 '청소년연대 WITH'라는 온라인 모임을 결성했고, 이들은 두발제한 반대를 위한 온라인 서명운동을 주도적으로 펼쳐나갔다.(김영지, 2001)

'두발제한 반대운동'이 자신의 뜻을 알리고 관철하기 위해 활용한 수단은 크게 '서명운동'과 '공개 토론' 두 가지였다. 특히 '두발제한 반대운동' 홈페이지는 학교라는 제도 공간에서는 자유로이 얘기하기 어려웠던 '두발제한'에 대해 터놓고 이야기할 수 있는 해방된 담론공간의 역할을 수행했다.

2000년 5월에 시작된 '노컷운동'은 같은 해 10월 들어 청소년뿐만 아니라 학부모와 교사를 포함해 총 10만 명이 넘는 온라인 서명을 받아내는 성과를 보였다. 또한 네티즌들은 교육부 · 정당 · 언론사 등의 홈페이지에 하루 수십여 건의 항의 이메일과 게시판 글 올리기 등을 통해 두발 자유에 대한 의지를 널리 알릴 수 있었다.

2 | 정치경제 이슈에서 사회문화 이슈로

운동 목표의 수준에서 볼 때, 노동운동이 사회 경제적 정의의 실현을, 그리고 신사회운동들이 질적으로 보다 나은 생활 및 이를 위한 가치와 생활양식의 변화를 요구하는 것이라면, 디지털 사회운동은 1차적으로 금기의 파기 및 표현의 자유와 같은 사회문화적 목표를 지향하는 것이다. 디지털 사회운동의 이 같은 규범적 목표를 구현할 수 있게 하는 것이 바로 사이버 공간의 익명성 및 이로 인한 '탈금제 효과'이다. 사이버 공간에서 행위자는 익명성을 무기로 구속감을 덜어내고 자신의 의견을

자유로이 제시하며 보다 개방적인 태도를 취할 수 있다. 이에 따라 언어
폭력, 절제되지 않은 비판, 분노, 혐오, 두려움이 표출되기도 하고, 오프
라인 공간에서는 쉽게 접근할 수 없는 음란물이나 폭력물과 같은 어두
운 세계가 부각되기도 한다. 사이버 공간의 이 같은 익명성과 탈금제의
특성은 평등한 대화상황의 형성이라든가 참여 기회의 확대라는 긍정적
결과를 초래한다. 하지만 사이버 공간에서는 집단의 경계가 무제한적으
로 개방됨으로써 개인행위에 대한 집단규범의 영향력이 약화될 소지도
크다.(정보통신정책연구원, 2002)

　사이버 공간을 매개로 한 표현의 자유가 극적으로 체현되고 있는 현
장이 바로 '안티사이트'이다. 안티사이트의 초창기인 2001년에는 주로
상대적인 약자나 피해자들이 인물·상품·종교·기업·단체·국가 등
을 상대로 자신들의 주장을 전파하거나 피해를 보상받기 위한 안티사이
트가 성행했다. 그런데 2002년부터는 안티 담론의 확산으로 특정 대상
의 모순을 바로잡아 이를 전향적으로 발전시키려는 시민운동 차원의 안
티사이트도 생겨났다. 예컨대 2002년에는 일본의 역사교과서 왜곡이나
미군 장갑차에 의한 여중생 압사 사고 등과 같은 사회적 관심사를 신속
하게 반영하는 안티사이트(www.antimigun.org)가 생겨나 자신들의
취지에 동조하는 네티즌들을 사이버 공간뿐만 아니라 오프라인 세계에
서도 신속하게 결집하는 성과를 거두었다.(김종길, 2003)

3 | 단일 정체성에서 복합 정체성으로

　흔히 집합적 정체성이라고 불리는 운동 기반의 측면에서 기존의 사회
운동과 디지털 사회운동은 확연히 구분된다. 노동운동은 사회구조적으
로 규정된 계급의식과 계급투쟁을 매개로 한 고정적·집합적 정체성에
기초한 것이나, 신사회운동에서는 기본적으로 단일하고 지속적인 집합

정체성의 형성이 불가능하다. 신사회운동의 주도자들이 집합 정체성이라고 내세우는 것도, 그 내부 동학을 자세히 들여다보면, 계급 정체성과 같은 엄격한 집합 정체성이라기보다는 특정 이슈를 공유한 일시적이고 유동적인 "개별 정체성들의 집합"인 경우가 많다.(김성국, 2005) 한편 자아와 육체 간의 필연적 연계를 전제하지 않는 사이버 공간에서는 정체성이 사회구조적으로 사전에 규정되는 것이 아니라 참여자 스스로에 의해 우발적으로 구성된다.(Reid, 1994; 이재현, 2000) 때문에 운동 주체의 정체성이 자주 단절되고 희미해지며 파편화되어 나타난다. 그 결과 단선적이고 논리적이며, 위계적이고 투명한 단일 정체성 패러다임에서 탈중심화되고 유동적이며, 비단선적이고 불투명한 복합 정체성으로의 운동 패러다임 변화가 촉진된다.(Turkle, 1995)

이처럼 사회의 복잡화 및 다원화와 함께 사회운동의 활동 행태, 연대 방식, 이념적 지향이 복잡해지고 다양해짐으로써 운동조직의 정체성이 모호해지고 있다는 점이 주목을 요하는 대목이다. 2003년 전교조의 '나이스반대운동'처럼 '상시적 쟁점'을 표방하는 NGO가 상당 기간 한시적 쟁점에 치중하는 경우가 있는가 하면, '동강댐건설반대운동본부'처럼 '단일현안운동'에서 시작했으나 현안의 해소와 함께 전문적인 환경 NGO로 탈바꿈하는 경우도 적지 않다. 그 이외에 연대 단체이면서 별도의 개인회원을 모집하는 NGO, 전문 NGO가 홈페이지의 장점을 활용하여 성격이 다른 NGO와 수시로 연대하는 NGO, 특정 쟁점에서 출발하여 다른 쟁점으로 '업종 변경'하는 NGO도 출현하고 있다.

인터넷의 등장과 확산으로 사회운동과 여타 사회운동의 경계가 허물어지고 있다는 점도 특기할 만하다. '안티롯데'나 '안티포스코'처럼 이른바 '안티사이트'를 활용한 노동운동의 등장, 산재노동자들의 온라인 시위와 같이 인터넷을 활용한 개별 노동자들의 자구적 저항, '네트행동주의'의 상징투쟁, 하이퍼링크를 통한 유사한 또는 상이한 운동조직들

간의 연대 및 연계 등 지금까지의 사회운동 독법으로는 이해하기 어려운 새로운 현상들도 속출하고 있다.(김종길, 2003)

4 | 경직된 위계 조직에서 유연한 네트워크 조직으로

조직형태의 측면에서 보자면, 노동운동이 수탈의 집합적 경험에 연유한 형식적이고 위계적인 조직화를 특징으로 하고 있는데 비해, 신사회운동은 단일한 이념이나 중심 구조를 배척하는 비집중적인 조직형태를 띤다. 대다수의 신사회운동들은 '위로부터의' 중앙집권적 방식으로 '명령'되기보다는 피해자와 참여자들에 의한 직접적이고 자발적인 현장 행동들을 통해 조직화되기 때문이다. 그럼에도 불구하고 오프라인 세계에서는 여전히 상이한 계층과 지위, 다양한 사회적 배경에 따른 수직적 권위 관계가 엄존하며 의사소통 방식도 이러한 권위에 눌려 자유롭지 못한 실정이다. 최근 우리나라의 신사회운동들이 '명망가 중심의 운동'이라고 비판받고 있는 것도 상당 부분 이런 사실에 연유한다. 하지만 사이버 공간상의 사회운동의 경우는 이와 판이하다. 이 곳에서는 어떠한 권력의 중심체도, 정해진 수직적 위계질서도 존재하지 않는다. 그런 점에서 디지털 사회운동 조직은 유동적인 '운동네트워크의 네트워크' 또는 휘발적인 '자동생산적 운동네트워크'로 지칭될 만하다.

조직 형태의 변화와 관련해 주목할 또 다른 측면은 인터넷 시대에는 사회운동과 사회운동조직을 구분할 필요가 있다는 것이다. 통상적으로 사회운동은 기존 제도권의 외부에서 집합행위를 통해 공동의 이익을 증진시키거나 사회제도와 질서의 변화를 포함한 공동의 목적을 달성하기 위해 다양한 개인과 집단 및 조직들 간에 형성되는 '상호작용의 네트워크'로, 그리고 사회운동조직은 특정의 개별 '조직'으로 이해된다. 이 같은 정의를 디지털 사회운동 논의에 적용할 경우, 사회운동은 시민들이 주체가 되어 공동의 목적을 달성하려는 조직적·비조직적 상호작용의 네트워크를 뜻하며, 사회운동조직은 이러한 목적을 달성하기 위해 결성된 조직 및 결사체를 의미한다. 산업사회에서는 특정 사회운동조직과 그 조직이 수행하는 운동을 구분해야 할 필요성이 덜했다. 사회운동은 언제나 운동의 행위 주체로서 특정 운동단체를 상정해야 했고, 사회운동은 언제나 시민 또는 민중 조직의 운동이었으며, 조직이 운동의 성패를 가름하는 핵심 요소였기 때문이다. 운동을 일사불란하게 움직이도록 하기 위해서는 공유해야 할 이념과 목표, 과제와 규율이 일목요연하게 정리되어야 했으며, 이를 담당할 조직이 필수적이었던 것이다. 그런데 인터넷의 등장과 확산으로 개별 운동조직과 운동 자체의 '탈구' 현상이 노골화하고 있다.

5 | 조직 중심 연대에서 개인 중심 연대로

사이버 공간의 네티즌들은 이합집산을 반복하는 유동적 행위자로서 인터넷을 통해 쉽게 연결되지만 단단한 결속력을 향유하지는 않는다. 그런 만큼 여기서는 운동에의 참여도 쉽지만 탈퇴하는 것도 쉬운 바, 이로 인해 연대성 혹은 결속의 문제가 제기된다. 그런 까닭에 사이버 공간에서의 연대는 '강한 연대'라기보다 잘 해야 '약한 연대'의 성격을 띨수밖에 없다. 약한 연대는 집단 내부의 결속과 조직화의 측면에서는 부정적으로 작용할 수 있지만, 폭넓은 관계의 형성을 가능하게 함으로써 네티즌들이 파편화된 개인으로 존재하지 않고 다소 느슨하지만 다양한 방식의 연합이 가능하도록 유도한다.

연대 활동의 단위 및 주도자 또한 변모한다. 지금까지는 기존 사회운동단체가 주도하고 시민들이 동참하는 연대가 지배적이었는 데 비해, 최근에는 네티즌이 선도하거나 주도하고 기존 시민운동단체나 조직이

추후 이에 동참하는 방식의 전도된 연대 방식이 빈발하고 있다.

예컨대 2004년 「민족문제연구소」와 「오마이뉴스」가 공동으로 진행한 '친일인명사전 발간, 네티즌의 힘으로!' 캠페인이 범국민적 동의를 얻으며 큰 반향을 불러일으켰다. 그런데 애초 이 캠페인이 시작된 계기는 「오마이뉴스」에 실린 2004년 2월 7일자 정운현 칼럼 '다 떨어진 헌 고무신짝을 부여잡고' 아래 독자 의견으로 붙은 '참세상'(kimhr)이란 네티즌의 "'친일인명사전' 발간비용을 모읍시다"라는 댓글이었다. 현재 부산의 한 고등학교 평범한 철학교사인 '참세상'은 국회에서 친일인명사전 편찬 관련 예산이 전액 삭감됐다는 소식을 듣고 "국가기관인 행정부와 입법부와 사법부까지 몰역사적인 부끄러운 상황이라면 남은 것은 살아 있는 국민의 힘밖에 없지 않을까 합니다"라며 국민모금운동을 제안했다. 그의 즉발적 제안은 국회에서 친일인명사전 발간 예산을 전액 삭감한 데 대한 민족적인 공분과 어우러지면서 인터넷을 매개로 한 범국민 모금운동으로 발전했다.

네티즌들의 적극적인 동참과 열기로 8월 15일까지 계획되었던 친일인명사전 편찬 모금은 모금 시작(2004년 1월 8일 오후 4시30분) 후 나흘(91시간) 만에 1억, 1억 달성한 지 이틀(50시간) 만에 2억, 2억 달성한 지 하루(29시간) 만에 3억, 3억 달성한 지 22시간 만에 4억을 달성했고, 19일 오전 10시30분 2만 2,587명이 참여해 모두 5억 1,136만 4,684원을 모금함으로써 모금 시작 11일 만에 목표를 초과 달성하는 대성공을 거두었다.

시민단체 · 인터넷 대안 미디어 · 네티즌이 연합하여 성사시킨 모금운동은 디지털 사회운동의 미래 전개와 관련된 여러 모의 의미를 함축한다. 네티즌들은 국회가 뚜렷한 이유도 없이 삭감한 예산을 단숨에 만들어냄으로써 무엇보다 그동안 친일파 청산운동에 도움은커녕 훼방만 놓았던 기성제도, 특히 정치권과 언론계에 자발적 네티즌들에 의한 집합적 힘의 위력을 여실히 보여주었다. 뿐만 아니라 이들은 모금운동을 외면하거나 모금의 불법성을 제기한 행정자치부에 공감을 표했던 메이저 언론사의 여론 주도력을 거부하고 인터넷 대안 언론의 의제설정에 적극 공조함으로써 새로운 공론장 형성을 행동으로 실천했던 것이다.

온라인과 오프라인의 경계를 넘나드는 사회참여운동

최근 들어 사회운동은 기존의 시민단체 주도적 양태를 탈피하는 대신, 인터넷을 매개로 한 탈조직적 사회운동을 통해 새로운 저항 잠재력을 즉발적으로 기획하고 실천할 수 있는 다중 주도적 양상을 보이고 있다. 이에 따라 운동 형식 또한 개별 현안에 따라 즉시적으로 반응하는 형태, 일시적이고 유동적인 형태, 주류문화에서 소외되었던 주변집단들이 인터넷을 통해 자신의 목소리를 내고 자신과 관심을 공유하는 다른 개인들과 교감을 나누며 연대감을 형성해가는 형태로 분화하는 경향을 보이고 있다. 다중 주도 사회에서는 노동운동을 핵심으로 한 이해 지향적인 전통적 사회운동이나 정체성 지향적인 신사회운동과 구별되는 '새로운 신사회운동'(brand-new social movement)이 빈발할 가능성이 높다. 이와 관련하여 현시점에서 특별히 주목할 현상은 플래시몹, 블로그와 같은 청소년 중심의 네티즌 문화와 집합행동의 결합 양상이다.

예를 들어 재미와 자발성, 온라인 활동과 오프라인 현장의 즉시적 연결 등이 어우러진 네티즌들의 현실 참여는 '플래시몹'이라는, 기존 사회운동단체들의 집합행동과는 확연히 구별되는 새로운 사회운동 유형을 생성하고 있다.

플래시몹의 전개 방식은 단순하다. 불특정 다수가 인터넷이나 이메일을 통해 합의된 특정 장소에 모여 '몹 지령'을 접수한 뒤 주어진 행동을 하고는 곧바로 흩어지는 것이다. 일반 사회운동과 비교해 플래시몹은 '무거운' 목적이나 의미를 가지고 있지 않다. 그래서 플래시몹을 그저 놀이라고 폄하하는 사람도 있다. 하지만 일부에서는 이를 최첨단 양식의 사회운동으로 보기도 하며, 일종의 전위적 행위예술로 보는 견해도 있다. 당장이야 재미에서 끝나고 있지만 사람들이 더 모이게 되면 집단 패싸움이 벌어지거나 폭동으로 번질 것이라는 지극히 비관적인 견해도 있다.

한국사회의 네티즌들이 사이버 공간과 오프라인 현장의 즉발적 연결, 재미와 자발성 등을 특징으로 하는 플래시몹에 각별한 애착을 지니고 있는지 아닌지의 여부는 현 시점에서는 판단이 불확실하다. 아직 우리나라 네티즌들은 현실 정치에 대해 사이버 공간에서 '발언'하는 것 또는 사이버 공간에서 서로 정치 관련 정보를 주고받는 행위 자체만으로 '참여하고 있다'는 오해에 사로잡혀 있는 경우가 많기 때문이다.

그럼에도 불구하고 우리나라에서도 앞으로 점점 더 청소년뿐만 아니라 여성·농민·외국인노동자 등 다양한 소수자들이 공동의 목표를 위해 마치 플래시몹처럼 사이버 공간에서 '링크'하고 오프라인 현장에서 목소리를 내는 즉발적 집단행동을 전개할 공산이 크다. 저마다 다른 방향으로 날아가다가 어느 순간 한 방향으로 몰리는 반딧불이 운동처럼, 미래의 인터넷 사회운동 참여자들은 향후 특정 사안에 대해 이메일이나 휴대전화 또는 모바일을 이용해 일시적으로 의견을 수합한 후 발빠르게 행동할 것으로 예상된다.

경계의 소멸

21세기 들어서는 개인이 자신에게 주어진 한계를 극복하려는 노력이 더욱 뚜렷해질 것이다. 이는 경계를 넘어서려는 개인의 본성과 이를 가능하게 해주는 과학기술의 급격한 발전과 보급에 힘입은 바가 크다.

경제의 대변화를 가져오는 큰 힘으로 자유화와 세계화·IT화를 필두로 한 과학기술의 발전·인구의 고령화를 들 수 있다. 이들 3가지 변화의 원동력은 이미 10여 년 전부터 우리나라 경제를 속속들이 바꾸기 시작했으며 앞으로도 그러한 현상은 더욱 가속화될 것이다. 그 결과 향후 20년 정도가 지나면 자유화와 세계화가 완결됨에 따라 정부 주도와 부분개방을 특징으로 하는 현재의 중진 경제가 자율과 전면개방을 특징으로 하는 선진 경제로 변모될 것이며, 과학기술의 가속적이며 혁명적인 발전이 기술의 측면에서 인간해방을 가져오고, 출산율 저하와 수명 연장이 인구증가의 정체와 인구의 노령화를 불러올 것이다.

경제변화를 야기하는 근원적인 힘은 더 자유롭고자 하는 인간의 본성에서 나온다. 인간은 누구나 어제보다는 오늘이 그리고 오늘보다는 내일이 더 자유롭기를 바란다. 여기에서 말하는 자유란 각종 부족으로부터의 탈피와 각종 억압으로부터의 해방을 의미한다. 역사 이래 인간은 누구나 이념이나 종교적 독단과 인종적 선입관이나 편견에서 벗어나 자유를 누리려고 애써왔으며, 자원과 환경과 기술이 주는 제약을 극복함으로써 물질적인 풍요를 누리고자 애써왔다. 인간은 또한 태생적으로 큰 정부를 혐오하고 각종 규제를 벗어나고자 애쓰며 지나치게 큰 기업이나 지나치게 큰 단체를 기피하려 든다. 이 점은 노동조합이나 NGO에 대해서도 마찬가지이며 국제적으로는 힘에만 의존하는 강대국이나 규범을 무시하는 독재국가를 혐오한다.

인간사를 움직이는 또 하나의 강력한 힘은 우리가 지닌 미지의 것에 대한 호기심이다. 인간의 지적 욕구는 한정이 없다. 물론 한 사람으로서는 그가 일생 동안에 알기를 바라고 또 알 수 있는 사항들이 제한되어 있지만, 새로 태어나는 세대가 그때까지 선조들이 이루어놓은 업적을 뛰어넘어 새로운 것을 알아내려고 노력하기 때문에 인류 전체로 보면 지적욕구가 무한하다고 할 수 있다. 그렇게 무한한 지적욕구를 충족시키려는 노력이 과학기술을 발전시키는 원동력이 된다.

이와 같이 인간은 자원·자연·사회·정치·국제환경·기술 등에서 비롯되는 유무형의 쇠사슬로부터 벗어나기 위해 애씀과 동시에 인간이 지닌 태생적인 호기심을 충족하기 위해 모험과 탐구를 지속한다. 바로 그러한 인간의 본성이 자유화와 세계화 그리고 과학기술의 혁명적 발전을 가져오는 원동력이 된다. 인구증가 추세의 반전 역시 더 자유롭고자 하는 인간의 노력이 독신가구 증가 및 출산율 저하 그리고 생명연장으로 이어져 나타나는 결과이다.

모든 억압을 벗어던지고 더 자유롭고자 애쓰는 인간의 노력은 역사 이래 계속되어 왔지만 최근에 들어와 그 노력의 결과가 훨씬 더 크게 나타나게 되었는데 그것은 IT혁명 때문이다. IT혁명은 인간이 그에게 가해지는 각종 제약에서 벗어나기 쉽게 만들어줄 뿐 아니라 인간의 그러한 노력이 가져오는 효과를 더 크게 만듦으로써 자유화와 세계화 그리고 과학기술의 혁명적 발전을 지원한다. 인간의 수명연장과 독신으로 살아가기 쉬워진 것도 역시 자유화와 세계화의 진전과 과학기술의 혁명적 발전으로 여성의 경제적 해방이 가능해졌고 생명연장기술이 발달했기 때문이라고 볼 수 있으므로, 이 분야에 있어서도 IT혁명이 간접적으로나마 영향을 주고 있다고 할 수 있다.

IT의 발전은 인간이 그가 지닌 태생적인 호기심을 충족하기 쉽게 만들기도 한다. IT와 그에 영향을 받아 더욱 발전하게 될 BT · MT · NT 등의 첨단기술의 발전은 미지의 것을 찾으려는 인간의 노력에 큰 도움이 된다. 반면 인간의 호기심이 IT를 비롯한 제반 첨단기술 발전의 원동력이 되며 지식의 축적 및 개발을 촉진한다. 즉 호기심이 과학기술의 발전을 가져오고 과학기술의 발전이 호기심의 충족을 더 용이하게 만드는 상승작용이 일어난다.

자유화와 세계화 그리고 IT혁명이라는 두 힘은 대체적으로 보아 상승작용을 일으키지만 때에 따라서는 서로 충돌하기도 한다. 예를 들어 자유화와 세계화는 IT혁명을 비롯한 과학기술의 혁명적 변화를 유발하고, 과학기술의 혁명적 변화는 자유화와 세계화를 촉진시킨다. 반면 자유화와 세계화가 잘못되어 금융위기를 낳으면 국제화가 더 이상 진전되지 않을 가능성도 있으며, 국제분쟁이나 자연재해의 발생은 과학기술 혁명에도 부정적인 영향을 미친다.

또한 기술발전이 언제나 바람직한 결과만 가져오는 것은 아니다. 잘못하면 기술재앙을 낳을 수도 있다. 예를 들어 현재 활발하게 진행되고 있는 BT혁명이 잘못된 방향으로 나가는 경우 전 생태계의 파멸을 가져올 수도 있으며, IT혁명이 새로운 불평등을 낳아 세계의 평화를 위협하게 될 수도 있다. 물론 고도기술의 무기화 등 기술은 언제든지 악용될 소지를 지니며 더욱이 그것이 불량집단의 손을 거치면서 인류에게 큰 재앙으로 되돌아올 수도 있다.

여기에서 한 가지 유의할 점은 자유화와 세계화 그리고 과학기술의 혁명적 발전 추세가 산업 및 지역 그리고 집단에 걸쳐 제각기 상이한 영향을 줄 것이라는 사실이다. 어떤 변화의 요인이건 그것이 모든 부문에 대해 동일하게 영향을 미치는 법은 별로 없으므로 자유화와 세계화 그리고 과학기술의 혁명적 발전이 경제의 여러 부문별로 상이한 영향을 주게 됨은 당연한 일이다. 그러나 이 경우에는 각 부문에 대해 미치는 상이한 영향이 상승작용을 일으켜 부문 간에 극심한 불평등을 낳을 수 있으므로 문제가 된다. 왜냐하면 자유화와 세계화의 진전과 과학기술의 혁명적 발전은 인간사의 전반에 걸쳐 '승자독식' 현상을 가속화시킬 가능성이 높기 때문이다. 새로운 불평등의 심화는 자유화와 세계화 그리고 과학기술의 지속적 발전에 불만을 품은 세력을 낳고 그들이 폭력화할 가능성을 높임으로써 인류에게 재앙을 가져올 수도 있다.

한편 경제활동에 있어서 그동안 인류를 지배해오던 시간과 공간상의 제약 및 지식과 정보상의 제약이 급속도로 약화됨에 따라 장기간에 걸쳐 반복적 관습적으로 이루어져오던 안정적이고 고착되어 있던 기존 '관계'의 중요성은 약화되는 반면 시간과 공간을 넘어서는 신축적이며 즉시적이고 무차별적인 새로운 '관계'가 일반화되기에 이르렀다.

가족구성원 간의 관계, 마을 구성원 간의 관계, 기업종사자 간의 관계, 기업과 기업 간의 관계, 친구와 친구 관계, 남녀관계와 부부관계 등 모든 종류의 관계가 약해지고 유연해진다. 그 결과 경제주체들 간의 이합집산이 일상화되며 공동체의 형성과 소멸이 반복적으로 이루어진다.

또 한 가지 예상되는 중요한 변화는 경제의 자유화·세계화·IT화가 진전됨에 따라 모든 개체 사이에 존재하여 경제활동을 규제하고 억제하던 각종 '경계' 또는 장애물들이 매우 빠른 속도로 허물어질 것이라는 점이다. 아날로그 사회에서 인간이라면 누구나 숙명적으로 지녀왔던 시간과 공간과 지능과 체력의 유한성을 디지털 사회가 도래함에 따라 상당한 정도로 극복할 수 있게 된 것이다. 그 결과 사람들 사이에 존재하는 정치·사회·경제·문화·사상·지리상의 각종 경계가 갖는 중요성이 나날이 약화되고 있다.

반면 앞선 자와 뒤진 자, 가진 자와 못 가진 자, 부자와 빈자, 아는 자와 모르는 자, 모방자와 창조자 사이에 새로운 형태의 울타리가 생성될 위험도 있다.

경계는 왜 사라지는가

1 | 이기심, 인간의 가장 강한 본성

경제활동의 자유화와 세계화는 인간사의 대세이다. 왜냐하면 그것이 제반 속박으로부터 벗어나 자유롭기를 갈망하는 인간본성에 부합하는 일이기 때문이다. 인간은 누구나 다 스스로의 판단에 따라 자기에게 가장 도움이 되는 일을 그 누구의 간섭도 받지 않고 자유롭게 행할 수 있기를 원한다. 그러기에 자유로운 선택을 방해하는 것이 있다면 그것이 무엇이건 어떻게 해서든지 뜯어고치려 든다.

이와 같이 자유롭기를 갈망하는 인간이 그를 에워싸 제약을 가하는 주변 환경과 끊임없이 도전과 응전을 주고받는 속에서 경제의 자유화와 세계화가 이루어진다. 한 국가 안에서 자유로운 경제활동을 방해하는 요소들을 해소해나가는 것이 자유화라면 나라와 나라 사이의 자유로운 경제활동을 방해하는 요소들을 해소해나가는 과정이 세계화인 것이다. 사실 경제사란 인류가 지금까지 어떻게 자유화와 세계화를 진전시켜왔는가를 기록한 것이라 할 수 있다.

물론 자유화와 세계화가 언제나 한 방향으로 순탄하게 진행되는 것은 아니다. 스스로 자유롭기를 바라는 인간이 경우에 따라서는 남의 자유를 제한함으로써 자기가 누릴 수 있는 자유의 영역을 넓히려 들기도 하므로 종종 자유화와 세계화의 추세가 반전되기도 한다. 그러나 그러한 후퇴는 일시적인 것일 뿐 인류의 장구한 역사를 놓고 보면 결국은 자유로우며 모든 나라가 하나가 되는 방향으로 경제가 흘러감을 알 수 있다.

자유를 신장시키는 일에서 인류는 그간 수없이 많은 장애물들을 극복해왔다. 예를 들어 이념이나 종교적 독단으로부터 자유롭기 위해 애써왔으며, 선입관과 편견을 극복하기 위해 애써왔다. 무지가 주는 속박에서 벗어나기 위해 학문과 과학기술을 발전시켜왔으며, 자원의 부족이 주는 어려움을 극복하기 위해 발견과 발명을 가속화시켰고, 시간과 공간상의 제약을 극복하기 위해 교통·통신 수단을 발전시켰다. 전제군주와 독재자로부터 해방을 쟁취했으며, 큰 정부에 대항하고 규제완화를 위해 애써왔다. 기업이건 노동조합이건 비정부조직(NGO: Non Governmental Organization)건 간에 지나치게 강대한 세력에 맞서왔으며 힘만 앞세우는 강대국이나 폭압적 정권의 반인권 행위에 대항해오고 있다. 또한 일견 인간의 능력을 벗어나는 듯한 천연재해나 극심한 기후변화를 완화시키기 위해서도 노력하고 있다.

인간이 지닌 가장 힘센 본성은 각자의 유전인자 속에 각인된 이기심이다. 물론 인간에게는 이타심도 있으나 그것도 자세히 살펴보면 더 높은 의미의 이기심에서 우러나온 것이다. 그러므로 이기심이 인간의 기본적 심성이라고 할 수 있으며 그것이 없었더라면 인간의 종족보존도 어려웠을 것이다.

이기심은 자기 자신에 대한 사랑, 자식에 대한 사랑, 가족에 대한 사랑, 이웃에 대한 사랑, 조국에 대한 사랑, 인류에 대한 사랑 등으로 발현되는데 자기 자신으로부터 멀어질수록 그 힘이 약화되는 특징을 지닌다.

경제적인 측면에서 보면 이기심은 더 나은 것을 더 많이 그리고 더 싸게 가지려는 욕구로 표출된다. 그것은 또한 사람들로 하여금 더 나은 삶을 살기 위해 죽을 때까지 끊임없이 자기를 바꾸고 이웃을 변화시키며 주변 여건을 개선하려고 노력하게 만든다. 사실 우리가 일하고 소비하고 여가를 즐기고 배우고 결혼하고 자녀를 낳아 기르고 저축하고 투자하는 등 일생에 걸쳐 수많은 경제활동을 전개하는 것은 모두 이기심에서 나오는 우리의 욕망을 충족시키기 위한 것이다.

인간은 누구나 그러한 이기심을 충족하기 위해 끊임없이 노력한다. 그러한 노력이 때로는 경쟁으로 때로는 투쟁으로 때로는 약탈로 그리고 때로는 협력의 형태로 표출되는 것이다. 만일 자원이 제한되어 있지 않다면 개개인이 지닌 이기심을 제어하는 장치가 없더라도 큰 문제가 생기지 않을 것이다. 그러나 자원이 유한하다는 사실은 어느 누구도 회피할 수 없는 인간존재의 기본 전제이며 그러기에 이기심을 적절히 억제하지 못한다면 약탈과 투쟁으로 인간의 파멸을 불러올 수도 있다.

다행히 인간은 이기심 이외에도 이타심이라는 본성을 지니고 있는 것으로 보인다. 물론 더 깊이 들여다보면 이타심을 갖는 것도 궁극적으로는 자신의 행복을 위한 것이므로 그것 역시 이기심의 한 형태라고 볼 수도 있을 것이다. 우리가 자신과 아무런 관련이 없는 타인의 불행을 보고 슬퍼하며 동정하고 도와주려 드는 것은 우리의 심성에 이기심은 물론 이타심도 자리하고 있기 때문이다. 이타심이 있기에 남과 더불어 살려고 하며 가족의 범주를 벗어나는 이웃과 민족과 이웃 나라 사람을 배려하는 마음을 갖게 된다. 한편 우리의 이타심은 때때로 인간 이외의 동식물에게까지 미치기도 하며 나아가 자연을 포함한 이 세상의 모든 구성요소들과 조화를 이루며 살려고 애쓰게 만들기도 한다.

사람에 따라 그가 지닌 이기심과 이타심의 상대적 강도가 다른 것으로 보인다. 자신을 억제하고 남을 배려하며 타인을 위해 희생하는 정도가 사람에 따라 다른 것으로 나타난다. 우리가 칭송해마지 않는 성인과 성녀는 온전히 이타적인 삶을 산 사람이라 할 수 있다. 그러나 그것은 예외일 뿐 평균적인 사람을 기준으로 보면 이기심이 이타심보다 훨씬 더 강하게 작용하는 것으로 판단된다.

이렇게 이타심이 인간본성의 일부이기는 하지만 이기심에 비하면 그 힘이 아주 약하므로 이타심에 의존해서 적나라한 이기심의 발로가 낳는 모든 문제를 해결할 수는 없을 것이다. 사실 인간은 매우 슬기로워 자신을 파멸로 몰아갈 수도 있는 적나라한 이기심의 발로를 억제할 장치를 고안해내는 데에도 성공했다. 예를 들면 제도·규범·관행을 통해 개개인의 이기적 행동이 공공선에도 기여할 수 있도록 유도하고, 각종 정책을 통해 개개인의 유인체계에 영향을 줌으로써 이기적 동기를 따르는 행위가 공동선에 기여하는 결과를 낳도록 하고, 교육과 훈련 또는 주변의 따가운 시선을 활용해서 이기심을 억제하려 드는 것이 그것이다.

2 | 속박에서 벗어나려는 욕망

위에서 살펴본 바와 같이 인간은 누구나 이기적인 동기를 충족하기 위해 노력한다. 인간이 물질·명예·권력·우정·사랑 등을 추구하는 것도 궁극에 가서는 그것을 통해 진정한 행복을 얻으려 하는 것이다. 인간이 이기적 동기를 충족함에 있어 만일 아무런 외부적 제약이 없었다면 원하는 대로 하고 갖고 싶은 대로 가지면 그만이므로 경제문제가 성립하지도 않을 것이다. 그러나 인간은 누구나 자원의 희소성이 주는 제약에서 완전히 탈피할 수 없는 유한한 존재이다. 인간은 누구나 그가 지닌 시간과 물자와 능력과 지식 등 자원의 크기가 한정되어 있으므로 그것을 합리적으로 써야만 한다. 그래서 경제문제가 발생하게 되는 것이다. 따라서 인간의 경제행위는 기본적으로 일생에 걸쳐 반복해서 이루어지는 제약조건하에서의 최선의 선택으로 볼 수 있다. 즉 주어진 제약조건하에서 각자가 원하는 바를 가장 잘 달성하게 해주는 대안을 선택하는 것이 경제행위라 할 수 있다.

여기에서 주어진 제약조건을 이루는 요소의 일부가 자연환경과 제도와 규범이다. 천연자원·공기·물·토양·생태계 등의 자원과 환경은 기본적으로 유한하다는 특징을 지니므로 이를 어떻게 이용하고 관리할 것인가가 중요하다. 예를 들어 우리나라는 석유와 가스 등 에너지 원천자원을 갖고 있지 못하므로 석유와 가스 등 에너지 자원의 국제시장 동향이 경제활동에 미치는 영향이 다른 나라보다 크게 나타난다.

제도·기구·규범·관행·정책 등도 인간의 선택행위를 제약하는 여건이 된다. 인간은 누구나 그가 속한 사회의 이념과 체제, 제도와 기구, 규범과 관행 그리고 정책에 영향을 받기 마련이다.

결국 경제란 자연환경 및 사회환경이라는 주어진 제약조건 아래서 경제주체들이 이기심에 근거하여 각자가 원하는 바를 달성하기 위해 최선의 노력을 기울이는 과정에서 성립되는 것이라 할 수 있다. 여기에서 중요한 것은 인간은 여타의 생물과는 달리 그가 처한 제약여건을 어떻게 해서든지 완화시키려고 노력한다는 점이다. 즉 인간에게 있어 숙명적인 것은 아무것도 없다. 그것이 무엇이건 자신을 억제하는 모든 것을 바꾸어놓음으로써 보다 나은 선택이 가능하도록 만들려는 것이 인간의 본성이다. 즉 속박에서 벗어나고자 하는 것이 인간의 속성이다. 바로 그것이 인간사가 자유화로 나아가는 가장 중요한 이유이다.

인류는 유사 이래 그를 속박하거나 제약하는 모든 것으로부터 자유롭고자 부단히 노력해오고 있다. 현재 급속도로 이루어지고 있는 자유화-자율화 및 세계화 역시 속박과 제약을 벗어나려는 인류의 노력이 가져온 결과이다. 물론 하고 싶다고 해서 저절로 그렇게 되는 것은 아니므로 인류는 그러한 욕구를 충족시킬 수 있는 수단과 방법을 개발하는 데 전력을 기울이고 있다.

기술의 발전, 사유의 전환, 생각의 지평 확대 등을 통해 인류가 지닌 본질적 욕구를 더 잘 그리고 더 광범위하게 충족할 수 있도록 노력하고 있는 것이다. 이와 관련하여 현재 진행 중인 IT혁명이 갖는 의의가 크다. IT혁명은 좁게는 우리가 지닌 시간과 공간상의 제약과 속박을 약화시킴은 물론 더 넓게는 우리가 지녀오던 사상과 이념과 사유에 있어서의 제약과 속박을 약화시킨다. 이제야 비로소 인간이 모든 것을 하고 싶고 또 어느 정도는 모든 것을 할 수도 있는 세상이 도래한 것이다.

이와 같이 자유화와 세계화 진전과 과학기술의 혁명적 발전이라는 두 가지 힘이 상승작용을 일으켜 나타나는 현상 가운데 하나가 경제주체 간의 관계를 유연하고 신축적인 것으로 만드는 대변화이다. 이것은 제약조건들을 극복하고자 하는 인간의 본능적 욕구와 그러한 욕구를 충족할 수 있게 해주는 기술변화가 상승작용을 일으켜서 발생하는 현상이다. 인간은 역사 이래 그가 처한 각종 제약조건들을 극복하기 위해 부단히 노력해왔다. 물론 이것은 좀더 자유롭고자 하는 인간의 본능적 욕구에서 비롯된 것이다.

말할 것도 없이 각종 제약조건을 극복하려는 본능적 욕구를 충족하기 위해 부단하게 노력하는 과정에서 인간은 그가 지닌 육체적·정신적·지성적 능력을 최대한도로 발휘하게 된다. 그 결과가 기술진보이

246

며 21세기에 들어와 기존의 경계가 약화되기 시작한 것도 IT의 획기적 발전이 있기에 가능한 것이다. 다시 말하면 인간이 그 굴레를 벗어나고자 하는 욕구가 아무리 강하다 하더라도 그런 일을 가능하게 해주는 기술변화가 일어나지 않는다면 굴레를 벗어버리는 일은 매우 어려울 것이다.

20세기 중반에 태동하여 20세기 종반에 이르러 꽃을 피우기 시작한 IT혁명은 무엇보다도 인간이 숙명적으로 지닌 시간과 공간과 육체와 정신에 있어서의 제약조건들을 극복할 수 있게 해줌으로써 경계를 약화시키는 과정에서 절대적인 역할을 수행하고 있다.

4 | 경계로부터의 자유

과학기술의 혁명적 발전은 당초 인간이 지닌 호기심에서 촉발되었으나 21세기에 들어와서는 그 자체의 운동원리를 따라 이루어지고 있어 분야에 따라서는 이미 인간이 스스로 제어할 수 있는 범위를 넘어서고 있기도 하다.

인류는 18세기 중반에 산업혁명을 경험한 이래 과학기술의 세기를 살고 있으며 20세기 후반에 들어와 촉발된 IT혁명이 선진국을 중심으로 완결단계로 진입함에 따라 과학기술의 변화 속도가 가속화되었으며 그러한 추세는 21세기에 들어와 더 뚜렷해질 전망이다.

과학기술은 인간생활의 전 영역에 걸쳐 점점 더 큰 영향을 주는데 거기에는 현재 아주 빠른 속도로 진행 중인 IT혁명이 공헌한 바가 크다. 사실 IT혁명은 IT산업은 물론 IT관련 산업, 비 IT산업에 이르기까지 광범위한 영향을 미치며 나아가 사회·정치·문화 영역에 걸쳐 인간생활의 제반 측면을 변화시키고 있다.

주지하듯이 우리나라에서도 현재 IT혁명이 진행 중이다. IT혁명은 그 이전의 증기기관혁명이나 전기혁명과 같이 혁명의 씨앗을 뿌린 지 50년 정도의 회임기간이 지난 다음에야 본격적으로 효과를 나타내기 시작하는 경제 대변화에 속한다.

IT혁명은 이전 시기의 경제대혁명에서 보듯이 하드웨어 혁명의 단계, 운영체계와 같은 아주 좁은 의미의 소프트웨어 혁명의 단계, 콘텐츠와 같은 조금 넓은 의미의 소프트웨어 혁명의 단계 그리고 제도와 기구와 관행과 정책 등 아주 넓은 의미의 소프트웨어 혁명의 단계를 걸쳐 진행된다. 혁명의 과실은 넓은 의미의 소프트웨어가 변화되는 단계에 이르러야 본격적으로 열리기 시작한다.

우리나라는 IT혁명의 네 단계 가운데 현재 하드웨어의 단계를 거쳐 좁은 의미의 소프트웨어의 단계를 지나는 중이다. 각종 IT관련 하드웨어에서 세계를 이끌고 있고 콘텐츠를 중심으로 한 좁은 의미의 소프트웨어에서 두각을 나타내고 있음에서 그런 정황을 알 수 있다. 그렇지만 후발국가의 이점을 살려 혁명의 진행 단계를 크게 줄일 수 있으므로 우리나라가 넓은 의미의 소프트웨어 혁명의 단계로 진입하는 데 그리 오랜 시간이 걸리지는 않을 것이다.

IT혁명은 경제활동에 수반하는 모든 종류의 거래비용을 현격하게 낮춤으로써 자유화를 촉진시킨다. IT혁명은 인간이 지닌 시간과 공간과 지력과 육체적 힘의 한계를 효과적으로 극복하도록 만듦으로써 인간의 자유를 증진시키는 것이다. IT혁명은 인간에게 주어진 자원과 환경의 제약을 크게 완화시키며 이념 · 체제 · 제도 · 기구 · 규범 · 관행 그리고 정책을 인간의 자유 신장에 도움을 주는 방향으로 변화시키는 것을 용이하게 만든다. 결국 IT혁명은 사람들로 하여금 자원 · 환경 · 시간 · 공간 · 사상 · 제도 · 관행 · 정책 등의 속박으로부터 벗어나게 도와줌으로써 인간해방을 가져온다.

경계가 사라진 사회에서의 5가지 변화

1 | 자유의 확장

자유화와 세계화 그리고 IT혁명이 가져오는 결과 중 가장 중요한 것은 그것이 개개인의 자유를 지속적으로 확장시킨다는 사실이다. 사실 인류의 역사는 개개인이 향유할 수 있는 자유의 영역을 확장시키기 위해 투쟁해온 과정이라고 할 수 있다. 인류가 무지와 무력함과 빈곤과 질병과 편견과 억압 등 그 자신을 구속하고 제약하는 모든 종류의 속박으로부터 벗어나려고 노력해온 과정을 기술한 것이 역사인 것이다.

자유화와 세계화 그리고 IT혁명은 경제를 풍요롭게 만들고 정치를 민주적이고 자유롭게 하며 사회의 다양성을 증진시키고 문화를 풍성하게 만든다. 그것은 자연자원과 기후조건이 주는 제약요건들을 극복하기 용이하게 만들며 시간과 공간상의 각종 제약으로부터 탈출을 용이하게 만든다.

경제적 풍요로움이 우리의 자유를 얼마나 신장시키는지 알아보려면 1960년대 초의 한국인의 삶과 21세기 초엽의 한국인의 삶이 얼마나 다른지 비교해보면 된다.

1960년대 초만 하더라도 우리나라 사람들은 평균적으로 보아 1인당 소득 87달러 정도의 극도로 가난한 삶을 영위하고 있었다. 일자리가 충분치 않아 일을 하고 싶어도 할 수 없었으며 그나마 벌이도 시원치 않아 기본적인 의식주를 해결하기도 어려웠다. 의식주를 해결하기도 어려운 형편이니 웬만한 병이 나도 병원에 갈 엄두를 내기 어려웠으며 문화생활이나 여가생활은 꿈조차 꾸기 어려웠다. 교통·통신·전력·에너지 등 기본적 사회간접자본이 크게 부족해서 100리 길을 가는데 3시간이 걸리고 보통 사람은 전화 한 통 걸기가 어려웠다. 상하수도나 오물 처리 등이 극히 낙후되어 전염병이 돌기 일쑤이고 교육시설이 매우 열악해서

2부제, 3부제 수업을 해야 했다. 해외여행은 꿈조차 꾸기 어려웠으며 동네 유선방송이 유일한 뉴스 전달수단이 되기도 하였다. 정치적인 자유나 민주화의 정도가 매우 낮았으며 도처에 미신과 편견과 집단광신 등이 횡행하였다.

21세기 초엽의 삶은 어떠한가? 우리나라 사람들은 이제 누구나 1인당소득 14,000달러 정도의 삶을 누릴 수 있게 되었다. 의식주의 기본이 해결되었음은 물론 이제는 얼마나 더 잘 먹고 입고 사느냐가 관심이 되고 있다. 4퍼센트 이하의 실업률에서 보듯이 일자리 부족 현상이 그리 심하지 않고, 소득수준에 걸맞게 수준 높은 보건의료 서비스를 향유하게 되었다. 교통 · 통신 · 전기 · 에너지 등 모든 분야에서 부족함이 없어졌다. 광범위한 도로와 고속도로, 철도와 항공망의 연결로 전국이 반나절 생활권이 되었으며, 유무선 전화의 폭발적 보급으로 통신 과소비를 걱정하는 시대가 되었다. 상하수도나 오물 처리 등에서 선진화가 이루어지고 있으며, 스포츠 · 오락 · 여가 및 유흥활동 등 모든 면에서 풍요로운 사회가 되었다. 국내외 여행은 누구에게나 열려 있는 일상사가 되었으며, 누구건 자유롭게 해외로 나가 일하고 여행하고 공부할 수 있고 또 외국인도 비교적 자유롭게 국내에 들어와 일하고 배우고 여행할 수 있게 되었다. 정치적인 자유가 크게 신장되었으며 민주화가 완결되어가고 있고, 언로의 자유를 걱정하던 나라가 이제는 신문 · 방송 · 인터넷 등 미디어의 공급과잉과 지나친 언로의 자유를 염려할 처지가 되었다.

이렇게 40여 년의 기간만 놓고 보더라도 우리네 삶의 양과 내용과 질이 획기적으로 개선되었음을 쉽게 알 수 있다. 중요한 것은 그러한 추세가 앞으로도 가속적으로 이어질 것이라는 점이다. 현재 이루어지고 있는 자유화와 세계화의 진전은 머지않아 완결단계에 접어들게 될 것이고, 현재 급속도로 진행 중인 IT혁명도 머지않은 장래에 성숙기로 접어들게 될 것이다. 그렇게 됨에 따라 우리나라는 중진국에 불과한 현 위치에서 선진국으로 발돋움하게 될 터인데, 그것은 단적으로 말해 우리나라의 1인당소득이 지금의 가치 기준으로 30,000달러를 넘게 될 것임을 나타낸다. 1인당소득이 30,000달러를 넘게 되면 당연하게도 우리의 삶은 그 양과 내용과 질에 있어서 1인당소득 14,000달러 시대의 그것보다 훨씬 더 우월한 것이 될 것이다. 즉 지금보다 훨씬 더 자유롭고 풍요롭고 풍성한 삶을 누리게 될 것이다.

결국 자유화와 세계화의 완결 그리고 IT혁명의 완성으로 경제의 선진화가 이루어지고 그와 더불어 우리 개개인이 누리게 될 정치적·경제적·사회적·문화적 자유로움이 지속적으로 확대되고 신장하게 되는 것이다.

2 | 모든 것을 스스로 해결하는 시대

자유화와 세계화의 완결과 IT혁명의 성숙이 자유를 신장시킴에 따라 사람들의 행동도 전보다 훨씬 더 자유로워진다. 자유롭기를 갈망하는 인간에게 더 큰 자유가 주어지게 되면 실제 행동이 훨씬 더 자유롭게 되는 것은 당연하다. 여기에서 인간의 행동이 더 자유롭게 된다는 것은 경제 영역에서 볼 때 가능하면 모든 것을 스스로 해결하려 들게 됨을 의미한다.

단적인 예로 종래에는 공급자가 이미 만들어놓은 재화나 용역 가운데 자기한테 적합한 것을 골라 구매하던 소비자들이 이제부터는 각자의 선호에 따라 필요한 소재를 구매해서 제 맘에 드는 것을 스스로 '만들어' 쓰는 행태를 보이게 된다. 공급자가 만들어놓은 것은 그 종류가 다양하더라도 이는 어디까지나 시장의 평균적 소비자를 위한 것이 주종을 이루게 되므로 개별 소비자의 입장에서 보면 선택의 자유가 제한되기 십상이다. 그런데 자유화와 세계화 그리고 IT혁명이 진전됨에 따라 이제는 스스로 자기가 원하는 것을 '만들어' 쓸 수 있는 시대가 되는 것이다.

이것은 두 가지 형태로 표출된다. 첫째는 공급자에게 자기가 원하는 것이 무엇인지 구체적인 요구사항을 전달하고, 그에 꼭 맞는 제품을 공급하도록 요청하고, 공급자는 거기에 맞추어 제품을 공급하는 맞춤 생산 맞춤 소비의 현상으로 표출된다. 둘째는 소비자가 직접 필요한 소재를 구입해서 '스스로 만들어' 쓰는 신종 경제활동의 확산이다. 우리는 이미 'DIY' 산업의 성장에서 그런 추세를 엿볼 수 있다.

맞춤 생산과 맞춤 소비 그리고 '스스로 만들어' 쓰는 행동이 상품에만 국한되어 나타나는 것은 아니다. 그것은 학습·보건 의료·스포츠·여행·문화생활 등 소비의 전 영역에 걸쳐 일어나는 현상이다. 예를 들어 여행의 경우 이제까지의 여행이 여행사가 관광 프로그램을 짜서 여행자를 모집하던 것이 주종을 이루었음에 반해, 앞으로는 동호인들이 모여 우리가 이러이러한 곳에 가서 이러이러한 것을 보거나 이러이러한 것을 하고 싶으니 그에 맞추어 여행 프로그램을 짜달라는 식으로 바뀌게 된다. 또 다른 예를 들면 지금까지는 학교나 학원에서 미리 짜여진 프로그램대로 학습을 진행하는 단일방향 학습이 주종을 이루었지만, 이제부터는 배우는 사람과 가르치는 사람이 서로 논의해서 각자의 욕구에 맞추어 학습을 전개하는 맞춤 학습 및 스스로 하는 학습이 더 일반화될 것이다.

이러한 변화는 사실 경제생활의 전 측면에 걸쳐 일어나게 된다. 즉 소비·저축·투자·금융·결혼·출산·육아 등 모든 부문에서 맞춤 생산과 맞춤 소비 그리고 'DIY'가 일반화될 것이다. 예를 들어 종래에는 중매나 미팅 등을 통해 남녀가 짝을 찾았기 때문에 선택의 폭이 작았지만 지금은 대규모 결혼 중개 회사를 통해 자기에게 꼭 맞는다고 생각되는 짝을 고르는 것이 일반화됨에 따라 선택의 폭이 확장되고 있다. 아마 앞으로는 이러한 맞춤 소비에서 더 나아가 일견 마음에 드는 짝을 고른 다음 결혼하기 전 그리고 결혼 생활 중에 상대방의 안팎을 자기에게 더 맞는 인물로 뜯어 고치려는 'DIY'가 일반화될지도 모른다.

이렇게 'DIY'가 일반화되면 보통 정도의 서비스를 제공하는 사람들에 대한 인력수요는 대폭적으로 감소하게 된다. 예를 들어 그저 항공편을 예약해주고 표를 끊어주는 정도의 통상적 서비스를 제공하는 여행사는 쇠퇴하고, 고객을 찾아 고객의 개별적 요구에 맞추어 필요한 서비스를 제때에 제공해줄 수 있는 여행사가 성업을 이루게 될 것이다. 즉 고객의 'DIY' 성향에 성공적으로 부응할 수 있는 기업만이 살아남게 될 것이다.

'DIY'가 일반화된다는 것은 그만큼 소비자가 똑똑해짐을 의미한다. 물론 소비자가 전보다 더 많이 배우고 익혀 스스로 똑똑해지는 점도 있지만 IT혁명, 특히 인터넷의 확산에 따라 필요한 지식과 정보에 대한 접근이 용이해졌기 때문에 똑똑해지는 점이 더 강하다. 그러기에 웬만한 정도의 지식과 경험과 능력에 대한 수요는 줄어들게 된다. 이와 같은 일이 일어나게 되는 것은 현재 이루어지고 있는 두뇌혁명과 IT혁명에 있기에 가능한 것으로서 앞으로는 기억 능력보다는 문제해결 능력이 훨씬 더 중요한 자산이 될 것이다.

반면에 'DIY'가 일반화되더라도 진정으로 중요한 아주 긴요한 최종단계는 전문가에게 의존하게 된다. 실제로 'DIY'가 확산될수록 전문가에 대한 의존도는 심화되고 따라서 그들의 중요성은 더 커진다.

3 | 하나의 세계를 향한 대전진

제2차 세계대전 종료 이후부터 시작된 경제 국제화의 물결은 20세기 종반에 이르러 그 속도가 매우 빨라졌으며 21세기를 맞은 현재는 지구

전 지역에 걸쳐서 아주 빠른 속도로 세계화가 이루어지고 있다. 나라와 나라 사이에서 정보와 아이디어, 문화와 가치관과 종교, 자본과 기술, 상품과 서비스 그리고 사람에 이르기까지 경제활동의 주·객체 모두가 신속하고도 자유롭게 이동하고 있거나 아주 빠른 속도로 그렇게 되어가고 있다.

물론 소수의 동남아시아 국가, 다수의 중앙아시아 국가, 대부분의 중동 국가와 남아프리카 국가 그리고 소수의 중남미 국가 등 아직 세계화에 본격적으로 동참하지 못하는 나라들도 적지 않다. 그러나 20세기 중반 이후의 세계경제를 일별해보면 세계화의 진전과 그로 인한 세계경제의 통합이 돌이킬 수 없는 대세를 이루고 있음을 부인하기 어렵다.

세계화는 경제활동의 자유화 추세가 한 국가의 울타리를 넘어 국가와 국가 간의 경제활동에까지 확대되어 나타나는 현상이다. 끊임없이 자유를 추구하는 인간의 본성이 국가의 울타리를 넘어 국가 간의 거래로 확대된 것이 세계화의 단초이며, 20세기 후반에 이르러 빠른 속도로 진행 중인 IT혁명이 국가와 국가 사이에 존재하던 각종 장벽을 약화시킴으로써 세계화의 획기적인 진전이 가능하게 된 것이다.

세계화는 인간이 지금까지 주로 하나 또는 소수의 국가를 대상으로 해서 추구해오던 경제활동을 전 세계를 대상으로 추구할 수 있게 함으로써 몇몇 국가로 국한되어 있던 경제활동의 지역적 배치를 전 세계적인 것으로 대폭 확대시키고 있다. 이는 경제생활의 모든 측면을 변화시킨다. 즉 소비·여가생활·노동·조달·생산·판매·저축·투자·학습·연구개발·노후생활·결혼·양육 등 인간이 전개하는 전 경제활동이 국경을 넘어 이루어지며 그 결과 전 세계가 실질적으로 하나가 되어간다. 국경 없는 세상이 도래하게 된 것이다.

경제활동의 규모로 보면 지구의 약 80퍼센트에 이르는 지역에 걸쳐 고도의 국제화가 이루어져 있으며 인구의 크기로 보면 약 50퍼센트 정도가 국제화에 동참하고 있다. 국제화가 진전되었음에도 아직 전 세계가 하나의 경제로 통합되지는 않았으며, 지금은 세계가 몇몇의 경제 블록으로 나뉘어 있는 가운데 꾸준하게 단일 경제권으로 이행하고 있는 중이다. 앞으로도 국제화는 더욱 크게 진전될 것이다.

순수 토종기업은 점차 쇠퇴하며 다국적 또는 초국적 기업 내지는 혼혈기업이 무대의 전면에 등장하게 된다. 점차 국내기업과 외국기업의 구분이 무의미해진다. 당분간은 지역 공동체가 강화될 것이나 머지않아 지역 공동체가 연합한 새로운 형태의, 좀더 광역에 걸친 범지역경제공동체가 출현할 것이고 더 나아가 세계의 단일 경제공동체가 형성되기에 이를 것이다.

남북한 경제도 통합의 속도가 빨라질 것이며 남한 기업, 북한 기업, 남북한 합작 기업, 다국적 기업, 초국적 기업 등이 남한과 북한 전역에 걸쳐 경제활동을 전개하게 될 것이다.

현재 세계 여러 나라 중 가장 앞서서 세계화를 추진해나가는 나라는 미국이며 일본 · 영국 · 호주 · 멕시코 등이 미국이 선도하는 세계화 추세에 가장 적극적으로 동참하고 있다. 한편 그 동안 세계화에 약간 유보적인 태도를 취하던 유럽은 단일 경제공동체의 출범과 더불어 아주 활기차게 역내의 경제통합을 이루어감과 동시에 세계화에도 적극적인 자세로 임하고 있다. 이것은 미국의 독주를 견제하려는 유럽국가들의 노력이 표출된 결과라 할 수 있다. 그러나 그것은 무엇보다도 현재 아주 빠른 속도로 진행되는 IT혁명이 유럽국가가 세계화에 동참하지 않을 수 없게 만들고 있기 때문에 벌어지는 현상이다.

미국과 유럽국가들에 이어 가장 역동적으로 세계화에 동참하고 있는 나라들은 남미의 칠레, 아시아의 한국 · 대만 · 싱가포르 · 유럽의 아일랜드와 핀란드 등 이른바 강소국들이다. 이들은 일찍부터 자원 부족의 한계를 극복하는 가장 유효한 길이 세계화에 있음을 알아 세계화에 앞장선 나라들로서 이들 국가에서 남보다 앞선 IT혁명이 이루어지고 있음은 우연이 아니다.

세계화와 관련해서 또 한 가지 주목할 현상은 중국 · 인도 · 브라질 · 러시아 등 아직은 가난하지만 강대국이 될 수 있는 잠재력을 지닌 나라들이 비록 다른 나라보다는 훨씬 늦었지만 지금 아주 맹렬한 속도로 세계화에 동참하고 있다는 사실이다. 이 중에서도 중국과 인도경제의 변모가 세계경제의 흐름에 대하여 시사하는 바가 매우 큰데, 주목할 것은 두 나라 모두 IT강국으로 발돋움하기 위해 대단한 노력을 기울이고 있다는 사실이다. 중국의 부상은 세상의 판도를 바꾸어놓을 수 있는 일로서 우리나라의 장래를 예측함에 있어 반드시 고려해야 할 사항이다.

물론 세계화에 아주 뒤처진 나라들도 많다. 중앙아시아와 중동의 여러 나라들, 남아시아의 몇몇 나라들과 북한, 대다수의 아프리카 국가들, 중남미의 거의 모든 나라들이 그 예이다.

4 | 유연화된 경제 관계

자유화와 세계화의 완결과 IT혁명의 성숙이 가져오는 또 하나의 중요한 대세변화는 이제까지 비교적 장기에 걸쳐 고정적으로 유지되어오던 경제주체들 사이의 관계가 이제부터는 필요에 따라 쉽게 모였다가 헤어지고 또 다른 형태로 모이는 방식의 신축적이고 유연한 것으로 바뀐다는 사실이다.

물론 그것은 모든 것으로부터 자유롭고자 끊임없이 노력하는 인간의 본성이 그러한 인간본성을 비교적 용이하게 충족시킬 수 있게 해주는 경제 환경의 변화를 만나 그렇게 되는 것이다. 즉 자유롭기를 바라는 인간의 본성은 경제주체들 간의 관계조차도 그것이 고착되고 장기화되는 것을 싫어하게 마련인데, 지금까지는 불확실하고 위험성이 큰 여건을 회피하는 수단으로 반복적이고 고착적이며 장기적인 관계를 수용했지만, 자유화와 세계화 그리고 IT혁명의 진전으로 자유로움이 대폭 확장된 이제는 쉽게 모였다 헤어짐을 반복할 수 있는 신축적이며 유연한 관계가 중요해진 것이다.

관계의 유연화는 우선 가족관계를 느슨하고 다양한 형태로 변화시킬 것이다. 그 동안 명맥을 유지하던 대가족 제도가 사라지고 핵가족 제도도 점차 약화될 것이다. 결혼 제도 역시 '백년해로'라는 전통적 형태보다는 필요에 따라 합치고 헤어짐을 반복하는 신축적인 관계가 강화될 전망이다. 친가보다는 처가 쪽과의 관계가 긴밀해질 것이며, 아들보다는 딸이 부모와 더 가까이 살게 될 것이다. 나아가 혈연 중심의 부모와 자식 관계도 점차 약화될 것이다.

이러한 현상은 근로자와 회사 사이에서도 일어나 평생직장 또는 평생직업의 개념이 약화될 것이다. 근로자들은 직장에 대한 충성심보다는 자기의 발전을 위해 더 노력함에 따라 언제건 미련 없이 직장을 옮기게 될 것이고, 회사도 일단 선발한 사람을 계속해서 쓰기보다는 필수 요원이 아니라면 그때그때 필요한 인원을 충당하거나 아웃소싱 또는 인재 파견 업체에 의존하는 일이 빈번해질 것이다. 이는 근로자의 입장에서 보면 멀티플 직업, 멀티플 경력, 멀티플 일상생활이 보편화될 것임을 뜻하며 기업의 입장에서 보면 이제까지 기업 내부에서 해왔던 업무의 대부분을 외주로 주고 소수의 핵심 인력은 아주 높은 보수를 주고 유지하면서 대부분의 인력은 유연한 인력수급 체제에 의존하게 될 것임을 시사한다.

기업과 기업 사이의 관계도 가변적이고 신축적인 것으로 변모될 것이다. 자유화와 세계화 그리고 IT혁명의 진전이 국내외의 모든 기업이 국내외의 모든 기업을 상대로 영업을 행하기 쉽게 만들기 때문에 그러한 일이 벌어지게 된다. 거래비용과 정보비용이 하락함에 따라 더 이상 소수의 기업과 장기에 걸쳐 고정적인 거래관계를 유지할 필요가 적어지는 것이다. 이러한 변화는 계열 기업이나 주거래 기업 등의 개념을 점차 약화시킬 것이며 우리나라의 재벌체제에도 커다란 변화를 초래할 것이다. 사실 과거 30년 정도의 긴 기간에 걸쳐 우리나라의 기업계를 특징짓던 재벌체제에 이미 그러한 변화가 나타나고 있다. 그룹의 가속적인 분열과 분화 그리고 그룹에 속한 기업의 제품이라도 타 회사의 그것보다 경쟁력이 떨어지면 구매하지 말자는 풍조의 확산에서 그러한 조짐을 엿볼 수 있다.

이처럼 이제부터는 모든 경제주체들 간에 이른바 신유목적 연대가 반복적으로 형성되고 소멸할 것이다. 이는 지연·학벌·성별·국적 등에 따라 유지되어오던 경제관계가 점차 무력해질 것임을 의미하기도 한다.

5 | 국경 없는 시대

자유화와 세계화의 진전 그리고 IT혁명의 성숙은 이제까지 유지되어오던 제반 경제적 장애물을 붕괴시킴으로써 경제주체 사이에 비교적 공공한 형태로 존재해오던 각종 영역이 허물어지기 시작하는 변화를 가져온다.

예를 들어 경제주체에 대한 전통적 영역 구분이 무의미해진다. 즉 소비자와 생산자, 가계와 기업, 사용자와 근로자, 소유자와 경영자, 내국인과 외국인, 선생과 학생, 의뢰인과 대리인, 민간부문과 정부 등 이제까지 경제주체를 나누던 장벽이 차례로 허물어짐에 따라 그들 사이를 구분하는 일이 점차 무의미해진다.

이러한 변화는 기업 내부에서도 일어나 원청기업과 하청기업, 모기업과 계열 기업, 사내의 사업부문과 외부 기업, 대기업과 중소기업, 금융부문과 실물부문, 내국기업과 외국기업 등 기업 간의 관계에서도 기존의 경계가 점점 약화된다. 그에 따라 예상되는 한 가지는 덩치가 크고 느린 대기업보다는 상황 변화에 기민하게 대처할 수 있는 중소기업에게 유리한 상황이 전개될 것이라는 점이다. 물론 전 세계를 대상으로 하는 분야에서는 지금보다 훨씬 더 규모가 큰 초대기업이 출현하기도 할 것이다.

나아가 일과 놀이를 구별하기 어려워지며 놀이와 공부 역시 구별이 어려워진다. 산업의 융합과 분열이 급속도로 이루어질 것이며 새로운 산업이 계속해서 출현하게 될 것이다. 기업과 산업과 관련한 창조적 파괴가 더 빠른 속도로 또한 더 넓은 영역에 걸쳐 일어나게 될 것이다. 특히 이 문제와 관련해서 유념해야 할 것은 산업과 산업 사이의 경계가 희미해진다는 점이다. 예를 들어 제조업과 서비스업을 구분하기 어려워질 것이며, 통신 서비스업과 방송 서비스업을 구분하기 어려워지고, 금융산업과 실물산업을 구분하기가 어려워지고, 공기업의 영역과 민간기업의 영역 구분이 불명확해질 것임에 유의해야 한다.

자유화와 세계화 그리고 IT혁명이 낳은 또 하나의 중대한 변화는 나라와 나라 사이에 존재하던 국경의 힘이 급속도로 약화된다는 점이다. 현재 세계는 아주 빠른 속도로 경제통합의 길로 나아가고 있으며, 그 결과 나라와 나라 사이에 물자와 상품, 서비스와 자금, 기술과 아이디어와 사람의 이동이 아주 빠른 속도로 자유화되고 있다. 이러한 추세는 앞으로 더 가속화될 것이며 그 결과 향후 20년 정도의 기간이 지나면 세계 도처에 걸쳐 많은 나라가 실질적으로 한 나라의 여러 지방과 같은 형태로 변모하게 될 것이다.

이를 동아시아 3국에 대해 보면 한국, 일본 그리고 중국 사이에는 현재 큰 간극이 존재하지만 과거 20년 전에 비하면 3국의 경제관계가 비할 수 없이 긴밀해졌음에서 알 수 있듯이, 향후 20년이 되면 경제관계가 더욱 긴밀해져 3국이 실질적으로 하나의 경제로 통합될 것임을 짐작해

볼 수 있다. 물론 북한이 어떻게 되느냐가 중대한 문제이지만 남한과 북한 사이에 존재하는 각종 경계도 점차 약화되어 양자 간의 경제교류가 크게 활성화될 것이며, 그 결과 남북한이 통합된 단일 경제를 형성할 수 있다면, 한국과 일본과 중국 간의 경제통합은 더 급속도로 이루어지게 될 것이다. 물론 앞으로 남한과 북한과의 관계가 어떻게 전개되느냐에 따라 전혀 다른 상황이 도래할 수도 있다.

그러한 시대가 되면 한국, 중국 그리고 일본의 소비자와 노동자와 기업가가 한국, 중국 그리고 일본을 넘나들며 자유롭게 경제활동을 영위하는 상황이 전개될 것이다. 만일 20년 내에 그렇게 되지 않는다면 40년 내에 그렇게 될 것은 거의 확실하다. 물론 세 나라는 저마다의 문화와 언어와 생활 관습을 유지하겠지만, 무엇보다도 교통과 통신 수단의 획기적인 발달로 한국·중국·일본 대부분의 지역이 1일생활권으로 묶이게 될 것임에 따라 세 나라이면서 하나의 경제권을 형성하는 상황이 전개될 전망이다.

이와 같이 물자와 상품, 서비스와 자금과 아이디어와 기술과 사람에 걸쳐 국가 간 이동이 전면적으로 자유로워짐에 따라 국가의 관념도 바뀌게 된다. 이제 국가를 규정하는 것은 그 나라의 자원도 기업도 아니고 오로지 그 나라에 사는 주민일 뿐이다. 즉 그 나라에 모여 사는 사람의 욕구와 능력과 자질과 심성이 나라의 정체성을 정하는 가장 중요한 요소가 된다. 인구의 국가 간 이동이 자유로워질 미래에는 오가는 사람을 억지로 묶어둘 수 없으므로 결국은 우리나라가 좋다고 생각해서 이곳에서 살기로 결정한 사람들에 의해 국가의 정체성이 정해질 것이다.

국가의 개념 변화에 부수해서 국민 또는 국적의 개념도 변화하게 될 것이다. 현재 우리나라는 국민과 국적에 대한 규정을 비교적 엄격하게 유지하고 있는데 인구의 국가 간 이동이 자유로워질 미래의 시대에는 그러한 엄격한 구분이 매우 어려워질 것이다. 예를 들어 외국인의 국내

거주가 일상화됨에 따라 장기거주 외국인과 그들 자녀의 국적이 문제될 것이며 다른 한편에서는 해외이주 한국인의 국적 처리가 문제될 것이다.

한편 현존하는 경계가 소멸됨과 동시에 새로운 경계가 생성되거나 기존의 경계가 강화되는 추세도 나타나게 될 것이다. 그렇더라도 아주 긴 기간에 걸쳐서 보면 이러한 경계의 강화 현상도 결국은 일시적인 일로 끝날 것이다. 모든 종류의 경계가 약화되는 것이 대세를 이룰 것이기 때문이다.

변화하는 세상을 향한 열린 마음의 자세

경제활동의 자유화와 개방화는 피할 수 없는 인간사의 대세이다. 사람들은 시간과 공간상의 그 어떤 제약도 회피하려는 본능적 속성을 지니고 있다. 시간과 공간상의 제약은 경제발전에 따라 약화되며, 특히 정보통신기술의 발달에 힘입어 국가와 국가 간에 존재하는 각종 경계가 약화된다. 따라서 시기의 문제일 뿐 전 세계가 하나의 경제권으로 통합될 것임은 불문가지의 사실이다.

세계화를 차질 없이 완수하려면 양질의 자원을 확보하는 것이 선결과제이다. 세계화를 성공적으로 추진하려면 보다 더 적극적인 노력을 통해 양질의 인적 자본과 물적 자본 그리고 사회적 자본을 축적해나가야 하고, 어떤 나라보다도 앞서서 IT혁명을 성공적으로 추진해야 하며, 정치적 안정을 확보하고 지도자가 국가의 미래에 관해 뚜렷한 비전을 제시할 수 있어야 한다.

물론 세계적 평화와 협력이 전제되지 않는다면 세계화의 순탄한 전개는 어려울 것이다. 그러나 무엇보다도 중요한 것은 우리나라 사람들이 지닌 태생적인 국수주의적 폐쇄성을 극복하는 일이다. 우리가 우리나라의 현행 제도와 이념과 관습과 법률과 정책 가운데 반외세적인 요소들을 철폐하지 못한다면 거세게 흐르는 세계화의 물결을 헤쳐 나가기가 매우 어려울 것이다.

우리는 누구나 일생을 통해 멀티플 직업, 멀티플 경력, 멀티플 일상생활을 갖게 될 것이다. 그러나 우리는 아직 그러한 세상에 대해 적응할 태세를 갖추고 있지 못하다. 예를 들어 평생에 걸쳐 배우고 닦아야 하는 세상이 되고 있음에도 학교를 마치면 공부를 끝낸 것으로 생각하는 타성을 벗어야 한다. 이 점은 특히 여성들에게 있어서 중요하며 또한 고령자에게 있어서도 그러하다.

국가와 국민 간의 관계 역시 유연해지고 신축적인 것으로 변화될 것이다. 앞으로는 민족·국민·국적 등의 개념이 종래와는 다르게 변화할 것이다. 그럼에도 불구하고 우리가 지닌 체제와 제도와 기구와 이념과 사상과 정책 등은 아직 그러한 대세 변화에 부응하지 못한다. 그러므로 우리는 한 사회의 기본적 소프트웨어를 이루는 체제와 제도와 이념과 사상과 관행과 규범과 정책 등을 자유로운 이합집산을 허용하는 것으로 변화시켜야 한다.

기술변화의 속도가 빨라짐에 따라 경제활동의 전 영역에 걸쳐 창조적 파괴현상이 가속화되어 일어날 것이다. 그러한 추세에 부응하려면 우리가 그 동안 유지해오던 학습 및 훈련 시스템을 창의적 인재를 양성하는 시스템으로 바꾸어야 한다. 한편 사회가 과학기술의 혁명적 변화를 어떻게 받아들일 것인가에 따라 과학기술의 발전 속도와 발전의 방향 및 내용이 크게 달라질 것임에도 유의해야 한다. 현재 논란이 되고 있는 생명윤리 문제에 비추어 보면 한 사회가 과학기술에 대해 어떠한 태도를 갖느냐에 따라 기술변화의 속도와 내용과 방향이 크게 달라질 것임을 짐작할 수 있다.

이러한 트렌드에 대응하기 위해서는 우리가 지닌 국수주의적 폐쇄성을 극복해야 하며, 경제의 완전한 대외개방을 이루어야 하고, 특히 물자와 서비스와 자본과 사람의 국가 간 완전한 자유이동을 보장하는 방향으로 통상정책과 출입국 관련 정책을 변화시켜야 한다.

세계화의 획기적인 진전에 따라 향후의 세계는 국경이 무력화되는 시대가 전개될 것이다. 앞으로 나라와 나라를 구분하는 가장 중요한 잣대는 그 나라가 지닌 지리 기후적 특성과 그 나라에 살고 있는 사람이 누군가일 것이다.

새로운 세상에서는 국토의 자연환경을 쾌적하게 보존하고 가꿈으로써 살기좋은 환경을 유지하고 문제를 찾아 그 해결책을 알아내고 새로운 가치를 창출해내는 능력과 지혜를 지닌 국민들로 이루어진 나라가 경쟁력을 갖게 될 것이다.

이는 현명하며 창의적인 인간을 길러내는 교육과 훈련 시스템을 갖추었거나 갖출 수 있는 나라, 그리고 더불어 살기에 좋은 자연·사회·문화 환경을 지니고 있어 그곳에서 살겠다고 몰려오는 사람이 많은 나라가 진정으로 잘 사는 나라가 될 것임을 시사한다.

디지털 경제 패러다임의 등장

IT혁명이 급진전됨에 따라 과거 균등 · 모방 · 단일성이라는 특징을 지니던 아날로그 경제 패러다임이 뒤로 물러나게 되고 다양 · 창조 · 모험성이라는 특징을 지닌 디지털 경제 패러다임이 전면으로 부상하고 있다.

20세기 중엽에 시작된 IT혁명이 미국을 비롯한 선진국에서는 이제 성숙 단계에 접어들고 있다. 우리나라는 현재 미국보다 약 40년이 뒤처진 1980년대 중반부터 시작되어 1990년대 이후 급속도로 전개되고 있는 IT혁명의 한가운데에 놓여 있다.

IT혁명이란 IT의 발전이 경제 사회의 모든 측면을 변화시켜 새로운 세상을 낳는 변화를 일컫는다. 이를 경제 분야에 국한해서 설명하자면, 생산 조달 유통 판매 소비 · 저축 · 투자 · 금융 · 노동 · 기술개발 · 교육 · 훈련 등 전 영역에 걸쳐 생산방식이 획기적으로 변화되고, 나아가 그것이 그 사회를 지배하는 이념 · 체제 · 관행 · 규범 · 정책 등에도 영향을 주어 경제사회의 모습이 전과는 근본적으로 달라지는 변화를 겪는 것을 가리킨다.

IT혁명이 진전됨에 따라 경제의 체질이 근본적으로 변화하게 된다. 그러한 체질 변화를 한마디로 요약한다면, 경제의 패러다임이 아날로그에서 디지털로 변화하는 것으로 정의할 수 있다.

디지털적 경제 패러다임은 자유와 자율, 개성과 다양성, 모험과 창조, 신축성과 가변성, 다중성과 융합, 개방성과 전재성 등을 특징으로 하며 이는 명령·타율·획일·균등·모방·단일성·안정성·폐쇄성·편재성 등을 특징으로 하는 아날로그적 경제 패러다임과 대비된다.

아날로그적인 것에서 디지털적인 것으로 경제 패러다임이 바뀜에 따라 경제활동의 효율성이 크게 신장될 것이다. 그것은 무엇보다도 경제주체들의 행동양식을 크게 변화시키는 것을 통해 이루어지게 된다. 즉 가계·기업·정부 등 모든 경제주체에 걸쳐 아날로그 시대의 행동 패턴이 디지털 시대의 행동 패턴으로 바뀌게 될 것이다.

왜 디지털 경제 패러다임인가

경제의 디지털화는 IT혁명이 성숙 단계에 이르면서 급속도로 진행된다. IT혁명의 태동은 1945년에 이루어진 트랜지스터의 발명과 그 시기를 같이 한다. 트랜지스터의 발명과 더불어 메인 프레임 전자계산기가 등장했을 때만 하더라도 20세기 종반에 전개된 것과 같은 혁명적인 변화가 도래하리라고는 예상하지 못했다. 그러나 그 이후 PC·인터넷·휴대전화·무선통신망 등이 속속 등장하면서 이제는 경제생활의 전 국면이 디지털화하고 있다.

이는 기술의 대변화가 인간생활을 근본적으로 바꾸어놓은 경우에 해당하는 것으로서, 증기기관의 발명에서 비롯된 1차 산업혁명이나, 전기기술 및 철도기술이 주도한 2차 산업혁명에 필적하는 중대한 변화로서 IT혁명으로 초래된 경제의 대변화를 3차 산업혁명으로 지칭하기도 한다.

그러나 무릇 모든 혁명적인 변화가 그렇듯이 경제의 디지털화 역시 기술이 있기 때문에 필연적으로 그 방향으로 진행된 것이 아니라 그것이 사람들의 기호에 부합했기 때문에 그런 방향으로 진행된 것으로 보아야 한다.

IT혁명의 진전과 그로 인한 경제의 디지털화는 비슷한 시기에 이루어진 경제의 자유화와 국제화라는 커다란 힘과 맞물리면서 상승작용을 일으키고 있다. 즉 경제의 자유화와 국제화가 경제의 디지털화를 촉진시키는 한편, 경제의 디지털화가 자유화와 국제화를 더욱 진전시키고 있는 것이다.

경제의 디지털화는 하드웨어, 좁은 의미의 소프트웨어, 넓은 의미의 소프트웨어를 변화시키며 진행된다.

하드웨어와 좁은 의미의 소프트웨어에서의 디지털화는 1) 전자 · 통신 · 전기 등 디지털 관련 산업의 지속적 성장 발전, 2) 철강 · 자동차 · 제약 · 금융 등 여타 산업의 디지털화, 3) 금융 · 보건의료 · 교육 · 유통 · 스포츠 · 유흥오락 · 관광 서비스 등 디지털에 바탕을 둔 새로운 서비스 산업의 등장, 4) 기술의 스마트화와 인간화 진전 등을 통해 진행될 것이다.

넓은 의미의 소프트웨어에서의 디지털화는 디지털 기술이 발전함에 따라 생산물의 질과 양과 종류, 생산요소의 질과 양과 종류, 생산방식, 유통방식 그리고 소비와 저축과 투자, 노동과 여가활동, 금융, 학습과 훈련과 기술개발 등 경제의 주체와 객체와 관계와 영역에 걸쳐 중대한 변화를 수반하는 형태로 진행된다. 나아가 그 영향이 정치 · 외교 · 안보 · 사회 · 문화 등 인간생활의 전 영역으로 파급된다.

IT혁명을 통한 아주 넓은 의미의 소프트웨어 변화는 그 사회를 지배하는 관습과 규범과 정책 그리고 더 나아가 이념과 체제와 제도가 변화되는 것으로 나타난다.

결국 그 동안 인간사회를 지배해왔던 아날로그적 경제 패러다임이 디지털적 경제 패러다임으로 변화될 것이다. 이러한 일련의 변화는 궁극적으로 경제의 성장잠재력을 강화시키는 결과를 낳으며 성장잠재력의 강화는 경제성장률의 상승으로 이어져 경제주체의 복지증진을 가져온다.

디지털 경제 패러다임에서의 5가지 변화

1 | 자원배분의 효율성 증대

경제의 디지털화가 진행됨에 따라 명령과 타율, 획일성 및 모방성, 경직성 및 관습에의 예종 등 구시대의 경제관념이 자유와 자율, 다양성 및 창의성, 신축성 및 적응성 등이 중시되는 새 시대의 경제관념으로 변화된다. 아울러 시간과 공간의 제약을 받지 않고 경제생활을 영위할 수 있는 전재성의 세계가 도래한다.

그것은 또한 양보다는 질을 중시하는 경제활동으로 바뀔 것임을 의미하기도 한다. 경제의 디지털화가 이루어짐에 따라 모든 측면에서 개별 수요자의 욕구에 정확하게 부합하는 제품과 서비스를 제공하는 '맞춤 공급'이 가능해진다. 즉 아날로그 경제에서는 평균적인 수요자를 대상으로 한 제품의 공급이 이루어졌음에 비해 디지털 경제에서는 구체적인 개별 수요자를 대상으로 한 제품의 공급이 이루어지게 된다.

경제의 디지털화는 무엇보다도 제반 경제활동에 수반하는 '거래비용'(transaction cost)을 크게 절감시킴으로써 장단기에 걸쳐 경제의 생산능력 확충에 공헌한다. 거래비용 절감은 1차적으로 주어진 한 시점에서 경제의 자원배분을 보다 더 효율적인 것으로 만듦으로써 경제주체의 복지증진에 기여하게 된다.

거래비용 절감에서 오는 더 중요한 효과는 그것이 경제의 동태적 효율성을 향상시킨다는 점이다. 즉 거래비용이 절감됨에 따라 과거보다 더 효율적인 저축과 투자가 이루어지게 되고 더 생산적인 교육과 훈련이 이루어지며 더 효과적인 기술진보가 이루어지게 된다.

경제의 디지털화는 또한 지금까지 경제활동을 제약해오던 수확체감의 법칙을 수확체증의 법칙으로 대체할 가능성을 지니며, 모든 경제주체가 모든 면에서 다른 모든 경제주체와 경쟁하지 않을 수 없는 대경쟁의 시대를 가져온다.

경제의 디지털화는 이 세상을 경계선 없는 곳으로 변화시킨다. 소비와 생산의 영역 구분이 약화되며, 수요자와 판매자의 역할 구분이 무의미해지고, 사용자와 종업원 간의 엄격한 구분도 사라지게 된다. 그것은 또한 나라와 나라 사이의 경계를 허물게 되어, 내국인과 외국인, 내국기업과 외국기업, 국산품과 외래품 등의 엄격한 구분을 힘들어지게 만들 것이다.

한편 새로운 시대에서는 경제활동이 클러스트화 및 허브화가 더 광범위하게 전개될 것임에 유의할 필요가 있다. IT기반 신경제에서는 외부효과와 시너지효과 그리고 규모의 경제 및 범위의 경제가 주는 이점이 더욱 크게 부각될 것이다. 이는 경제활동의 클러스트화 및 허브화가 지금까지보다 더 광범위하게 그리고 더 강하게 일어날 것임을 시사한다. 분명한 점은 IT혁명이 그러한 추세를 가속화시킬 것이라는 사실이다.

다음과 같은 특징을 지닌 곳이 유망한 클러스트 또는 허브로 등장하게 될 것이다. 즉 시장과 공급자들에게 접근하기 쉬운 곳, 양질의 금융서비스를 제공하는 곳, 고급인력의 확보가 쉬운 곳, 교육 · 보건 · 주택 · 환경 · 문화 · 여가 활동의 측면에서 양질의 주거 및 사업 여건을 갖춘 곳, 창조적이고 역동적인 환경을 갖춘 곳, 첨단지식과 정보에 접근하기 쉬운 곳, 사람과 기업과 지역 간에 양질의 네트워킹이 쉽게 이루어질 수 있는 곳 그리고 국제적 교역도시로서의 역사를 간직한 곳 등이 그것이다.

2 | 개방적이고 투명해지는 기업 활동

IT혁명이 성숙 단계에 들어서면서 경제 패러다임이 아날로그적인 것에서 디지털적인 것으로 전환됨에 따라 그 동안 통용되어오던 사업모형이 크게 바뀌게 된다. 여기에서 말하는 사업모형이란 조달 · 생산 · 판매 재무 · 인사관리 등 기업 활동의 전 영역에 걸쳐 그것들을 조직하고 관리하는 방식을 일컫는다.

우선 가능하면 많은 것을 기업 내부에서 처리하던 관행이 바뀐다. 즉 종래에는 자재구매, 부품생산, 제품조립, 인력의 충원과 관리 교육, 생산 및 사무설비의 조달과 관리, 제품의 홍보와 마케팅, 자금조달과 관리, 투자자산의 관리, 기술개발 그리고 공장과 사무실의 건설과 운영 및 관리에 이르기까지 기업 활동의 전 영역을 기업 내부에서 해결하는 방식이 주종을 이루어왔으나 이제부터는 가능한 모든 활동을 외주로 돌리는 방식이 주축을 이루게 될 것이다.

기업은 핵심적인 기능을 담당하는 전문가 그룹이 주축이 되어 움직일 것이며 특히 일상적인 관리 업무는 자동화되거나 외주로 처리하게 될 것이다. 그 결과 기업조직이 가벼워지고 민첩해지며 유연해질 것이다. 기업 내에서도 과제에 따라 수시로 팀을 결성했다 해체하는 일이 빈번하게 이루어질 것이며 사업부 또는 팀 제도가 조직원리로서 중요성을 지니게 될 것이다. 이미 많은 기업에서 청소 · 경비 · 운전 · 빌딩 관리 · 사무기기 관리 등의 업무를 외주로 돌리고 있으며, 일반적 부품의 생산은 거의 전적으로 외주기업에 의존하는 경향을 지니고 있다. 반면 연구개발, 기획조정, 자금조달과 관리, 핵심 인재 관리 등의 업무에 있어서는 전보다 더 내부 지향적으로 되고 있다.

기업과 관련기업, 고객, 종업원, 주주 등 스테이크홀더 간의 관계가 더욱 개방적이고 투명해질 것이며 스테이크홀더의 기업 활동 참여와 견제가 용이해질 것이다. 한편 전자비즈니스 · 전자운송 · 전자재정 · 전자무역 · 전자공공활동 · 전자리쿠르팅 · 전자학습 · 전자광고 등이 일상화됨에 따라 기업경영의 효율성도 크게 높아질 것이다.

이와 같이 종래에 내부에서 처리하던 기업 활동의 많은 부분을 외주에 의존할 수 있게 되는 것은 물론 IT의 발달에 따라 전에는 불가능하던 일들이 가능해진 덕분이지만 이는 또한 기업 활동의 클러스트화가 크게 진척되기에 가능해진 일이다. 교통 통신 수단이 발달함에 따라 관련 기업들이 한 자리에 모여 있어야 할 필요성은 줄어들었지만 반면 기업과 기업 간의 시너지 효과와 외부 효과 그리고 상호작용의 중요성이 전보다 월등히 높아져서 기업과 기업의 클러스트화가 더욱 강하게 진척되기에 이른 것이다.

기업 활동의 클러스트화는 지식산업의 집적도를 크게 높이는 방향으로 진행될 것이다. 왜냐하면 디지털 경제에서는 기업 경영과 관련된 경험과 지식을 얼마나 용이하게 조달할 수 있는가가 성공의 관건이 될 터이므로 학교와 연구소를 중심으로 하여 관련 기업이 밀집하는 현상이 확산될 것이기 때문이다. 이것은 특히 종래에 정부를 중심으로 기업 활동이 클러스트화하던 것과 대비된다. 이 점은 앞으로 건설하게 될 행정 신도시와 관련하여 시사하는 바가 크다. 행정 신도시 부근에 유수한 학교와 연구소가 밀집되지 않는다면 행정 신도시로 이전해갈 기업체가 많지 않을 것임을 짐작할 수 있다.

3 | 작아지는 정부, 커지는 개인과 NGO

경제 패러다임의 전환은 정부의 역할을 변화시키는 것으로도 표출된다. 아날로그 경제에서는 정부가 많은 것을 계획하고 관리하고 통제했지만 디지털 경제에서는 그렇게 할 필요성이 없어질 뿐 아니라 그렇게 하고자 해도 쉽게 그렇게 할 수 없는 상황이 전개된다.

우선 자유화의 추세가 민간 부문에 대한 정부의 통제와 간섭을 점차 더 힘들게 만든다. 경제의 더 많은 부문을 민간 부문이 자율적으로 처리할 수 있게 됨에 따라 정부가 앞에 나서 모든 일을 계획하고 이끌고 관리하고 조정하던 관행이 더 이상 필요하지 않게 되는 것이다. 그만큼 민간 부문의 경제 역량이 커졌으며 시장의 자율조정 기능이 강화된 것이다.

다음 IT혁명의 진전은 정부 활동의 많은 부분을 개방적이고 투명하게 만든다. 그 결과 정부가 우월적인 지식과 정보를 갖고 민간 부문을 통제하던 일이 불가능해진다. 전자정부·전자운송·전자과세 등을 통해 정부가 담당하던 많은 일들이 자동화되고 그에 따라 개방적이고 투명해지기에 이른 것이다.

그러나 무엇보다도 정부의 변신을 가져오는 가장 큰 힘은 세계화의 진전이다. 세계화의 진전과 경제통합의 가속화는 행정기능의 전 영역에 걸쳐 국제적 표준을 따라야 할 필요성을 제고시킨다. 이는 규제·조세·인허가·금융감독·통화관리 등 경제정책의 모든 분야에 걸쳐 한 나라 정부가 마음대로 할 수 있던 일의 범위를 대폭적으로 축소시킨다. 모든 면에서 글로벌 스탠더드를 좇아가지 않을 수 없게 되는 것이다.

정부의 이러한 변신이 정부에 비해 개인과 NGO의 힘이 강화되는 결과를 가져올 것임은 비교적 쉽게 짐작할 수 있지만 그것이 우리가 알고 있는 국가의 형태를 어떻게 변화시킬지는 아직 불분명하다. 한편에서는 개별 국가가 소멸하고 세계 정부를 향해 나아가는 움직임이 포착되기도

하지만 반면에 각국이 더욱더 고립되는 방향으로 움직이는 모습도 나타난다. 중요한 것은 이 문제와 관련하여 앞으로 각국이 어떤 전략을 택하느냐에 따라서 그 나라의 장래가 크게 달라질 것이라는 사실이다.

4 │ 상호작용의 강화와 복잡성의 증대

정보통신의 발전으로 개인과 개인, 개인과 네트워크, 네트워크와 네트워크 간의 교류가 활발해짐에 따라 지역적 제약이 약화되고 있으며, 그 결과 사상과 문화 그리고 인간의 본성에 대한 아주 다양한 견해가 급속도로 확산되고 있다. 이는 무엇보다도 개개인으로 하여금 지금까지 그를 제한하고 속박해오던 그 사회의 주된 관습과 미신과 편견으로부터 벗어날 수 있는 새로운 공간을 가질 수 있게 한다. 앞으로 이러한 현상은 더욱 가속적으로 전개될 것이다.

이와 같이 경제주체 간, 경제주체와 네트워크 간 그리고 네트워크와 네트워크 간에 교류가 활발하게 이루어짐에 따라 행동주체 간에 영향을 주고받는 상호작용이 종전과는 비교할 수 없을 정도로 긴밀해지고 빈번해질 전망이다. 이러한 상호작용의 증가는 경제주체들 사이에 각종 클러스터 현상을 출현시키고 매우 다양한 형태의 퍼콜레이션 현상을 야기할 것이다. 그 결과 우리가 상상하기 힘든 종류의 다양한 형태의 새로운 공동체가 출현할 것이며, 이를 경제 측면에서 보면 다종다양한 이해집단들이 출현하여 각자의 특수하고도 개별적인 이해를 추구하게 될 것임을 의미한다. 상호작용이 대중과 집단에서 이탈한 개별화된 소공동체를 출현시키게 되는 것이다.

상호작용의 증대는 또한 혁신을 가속화시킬 것이다. 즉 지금까지의 혁신이 고도로 훈련된 소수의 엘리트나 천재적 소질을 지닌 사람들에 의해 주도된 것이었다면, 앞으로는 그들은 물론 다수의 사람들이 상호작용을 일으키는 과정에서 아무도 예측하지 못하던 새로운 것이 출현하는 방식의 혁신이 크게 늘어날 것이다. 수년 전만 하더라도 「싸이월드」 또는 '블로그' 형태의 1인 미디어 공간이 급속도로 확산될 것을 예상치 못했던 것에서 상호작용을 통한 혁신의 예를 볼 수 있다.

관습과 사회의 억압으로부터 자유로울 수 있는 해방공간이 창출되고 그 결과 가족 개념이 와해되면서 독신자가 증가하고 결혼하더라도 아이를 갖지 않는 풍조가 확산된 결과 출산율이 저하되고 사회의 고령화가 진전되는 것도 상호작용 증대가 낳은 결과라 할 수 있다.

이러한 상호작용 증대는 무엇보다도 경제활동의 복잡성을 크게 증가시키게 될 것이다. 여기에서 말하는 복잡성이란 복잡하고 혼돈스럽다는 상식적인 의미에서의 복잡성이 아니라 상호작용을 통해 끊임없이 얽히고설킨 새로운 현상이 발생하는 현상을 의미한다. 이와 관련하여 부분의 속성에서 찾아볼 수 없는 전혀 이질적인 속성이 전체에서 나타날 수 있다는 복잡성의 과학이 주는 시사점이 의미하는 바가 크다.

지금도 자연·생태·경제·사회 그리고 우리의 두뇌와 신경계에 이르기까지 무수히 많은 개체들이 서로 상호작용을 일으키면서 전혀 예측하지 못하던 새로운 패턴을 형성하는 일이 벌어지고 있지만 앞으로는 그러한 일이 더 빈번하게 그리고 더 대규모로 일어나게 될 것이다.

모니터를 예로 들어보자. 모니터에 영상이 나타나게 하려면 해박한 지식과 기술을 통해 수없이 많은 부품들을 제자리에 제대로 연결하여 모니터를 만들고 그렇게 해서 완성된 모니터를 통해 구현할 수 있는 영상 콘텐츠를 개발할 능력이 있어야 한다. 이와 같이 수없이 많은 부분들이 제 역할을 충실히 수행할 때 비로소 모니터에 의미 있는 영상이 나타날 수 있다.

이처럼 부품들을 조직적으로 연결했을 때 각 부품에서는 기대할 수 없던 현상이 전체를 통해 나타나는 현상을 창발 현상이라고 한다. 학자

274

들에 따르면 태풍의 거대한 소용돌이, 신비한 생명현상, 두뇌신경계의 인식 및 기억, 급격하게 찾아오는 금융위기 등은 모두 다 그러한 창발 현상의 예가 된다고 한다. 앞으로 창발 현상은 더욱 빈번하게 일어날 것이다.

5 │ 다시 예전 것에서 찾는 삶의 질

자유화와 세계화가 급진전하고 IT혁명이 성숙기에 접어들면서 자유의 영역이 확대되며 경제활동의 영역 구분이 어려워지고 경제관계가 유연하고 신축적인 것으로 변모되며 상호의존성과 복잡성이 심화됨에 따라, 오래되고 진실되며 여간해서는 잘 변화하지 않으며 본래의 모습을 간직한 것에 대한 열망이 높아질 것이다.

자유가 확대될수록, 경제생활이 풍요로워질수록, 모든 것의 가변성이 기하급수적으로 늘어날수록, 경제주체들 간의 관계가 신축적이고 유연해짐으로써 이합집산이 일상화될수록, 경제활동을 구분하던 제반 장애물이 소멸될수록 그리고 새로운 것의 출현이 빈번해질수록 사람들은 거꾸로 변하지 않는 것, 참된 것, 오래된 것, 본래의 모습을 간직한 것, 때 묻지 않은 것, 자연스러운 것을 찾게 된다.

변화를 바라는 인간이 그렇지 않을 것을 그리워하는 현상은 인간이 지닌 모순을 반영하는 것으로 볼 수도 있지만, 그보다는 그만큼 인간이 원하는 바가 다양하다는 사실로 이해하는 것이 옳을 것이다. 인간이 원하는 바가 다양함은 예나 지금이나 마찬가지이다. 그러나 전과 달라진 아주 중요한 점은 이제 인간이 그가 원하는 바를 대부분 달성할 수 있게 되었다는 점이다. 이렇게 모든 것을 할 수 있게 되자 그의 힘이 미치지 않아 때 묻지 않고 원래의 상태 그대로 있는 것, 인공의 힘이 덜 가해져 자연 상태에 가까이 있는 것, 오래되어 변화하지 않는 것 등을 그리워하는 마음이 커지게 되는 것이다. 이러한 변화는 동시에 인간으로 하여금 그의 능력을 뛰어 넘는 절대자의 권역으로 회귀하려는 욕망을 고양시키기도 한다.

이러한 현상은 몇 가지 분야에서 삶의 질을 변화시키게 될 것이다.

첫째, 쾌적한 환경 속에서 살아가고자 하는 욕구가 강화됨에 따라 환경의 질적 수준이 대폭 제고될 것이다. 자연생태계에 대한 보전과 보호가 더 강화될 것이고, 공기와 물과 토양의 오염을 줄이려는 노력이 강화됨에 따라 대기오염 및 수질오염도가 크게 낮아질 것이고, 소음공해가 줄어들 것이며 난개발 현상이 줄어들게 될 것이다. 환경 분야에서의 개선 현상은 이미 시작된 것으로 판단된다. 예를 들어 우리나라의 대기오염 정도를 보면 최근에 들어와 아주 조금씩이나마 개선의 조짐을 보이고 있다. 이는 소득수준이 높아짐에 따라 깨끗한 환경 속에서 살고자 하는 주민들의 욕구가 커진 것에 맞추어 청정 연료의 보급 확대, 공장과 차량의 공해방지 시설 확대, 공사현장의 분진절감기법 확산 등이 어우러지면서 나타난 결과이다. 이 점에서 일본의 경험이 시사하는 바가 크다. 주지하듯이 1960년대만 하더라도 일본의 대기·수질·토양의 오염은 매우 심각한 수준이었다. 그러나 전 국민이 지속적으로 노력해온 결과 일본의 산하는 눈에 띄게 깨끗해졌으며 지금은 환경선진국으로서 환경보호 운동의 모범 사례가 되고 있다.

둘째, 자연스러운 것에 대한 욕구가 증대될 것이다. 예를 들어 주거나 음식료품 그리고 가재도구에 있어 오염되지 않고 깨끗한 것, 가공된 것보다는 천연소재의 것, 공해유발물질이 함유되지 않는 것에 대한 수요가 크게 증가할 것이다. 최근 급속도로 확산되고 있는 유기농수산물에 대한 폭발적 수요증가나 환경오염물질을 적게 함유한 건축자재에 대한 수요증가가 그러한 측면을 잘 나타내준다.

셋째, 자연 또는 생태 친화적인 활동이 크게 증가한다. 등산과 트레

킹, 하이킹과 걷기, 자전거 타기, 정원 가꾸기나 주말농장에서의 작물 가꾸기, 전원생활 등 자연에 가까이 가고자 하는 일이 더 빈번해질 것이다. 또한 수변·습지·산림·수목·곤충·조류 등 생태계를 보호하려는 노력도 동호인 클럽을 중심으로 한층 더 강화될 것이다.

넷째, 옛것으로 회귀하려는 욕구의 실현이 광범위하게 이루어질 것이다. 전통적인 주거형태와 가구·복식·음식·풍습 등을 지키며 살아가려는 사람들이 많아질 것이다. 또한 우리 문화를 보존하고 발전시키려는 노력도 강화될 것이며, 역사 연구가 붐을 이루고 그에 부응해서 각 고장의 특색을 살리는 지방 고유의 문화행사가 빈번하게 이루어질 것이다. 이러한 일은 개인적인 수준에서 일어나기도 하고 때로는 같은 생각을 지닌 사람들이 작은 공동체를 형성해서 추구하기도 할 것이다. 또한 이러한 일은 우리나라 안에서만 일어나지는 않을 것이다. 전 세계에 걸쳐 그리고 전 인류를 대상으로 한 이합집산이 참여자의 욕구와 필요와 이해득실에 따라 빈번하게 일어날 것이다.

다섯째, 물질적 욕구가 충족됨에 따라 앞으로 종교행위가 더욱 다양한 형태로 이루어질 것이다. 기존의 종교가 번성함은 물론 세계화의 물결을 타고 새로운 종교가 보급되기도 할 것이다. 또한 신자들에 대한 기성 종교의 통제 가능성은 점차 약화될 것이다. 선택의 폭이 넓어짐에 따라 종교행위에서도 'DIY' 현상이 횡행하게 될 것이다.

원만한 디지털 사회를 위한 준비가 필요하다

아날로그적인 것에서 디지털적인 것으로의 경제 패러다임 전환은 앞으로 상당한 시간을 두고 이루어질 것이다. 따라서 패러다임 전환이 가져오는 경제효과도 오랜 기간을 두고 서서히 나타나게 될 것이다.

예를 들어 패러다임 전환에 따라 이루어지게 될 경제활동의 효율성 향상은, 경제주체의 의식, 경제주체끼리의 교호 관계, 경제주체 간의 이해 조정 메커니즘, 경제이념과 체제와 제도와 기구 그리고 정책 등 한 경제의 근간이 되는 본질 또는 기초가 디지털 경제의 특질에 부합하는 것으로 바뀌어야, 비로소 본격적으로 이루어진다. 즉 경제에 잔존하는 명령·타율·획일성·평준화·모방과 예종·제한된 경쟁·고착성·경직성·폐쇄성·편재성·수직적 관계·정부주도 등 아날로그적인 요소들이 자유·자율·개성·다양성·모험과 창조·창조적 파괴·혁신·신축성·가변성·다중성·개방성·전재성·수평적 관계·민간 주도 등 디지털적인 것으로 바뀌어야 효율성이 본격적으로 향상된다.

자유화와 세계화의 완결 그리고 IT혁명의 획기적인 진전이 경제변화의 대세를 이루듯이 아날로그적인 것에서 디지털적인 것으로의 패러다임 전환 역시 대세를 이룰 것이므로 패러다임 전환에 따른 효율성 향상도 비록 일시적인 정체나 후퇴를 경험하더라도 결국은 이루어지게 된다.

경제의 디지털화가 진전됨에 따라 경제주체들 간의 상호관계가 크게 변화할 것이다. 즉 소비자와 생산자, 근로자와 사용자, 주주와 경영자, 원청기업과 하청기업, 대기업과 중소기업, 국내기업과 해외기업, 생산자와 판매자, 정부와 민간, 내국인과 외국인 등 경제주체 간의 관계가 다수와 다수 간의 평균적이고 익명적인 관계에서 소수와 소수 간의 개별적이고 익명적인 관계로 변모될 것이다.

이러한 변화는 무엇보다도 근래에 활발하게 이루어지고 있는 경제활동의 자유화와 자율화 그리고 세계화가 더욱 완전하게 진행될 것임을 의미한다. 세계화의 진전을 통해 국가 간 인적·물적 정보의 교류가 더욱 활발해질 것이며 동시에 한 국가가 그 소속원에 갖는 다양한 영향력이 약화될 것이다. 동시에 물리적·공간적 근접성에 의해 집단을 형성하고 구속하는 힘이 약화되어 개인의 신념·가치·태도·관심·취미 등에 의해 집단을 형성하고 유지하기가 용이해질 것이다.

　매스미디어와 통신에서의 기술발달은 미디어/기술의 집단적 이용에서 개인 단위의 이용 방식으로 변모시킬 것이다. 특히 향후 확산되어갈 모바일 통신의 보편화는 그 속성상 구성원의 독자적 자기표현 수단인 개인 미디어 이용을 더욱 촉진시킬 것이다.

　한편 경제의 디지털화가 원만하게 이루어지려면 우리 사회를 지배하고 있는 아날로그적 이념과 사상과 체제와 제도와 정책이 디지털적인 것으로 변화되어야 한다. 이것은 종래 우리나라를 지배해오던 계획과 규제, 획일성과 평준화, 정부 주도, 폐쇄성 등의 이념과 그로부터 비롯된 제도와 규범과 정책을 자유와 자율, 다양성과 수월성, 민간 주도, 개방성 등의 이념과 그에 걸맞는 제도와 규범과 정책으로 바꾸어야 할 것임을 뜻한다.

신유목적 민주주의의 출현

미래의 정치활동에 있어서는 정당·개인·시민단체·국가가 모두 따로 활동
하는 경향이 약해지고, 이 세력들이 유목민처럼 사안사안에 따라 서로 모였다
가 헤어짐을 반복하는 협치 네트워크형 활동이 뚜렷해질 것이다.

IT혁명과 세계화는 정주사회를 유목사회로 변화시킴으로써 국내정치
의 거버넌스에도 패러다임적 변화를 일으키고 있다. IT와 세계화는 사
회를 엄청나게 이동적인 사회로 바꾸어놓고 있다. "사람·사물·제
도·기업·개념·가치·연대감·사랑·가족·일·소비 양식·식사시
간과 수면시간·이데올로기·전쟁형태·명성·여가나 여흥" 등에서
정주성은 사라지고 있다.(아탈리, 2005) 국경을 넘나드는 초국가적 행
위자들이 출현하고 급속도로 영향력을 확대해감에 따라 지리적 연대감
이 약화되면서 정치의 탈영토화가 일어나고 있고, 사회의 경계는 무너
지고, 자본과 노동은 국경을 넘어서 움직이고, 안방에서도 세계의 정
보·금융·정치를 넘나들 수 있는 사이버 유목이 일상화되고 있다.(조

정관, 2005) 기업들도 제한된 시간에 주어진 역할을 해내기 위해 사람들이 모였다가 흩어지는 연극단 형식의 유목형으로 기업으로 조직되고 있으며, 소비·노동·여흥·예술도 유목화하고 있다.(아탈리, 2005) 지금 세계는 수천 년 지속되어왔던 정주생활에서 유목생활로의 전환이 진행되고 있는 것이다.

정치도 유목화하고 있다. 영토국가 시대의 정부는 정주형 정부였다. 수많은 관료로 구성된 중앙집권적인 거대 정부가 영토 내의 국민을 위계적으로 통치하는 정부였다. 영토국가시대의 민주주의도 강한 정주성을 특징으로 하고 있었다. 주어진 국경 내에 묶여 있는 정착민들이 자신의 대표를 선출하여 권력을 위임하는 간접적인 주권을 행사하는 대의제 민주주의가 영토국가 시대의 민주주의였다. 그러나 사회가 유목사회로 바뀌면서 대의제 민주주의가 유목화하고 있다. 대의제 민주주의는 유목민의 요구에 부응하여 조직을 경량화하여 이동성을 높이고(小), 가벼운 몸집을 가지고 국민의 요구에 빠르게 응답하고(速), 다양한 유목 시민들을 연결시켜주며(連), 다양한 유목 시민에게 언제, 어디서나 참여가 개방되어있으며(開), 주어진 가치를 분배하기보다 새로운 가치의 창조를 통해 정합적으로 권력을 분점함으로써 국민적 통합과 포용을 추구하는 (包) 신유목형 민주주의로 변화하고 있다.(임혁백, 2004)

왜 민주주의는 신유목화되는가

한국에서의 신유목적 민주주의의 출현과 심화는 IT가 가져온 심층적인 사회적 변화에 기인한 것이다. 그것은 신유목적 사회의 출현이다. 1997년 외환금융위기 이후 한국은 IMF 관리체제하에서 전면적인 경제의 구조조정에 들어갔고, 위기에서 벗어난 후 새로운 성장동력으로 IT

를 발견하였고 그뒤 세계에서 가장 빠른 시일 내에 IT강국이 되었다. 신유목적 사회는 이러한 IT혁명과 세계화, 그리고 민주화에 의해서 추동된 것이다.

한국은 IT혁명이 세계에서 가장 빠르게 진행되고 있는 나라 중의 하나이다. 휴대전화, 인터넷 보급률, 사용총량에 있어서 아시아에서 일본을 제치고 정상을 달리고 있다. 한국의 인터넷 이용 인구는 2004년 기준으로 인구의 70퍼센트인, 3,158만 명이다. 3분의 2가 넘는 인구가 네티즌이 되어 사이버 유목민이 될 수 있는 자격을 갖추고 있다. 사이버 유목사회의 인프라는 초고속 정보통신망이다. 초고속 정보고속도로의 전국적 구축이 완료되어 있는 나라가 한국이며 초고속 인터넷 보급률은 미국을 제치고 세계 1위이다.

한국인의 70퍼센트가 휴대전화를 사용하고 있고 문자메시지, 휴대전화를 통한 인터넷 접속을 활용하는 엄지족이라고 불리는 젊은 세대가 자발성, 수평적 네트워크, 쌍방향 의사소통을 무기로 어느 영역에 정착하기를 거부하고 새로운 관계의 네트워크를 만들어가는 핵심적 신유목민이 되고 있다.(조정관, 2005)

이러한 IT혁명과 더불어 세계화와 민주화가 한국에서 "신유목사회"(neo-nomad society)를 출현시킨 기본 동력이 되고 있다. 한국민족은 원래 북방 기마민족으로서 유목민의 후예였다. 한국민족의 유목민족 기질은 오랜 정착생활로 인해 억눌려 있다가 세계화와 디지털 혁명을 계기로 다시 피어나고 있는 것이다. 테헤란밸리의 디지털 열풍, 세계 최고 수준의 휴대전화 사용률, 인터넷 이용률 등은 '가상 유목민'의 형태로 한국인들이 신유목민화하고 있다는 것을 보여주며, 외국인 노동자의 유입, 유연적 노동시장으로의 구조조정, 자유무역협정, WTO에 의해 농산물 시장이 개방되면서 노동자와 농민들이 다시 생존하기 위해 이동하는 유목민이 되고 있고, 부유한 하이퍼 계급은 부를 선점하기 위해 전 세계를 돌아다니는 하이퍼 유목민이 되고 있다.

디지털 혁명과 신경제, 자동차의 대중화, 고속도로망, 고속철 등의 교통혁명, 도시화 등으로 한국사회는 고도로 이동성이 높은 유목사회로 변모하고 있다. 사이버상의 이동, 지리적 이동, 직업적 이동, 교육 이동, 계층적 이동이 모두 활발하게 일어나고 있다. 신경제, 신산업의 번창으로 직업이 다양해지고 계층구조가 유연해져서 사회적 이동이 활발해지고 있다. 또한 사이버 공간에서 컴퓨터와 인터넷을 활용하여 재택근무나 이동근무가 가능해짐으로써 작업장소의 이동성이 높아지고 있다.(김경동, 2000: 12) 고도의 이동성은 주거 양식의 변화에서도 나타난다. 이제 한국 사람들의 다수는 고도의 이동성에 적합한 임시주거의 전형적인 아파트에 거주한다. 아파트에 평생 살고자 하는 목적으로 입주하는 사람은 거의 없다.(윤영민, 2000)

아탈리는 미국인의 5분의 1, 유럽인의 10분의 1이 매년 이사를 하며, 30년 후에는 전 인류의 10분의 1이 유목민이 될 것이라고 예측한다.(아탈리, 1999) 또한 현재 5억 인 이상이 정치와 관련된 유목민이고, 10억 이상이 여러 이유로 여행을 하며, 1,000만 명 이상이 정치 · 경제 · 문화적인 이유로 자기 나라를 떠나고 있으며, 향후 50년 내에 10억 이상의 인류가 자기가 태어난 나라가 아닌 나라에서 살게 될 것이라고 한다.(아탈리, 2005) 한국인의 신유목민화는 이보다 빨리 진행될 것이다. 한국민족의 디아스포라화는 더욱 빠르게 진행되고 있다. 부유한 한국인들은 더 좋은 아이들의 교육환경을 찾아 미국과 영어권 선진국으로 이동하고, 가난한 한국인들은 일자리를 찾아 중동과 동남아의 건설현장으로 이동하며, 유학 · 수출 · 기술연수와 지도 · 결혼 · 관광을 위해서 해외로 이동한다. 신유목사회의 개념을 개발한 아탈리는 한국은 신유목주의의 실험실이라고 찬탄한다. 오래된 문명의 나라인 한국은 과거에는 유목부족들이 교차하는 곳이었고, 현재에는 유목주의(노마디즘)와 함께 나타나는 새로운 유목물품이 매일같이 발명되고 있는 나라이고, 음악과 TV의 사용을 유목화하는 방식은 세계에서 가장 앞서 있으며, 한국인들은 자신의 정체성의 유목민적 원천을 잘 알고 있고 이를 미래로 연결시킬 수 있는 명철한 능력을 보여주고 있다는 것이다.(아탈리, 2005: 5~6)

신유목적 민주주의가 가져올 5가지 정치 변화

신유목주의는 기본적으로 탈영토주의를 기본적인 특징으로 하고 있다. 과거 정주사회에서는 모든 갈등이 영토화를 중심으로 진행되었고 근대사회까지의 "발전"이란 영토의 증진 혹은 영토의 가치 증진이라는 개념과 다를 바가 없었다. 반면에 신유목사회는 "영토"로부터의 일탈, 즉 "탈영토화"로부터 출발한다. 현재 급속히 진행되고 있는 정보화를 필두로 한 과학기술 발전과 자본주의 시장경제의 확대와 심화가 가져오고 있는 세계화는 인간으로 하여금 영토를 벗어나게 하는 중요한 추동력이다. ·

신유목주의의 전형적인 속성은 다음과 같다. 첫째, 인식론적인 측면에서, 신유목주의는 고체가 아니라 유체를 중심으로 보며, 입자나 점과 같이 고정되고 완결된 것을 모든 세계의 기본 요소로 보기보다는 흐름 그 자체를 실재 그 자체로 보고 고정된 것을 기본으로 보지 않음으로써 변화를 기본으로 보는 관점을 취하고 있다.(이진경, 2002: 341~342). 둘째, 가치적인 측면에서, 구래의 영토주의에서 추구되던 안정적이고 영원한 것, 동일하고 불변적인 것에 대한 추구와는 달리 늘 생성(창조성의 발현)과 이질성(다양성 또는 개성)을 중시한다. 정치, 사회적으로 본다면 이것은 고전적인 산업민주주의에서 중시되던 다수지배주의에 대한 도전이다. 민주주의의 기본 원칙이면서도 상대적으로 경시되고 있었던 소수자의 보호 원칙을 강조하고 있는 것이다. 셋째, 문제를 일반화하여 풀어나가는 데에 중점을 두었던 근대적 과학 및 이론과는 달리, 신유목주의는 오히려 항상 문제를 제기하고 특수화하여 여기에 대한 창의적인 풀이 시도를 하는 속성을 갖고 있다. 넷째, 신유목주의는 국가적인 사유에 반하는 '대항사유'를 제기한다.(이진경, 2002: 352~366) 대항사유란 언제나 지배적인 것, 주류적인 것, 다수적인 것에 반하며, 보편적 주체가 아니라 다양한(특이한) 소수파들과 연대하여, "특이한 인종과 결연"(이진경, 2002: 366)하여 이미 정해진 것을 변화시키는 힘이다. 다섯째, 신유목주의는 근대산업사회의 지고의 가치라고 할 수 있는 공리주의를 부정하며, 최소비용에 의한 최대효과 추구의 방향을 취하지 않는다. 정착민은 다음 정착의 목표를 향하여 직선으로 이동하지만, 유목민은 이동하는 과정 자체가 중요하고 그 과정을 통하여 생활한다. 유목주의는 또한 항상 모든 방향으로 움직일 수 있는 가능성을 준비한다.(이진경, 2002: 368).

결국 신유목주의의 조직원리는 중앙집중적이고 교과서에 기초한 조직보다는 복수의 중심을 갖는, 중심이 너무 많아서 하나의 중심을 말하는 것이 무의미한 조직을 지향한다고 할 수 있다. 그것은 바로 카스텔(2004)이 정의하는 일련의 상호 연결된 노드를 통하여 모든 방향으로

	신유목적 민주주의	정주적 민주주의
인식론	▶사물을 유체적·유동적·변동적으로 인식	▶사물을 고체적, 고정적, 완결적으로 인식
가 치	▶생성·창조·이질성·다양성·개성을 추구함	▶안정·영원·동일·불변을 추구함
특 징	▶문제를 제기하고 특수화하여 창의적으로 풀어감 ▶공리주의 부정 ▶모든 방향으로 이동	▶문제를 일반적으로 풀어감 ▶공리주의 인정 ▶다음 정착지로 직선 이동

신유목적 민주주의와 정주적 민주주의

열려 있으며 모든 공간으로 접속되어 있는 네트워크와 일치한다. 하나의 원리에 의하여 통일되고 체계화되어 있는, 따라서 그만큼 닫혀 있을 수밖에 없는 운영원리보다는 이질적인 것들이 하나로 묶여 나름의 통합체를 이루는, 하지만 계속해서 다른 것들이 얼마든지 접속될 수 있고 접속되는 양상에 따라 운영 자체가 가변화되는 유동적인 혹은 유연한 운영원리가 신유목주의의 운영원리이다.(이진경, 2002: 466~467).

1 | 빠르게, 더 빠르게

신유목민주주의는 국민의 요구에 빠르게 응답하는 정치를 실현해줄 것이다. IT는 소통의 시간적, 공간적 제약을 제거하고 있다. 이른바 '지리의 종말'과 '속도 전쟁'이 동시에 일어나고 있는 것이다. 신유목민주주의하에서 대표와 시민은 인터넷 · 휴대전화 · 팩스 · MP3와 같은 유목물품을 가지고 빠른 소통과 대화를 통해 시민의 요구를 재빨리 전달받고 이를 빠른 속도로 정책에 반영하는 '속도의 정치'를 실현하고 있다.(비릴리오, 2004) 누가 빨리 시민의 요구를 파악하여 정치에 반영하느냐 하는 소통과 응답의 '속도 경쟁'이 신유목적 민주주의의 핵심을 이루고 있다.

한국에서도 IT기술과 인터넷을 이용한, 빠르게 응답하고, 빠르게 요구를 전달하고, 빠르게 새로운 요구를 창출하는, 속도의 정치가 진행되고 있다. 속도의 정치로 정치상품 브랜드의 생명주기가 단축되고 있다.

인터넷은 국민이 정치인에 대해 실시간으로 요구하고, 정치인들은 실시간으로 응답할 수 있는 길을 열어놓았다. 한국에서 온라인 선거운동은 방식이 다양해지고 있을 뿐 아니라 범위가 확대되고 있다. 2002년 대선에서 노무현 후보의 승리를 뒷받침한 것은 '노사모'라는 네티즌 팬클럽이었다. '노사모'는 온라인과 오프라인이 결합된 선거운동을 통하여 상대 후보와는 속도에서 따라올 수 없는 빠른 선거운동을 펼쳤다.

한국의 온라인 선거운동은 후보자와 운동원들이 빠르게 유권자들에게 자신의 공약 · 정책 · 경력에 관한 정보를 제공하는 것을 넘어서 후보자가 유권자와 실시간으로 쌍방향 대화를 나누고, 유권자들끼리 서로 토론하고, 선거 전략이나 공약 개발에 참여하는 등 빠른 온라인 정치의 이점을 활용하는 단계에 와 있다. 선거자금 모금이나 자원봉사자 모집도 온라인을 통해 이루어지고 있다. 선거관리에도 온라인 방식이 점차적으로 도입되어 빠른 투개표가 실현되고 있다. 각 정당이 2002년부터 공직자 후보 선출이나 정당지도자 선출과정에서 키오스크 방식의 전자투표 방식을 도입하여 실시하고 있으며, 전자투표를 일반 선거로 확대하는 계획이 추진되고 있다.

한국 정당들의 온라인 활동은 IT기반의 확충과 더불어 급속도로 진전되고 있다. 1997년 대선을 계기로 한국의 주요 정당이 거의 모두 홈페이지를 가지게 되었다. 그뒤 2002년 대선 과정에서 노무현 후보가 인터넷을 통한 선거운동과 정치자금 모금운동에서 성과를 올리자 각 정당과 정치인들은 디지털 정당 구축을 위하여 치열하게 경쟁하고 있다. 과거에는 각 정당의 홈페이지가 홍보 내지 정보 제공의 기능에 그쳤으나 이제는 당원 가입, 정치자금 모금, 당의 공직 후보와 주요 지도자 선출, 중앙당과 지역당 간의 연락, 당원 및 지지자 상호 간의 의사소통의 수단이 되었다. 더욱이 과거에는 문자와 텍스트 위주였으나 지금은 동영상, 인터넷 TV 등 다양한 IT를 활용하여 광범위하게 정당 활동에 활용하고 있다. 이제 한국의 정당은 과거와는 비교할 수 없을 정도로 신속하게 여론의 향방을 파악하고 이를 당의 정책에 반영하려고 노력하는 신유목정당이 되어가고 있다.

2 | 더 작게 더 유연하게

한국의 신유목적 민주주의는 조직의 경량화를 통해 저비용 고효율의 정치를 실현하려 하고 있다. 항상 이동해야 하는 유목민에게 무겁고 물질적인 것은 이동에 불편만을 준다. 신유목민은 오로지 생각과 경험, 지식이나 관계만을 축적하려 한다.(아탈리, 1999) 신유목민들이 기본 '유목물품'인 인터넷을 활용할 경우 획기적인 정치비용의 절감을 가져다줄 것이다. 거대국가, '유모'(乳母) 국가(드러커, 1993)는 작으면서 유연한 조직으로 변하여 신유목민들에게 방문형 서비스를 하는 신유목정부 또는 유비쿼터스 정부로 바뀔 것이다.

한국의 정치도 경량화되고 있다. 산업화 시대 거대조직의 정치는 이제 지나가고 있다. 포드주의적 조립라인 생산방식으로 표를 동원하고 조직하였던 산업화 시대의 정치는 온라인, 오프라인상에서 개별적인 접속·접촉·소통을 통하여 표를 이끌어내는 경량화된 유목형 정치로 바뀌고 있다.

한국의 정당 조직은 경량화·분권화·유연화·TF(Task Force)화, 탈관료화·탈피라미드 조직화되고 있다. 중앙당 조직의 대폭 축소와 지구당의 폐지로 정당 조직이 경량화·탈관료화되고 있으며, 보스가 일방적으로 당의 정책을 결정하였던 중앙집권적 의사결정 방식은 분권적 의사결정 방식으로 바뀌고 있으며 피라미드형 조직에서 유연한 네트워크 조직으로 바뀌고 있다. 또한 새로이 제기되는 문제에 빠르게 대응하기 위해 TF형 조직이 정당 내부에 출현하고 있다.

3 | 디지털 혁명으로 확장되는 네트워크

신유목적 민주주의는 개방적 네트워크를 통해 시민과 대표, 시민과 시민을 연결하는 정치를 실현하려 한다. 유목민들은 살아남기 위해서 항상 부족 전체와 연결되어 있어야 하며 필요하다면 가까운 오아시스와도 연결되어 있어야 한다. 신유목민의 유목물품인 휴대전화·인터넷·팩스·자동차·MP3 등은 다양한 네트워크와 항상 접속을 유지하기 위해 필요한 전송수단이다. 그런데 신유목사회가 구축하려는 네트워크는 개방적 네트워크이다. 따라서 신유목사회에서는 사회적으로 합의된 게임의 규칙을 준수하기로 동의한 모든 자들에게 네트워크가 개방된 정치가 가능하게 될 것이고, 시공간적 제약을 없애준 디지털 혁명으로 중앙에서 지방 그리고 국경을 넘어서 전 세계적으로 확장이 가능한 '확장형 네트워크'로 나가게 될 것이며, 프로젝트와 과업 중심으로 네트워크를 형성하고, 작업이 끝나면 해체되었다가 다시 새로운 과업을 중심으로 새로운 네트워크를 형성하는 '과제형 네트워크'의 정치조직이 출현할 것이다.

국가-시민사회-시장 간의 관계를 조정하는 정치에는 협치 네트워크의 정치가 출현할 것이다. IT혁명의 급격한 진행으로 정보량의 급격한 증대, 정보의 글로벌화와 스피드화를 가져오게 되고, 기존의 위계적 조직은 보다 작은 조직으로 그리고 유연한 네트워크 조직으로의 변화 압력을 받게 되며, 국가·시민사회·기업 간의 힘의 관계 역시 변화 압력을 받고 있다.

그 결과 국가·기업·NGO 간의 협력·조화·협치와 공치의 혼합통치체제가 등장하고 있다. 국가·시민사회·시장(기업) 간의 경계가 파괴되고 고정적 경계의 시대에서 유동적 경계의 시대로 전환되고, 이러한 경계의 파괴는 세 영역이 혼합된 '회색지대'를 출현시키고 있다.(임혁백, 2004)

국가의 공적 규제 영역에 시장의 원리가 도입되고, 기업단체와 NGO가 국가 규제 기능을 대행하는 현상이 나타나고 있으며, 국가-기업-

NGO가 공동으로 참여하는 민·관·기업 공동 프로젝트가 지역개발, 교육기구 등에서 출현하고 있다. 전통적인 국가 영역인 보건 및 복지서비스 등의 민영화가 일어나고 있다. 국가의 임무라고 할 수 있는 사회간접자본의 형성, 사회하부구조의 건설도 민간 기업이 담당하는 일이 점점 늘어나고 있다.[1]

이러한 혼합기구들은 국가·시장·시민사회의 질서조직 원리가 혼합된 혼합통치 질서에 의해 작동되고 운영되고 있다. 혼합통치 질서는 국가, 시장, 시민사회의 질서 조직원리가 혼합된 질서조직 원리로서 국가·시장·시민사회 간의 협력·조화·공동결정(共治: co-governing)에 의해 문제를 해결하고 사회질서를 조직하고 있는 것이다.(Paquet, 2001: 186~187)

협치 네트워크란 종적·횡적으로 분절화된 국가·시장·시민사회조직들이 협력적으로 연계된 그물망의 거버넌스체제를 의미하며, 여기서 행위자(노드) 간의 상호작용유형은 네트워크형 즉, "다-대-다"의 다자적이고 횡단적인 링크관계이다.

이러한 협치 네트워크는 '프로젝트팀'을 지향한다. 이 프로젝트팀에서 일(work)의 성격은 직무(job)에서 프로젝트로 전환된다. 조직단위의 프로그램과 직위에 따라 일이 주어지고 영속적으로 진행되는 것이 아니라 프로젝트를 중심으로 모였다가 흩어지는 상태로 일이 진행된다.(손열, 2005) 프로젝트팀에서는 공적영역과 사적영역의 구분, 정부 부처 간 관할영역, 정부와 지방정부 사이의 수직적 관할영역의 경계가 허물어진다.

이러한 협치 네트워크가 작동되기 위해서는 다음과 같은 조건이 요구

---

1) 현재 추진되고 있는 혁신클러스터 사업, 기업도시 건설 등은 국가·기업·대학·지방정부의 공동사업이다.

된다. 첫째, 분권과 분산이다. 공적 영역의 확대를 위해 권력이 분산되고, 국가와 시장영역에서의 분권이 이루어질 때 비로소 참여주체 간의 의미 있는 네트워크가 형성될 수 있다.

둘째, 자율이다. 이는 남의 구속을 받지 않고 자신의 영역을 확보하는 독립성의 의미와 함께 스스로를 통제하는 자기조절도 포함된다. 이러한 자율은 분권으로 얻어지는 것이 아니라 주어진 권한을 지키고 조절하여 행사할 수 있는 능력을 갖출 때 성취되는 것이다.

셋째, 분권은 단위와 행위주체 간의 수평적 연계로 이어지는 것이 중요하다. 단위체 간의 링크가 촘촘히 놓여야 하며 이 링크의 양상은 혼합지배적이어야 한다. 그래야만 특정 단위체가 동시에 복수의 프로젝트 네트워크에 참여할 수 있기 때문이다.

넷째, 국가와 사회 행위주체 공히 기존의 기능적 관할영역을 넘어서 초기능적 연계를 이룰 수 있어야 IT시대에 등장하고 있는 회색지대 또는 횡단적 문제를 해결할 수 있다.

한국이 네트워크형을 채택했을 때 나올 수 있는 장점은 다음과 같다.(김석준, 2002) 첫째, 독립형하에서 국가 중심형에서 시장 중심이나 시민사회 중심으로 전환하는 과정에서 발생하는 막대한 체제전환비용을 줄일 수 있다. 둘째, 국가 중심에서 시장 중심이나 시민사회 중심으로의 전환의 실현 가능성이 높다. 왜냐하면 네트워크형을 채택할 경우 전환과정에서 발생할 수 있는 관료의 저항을 최소화할 수 있으며, IMF나 세계자본의 압력과 이에 저항하는 내부세력과의 갈등을 줄일 수 있기 때문이다. 셋째, 네트워크형은 세계화 · 정보화에 부응하는 국가-시장-시민사회 관계의 새로운 세계적 거버넌스 표준이 되고 있기 때문에 글로벌 스탠다드에 쉽게 동참할 수 있다.

이러한 협치적 네트워크 거버넌스의 도입과 정착을 위해서 국가 · 시장 · 시민사회 행위자의 역할 재조정이 있어야 한다.

첫째, 국가는 국가영역에서의 분권, 분절화와 이들 행위자와 다양한 민간행위자 간에 네트워크를 구성하는 촉매와 관문의 역할을 수행하여야 한다. 말하자면 프로젝트 네트워크를 지시하고 통제하는 것이 아니라 구성하고 관리하는 것이 국가의 업무가 되어야 하는 것이다. 국가가 발전국가 식으로 위계적으로 산업을 육성하고 기술표준을 제정하려는 시도는 더 이상 통용되지 않는다. 국가는 협치 프로젝트의 방향을 잡아 프로젝트를 폭넓게 구성한 후 적절한 행위자를 선정 참여시키고 이들 간의 협력을 촉진하는 촉매자 역할을 해야 한다. 특히 디지털 융합과 같은 IT '회색지대'에서 국가의 협치적 접근이 요구된다.

둘째, 시장행위자인 기업은 사회적 책임과 시민의 사회적 권리를 인정해야 한다. 기업의 사회적 비중이 커지면서 이제 공적 존재로 변화하고 있다. 시장행위자가 시민의 사회적 권리를 일정하게 보장해줄 때 기업과 시장경제는 사회 속에 통합될 수 있다. 기업은 사회적 책임을 다하는 '좋은 기업시민'이 되어야 하고, 시장경제는 통합된 사회 속에 안착하여 뿌리를 내리는 '시민친화적 시장'이 되어야 한다.

셋째, 시민사회행위자는 참여의 과잉을 억제하고, '공'의 입장에서 풀뿌리활동에 기반한 정책적 참여와 아울러 거대조직화의 유혹을 피하여야 한다. 원래 시민은 공적인 존재이다. 관(官)에서 민(民)으로의 전환이 공(公)에서 사(私)로의 전환으로 의미되어서는 안 된다. 시민은 단순히 공의 사용자가 아니라 사의 창조자이면서 공급자이다. 시민사회는 공공재의 생산과 공급에 있어서 관의 독점을 깨고 공유체제로 바꾸어야 한다. 공적 영역이 시민의 영역임을 인식할 때 시민사회의 권위가 창출되는 것이다. 시민사회단체가 개별적·집단적 사적 이익을 추구할 때, 또는 사적 이익단체에 포획될 때, 협치의 거버넌스는 유효하게 작동되지 않는다.

4 | 개방된 민주주의 지향

신유목적 민주주의는 개방적 민주주의를 지향한다. IT혁명은 산업화 시대에 종료되었다고 생각했던 프런티어의 정치를 재개하고 있다. IT혁명은 획기적인 생산력의 증대와 인간생활의 새로운 영역을 열어놓고 기존의 아날로그 영역의 확장을 가져오고 있다. 따라서 주어진 산출물의 분배를 둘러싸고 제로섬적인 분배게임을 특징으로 하는 농경시대형 제로섬적 '가치분배의 정치'의 종식이 가능해지고, 새로운 영역을 창출하고 기존 영역의 확장을 이끌며, 새로운 영역의 관할권을 조정하는 포지티브 섬적 '가치창조의 정치'를 열어나간다. 폐쇄적이고 배타적인 이념정치, 고정적 계급정치를 특징으로 하는 구정치는 쇠퇴하고, 새로운 정치세력이 항상 정치에 진입할 수 있는 개방적 정치, 고정적 계급이 아니라 이동하는 시민의 표가 중요해지고, 자본가와 노동자 간의 계급균열이 아니라 정보부자(gold collar)와 정보빈자(information poor) 간의 균열선이 표를 동원하는 핵심적 균열선이 되는 탈계급정치가 등장하고 있다.

5 | 신뢰와 포용, 생존을 위한 조건

신유목사회는 포용성이 높은 민주주의를 이끌 것이다. 신유목민들이 계속 이동하면서 서로 거래·교환·교류하기 위해서는 서로를 포용하는 공존의 정치를 펼칠 수밖에 없다. 아탈리에 의하면, 유목민(nomade)이라는 단어는 함께 나눈다는 의미의 그리스어이다. 유목민의 핵심적인 특징으로는 자신의 자유로움과 더불어 상대에 대한 환대 그리고 박애를 들 수 있다. 유목민은 타인에게 예의바르며 개방적이며 어떤 선물을 줄지 항상 신경을 써야 하며, 다른 부족과 방랑의 장소를 공유해야만 살아남을 수 있다.(아탈리, 1999: 232) 신유목민들은 서로의 생활양식과 가치관을 존중하면서 공존하여 복합적 문화를 조립하는 레고문명 (CiviLego)의 시대를 열어간다. 복합적·다중적 정체성은 신유목시대의 다양한 네트워크에 참가하기 위한 필수적 조건이다. 신유목시대의 거래와 교환에 참가하기 위해서는 세계시민으로서의 정체성, 민족의 일원으로서의 정체성, 지방적 정체성, 직업적 정체성을 동시에 가져야 하기 때문이다. 복합적·다중적 정체성은 다양한 네트워크에 참여하기 위한 전제조건이다.

또한 신유목적 민주주의는 높은 신뢰정치를 지향한다. 디지털 시대에 네트워크를 유지하기 위해서는 높은 사회적 신뢰가 요구된다. 디지털 시대에 신뢰는 사회조직의 단순한 덕목이 아닌 생존을 위한 조건이다. 디지털 시대 네트워크에서 신뢰가 형성되지 않으면 네트워크 자체의 존립이 어려워지기 때문이다. 수많은 네트워크가 그물처럼 얽혀 있는 디지털 시대의 특성상 한 주체의 일탈 행위는 승수작용을 거쳐 사회 전반에 막대한 피해를 초래할 것이다.[2] 따라서 사회적 신뢰가 구축되어야 신유목적 네트워크 사회가 본질적으로 완성된다.

신유목정치사회의 전제조건

산업사회에서 신유목사회로의 전환이 자동적으로 신유목적 민주주의의 실현을 보장해주지 않는다. 신유목사회에서 신유목적 민주주의를 실현하기 위해서는 신유목적 민주주의에 친화적인 제도와 정치문화가 존재해야 한다. 신유목적 민주주의의 기반이 되는 정치문화적·제도적 조

2) 무한반복게임의 특성상 일시적 일탈 행위는 행위자를 네트워크에서 제외시킴으로 디지털 시대에서 일탈행위는 불가능하게 한다. 따라서 디지털 시대는 궁극적으로 신뢰사회가 형성되게 되어 있다.(김휴종, 2000: 199~210)

건은 무엇인가?

첫째, 신유목적 민주주의의 구축을 위해서는 높은 수준의 정치적 자유가 실현되어야 한다. 일정한 수준 이상의 정치적 자유가 존재해야만 신유목사회가 지향하는 신뢰를 바탕으로 한 참여의 네트워크가 이루어질 수 있다. 정치적 자유가 존재해야만 온라인과 오프라인을 통해 세계와 연결될 수 있는 것이다. 그러나 인터넷은 그 자체로 자유를 실현해주지 않는다. 오히려 인터넷의 자유로운 이용과 인터넷을 통한 자유로운 소통을 위해서 정치적 자유가 실현되어야 하는 것이다. 바로 이런 이유로 현대의 권위주의 국가들은 한편으로는 세계화와 정보화의 대세를 좇아 IT기술의 개발과 도입은 물론 정보사회 실현 움직임에 동참하였지만, 동시에 다양한 방법으로 인터넷을 통한 정치적 자유의 확산과 정치적 반대의 동원을 막는 데에 힘쓰고 있는 것이다. 중국은 정보화를 추진하면서도 인터넷 사용의 제한과 검열을 하고 있다. 싱가포르의 경우 경제적 개방을 통해 교역과 물류의 중추로 발전하였고, 적극적인 정보화로 시민이 신유목민화하고 있지만, 정부는 장기적인 일당 지배를 유지하기 위해 인터넷의 사용 통제를 실시하고 있다. 싱가포르는 인터넷서비스 제공자(ISP)들을 검열함으로써 인터넷을 통한 정치적 반대의 형성을 막으려고 하고 있다.(조정관, 2005) 싱가포르의 사례는 높은 수준으로 신유목화되어 있는 사회에서도 정치적 자유가 보장되지 않으면 신유목적 민주주의는 꿈꾸기 어렵다는 것을 보여주고 있다.

중국과 싱가포르와는 반대로 한국은 1987년 민주화 이래 꾸준히 정치적 자유의 상승을 실현하여 왔다. 2004년 프리덤하우스가 한국의 정치적 자유의 등급을 최고 수준인 1등급으로 상향 조정한 데서 보듯이 한국의 정치적 자유는 선진 민주주의의 수준에 도달하였으며 이러한 높은 수준의 정치적 자유가 신유목적 민주주의의 실현을 촉진해주고 있다.

둘째, 신유목적 민주주의가 구축되기 위해서는 일정한 수준 이상의 자율적 시민결사체가 존재하고 정치적으로 활성화되는 것이 필요하다. 세계화와 정보화의 물결 속에서 시장에 의하여 지배되고 퇴락해가는 국가를 살리고 정치를 통한 사회적 재조정을 목표로 하는 신유목적 민주주의는 국가와 시장에 대하여 항시적인 견제와 감시를 하는 시민사회가 존재하지 않으면 신유목적 네트워크는 정경유착의 네트워크가 될 가능성이 크다. 싱가포르의 사례는 시민사회가 부재한 신유목사회가 신유목적 민주주의와 같은 정치적 변화를 요구하는 목소리를 만들어내는 데에 한계가 있다는 것을 보여주고 있다.

싱가포르와는 반대로 한국의 경우 민주화와 함께 시민사회가 부활하여 활성화되었고 정부와 정당, 그리고 대기업에 대한 감시자의 역할을 충실히 수행하고 있다. 부활한 시민사회는 신유목적 민주주의를 촉진하였고 신유목적 민주주의는 다시 시민사회를 활성화시키는 상호 상승작용을 하고 있다. 대표적인 예로는 2000년 제16대 총선에서 있었던 낙천·낙선운동을 들 수 있다. 이 운동은 IT의 성과인 인터넷을 매개로 수많은 시민단체들이 연대하여 개혁의 무풍지대에 있었던 정치사회를 공격하였고, 아래로부터의 한국 정치개혁의 시발이 되었다. 그 이후로도 시민운동 단체들은 다양한 방법으로 정치부패의 청산과 생산적이고 민주적인 정치를 만들기 위한 정치개혁을 압박하여 왔다.

셋째, 신유목적 민주주의의 구축을 위해서는 현존하는 대의제 민주주의제도에 대한 광범한 불만의 누적과 변화를 바라는 국민적 개혁 열망이 있어야 한다. 신유목적 민주주의는 통치로부터 협치로의 전환이다. 이는 과거의 수직적이고 위계적인 통치에서 안존하고 있던 구시대 관료들과 제로섬적인 갈등에서 기득권을 취하고 있던 정치인들, 그리고 자원이 집중된 중앙에서 구조적인 이점을 취하고 있던 기득권층들에게는 심각한 도전이다. 따라서 개혁에의 저항은 광범위하게 존재한다. 그러므로 다양한 부문에서의 다양한 세력으로부터 상당한 수준의 '정치개혁'에 대한 의지의 표명과 경우에 따라서는 개혁을 수행하기 위한 동원(mobilization)이 있어야만 신유목적 민주주의는 도래할 수 있을 것이다.

한국의 경우 2002년까지의 정치는 농경시대와 산업화시대의 정치의 문제점으로 지적되고 있는 제로섬적 갈등 정치, 연고주의와 폐쇄적 네트워크의 정치, 비타협의 배제정치, 가부장 정치, 중앙집권과 지역할거가 동시에 공존하는 정치, 거대조직과 고비용의 정치를 탈피하지 못하고 있었다. 따라서 한국인들은 민주화 이후의 민주주의의 대표성, 책임성, 응답성에 대하여 상당한 불만을 가지고 있었으며, 민주주의의 주역인 의회 · 정당 · 정치에 대해 불신하고 있었다. 그럼에도 불구하고 한국인들의 정치개혁에 대한 열망은 상당히 높은 수준으로 존재하고 있었다. 2000년 총선에서의 비정치권 시민운동에 의한 '낙선운동', 2002년 대통령 선거에서 정치적 비주류였던 노무현의 선출, 2004년 총선에서의 압도적인 비율에 달하는 신진 정치인의 원내 진입과 10퍼센트를 넘는 민주노동당의 비례대표 지지율 등은 그러한 국민적 개혁의 열망이 표출된 것이고 이것이 그뒤 정치개혁의 동력이 되었다.

넷째, 신유목적 민주주의 건설의 전제조건은 '참여하는 시민'의 존재이다. 정치조직의 경량화, 포용적 정치과정, 네트워킹 등의 전개는 그 모든 영역에서 시민의 참여가 진작되어야만 가능하다. 공동체에 관한 무관심, 불참여, 혹은 무임승차적 태도가 만연한 사회에서는 신유목적 민주주의를 실현하기 힘들다.

그런데 한국의 경우, 월드컵을 계기로 정치에 축제처럼 참여하는 젊은 P-세대가 출현하였다. 2002년 월드컵 거리응원에서 시작된 젊은이들의 참여운동은 미선 · 효순사건에 대한 촛불시위와 제17대 대통령선거 유세, 그리고 2004년 3월의 탄핵반대 집회에 참여하여 한국의 정치를 바꾸었다. 한국의 젊은 세대의 참여는 인터넷을 매개로 구름처럼 순

식간에 자발적으로 모이고 '유쾌하게' 반대하고 외치며 시위하는 신유
목민적인 참여였다.

　마지막으로 신유목적 민주주의의 실현은 기존 제도의 관성과 탄성에
의해 장애받지 않아야 한다. 미국은 신유목적 민주주의의 활성화가 기
존 제도적 관성, 정치의 과잉 제도화에 의해 저지되고 있는 대표적 사례
이다. 정보화와 세계화의 최강국인 미국의 경우 정치에서 인터넷의 활
용은 꾸준히 증가하고 있으나, 미국의 양대 정당은 최근 오히려 정체성
에 있어서 이념적 역할을 더 강화하고 있고, 제도적 관성과 탄성이 강하
여 신유목적 민주주의에 장애요인이 되고 있다. 대표적인 사례로 국외
자적인 선거운동으로 인터넷 풀뿌리운동을 결집하여 개혁을 기치로 대
통령에 도전한 하워드 딘은 실제 예비선거과정에서는 조기에 패배함으
로써 정보화에도 불구하고 신유목적 민주주의 실현이 제도정치의 장벽
에 의해 저지되고 있다는 것을 보여주었다.(조정관, 2005)

　반면에 한국은 민주주의 제도적 관성이 약하여 신유목적 민주주의의
도입과 실험에 유리한 조건을 갖고 있다. 한국인들은 일단 변화가 발생
하거나 정치적 필요가 발생하면 기존 제도를 재빨리 뜯어 고치고 현존
하는 필요에 맞도록 개혁하는 도구적인 헌법관을 갖고 있다. 이는 지난
60년 동안 무려 아홉 번에 걸친 헌법개정이 이루어졌다는 데서 잘 드러
난다. 한국사회에서는 적절한 필요가 인식되고 정파적인 합의가 가능하
다면 민주주의제도의 운영형태를 변화시키는 것이 상대적으로 쉽다. 여
기에 더하여 한국 정치사회의 낮은 제도화 수준은 역설적으로 한국 정
당들로 하여금 쉽게 변화를 수용하게 하고 있다. 신유목사회의 도래라
는 도전에 대하여 한국의 정당들은 과잉 제도화와 경로의존성이 강한
서구 선진민주주의 국가들의 정당과는 달리 제도화 수준이 낮고 경로의
존적 관성이 약하며, 변화에 대한 유연성이 높기 때문에 신유목적 민주
주의로의 개혁을 상대적으로 용이하게 수용할 것으로 예상된다.

선진국으로의 변모

21세기에는 크고 힘센 것의 주도에서 작지만 똑똑한 것의 주도라는 경향이 뚜렷해질 것이기 때문에 작지만 영리한 나라 한국이 선진국이 될 가능성은 매우 크다.

우리나라는 현재 중진국 가운데에서 중간 정도의 수준에 머물러 있다. 우리가 앞으로 경제의 전면적인 자유화와 세계화를 달성하고 IT를 엔진으로 한 과학기술의 혁명적 발전을 이룩한다면, 인구의 고령화와 자원 및 환경의 제약 그리고 국제 정치경제 환경의 불확실성에서 기인하는 갖가지 장애 요인들을 무난하게 극복하고 지속적인 고도 경제성장을 재현할 수 있을 것이다.

경계의 소멸과 관계의 유연화를 통해 경제구조를 고도화시키고 첨단기술에 기반을 둔 신산업을 획기적으로 성장 발전시킴으로써 경제의 재도약을 도모할 수 있게 되는 것이다. 현재 빠른 속도로 진행 중인 IT혁명을 성공적으로 완수하여 경제의 IT화를 달성하고 그것이 BT·MT·

NT 등의 첨단기술이 가속적으로 발전하는 데 기여함으로써 경제의 생산성이 획기적으로 높아질 것이기에 그러한 일이 가능해진다.

한편 이제부터는 경제성장이 단순히 소득수준의 향상만 가져오는 것이 아니라, 크고 힘센 것에서 작고 똑똑한 것으로 힘이 재배치되는 메가트렌드에서 보듯이, 경제성장이 각 경제주체의 삶의 질을 획기적으로 개선하는 데 공헌함으로써 진정한 선진화에 기여하게 될 것이다.

왜 한국은 선진국이 될 수 있는가

1 | 자유화와 세계화를 통한 효율성 증대

자유화와 세계화의 완결과 그리고 IT혁명의 획기적인 진전은 경제의 디지털화를 가져옴에 따라 명령과 타율, 획일성 및 모방성, 경직성 및 관습에의 예종 등 구시대의 경제관념이 자유와 자율, 다양성 및 창의성, 신축성 및 적응성 등이 중시되는 새 시대의 경제관념으로 변화된다. 아울러 시간과 공간의 제약을 받지 않고 경제생활을 영위할 수 있는 전재성의 세계가 도래한다.

경제의 디지털화는 무엇보다도 제반 경제활동에 수반하는 '거래비용'을 크게 절감시킴으로써 장단기에 걸쳐 경제의 생산능력 확충에 공헌한다. 거래비용 절감은 1차적으로 주어진 한 시점에서 경제의 자원배분을 더욱 더 효율적인 것으로 만듦으로써 경제주체의 복지 증진에 기여하게 된다.

거래비용 절감에서 오는 더 중요한 효과는 그것이 경제의 동태적 효율성을 향상시킨다는 점이다. 즉 거래비용이 절감됨에 따라 과거보다 더 효율적인 저축과 투자가 이루어지게 되고 더 생산적인 교육과 훈련이 이루어지며 더 효과적인 기술진보가 이루어지게 된다.

경제의 디지털화는 또한 지금까지 경제활동을 제약해오던 수확체감의 법칙을 수확체증의 법칙으로 대체할 가능성을 지니며, 모든 경제주체가 모든 면에서 다른 모든 경제주체와 경쟁하지 않을 수 없는 대경쟁의 시대를 가져온다.

경제의 디지털화는 이 세상을 경계선 없는 곳으로 변화시킨다. 소비와 생산의 영역 구분이 약화되며, 수요자와 판매자의 역할 구분이 무의미해지고, 사용자와 종업원 간의 엄격한 구분도 사라지게 된다. 그것은 또한 나라와 나라 사이의 경계를 허물게 되어, 내국인과 외국인, 내국기업과 외국기업, 국산품과 외래품 등의 엄격한 구분을 힘들어지게 만들 것이다.

한편 새로운 시대에서는 경제활동이 클러스트화 및 허브화가 더 광범위하게 전개될 것임에 유의할 필요가 있다. IT기반 신경제에서는 외부효과와 시너지효과 그리고 규모의 경제 및 범위의 경제가 주는 이점이 더욱 크게 부각될 것이다. 이는 경제활동의 클러스트화 및 허브화가 지금까지보다 더 광범위하게 그리고 더 강하게 일어날 것임을 시사한다. 분명한 점은 IT혁명이 그러한 추세를 가속화시킬 것이라는 사실이다.

요약하자면 자유화와 세계화 그리고 IT혁명이라는 두 가지 힘이 우리나라 경제의 효율성을 지속적으로 높여줄 것이며 이는 우리나라 경제의 역동성을 높여 경제 선진화를 앞당기는 힘이 될 것이다.

2 | 기술진보를 통한 성장잠재력 제고

우리나라가 중위 중진국에서 선두 중진국으로 그리고 선두 중진국에서 선진국으로 이동함에 있어서 생산요소투입량의 지속적인 증가와 생산성 및 기술진보속도의 지속적인 향상이 핵심적인 역할을 수행하게 될 것이다.

인구의 급속한 고령화에도 불구하고 전 인구의 교육과 훈련 성과를 높이고 여성의 경제활동 참여를 확대하며 고령자의 취업기회를 늘려나감으로써 앞으로 상당한 기간에 걸쳐서 총유효 노동투입량을 늘릴 수 있다. 즉 노동의 효율성 향상과 여성 및 고령 노동자의 취업기회 확대를 통해 출산율 저하와 고령화로 인한 노동시간 감소 추세를 극복할 수 있을 뿐 아니라 상당한 기간에 이르기까지는 총투입량을 늘려나갈 수 있게 될 것이다.

또한 현재 우리나라의 경제력이 선진국의 그것과 현격한 차이를 보이고 있다는 사실은 우리가 앞으로도 지속적인 투자를 통해 1인당 자본의 양을 지속적으로 늘려나감으로써 성장을 달성할 여지가 있음을 시사한다. 이는 이미 1인당 자본의 한계생산력이 0에 가까운 수준에 도달해 있어 기술진보 속도 이상으로는 성장하기 어려운 선진국의 사정과는 다른 것이다.

이러한 논의에서 IT가 갖는 의의는 무엇인가? IT는 그 자체가 전 산업 중 가장 역동적으로 성장함으로써 경제발전에 공헌할 뿐 아니라, 관련 산업의 성장발전을 촉진함으로써도 경제발전에 공헌한다. 더 나아가 IT는 경제운영의 근간이 되는 시스템·규범·제도·정책 등을 더 나은 방향으로 변화시키는 촉매가 됨으로써 경제의 발전 메커니즘을 획기적으로 개량한다. 이는 현재 우리나라에서 활발하게 이루어지고 있는 IT 혁명의 전 과정이 더욱 광범위하고 철저하게 이행될 경우 경제의 기초체력이 크게 강화될 것이고 그로 인해 장기성장률도 현저하게 높아질 것임을 시사한다.

현대는 IT혁명의 시기이다. IT혁명은 인류가 18세기 중반 이후 경험했던 증기기관 혁명(1차 산업혁명) 및 전기 및 철도혁명(2차 산업혁명)에 이은 세 번째의 산업혁명이다. 그것은 태동기로부터 성숙기까지 약 50년의 기간을 지니며 경제의 전 부문을 근본적으로 변화시키는 대변혁에 해당한다.

　주지하듯이 1차 산업혁명은 영국에서 비롯되었으며 2차 산업혁명과 3차 산업혁명은 모두 미국에서 비롯되었다. 지금 진행 중인 IT혁명은 1945년 트랜지스터의 발명과 더불어 태동하여 1970년대까지의 성장기를 거쳐 1980년대에 성숙기로 접어든 이후 세계경제를 본격적으로 변화시키고 있는 중이다. 미국경제가 1990년대 이후 장기호황을 누리고 있는 데에서 IT혁명의 긍정적 효과를 명확하게 찾아볼 수 있다.

　이전의 산업혁명이 그러했던 것과 마찬가지로 IT혁명 역시 당시의 최선진국에서 태동하여 오랜 기간의 회임기간을 거치는 동안에는 소수의 선진국으로만 파급되다가 그 효과가 본격적으로 나타나기 시작하는 성숙기에 이르면 아주 빠른 속도로 주변국으로 퍼져나가는 속성을 지닌다. 물론 그렇게 되는 것은 이러한 혁명이 갖는 혜택과 비용의 시간 패턴 때문이다.

　산업혁명의 초기 진행과정에서는 혜택보다 비용이 훨씬 더 많이 들고 아울러 성공에 관한 불확실성이 상존하므로 최선진국이 아니면 그러한 비용과 위험을 감당하기 어렵다. 산업혁명이 어느 정도 진척되면 비용은 점차 줄어드는 반면 혜택은 점차 늘어난다. 아울러 성공 여부의 불확실성과 그 자체의 속성이 무엇인지 모르는 데에서 오는 위험도 어느 정도 해소되기 시작한다. 그렇게 되면 최선진국과 어깨를 견줄 만한 차상위 선진국들이 산업혁명에 동참하기 시작한다. 이렇게 해서 여러 나라들이 산업혁명에 동참하여 클러스터를 이루게 되면 시너지효과로 인해 혁명은 더 빠른 속도로 진행된다. 그 결과 산업혁명의 혜택은 가속적으로 증가하는 반면 그 한계비용은 아주 빠른 속도로 낮아진다. 그렇게 되면 선진국이 아닌 나라들도 산업혁명에 동참하는 일이 용이해진다.

　선진국을 중심으로 진행되어온 산업혁명에 대해 중진국이나 후진국 중에서 남보다 더 빨리 그리고 더 철저하게 가담하는 나라가 국가간 경쟁에서 유리한 고지를 점하게 된다. 이 점은 IT혁명에 관해서도 적용되는 것으로서 그런 면에서 우리나라가 남보다 더 빨리 그리고 더 철저하게 IT혁명에 동참한 것은 경제의 장래에 관련하여 매우 긍정적인 일이다.

주지하듯이 우리나라는 IT에 관한 한 선진국에 속한다. 즉 IT와 관련된 각종 하드웨어의 생산과 수출과 활용, IT를 활용한 각종 콘텐츠의 생산과 수출과 활용, 초고속망의 보급과 활용, 무선망의 보급과 활용, 인터넷의 활용, 전자상거래·전자무역·전자정부 등 IT의 각 영역을 놓고 본다면 우리나라는 이미 선진국이라 할 수 있다. 이러한 사실은 무엇보다도 현재 우리나라에서 아주 빠른 속도로 진행 중인 IT혁명이 우리나라를 진정한 선진국으로 만들어가는 가장 힘센 발전의 원동력이 되고 있음을 의미한다.

선진국이 되는 과정에서의 3가지 변화

1 | 경제도약의 경험으로 재도약에 성공

우리나라의 경제수준은 중진국 가운데 중간 정도에 놓여 있다. 1인당 소득이 5,000달러에서 2만 5,000달러 사이에 놓여 있는 나라들을 중진국으로 분류하는 것이 관행이므로 1만 5,000달러 정도의 1인당소득을 지닌 우리나라를 중위 중진국으로 분류하게 되는 것이다. 한편 1인당소득이 3만 달러 이상 되는 나라를 선진국으로 분류하는 관행에 비추어보면 우리나라와 선진국 사이에는 현격한 차이가 있음을 알 수 있다.

이러한 형편은 우리나라의 경제발전 전망에 관해 어떠한 점을 시사하는가? 그것은 다음 두 가지 질문에 대해 우리가 어떠한 답을 내릴 수 있는가에 달려 있다. 첫째, 현재 중진국 가운데에서 중간 정도에 머물러 있는 우리나라의 경제력을 선두 중진국 수준으로 향상시킬 수 있는가? 둘째, 우리나라가 과거에 아주 가난한 후진국에서 중진국으로 변신하는 데 성공했듯이 중진국에서 선진국으로 도약하는 데 성공할 수 있는가?

우리나라가 1980년대 후반에 중진국 반열에 진입한 이래 아직도 중진국 가운데에서 중간 정도의 수준에 머물러 있다는 사실은 우리가 중진국으로서의 경제능력을 지니고 있으면서도 어떤 요인들 때문에 우리가 지닌 능력을 최대한도로 발휘하고 있지 못함을 나타낸다. 그것은 또한 우리가 아직 선진국으로서의 경제능력은 갖지 못함을 보여준다.

경제발전에 관한 각국의 경험을 조사해보면 후진국·중진국·선진국 등 그 나라가 속한 그룹 내에서의 이동은 비교적 쉬우나 그룹 간의 이동은 아주 어렵다는 사실을 발견할 수 있다. 예를 들어 중진국에 속한 나라가 후위 중진국 수준에서 선두 중진국으로 발돋움하는 것은 비교적 쉬우나 중진국이 선진국으로 발전하는 것은 아주 어렵다. 물론 후진국이 중진국 단계를 거치지 않고 선진국이 되는 것은 불가능하다.

이러한 사실은 우리나라가 비교적 짧은 기간 안에 선두 중진국으로 발돋움할 수도 있음을 시사한다. 사실 현재 아주 부진한 양상을 보이는 국내 투자가 활성화된다면 우리나라 경제의 잠재력에 비추어볼 때 몇 년 내에 1인당소득을 2만 달러 이상으로 증가시키는 일은 그리 어렵지 않을 것이다.

문제는 우리나라가 앞으로 20년 안에 과연 선진국으로 변모할 수 있겠는가에 있다. 이 문제에 관한 우리의 조심스러운 전망은 그럴 수 있다는 것이다. 이는 다음 세 가지에 근거하고 있다.

첫째, 우리가 지난 세기 약 40년에 걸쳐 당초 최빈국의 하나이던 나라를 중위 중진국으로 변모시킨 저력을 평가해야 한다. 사실 이 세상에 이 정도의 실적을 거둔 나라는 많지 않다. 그것은 결코 우연하게 그리된 것이 아니다. 그것은 우리가 그 동안 피나는 노력을 통해 경제발전에 매진해왔기에 가능했던 것이다. 우리가 그렇게 할 수 있었다는 사실이 한국의 미래에 관해 긍정적인 전망을 갖게 만든다. 우리가 지금부터 하기에 따라 경제의 재도약을 달성하는 일은 얼마든지 가능하다.

둘째, 현재 아주 빠른 속도로 진행되고 있는 우리나라 경제의 대세변화가 그럴 가능성을 시사한다. 이미 본 바대로 우리나라 경제는 현재 아주 빠른 속도로 자유화와 세계화의 물결을 따르고 있으며 이미 상당한 정도로 진척된 IT혁명과 그것에 힘입은 BT · MT · NT 등 첨단 과학기술의 획기적인 발전 덕분에 경제의 기초가 점점 더 튼튼해지고 있다. 이러한 변화는 우리나라 경제의 기초가 중진국적인 것에서 선진국적인 것으로 바뀌고 있음을 시사한다.

셋째, 우리나라를 둘러싼 주변 국가들의 경제발전 속도가 전보다 빨라지고 있어 현재 상당히 빠른 속도로 세계경제에 통합되어가는 우리나라의 경제성장률도 덩달아 높아지게 될 것이다. 이와 관련하여 미국이 IT혁명의 성공적 완수를 통해 이미 오랜 기간에 걸쳐 상당히 높은 수준의 장기성장률을 기록해오고 있으며 앞으로 그런 추세가 지속될 것이라는 전망과, 일본경제가 20년 가까운 장기침체에서 벗어나 다시 한번 고도 경제성장을 달성할 수 있을 것이라는 희망적 관측 그리고 9퍼센트대의 경제성장률을 지속적으로 유지해오고 있는 중국경제의 발전 양상이 시사하는 바가 크다.

결국 이런 모든 측면을 감안하면 우리나라가 중진국에서 선진국으로 그룹 간 이동에 성공할 확률이 아주 낮지는 않다는 결론을 얻을 수 있다. 결국 우리나라 경제의 저력을 보면 현재의 위치인 중위 중진국에서 선두 중진국으로 발돋움하는 것은 비교적 용이한 일이며 나아가 중진국에서 선진국으로 변신하는 것도 충분히 가능하다는 결론을 내릴 수 있다.

2 | 선진국의 예로 본 IT와 경제성장률

IT혁명은 경제를 근본적으로 변화시킨다. 그것은 무엇보다도 아날로그적인 것에서 디지털적인 것으로 바꿈으로써 경제를 환골탈태시킨다. 디지털 경제는 자유와 자율성, 다양성과 창의성, 신축성과 적응성, 다중성(多重性)과 융합성, 개방성과 전재성(全在性)이라는 특징을 갖는다. 이는 아날로그 경제가 명령과 통제, 획일성과 모방성, 경직성과 폐쇄성이라는 특징을 지니는 것과 대조를 이룬다.

아날로그적인 것에서 디지털적인 것으로 변화됨에 따라 경제의 특성에 중대한 변화가 일어난다. 첫째, 경제활동에 수반하는 거래비용이 거의 완전하게 소멸한다. 둘째, 수확체감 현상보다는 수확체증 현상이 더 광범위하게 일어난다. 셋째, 경쟁이 전례 없이 치열해진다. 넷째, 지식을 창출하여 활용할 줄 아는 능력을 지닌 사람이 사회를 주도하게 된다. 다섯째, 국가 간의 경계가 소멸된다.

이러한 변화는 무엇보다도 생산 · 유통 · 소비 · 노동 · 저축 · 투자 · 기술개발 · 여가생활 · 교육 · 훈련 · 문화생활 · 행정과 정치 등 경제활동의 전 분야에 걸쳐 '분업과 전문화'의 이점을 더 크게 그리고 더 광범위하게 향유할 수 있게 함으로써 경제의 생산성을 획기적으로 그리고 지속적으로 향상시킨다. 지속적 생산성 향상은 경제성장과 직결되므로 이러한 논의는 경제가 디지털적인 것으로 환골탈태함에 따라 경제성장률이 높아질 것이라는 결론으로 귀결된다.

우리는 이미 미국과 같은 최선진국의 경제성장 경험에서 경제의 디지털화가 가져오는 이점을 확인할 수 있다. 미국경제의 장기성장 데이터를 분석해보면 경제의 디지털화가 미국경제의 장기성장률을 1.0퍼센트 포인트 정도 높인 것으로 나타난다. 1인당 요소투입량의 지속적인 증가를 도모하기 어려운 미국과 같은 최선진국의 경우에 그 장기성장률은 기술진보의 속도에 의해 정해진다. 과거에는 미국경제의 기술진보 속도가 연 평균 2.5퍼센트 정도였으므로 종전의 추정치에 의하면 미국경제의 장기성장속도는 1인당소득을 기준으로 할 때 1.5퍼센트가 된다. 그런데 경제의 디지털화가 고도로 진전됨에 따라 미국경제의 기술진보 속도가 연 3.5퍼센트로 높아진 것으로 나타난다. 결국 경제의 디지털화로 미국경제의 장기 1인당소득 증가율이 2.5퍼센트가 될 것임을 의미한다. 이는 디지털 혁명이 일어나기 전에 비해 1.0퍼센트 정도 높아진 수치이다.

3 | IT혁명으로 경제성장률을 높이다

선진국의 기술진보 속도가 IT혁명 완수를 통해 지금보다 적어도 1.5퍼센트 포인트 높아져 1인당소득 증가율이 연 2.5퍼센트가 된다는 전망은, 자유화와 세계화 그리고 과학기술혁명을 통해 선진국형 경제로 체질을 개선 중인 우리나라의 1인당소득 증가율에 대해 시사하는 바가 크다.

우리나라 경제는 현재 약 1만 5,000달러에 달하는 1인당소득을 갖고 있다. 이는 최선진국인 미국이나 일본의 4만 달러에 비하면 그 절반도 안 되는 수준일 뿐 아니라 중진국 가운데 선두를 이루는 국가의 2만 달러 내지 2만 5,000달러 수준에 비해서도 매우 낮은 수준이다. 중진국으로 분류되는 나라의 소득수준이 5,000달러에서 2만 5,000달러까지 광범위하게 분포되어 있는 점을 고려할 때 우리나라는 중진국 가운데에서도 중위 그룹에 속하는 실력을 갖고 있는 셈이다.

주요 연구기관의 추정치를 보면 우리나라의 장기성장률은 약 4퍼센트라고 한다. 인구증가율이 약 1퍼센트이므로 이는 우리나라 경제의 1인당소득 증가율이 3퍼센트 정도가 될 것이라는 전망에 해당한다. 한편

1인당소득 증가율 3퍼센트의 내역을 보면 약 2퍼센트는 요소축적 증가에서 그리고 1퍼센트 포인트는 기술진보에서 나오는 것으로 추정되었다. 이 수치는 세 가지 측면에서 과소평가된 것으로 판단된다.

첫째, 우리나라 경제가 중진국 중 중위에 머물고 있다는 것은 현재가격을 기준으로 할 때 우리나라의 1인당소득을 지금의 1만 5,000달러에서 선두 중진국의 그것과 같은 2만 달러에서 2만 5,000달러로 증가시키는 일은 비교적 용이할 것이라는 점을 고려해야 한다. 즉 중진국으로 우리나라 경제가 지닌 잠재력을 충분히 발휘한다면 1인당소득 2만 5,000달러 달성은 비교적 용이한 일이며 이 점만을 고려하더라도 적어도 당분간은 1인당소득 증가율이 1퍼센트 포인트 이상 높아질 것이다.

둘째, 우리나라가 비록 2만 달러에서 2만 5,000달러의 1인당소득을 달성해서 중진국 중 선두가 된다 하더라도 여전히 최선진국의 4만 달러에는 크게 뒤떨어진다. 이는 우리나라와 같은 중진국들이 하기에 따라서는 또 한번 선진국을 향한 도약을 이룩할 수도 있음을 시사한다. 물론 중진국에서 선진국으로 도약하는 일은 중위 중진국에서 선두 중진국으로 탈바꿈하는 일보다 훨씬 더 어려운 일이다. 그러나 과거에 우리나라가 최하위 후진국에서 중위 중진국으로 도약하는 데 성공한 전례를 생각하면 전혀 불가능한 일도 아니다. 선진국과 크게 벌어진 격차를 조금씩이라도 줄이는 데 성공한다면 우리나라 경제의 1인당소득 증가율은 적어도 1퍼센트 포인트 정도 높아질 것이다.

셋째, 현재 진행 중인 IT혁명이 순조롭게 진행되어 과실을 맺기 시작하면 우리나라 경제의 기술진보 속도도, 미국경제가 이미 경험하고 있는 바대로, 약 1퍼센트 포인트 정도는 높아질 것이다.

물론 위의 세 가지는 우리가 경제의 체질을 근본적으로 개선하는 데 성공한다는 것을 전제로 한 것이다. 즉 우리나라가 중진국으로서의 잠재력을 최대한 발휘할 수 있도록 경제의 미비한 측면을 개선하는 데 성공하고 나아가 경제의 기초를 중진국의 그것에서 선진국의 그것으로 전면적으로 업그레이드 하는 데 성공하며 아울러 현재 진행 중인 IT혁명을 충실하게 완수한다는 것을 전제로 한 것이다. 만일 그러한 전제가 충족된다면 우리나라 경제의 1인당소득 증가율은 기존의 추정치인 3퍼센트가 아니라 적어도 6퍼센트 이상은 될 것이다. 그런데 위의 세 가지 전제 가운데 첫 번째와 세 번째는 달성하기가 비교적 용이하지만 두 번째 것을 달성하기란 매우 어렵다. 결국 1인당소득 증가율을 3퍼센트에서 5퍼센트 정도로 높이는 것은 비교적 용이한 일이지만 그것을 6~7퍼센트대로 또 한 차례 높이는 작업은 상당히 어려운 일이 될 것이라는 결론을 얻게 된다.

최근 몇 년에 걸쳐 우리나라 경제가 보여준 3퍼센트대의 1인당소득 증가율을 6~7퍼센트대로 높일 수도 있다는 것은 수치로서는 아주 작은 차이처럼 보이지만 기실 대단히 중요한 결과이다. 중요한 것은 현재 맹렬한 속도로 진행 중인 IT혁명과 또한 그에 못지않게 빠른 속도로 진행 중인 경제의 자율화 및 개방화가 우리나라 경제의 기초체질을 획기적으로 변화시킬 것이라는 사실이다. 특히 우리나라가 IT부문에서 이미 선진국 수준에 도달했다는 사실이 암시하는 바는 아주 중요하다. 즉 IT부문이 갖는 성장산업으로서의 중요성과 IT가 타 산업의 성장발전에 미치는 매우 강한 긍정적 효과와 경제의 IT화가 경제 패러다임의 변화를 가져온다는 사실에 비추어볼 때, 우리나라가 이미 IT선진국에 합류하였다는 사실은 우리나라가 앞으로 경제의 전 부문에 걸쳐서 선두 중진국으로 발전함은 물론 하기에 따라서는 선진국으로 발돋움할 수도 있음을 강하게 암시한다.

경제적 외연의 혁신, 선진국으로 가기 위한 준비

1인당소득 증가율이 4~5퍼센트로 높아지면 현재 1만 5,000달러 수준에 있는 1인당소득이 2025년경에는 현재의 화폐가치로 3만 달러를 넘어서게 될 것이다. 그런데 이러한 변화가 일시에 일어나지는 않을 것이므로 앞으로 수년에 걸쳐서는 1인당소득증가율이 현재의 3~4퍼센트에서 4~5퍼센트 정도로 높아지고 경제 패러다임의 전환과정이 충분하게 진행될 시점인 2010년 경부터는 6~7퍼센트대로 높아질 것으로 보는 것이 합당할 것이다.

2025년에 1인당소득이 3만 달러 이상으로 높아진다 함은 우리의 삶이 물질적으로 풍요해짐은 물론 삶의 질을 나타내는 제반 척도도 획기적으로 개선되어 정신적으로도 풍요로워질 것임을 시사한다.

2025년의 한국은 많은 사람이 사람답게 사는 세상이 될 것이며 특히 여성과 고령자의 경제사회활동이 매우 활발하게 이루어질 것이다. 초일류 기업들이 전 세계를 대상으로 초일류의 상품과 서비스를 제공하고 있을 것이며, 도시는 물론 농어산촌지역에 이르기까지 전 지역이 정치·경제·사회·문화의 모든 측면에서 풍요롭고 풍성하며 쾌적한, 살기좋은 환경을 갖추게 될 것이다. 정치 및 행정제도가 선진화되어 있을 것이며 역동적이고도 창의적인 인재를 길러내는 교육 훈련 시스템이 정착되어 있을 것이다. 그것이 1인당국민소득 3만 달러 수준에 걸맞은 살기좋은 대한민국의 미래상이다.

2025년에 이르러 우리나라가 명실상부한 선진국이 될 것이라는 전망은 그 일이 저절로 또는 필연적으로 그렇게 될 것임을 의미하지는 않는다. 모든 경제문제에서 그렇듯이 여기에서도 아주 중요한 의미에서의 '만약 이러한 일이 이루어진다면'이라는 조건을 전제로 한 전망일 뿐이다. 그러한 전제가 충족되지 않는다면 선진국 진입에 실패할 수도 있고 그렇지 않더라도 그 시기가 매우 늦추어질 가능성이 크다.

당연한 이야기이지만 경제는 그것을 둘러싼 외부요소에 따라 크게 좌우된다. 경제를 꾸려가는 주체인 가계와 기업과 기구와 정부 등이 모두 환경에 따라 행동을 달리하게 되기 때문에 그렇다. 이렇게 그 안에서 경제활동이 이루어지는 환경을 총칭해서 경제의 외연적 요소라고 한다. 경제의 외연을 구성하는 요소에는 이념과 체제, 제도와 관행, 정치와 행정, 민관 분업체제 등이 있다. 어떤 나라이건 경쟁력 있는 나라를 만들고자 한다면 그 경제를 둘러싼 외연을 정비하고 혁신해야 한다.

경제발전의 외연적 요소가 완비되어 있더라도 경제주체들이 소비·저축·노동·투자·교육·기술개발 등 경제발전의 내부적 요소들에 대해 바른 결정을 내리지 않는다면 지속적인 경제발전이 불가능하다. 물론 경제발전의 외연적 요소가 완비되어 있을수록 경제주체들이 발전의 내부요소와 관련하여 잘못된 결정을 내릴 가능성은 낮아진다.

동북아시아의 다자주의화

21세기 들어 중국의 힘이 대단히 커지면서 이를 견제하려는 움직임들이 나타나고 있는데, 앞으로는 미국이라는 힘과 중국을 제외한 다른 동북아시아 국가들의 힘이 서로 네트워크화될 것이다.

미국의 헤게모니가 지속되고 있는 가운데 탈냉전·세계화·정보화라는 세계사적 변화의 물결을 타고 동북아가 부상하고 있다. 자본과 기술, 생산과 물류가 동북아에 집중되어 동북아가 세계경제의 견인차가 되고 있다. 동북아는 전 세계 생산의 5분의 1을 차지하고 있으며 동북아 한·중·일 3국에 16억 명의 인구가 살고 있다. 이는 EU 인구의 4배에 달한다.

동북아의 부상은 이미 냉전시대부터 시작되었다. 일본은 냉전기 미국이 제공하는 안보의 바탕 위에서 번영을 구가하면서 1960년대 중반에 세계경제의 중심부로 진입하였고, 한국·대만·홍콩·싱가포르 등 동아시아의 네 마리 용은 냉전기 미국의 '자비로운 헤게모니'의 수혜국으로 기적 같은 경제성장을 이룩하였다.(임혁백, 1999; Pempel, 2002; Hersh, 1993) 이들은 냉전의 전초기지 국가로서의 전략적 역할에 대한 대가로 미국이 제공한 경제원조와 수출시장에 기반하여 급속한 성장을 이루어내었다. 그러나 지역으로서의 동북아가 부상하고 대서양에서 태평양으로 세계경제의 축이 이동하게 된 결정적인 요인은 중국의 등장이다. 중국은 1979년 이래 개혁, 개방정책을 지속하여 연평균 10퍼센트의 고도성장을 달성하였다. 중국이 세계경제의 중심국가로의 진입을 상징하는 WTO에 가입한 2002년에 중국은 8퍼센트의 성장, 세계 5위의 교역, 세계 2위의 외환보유, 세계 1위의 외국인 투자 유치를 기록하였다. (이수훈, 2004: 124~125)

대서양 시대에 동북아는 지리적으로 변방에 머물러 있었지만 세계화와 지식정보화 혁명으로 동북아는 변방의 불리를 단숨에 극복할 수 있었을 뿐만 아니라 21세기 글로벌 경제의 중심으로 떠오르고 있다. 또한 IT혁명으로 디지털이 새로운 세계표준이 됨으로써 동북아는 서구를 따라잡기 위해 노력하고 있는 후발지역에서 디지털의 세계표준의 설정자가 되고 있다. 동북아 지역의 역내 교역량, 자본 이동, 인적 교류의 증가로 역내 경제통합이 가속화되고 있으며 이는 동북아 지역경제 공동체의 가능성을 높여 주고 있다.

왜 동북아시아의 관계가 다자주의화되고 있는가

1 | IT를 통해 촉진되는 동북아의 교류와 통합

탈냉전기에 동북아 교류와 통합을 촉진하고 있는 주요 동력은 IT이다. 현재 동북아는 IT혁명에 있어서 선두 주자이다. 지난 세기에 동아시아는 오랫동안의 정체를 끝내고 국가 주도의 산업화에 성공하였다.

이른바 동아시아 형 '발전국가' 모델에 의한 산업화였다. 그러나 동아시아의 산업화는 서구를 모델로 하여 서구를 '따라잡는' 방식으로 전개된 산업화였다. 자연히 '후발자의 불리'를 감수할 수밖에 없는 후발산업화였다. 그러나 IT혁명이 일어나 인쇄문명에서 디지털문명으로 전환함에 따라 정보와 지식유통의 표준이 바뀌게 되었다. 디지털이 새로운 표준이 됨으로써 동아시아는 후발성의 불리를 극복할 수 있게 되었다. IT는 동북아 지역을 세계경제의 선도 지역으로 부상시켰고, 내부적 교류와 교역을 급증시켰다. 또한 IT는 동아시아가 유럽에 비해 안고 있는 내부적 이질성의 문제를 극복할 수 있는 대안으로 떠오르고 있다. IT를 통해서 서로 다른 언어를 갖고 있는 동아시아 국가들이 소통할 수 있게 되었고, 기독교·불교·유교와 같은 이질적 종교와 문명이 대화를 통한 공존·공영하는 길을 배울 수 있게 하였다. 결국 동아시아적 이질성의 문제는 결국 동아시아에서 빠른 속도로 진행되고 있는 디지털 혁명이 해결의 실마리를 찾아줄 것이다. 동아시아는 인터넷을 통하여 지역적 의사소통의 수단을 갖게 될 수 있을 것이기 때문이다. 디지털은 지리적으로 인접하고 있지 않은 동아시아 국가들을 연결시켜줄 것이고, 동아시아적 지역문화를 형성해줄 것이다.

2 | 우선되어야 할 냉전질서·한국분단·이질성의 극복

그러나 IT와 세계화의 시대에 동북아 지역 거버넌스의 메가트렌드가 지구촌의 여타 지역의 메가트렌드와는 달리 안보 부문에 있어서 미국을 중심으로 하는 양자주의 동맹 네트워크에 의한 중국 포위가 지속되는 가운데 경제적 통합이 진행되는 트렌드를 보이고 있는 것은, 첫째, 냉전기의 동북아 안보질서가 탈냉전기의 동북아 질서형성 과정이 냉전기 동북아 안보질서에 강하게 역사적인 경로의존을 보여주고 있기 때문이다.

유럽에서 냉전체제가 붕괴하고 동구사회주의 정권이 몰락하였으나 중국·베트남·북한의 동아시아 사회주의 정권은 잔존하였고 남북한 분단은 해소되지 않은 채 한반도는 냉전의 섬으로 남아 있다. 이러한 상황 하에서 미국이 구축한 냉전기의 동북아 질서가 탈냉전기에도 유효하게 작동하고 있는 것이다.

둘째, 이른바 '한국문제'가 아직 해결되지 않고 있다는 사실이 동북아의 지역주의 거버넌스의 출현을 가로막고 있다.(박명림, 2004) 1876년 이래의 한국과 동아시아의 역사가 보여준 것은 한반도 평화는 동아시아 평화문제의 중심이라는 것이었다. 한국문제가 해결되지 않았기 때문에 동아시아의 평화는 달성될 수 없었다. 실상 지난 20세기에 한반도는 동아시아의 불화와 반목의 진원지였고, 한국문제가 동아시아 지역통합의 발목을 잡아왔다. 한국문제가 해결되면 동북아의 다자주의적 경제협력은 가속화될 것이고, 포괄적인 집단안보, 다자안보 기구 역시 '북한핵문제'만 해결이 되면 ARF(Asia Regional Forum)의 연장선상에서 수립할 수 있을 것이다.

셋째, EU와 비교해서 볼 때 동북아에서 다자주의적 지역 거버넌스가 활성화되고 있지 않은 이유 중의 하나는 동북아에 존재하는 강한 이질성이다. EU 국가들은 그리스-로마의 고전적 유산, 기독교적 전통과 같은 종교와 역사를 공유하고 있을 뿐 아니라, 상대적으로 소통이 가능한 언어구조를 갖고 있고, 민주주의와 시장경제라는 동일한 정치체제와 경제체제 하에서 살고 있고, 소득·교육·복지의 수준에서 국가 간 격차가 크지 않은 높은 수준의 동질성을 갖고 있으며, 이 동질성이 통합의 기초 자원이 되었음은 말할 것도 없다. 이와 반대로 동북아는 국가 간의 이질성이 크다. 정치, 경제의 체제가 다르고, 종교적으로 다양하다. 그리고 소득수준에 있어서 최빈국과 최부국이 공존하고 있다. 특히 동아시아 국가 간의 언어이질성은 EU와 비교해볼 때 심각한 수준이다. 유교

문화론자들은 한·중·일이 한자라는 공통의 소통수단을 갖고 있다고 주장하나 사실상 동북아의 공용어는 영어이며, 한자의 표기 방식도 서로 다르다. 중국은 간자를 쓰고 있고, 한국은 문어에서 한자 사용을 하지 않으려고 하고 있고, 북한은 아예 금지하고 있고, 베트남은 로마식 표기를 하고 있으며, 일본은 중국-일본식 표기를 하고 있으나 중국어와 일본어는 문법적으로 전혀 다른 언어이다. 동북아는 지역적 의사소통을 할 수 있는 공통의 언어를 갖고 있지 않다.(임혁백, 2004; Cumings, 1999: 170)

동북아시아의 다자주의화가 가져올 4가지 변화

1 | 일방적 양자주의에서 양자주의 네트워크로

21세기에 들어서 미국의 패권이 지속되는 가운데 동북아가 경제적, 정치적으로 부상하게 되면서 동북아의 안보환경이 변하고 있다. 아시아에서 미국 패권의 지속은 냉전기에 미국이 마련한 일방적 양자주의를 연장시키는 요인으로 작용하고 있는 반면, 동북아 특히 중국의 부상은 다자주의를 포함한 여러 대안적 안보 레짐의 가능성을 열어두고 있다. 이러한 새로운 동북아 안보환경의 출현은 한반도의 안보에도 중대한 변화를 초래하고 있다.

냉전기 동북아의 지역 안보 레짐의 특징은 미국을 중추로 한 수직적인 일방주의의 집합이었다.(Cumings, 2002) 냉전기에 미국은 동북아에 대해 서유럽과 다른 방식으로 지역질서를 구축하였다. 서유럽에서는 다자적이고 협력적인 지역 차원의 정책을 추진한데 반해 동북아에서 미국은 일방주의를 고집하였다. 동북아에서는 NATO와 같은 집단안보기구도 없었고, 유럽안보협력회의(CSCE), 경제협력개발기구(OECD)도 없었다. 미국은 동아시아의 개별 국가에 대한 영향력을 극대화하기 위해 동아시아 지역 전체를 서로 연결하는 망을 만드는 것을 회피하였다. 연계는 미국과 개별 국가 사이에만 이루어졌고 동아시아 국가들 간의 대화와 연계도 미국을 통하지 않고는 이루어질 수 없었다. 미국을 배제한 동아시아 국가들 간의 연계는 거의 존재하지 않았다.(Pempel, 2002: 108~109)

태평양전쟁이 끝나자 미국은 공산주의의 확장에 대항해서 일본에서 동남아를 거쳐 인도를 휘감고 궁극적으로는 페르시아 만의 유전지대에 이르는 '거대한 초승달'을 구축하려 하였다.[1] '거대한 초승달'로 상징되는 동아시아 지역 안보 레짐은 복합적이고 중첩적인 관계들 간의 수직적·위계적인 질서였다. 이러한 수직적 체제는 미국이 일본·한국·대만·필리핀과 맺은 쌍무방위조약에 의해 공고화되었다. 동아시아 국가들은 단일 '중추국가'인 미국에 수직적·위계적으로 매여 있는 '부채살 국가'였다.

동아시아에서의 미국의 일방적 양자주의는 동아시아 국가들 간의 교류와 소통을 방해하고 동아시아의 분할과 분열을 심화시켰다. 중국과 대만은 화해하지 않았고, 남북한 간에는 개인적인 서신도 국경을 넘을 수 없었다. 동아시아의 자본주의 국가들은 공산주의 국가들과 의사소통을 미국을 통하여 할 수밖에 없었다. 북한과의 분쟁이 발생했을 때 한국은 미군을 통해 대화하였고, 북한 역시 한국과의 문제 해결을 위해 끈질기게 미국과의 양자 대화를 요구하였다. 이는 북한이 냉전기의 '의사소통'이 중추국가인 미국을 거쳐 부채살 국가인 한국에 전달되는 방식으로 이루어진다는 동북아 지역 거버넌스의 특징을 이해하고 있었다는 것

---

[1] 트루먼 행정부의 국무장관인 딘 애치슨(Dean Acheson)의 발언.

을 보여준다. 대만해협에서 소규모 위기가 발생했을 때 중국이나 대만 모두 미국을 통해서 간접적으로 대화하는 방식을 택했다.

1960년대 초까지 이러한 경직적이고 수직적인 미국 주도의 일방적 양자주의는 지속되었고 동북아의 지역주의 거버넌스는 질식 상태에 있었다. 그러나 1960년대 중반 이후 점진적으로 일방적 양자주의의 이완이 일어나면서 '정상상태'로의 복원이 일어났다. 기본 동력은 경제적 거래·교류·교역의 증대였다. 경제적 힘이 안보의 장벽을 넘을 수 있었기 때문이다. 케네디 정부의 압력하에 한일국교정상화가 일어났고 닉슨 정부는 1971년에 중국과의 관계를 열었다. 한국·일본·중국의 지도자들이 정상회담을 갖고 있는 데서 볼 수 있듯이 동북아 국가들은 수평적으로 미국을 거치지 않고 접촉하고 대화하기 시작하였다. 그러나 냉전기에 미국 중심의 '중추와 부채살 망'에서 벗어난 동아시아 국가들 간의 대화·교류·교환은 대단히 미약했다. 지역적 교류, 교환의 제도화는 이루어지지 않았다. 여전히 동아시아적 '상호의존의 망'은 약했다. (Cumings, 2002) 냉전기에는 비약적인 동아시아의 경제발전도 안보의 장벽을 허물지는 못했다. 미국 중심의 일방적 양자주의의 안보구조가 동아시아 지역주의의 본격적인 등장을 막아왔던 것이다.

현 부시 정부의 미국의 동북아 전략의 기본은 미래의 헤게모니 경쟁 대상으로 떠오르고 있는 중국을 포위, 견제하는 것이다. 이는 클린턴 정부의 대중국 전략과는 차이가 있다. 클린턴 정부는 중국의 지역 군사강국으로의 성장, 지역경제에 있어서 중국의 중요성과 미국의 이해관계, 중국의 국제 사회에서의 지위 향상 등을 주시하면서, 중국을 전략적 동반자인 동시에 전략적 경쟁자로 인식하고 있었다. 동북아 경제 번영을 위한 지역 안정 유지, 한반도의 평화 유지와 대량살상무기 확산방지, 인도, 파키스탄의 핵 개발이 지역과 세계 안보 환경에 미치는 영향에 대한 우려 등을 고려할 때 미국과 중국은 공통된 이해관계를 가지고 있다고 보고 있었다. 그러나 중국의 군비증강과 군 현대화를 경계하며 중국이 대량살상무기 확산방지와 군비 감축과 관련된 국제규범을 준수하고 군사 문제에 있어서 투명성을 높이는 것이 중요하다고 지적하였다.(U.S. DOD, 1998)

부시 정부는 변화된 세계 전략에 따라 클린턴 정부의 동아시아정책을 수정하였다. 구체적으로 중국의 부상과 한국·일본과의 동맹 관계의 중요성을 재확인하고, 향후 아시아를 가공할 만한 군사적 경쟁국의 등장과 대규모 군사경쟁이 발발할 가능성이 높은 지역으로 지목하고 미국에 우호적인 안정적 균형을 유지해야 한다고 언급하고 있다. 이는 암시적으로 중국을 전략적 경쟁자로 지목하고 중국의 군사 강대국으로의 부상을 경계하고 있다는 것을 보여준다. 그 결과로 나온 미국의 동아시아 전략은 중국을 포위·견제·억제하는 것이다.

먼저 아시아 지역을 "벵갈 만에서 호주를 거쳐 동해에 이르는" 선(딘 애치슨의 '거대한 초승달')을 경계로 동북아대륙과 동아시아 연안지역으로 구분하여, 중국대륙과 연안해양이라는 두 군사권이 형성되고 있음을 시사하면서 한국·일본·오세아니아 등 연안 해양국과의 동맹관계를 강화하여 중국을 견제하는 전략을 구상하고 있다. 연안 해상지역의 기지에 대한 접근의 용이성, 원거리 군사력 투입으로 상당 기간 이 지역에서의 작전이 가능할 수 있는 시스템 개발과 최소한의 지역 내 지원 확보를 강조하고 있다.(이상현, 2003: 29~30)

9·11 이후에는 테러 진원지인 아프가니스탄에서 대테러전 지원을 위한 플랫폼을 구축한다는 명분하에 키르기스탄, 타지키스탄 그리고 우즈베키스탄에 미군을 주둔하고 군사협력관계를 구축함으로써 미국의 포위선은 동아시아를 휘두르는 '거대한 초승달'에서 중앙아시아로 확대되었다.(김기수, 2005: 178~179) 이제 미국은 한국과 일본을 시발점으

로 대만, 필리핀 그리고 호주, 나아가 중앙아시아를 잇는 포위망을 구축하여 군사력의 절대적 우위를 바탕으로 중국의 도전을 용납하지 않겠다는 의사를 분명히 하고 있다.

이러한 미국의 대중 견제, 봉쇄정책에 대해 중국 역시 미국의 팽창 정책을 견제하고 있다. 9·11 사태 이전 중국의 대미국의 인식은 일본과의 협력하에 중국 봉쇄, 중앙아시아 국가 지원을 통해 러시아와 이슬람 근본주의자들의 영향력 확산 방지와 신장 등에 있어서 분리주의 운동 고무, 대만 독립 지원 등 중국의 체제를 무력화시키는 전략으로 중국이 경쟁국으로 부상하는 것을 방지하겠다는 의도를 지닌 것으로 파악하고 동아시아에서의 안보 목표를 대만의 영구 독립 방지, MD 구축 저지, 한반도 안정 유지, 동지나해와 남지나해에서의 분쟁 대처, 쌍무적 혹은 다자적 기구를 통한 중국의 경제이익 지원, 일본의 군비증강 방지 그리고 동북아에서의 우월적 지위 확보로 설정했다. 특히 '중국위협론' 타파를 위해 강대국과의 우호를 증진하는 한편, 점진적으로 군을 현대화하고, 국제기구 등 다자안보포럼에 적극 참여하는 전략을 구사하면서, 군사적으로 적극 방어라는 방어 전략을 채택했다.

그러나 9·11 이후 중국은 반테러 전에서 미국에 협력함으로써 중미관계 개선을 위해 전 방위로 노력해오고 있다. 그 결과 부시는 중국을 적으로 볼 생각이 없으며 중국과 협력적·건설적 관계를 발전시키자고 천명하였고, 또한 중국은 국내 안보에 위협을 주는 신장, 위구르의 이슬람 세력을 유엔 테러리스트 목록에 추가하는 데 미국의 동의를 얻어냈다. 그러나 이러한 중미 간의 관계 변화는 9·11 이후 대테러 협력이라는 상황적인 요인에 따른 것으로 근본적인 상호 이해관계가 변화한 것으로는 보기 어렵다. 중국은 미국과의 관계 개선과 분리주의자, 반체제 인사들에 의한 국내 테러에 대응이 필요했고, 미국은 중국이 범세계적 반테러전에 반대함으로써 비롯될 여파를 우려했다. 그러나 대만 독립, MD 구축, 동남아 지역에서의 경제이익을 둘러싼 양국 간의 갈등 구조는 여전히 존재하고 있다. 그러므로 상호 이해관계가 상충되는 갈등 구조 속에서 미국의 대중국 봉쇄 정책과 중국의 적극적 방어를 위한 팽창주의가 충돌할 가능성을 배제할 수 없다.

부시 정부는 중국에 대해서는 견제와 협력을 병행하면서 일본에 대해서는 미국의 아시아태평양 안보전략의 중추 역할을 부여하면서 핵심적인 동맹국으로서의 밀착관계를 유지하려 하고 있다.

해외 주둔 미군 기지가 재편될 경우, 주일 미군 기지는 대규모 병력전개의 근거지로서 전력투사중추의 역할을 수행하게 되고, 따라서 일본은 미군의 동아시아에서의 전력중추가 된다. 현재 이와 같은 전략적 맥락에서 전방전개능력의 강화와 함께 주일미군의 재편작업이 전개되고 있다. 미국의 세계적 군사전략의 변환에 따라 주일미군의 재편과 더불어 일본의 '전선기지화' 작업이 전개되고 있으며, 아울러 미국과 일본의 군사적 연대가 강화되고 있다.(배정호, 2004)

말하자면 일본의 전략적 위상 제고와 함께 미일동맹은 태평양판 미영동맹 수준으로 성장·발전하게 된다. 미일동맹의 전략적 상호의존의 강화와 관련, 미일 양국이 서로 상대방에게 가지는 전략적 가치는 다음과 같다.

첫째, 미국이 아시아·태평양 전략을 전개하는 데 일본은 지정학적 (지전략적)으로 중앙거점이고, 전진배치 안보전략의 주춧돌이다. 미국의 세계적 군사전략의 변환 및 주일미군의 재편과 더불어 일본의 전선기지화 작업이 전개되고 있는데, 일본은 아시아·태평양 지역에서 미국의 가장 핵심적인 동맹국이고, 미일동맹은 미영동맹과 함께 미국의 양날개이다.

둘째, 미국은 미일동맹체제를 통하여 아시아·태평양지역에 보다 깊이 연결될 수 있다. 즉 미일동맹체제는 미국으로 하여금 아시아국가로서 보다 자연스럽게 행동할 수 있도록 해주고 있고, 나아가 아시아에서의 미국의 행동능력을 높여주는 역할을 해주고 있는 것이다.

셋째, 미국이 세계전략 및 아시아·태평양전략 차원에서 중국을 견제하여 봉쇄하거나 또는 포용할 경우에 일본은 미국의 가장 핵심적인 전략적 파트너이다.

일본의 입장에서 본 미국의 전략적 가치는 다음과 같다. 첫째, 미일동맹체제는 일본이 국제사회에서 역할 증대를 도모하고 국제적인 지도국으로 성장하는 데 전략적으로 활용되고 있는 지렛대이다. 일본은 정치대국화 또는 국제 지도국화 전략차원에서 유엔 안전보장이사회의 상임이사국 진출을 도모하고 있는데, 미국은 영국과 더불어 일본의 강력한 지지자이다. 이는 중국 견제를 위한 포석이기도 하다.

둘째, 일본의 군사대국화에 대한 주변 국가들의 우려가 큰데, 미일 안전보장체제는 일본이 국제지도국화를 지향하여 군사적 역할의 확대를 추구하는 데 전략적 명분을 제공해주고 있다.

셋째, 중국의 군사력의 증대 및 패권주의 추구, 북한의 핵·미사일 개발 등 주변 정세변화에 일본이 능동적으로 대처하는 데 미국은 가장 중요한 전략적 파트너이다. 이는 미국과 일본의 동북아 지역에서의 전략적 이익의 일치이기도 하다.

미국과 일본 양국은 이상과 같은 전략적 이해관계에 의해 미일동맹을 미영동맹 수준으로의 발전을 지향하여 '역할분담' 또는 '책임분담'에서 '지도력 및 권한의 분담'을 향하여 전략적 상호의존 관계를 한층 강화시키고 있다. 이를 위하여 미국과 일본은 1996년 4월 탈냉전시대의 안보환경에 대응하기 위해 미일동맹의 재정의와 더불어 '미일 신안보공동선언'을 발표하고, 군사협력 범위의 확대에 따른 효율적 협력을 위하여 1997년 9월 '미일 신가이드라인'을 작성·발표한 바 있는데, 부시 행정부의 새로운 군사변환 전략과 해외 주둔 미군 재배치 계획의 전개와 더불어 미일의 군사협력 틀을 바꾸는 새로운 '21세기 미일안보선언'을 추진하고 있다.

새로운 '21세기 미일안보선언'에는 해외미군의 재편에 따른 주일미군 기지의 재편, 일본의 군사적 역할의 확대, 주일미군과 일본 자위대의 공동운영체제의 강화 등이 포함될 것으로 예상되고 있다. 그리고 일본은 이와 같은 주일미군의 재편 및 미일동맹의 강화에 대응하여 군사력의 질적 증강 등 하드파워의 증강, 법적 정비 등 소프트파워의 강화뿐 아니라 새로운 군사전략을 수립하고 있는 것으로 알려지고 있다. 일본은 국제사회에서의 군사적 역할의 확대를 위하여 첨단기술에 의한 군사력의 질적 증강뿐 아니라 '미일 신가이드라인'과 관련된 '일본 주변지역 유사법안'의 정비, 자위대의 분쟁지역 파견을 가능케 하는 '테러대책 특별법'의 제정, 유엔 평화유지군(PKF) 참여를 가능케 하는 'PKO 협력법'의 개정, '일본 유사 관련 법안'의 정비 등을 성립시켰고 현재 새로운 방위계획의 대강을 준비하고 있다. 즉 일본은 1976년에 수립된 '방위계획의 대강'을 19년 만인 1995년에 개정한 바 있는데, 2004년 말에 책정될 새로운 '방위계획의 대강'을 수립하고 있는 것이다.

요약하자면 일본은 미국의 군사변환 전략에 따른 주일미군의 재편과 그에 따른 미일동맹의 강화를 기회로 간주하고 대미 밀착 외교를 견지하면서 자위대의 국제 활동 무대를 확대하는 등 '보통국가'로서의 변신을 통해 자국의 안보 이익을 확보하고 중국의 부상을 경계하는 전략을 견지해오고 있다. 또한 국제사회에서의 역할 확대를 지향한 자위대의 해외활동의 적극적 전개를 위하여 군사력의 질적 증강 등 하드파워의 증강 및 법적·제도적 정비 등 소프트파워의 강화 등을 포함한 새로운 전략구상을 수립하고 있다.

21세기의 중일관계는 경제적 협력과 정치적 대립이 공존하는 방향으로 진행되고 있다. 1990년대가 일본에게는 '잃어버린 10년'이었다면 중국에게는 '고속성장의 10년'이었다. 그 결과 일본 내에서는 '중국위협론'으로 무장한 우익세력이 득세하게 되었고, 중국에 대한 견제가 강화되고 있다. 일본은 중국과 갈등을 초래할 가능성이 있는 거의 모든 사안에서 중국을 자극하는 것을 서슴지 않고 있다. 야스쿠니 신사참배, 역사교과서 왜곡, 대만 문제, 동중국해 가스유전개발, 조어도(센카쿠 열도) 영유권 문제 등 중국의 주권과 일본의 침략전쟁 역사와 관련 있는 모든 사항에 대해 중국은 일본에 대한 비판의 강도를 높이고 있으며 유엔 안보리 상임이사국 진출에 반대하는 입장을 명백히 하였다.

중일 관계의 악화는 일본의 동아시아 전략과 무관하지 않다. 일본은 홀로 동아시아의 패권국이 될 수 없는 상황하에서 미국과의 동맹을 등에 업고 세계적인 패권세력의 일원이 되려는 전략을 세웠기 때문에 미국의 대중국 견제정책에 동조하지 않을 수 없었고, 자연히 중국과 일본은 적대적 경쟁관계에 들어가지 않을 수 없는 것이다. 중국과 일본의 경쟁에서 장기적으로는 중국이 우위를 차지할 가능성이 크지만 일본이 막대한 경제력과 미일동맹의 힘으로 중국의 우위를 저지할 가능성도 있다.

이와 같이 현재 일본이 중국과의 경쟁에서 조만간 열세에 처하리라는 불안감에서 미일동맹을 강화하고 있기 때문에 미국을 제외한 동북아 안보협력질서의 구축은 사실상 불가능하다. 결국 실현 가능한 시나리오는 미국과 동아시아 국가들 간의 양자동맹들 간의 네트워크가 형성되어 중국을 포위하는 구도로 가는 것이다. 동아시아의 안보질서는 '일방적 양자주의'에서 '양자주의 네트워크'로 가고 있는 것이다.

2 | 경제적 지역공동체의 출현 가능성

안보영역에서 다자주의적 지역공동체의 출현은 가능성이 희박한데 반해 경제영역에서 지역적 통합은 빠른 속도로 진전되고 있다.

냉전시대에는 안보가 경제를 압도하면서 미국이 주도하는 일방적 양자주의 체제는 경제영역에서의 지역 내 교류와 교역, 통합을 막아왔다. 그러나 1989년에 유럽에서 국제적 냉전체제가 해체되면서 동아시아의 경제적 지역주의는 '숨쉴 공간'을 얻게 되었다. 첫째, 국제적 냉전체제 해체의 여파는 동아시아에서 '중추와 부채살 망'으로 이루어진 안보구조의 이완을 가져왔다. 미국은 냉전체제가 해체되기 이전에 이미 월남전 패배와 닉슨 독트린 이후 동아시아에서 점차 발을 빼기 시작하였다. 둘째, 중국의 정책 대전환이다. 문화대혁명이 가져다준 파탄 위에서 중국 지도자들은 1979년 친서방, 자본주의 친화적인 사회적 시장경제로의 대전환을 결정하였다. 중국은 주로 외부의 투자와 교역에 자신을 개방하는 형태를 취하였다.(Pempel, 2002: 110) 중국의 개방·개혁정책은 미국 모델과의 마찰 가능성을 줄여줌으로써 동아시아 지역 내의 교류·교역·교환에 숨통을 틔어주었다.

지역적 상호의존체제를 구축하려는 첫 번째 시도는 일본에 의해서 시작되었다. 이른바 '날아가는 기러기 무리 모델'로 알려진 일본의 경제통합 모델은 동북아와 동남아의 경제들이 연합하여 일본의 뒤를 따라가는, 대동아공영권을 연상케 하는 일본 중심의 통합모델이다. 일본이 동아시아 국가들을 이끌어가는 선두 기러기가 되어 동아시아에서 잘 연계된 지역적 상호의존체제를 만들어간다는 것이었다. 그러나 '날아가는 기러기 무리'는 1990년대 중반에 일본의 거품경제가 터지면서 한순간에 날아가버렸다.

그러나 일본의 '기러기 무리'가 날아가버린 뒤에도 경제영역에서 동아시아의 지역적 통합은 빠른 속도로 진행되었다. 기본적인 추동력은 세계화와 정보화에서 나왔다. 중국의 경제가 고도성장을 지속하고 동아시아 국가들이 IT산업의 호황에 힘입어 1997년에 연쇄적으로 폭발한 경제위기를 수습하고 새로운 성장을 주도함에 따라 동아시아 국가 간의 교역과 투자가 급증하게 되었다.

1985년과 1994년 사이에 개발도상국에 대한 해외직접투자 총액에서 아시아가 차지하는 비중은 39퍼센트에서 57퍼센트로 증가하였고, 일본의 해외직접투자에서 동아시아가 차지하는 비중은 11퍼센트에서 26퍼센트로 늘어났다. 그럼에도 불구하고 동아시아 국가들이 행한 해외직접투자에서 일본의 비중은 90년대 중반에 14퍼센트에 불과하고 여타 동아시아 국가들의 비중은 58퍼센트를 넘어서게 되었다. 이는 해외직접투자에 있어서 다자주의적 경향이 심화되고 있음을 보여준다. 역내무역의 경우 더욱 눈부시다. 1986년과 1992년 사이에 동아시아에서 역내무역의 비중은 31퍼센트에서 43퍼센트로 증가하였으나 미국시장에 대한 의존도는 34퍼센트에서 24퍼센트로 감소하였다. 현재 동아시아 역내무역의 비중은 51퍼센트로 NAFTA의 47퍼센트보다 높고 EU의 53퍼센트에 근접하고 있다. 생산 영역에 있어서도 홍콩에 근접한 중국 남부지역에서는 정치적 경계를 넘어선 '복합생산단위'들이 넘쳐흐르고 있다. 정치적으로 고립된 대만도 지속적인 해외직접투자로 동아시아에 고도로 통합되게 되었다.(Pempel, 2002: 116~120)

그러나 동아시아의 지역적 통합 특히 경제영역에 있어서의 통합은 빠르게 진행되고 있지만 아직까지 지역 거버넌스의 제도화는 낮은 수준에 머물러 있다. 동아시아는 여전히 수평적 접촉 수준이 낮고 그나마 다자주의적 제도들이 없는 상태에서 이루어지고 있다. APEC이 NAFTA와 EU에 버금가는 다자주의적인 개방적 지역주의의 기구로 언론에서 거론되고 있지만, 아직까지는 각국의 원수들이 해마다 한자리에 모여서 대화하는 대화체에 불과하다. APEC은 하나의 협의체에 지나지 않으며 서로 간에 의사소통이 잘 되지 않는 18개 나라들의 느슨한 연합체에 지나지 않는다. 공식적인 지역통합의 제도적 장치를 마련하려는 노력은 아직까지는 미지근한 상태로 남아 있다. EU와는 달리 동아시아적 정체성과 동아시아적 의제에 관한 엘리트 간의 합의가 이루어지고 있지 않다.

그러나 장기적으로 동북아는 EU의 수준에는 미치지 못하지만 중위적 수준의 통합적 지역 거버넌스를 확립할 수 있을 것이다. 동북아 국가 간의 경제교류 · 교역 · 투자의 가파른 확대는 EU의 공동시장에는 미치지 못하지만 NAFTA에 준하는 자유무역지대는 가능하게 할 것이다.

사회와 문화 영역에 있어서 동아시아 지역공동체의 가능성을 발견하게 해준 사건은 2002년 월드컵이다. 2002년 월드컵은 동아시아에서 열린 최초의 월드컵이자 한국과 일본이 공동으로 주최하는 국제컨소시엄형 월드컵이었다. 또한 2002년 월드컵은 한국 · 중국 · 일본의 축구팀이 모두 월드컵에 참가한 최초의 대회였다. 한국 · 일본 · 중국이 모두 참가한 월드컵 행사를 계기로 스포츠 · 관광 · 경제교류 · 물류 · 문화 · 언어 · 교육교류에서 한 · 중 · 일 동아시아의 3각벨트가 필요하다는 공감대가 형성되었다.

월드컵을 계기로 중국과 일본에서 시작하여 동아시아 전반으로 확산된 한류(韓流) 열풍, 한국에서의 한류(漢流), 일본문화의 개방은 동아시아 국가 간의 문화 교류와 유대의 움직임이 본격화되고 있다는 것을 보여준다.

3 | 신민족주의의 부상

IT와 세계화의 시대에 동북아 지역은 문화영역에서 다른 지역 특히 유럽 지역과 큰 차이를 보이고 있다. 세계화의 시대에 유럽은 민족주의를 약화시키는 탈민족주의를 통해 EU를 만들어내었고 여타 지역에서도 민족주의가 쇠퇴하고 있으나, 동북아에서는 민족주의를 부활하려는 움직임이 있고 이는 지역통합에 장애 요인이 되고 있다.

일본의 침략사를 축소하는 방향의 교과서 개정운동, 고이즈미 수상의 야스쿠니 신사참배, 독도문제, 중국의 고구려사의 중국화 운동(동북공정), 일본과 중국의 조어도 분쟁은 동아시아에서 영토적 민족주의가 부활하고 있거나 강화되고 있다는 증거이다.

동북아 지역에서의 민족주의의 분출은 대체로 다음 3가지의 요인이 복합적으로 작용한 결과이다. 첫째, 동북아를 침략했던 일본의 과거사 문제에 대한 대처방식이다. 독일은 민족주의를 해체함으로써 과거사문제를 해소하고 유럽의 일원이 되었고, 유럽의 일원이 됨으로써 독일을 재통일하는 방식으로 전후 문제를 해결하였다. 반면에 전후 냉전기의 세계전략에 따라 분단의 비극을 피할 수 있었던 일본은 과거사 문제를 해결하려 하기보다는 오히려 식민지통치와 침략전쟁의 과거사로 인해 받은 처벌로 내려진 평화헌법을 개정하여 '정상국가'로 복귀하려 함으로써 한국과 중국으로부터 강력한 민족주의적 반발을 불러일으키고 있다.

둘째, 중국의 지역대국으로서의 부상과 민족주의의 강화에 따른 중화주의, 대국주의의 재등장이다. 동북공정을 비롯한 10대공정은 한국과 몽고를 비롯한 중국 주변에 위치하고 있는 국가들의 민족주의를 부추기고 있다. 중국의 민족주의는 대만을 흡수하고 통일하려는 노력으로 이어져 양안 간의 긴장을 고조시키고 있다.

셋째, 한반도 분단의 지속으로 인한 남한과 북한에서의 강한 민족주의의 지속이다. 특히 북한에서의 반미민족주의와 연결된 군사주의는 동북아 지역 안보 불안의 핵심 요소가 되고 있다.

이러한 세 나라의 민족주의는 상호상승작용을 하면서 강화되고 있다.

그 결과 동북아 지역은 EU와 북미 수준에 도달할 정도로 경제적 상호의
존과 협력이 심화되고 있으면서도, 동시에 세계에서 가장 높은 군비와
무기수입 경쟁이 벌어지고 있다. 말하자면 동북아 지역은 세계 최고의
경제성장과 세계 최고의 군비 경쟁이 동시에 일어나고 있는 불균등발전
지역인 것이다. 경제발전이 공존과 평화를 촉진시키기보다는 무기개발
과 구매를 촉진시켜 오히려 군비경쟁과 갈등을 고조시키는 경제와 정치
의 불균등한 발전이 일어나고 있는 것이다.

4 | 한국, 동아시아 중추국가로 떠오르다

IT시대에 중국과 일본의 경쟁이 치열해지는 상황하에서 한국이 중추
국가로 부상할 수 있는 절호의 기회를 가지게 될 것이다.

중추국가란 사람·물자·문화가 '모여서 전파되는' 국가를 의미한
다. 말하자면 '중추와 부채살'로 이루어진 세계에서의 중추라는 것이
다. 그렇다면 동아시아 중추국가란 동아시아의 정치·경제·물류·문
화·교육이 모이고 전파되고 확산되는 국가를 의미한다. 아시아의 정
치·경제·물류·문화·교육이 한국으로 모이고 한국에서 전파될 때
한국은 동아시아의 중추국가가 되는 것이다.

한반도가 변방으로 머물러 있었을 때 한국은 대륙제국(중국·러시아)
과 해양제국(일본·미국) 간 세력충돌의 교차지점에 위치하는 반도라는
지정학적 조건으로 인해 제국의 첨병·교두보·전초지의 숙명을 감수해
야만 했다. 그러나 IT혁명과 세계화로 한국은 '따라잡기 근대화'를 끝내
고 세계표준을 설정하는 데 동참하고 있을 뿐 아니라, 한류의 열풍에서
보듯이 문화의 수신국에서 문화의 발신국으로의 지위 격상을 이룩하여
선진국 대열에 올라서게 되었다. 반도라는 지정학적 '숙명'은 이제 지정
학적·지경제학적·지문화적·지전략적인 '자산'으로 변모하게 되었다.

지난 20세기 냉전기에 한반도는 아시아와 세계의 불화와 반목의 진원지였으나 21세기 탈냉전기에 한반도는 아시아 평화의 발원지가 될 것이다.

평화의 중추국가가 되기 위해서는 패권주의를 지양해야 한다. 해양의 강대국인 미국과 일본, 대륙의 강자인 중국과 러시아 사이에 위치한 한국이 물리적 패권을 추구하다가는 동아시아의 세력균형을 깨고 한국이 다시금 동아시아 강대국의 각축장이 되어 민족의 생존을 위협받게 될 가능성이 크다.

평화의 중추가 되기 위해서는 서로 경쟁관계에 있는 주변 4강국을 연결하고 중재하여 21세기 동아시아 평화질서를 수립하는 중재자, 촉매자의 역할을 수행하여야 한다. 우리는 패권국가, 중심국가가 될 수 있는 국력을 갖고 있지 않다. 강성국가적 접근이 아니라 연성국가적 접근을 해야 우리가 21세기를 헤쳐 나갈 길이 보일 것이다. 패권국가가 아니라 주변 4대강국을 연결하고 중재하여 21세기 동아시아 평화의 중재국가, 연결국가, 촉매국가를 지향할 때 우리는 21세기 한반도 통일을 위한 국제적 지지 기반을 확대할 수 있다.

냉전시대에는 남북적대와 한미동맹이 병존하고 있었고 한국은 냉전기의 두 세력이 마주치는 최전선이었다. 군사적 대치의 선봉장 역할을 할 수밖에 없었던 한국이 한반도와 동북아의 평화를 만들어낸다는 것은 상상할 수 없는 일이었다. 그러나 마침내 국제적 냉전체제는 해체되었고, 육지를 제외한 바다와 하늘로 중국대륙과 러시아로 연결되었다. 해방 후 반세기 동안 한반도는 냉전적 대치구도하에서 한반도의 남쪽을 제외한 동·서·북 등 세 방향이 모두 폐쇄된 채 한반도 전체가 고립된 위치에 놓여 있었다. 1990년대 초 냉전구조가 해체되기 전까지 한국은 남쪽으로만 열린 '일면개방, 삼면폐쇄'(一面開放, 三面閉鎖) 구조를 가지고 있었다.

그뒤 국제적 냉전구조의 해체와 함께 노태우, 김영삼 정부의 북방정책 추진으로 러시아와 중국과 바다와 영공으로 연결되었으나 남북대결구도는 변화없이 지속되어 육상으로는 연결되지 못하였다. 그 결과 국제적 탈냉전에도 불구하고 한반도 전체가 본질적으로 고립된 폐쇄체제의 틀을 벗어나지 못했다.

이 점에서 2000년 6·15 남북정상회담은 냉전 시기에 주변국으로부터 단절·고립되어 '폐쇄체제'로 남아 있던 한반도를 중국·일본·러시아·미국 등 모든 주변국에 개방·연결하는 계기를 마련했다는 큰 의미를 가지고 있다. 냉전의 마지막 섬인 한반도가 개방됨으로써 동아시아 전체가 '개방체제'로 전면적 전환을 이룩한 것이다. 또한 19세기 후반 이후 동북아 각 지역에 분산되어 주변화된 삶을 살아온 수백만 한민족 구성원과 한국을 결합하는 의미를 가지고 있다. 따라서 남북정상회담으로 남북한의 개방에서 나아가 한민족의 개방, 동북아의 개방, 세계의 개방 및 상호연결의 계기를 마련한 것이다.

가까운 장래에 한반도의 냉전이 종식되어 남북평화체제가 구축되어 북한이 한반도를 중추로 하는 중추와 부채살 망에 포함되면 한국이 아시아의 평화 중추국가가 되는 것을 막아온 가장 큰 제약조건이 해제될 것이다. 한국은 한미동맹을 바탕으로 미국의 힘(주한 미군)과 미국의 지지와 협력을 활용하면 중국과 일본의 불화를 중재하는 중재국가가 될 수 있고 동북아의 해양세력과 대륙세력 간의 균형자 역할을 도모할 수 있다. 한국은 한미동맹을 바탕으로 한반도 주변국가인 중국·일본·러시아·북한의 국가전략들의 조화와 협력을 모색할 수 있을 것이다. 중국의 화평굴기(和平崛起)론, 일본의 보통국가론, 러시아의 동방중시론, 북한의 선군주의(先軍主義) 강성대국론, 미국의 일방적 양자주의론이 충돌하는 지점에 있는 한국이 이러한 국가전략들이 화해할 수 있는 해결책을 내놓을 수 있을 것이다.

물류적 측면에서 볼 때, 한반도는 중국·일본·러시아·북미·동남아를 사통팔달 연결시킬 수 있는 '동아시아의 십자로'이자 전략적 관문이다.(김재철, 1999) 한반도를 중심으로 반경 1,200킬로미터 안에 7억의 인구와 6조 달러의 GNP를 가진 거대한 시장이 존재하고 있다. 또한 동북아는 2010년에 이르면 전 세계 교역액 가운데 30퍼센트를 차지할 것으로 예상되고 있다. 동북아 5대 도시(서울·도쿄·베이징·상하이·블라디보스토크) 중 서울이 다른 도시에 최단 거리, 최단 시간에 접근할 수 있는 중심적 위치에 놓여 있다. 한반도는 아시아의 물류중추가 될 수 있는 천혜의 조건을 갖추고 있는 것이다.

그런데 불행히도 분단체제가 지속되면서 아시아의 물류중추가 될 수 있는 길이 막히고 말았다. 남북 분단으로 북한이라는 '주체경제의 섬'이 한국이 중추가 되어 해양에서 유라시아 대륙으로 뻗어나가는 부채살 망의 길목을 막아왔던 것이다.

그런데 6·15 남북정상회담 이후 경의선 철도가 복원되어 한반도가 아시아의 중추로 부상하는 계기가 마련되었다. 끊어진 경의선과 경원선이 연결되면 한반도는 TSR(시베리아 횡단철도), TCR(중국 횡단철도), TMGR(몽골리아 횡단철도)이라는 유라시아 대륙횡단철도망의 기점이 될 것이다.

부산에서 유럽대륙을 연결하는 유라시아 횡단철도망이 완성될 경우 부산항은 중국·러시아·몽고는 물론 유럽으로 가는 환적화물 수송의 기점이 됨으로써 일본의 고베항을 제치고 동아시아 제일의 중추항만으로 부상하는 계기가 될 것이다. 한국이 중국대륙과 유라시아 대륙횡단철도의 시발점이 될 경우 다국적 기업의 동남아·중국·일본·극동러시아 진출의 교두보 역할을 수행하게 될 것이다.

그런데 한반도가 중추가 될 수 있는 물류의 분야는 유라시아 대륙의 기간철도망뿐만이 아니다. 한반도는 '아시아 하이웨이'와 같은 동아시아 기간도로망의 중추가 될 수 있고, 부산항·광양항·인천항은 동아시아 중추항만으로서의 입지와 시설을 갖추고 있다. 한반도는 동북아 컨테이너 간선 항로상에 위치하여 중국·일본·러시아로의 환적화물 수송의 최적지이다. 인천국제공항은 동아시아 허브공항의 요건을 갖추고 있다. 인천국제공항은 동북아 역내 항공망의 중앙부에 위치하고 있고 북태평양항공노선(동북아 – 북미)과 시베리아횡단노선(동북아 – 유럽)의 진입 포인트에 위치한 적지이다.

동아시아 대륙과 태평양의 관문에 위치하고 있는 한국은 이러한 지정학적 이점에 더하여 성공적인 경제개발의 경험과 우수한 가공조립 기술, 세계적인 정보통신 기술력과 인적자원을 가지고 있어 동아시아의 경제중추가 될 수 있는 조건을 갖추고 있다.

한국은 또한 동북아에너지 공동체를 주도할 수 있는 유리한 위치에 있다. 유럽이 철·석탄 공동체라는 에너지 공동체를 기반으로 기능주의적 유럽통합을 달성한 것처럼 한국은 한반도 에너지 개발기구(KEDO)의 경험을 살려 동북아에너지개발기구(NEADO) 또는 동북아에너지협력기구(NEACO)의 설립을 주도하고 이를 바탕으로 미·중·일·러·남·북이 이익공동체를 구축하고, 핵심적 이익의 공유를 담보로 하여 한반도 평화의 구축과 유지에 동북아 모든 나라들이 이익을 같이 하는 '평화이익'을 창출해내고, 이를 기반으로 동북아 평화공동체를 건설하는 데 주도적 역할을 할 수 있다. 한국은 이러한 동북아에너지 공동체를 위한 협력기구 또는 컨소시엄을 주도할 수 있을 뿐 아니라 에너지 공동체가 동북아 경제협력공동체로 확대되고, 평화공동체의 전기를 마련하는 데 있어서도 주도적 역할을 할 수 있을 것이다.

한국은 현재 IT 인프라 부분에서 세계 정상이고 IT 생산과 인터넷과 이동통신 사용에서 아시아의 선두라는 이점을 활용하여 동아시아의 IT 인프라·IT하드웨어·IT소프트웨어·IT인력, 산업시스템에서 허브가 될 수 있다.

한국이 동북아 IT의 허브가 되기 위해서는 한·중·일 동북아 3국 간 IT 협력에서 연결자, 매개자의 역할을 수행해야 한다. 한국은 한·중·일 3국 간 협력을 통한 'IT표준' 설정을 위한 표준화 기구 창설을 주도해야 하며, 동아시아 정보통신공동체의 형성을 이끌어야 한다.

또한 한반도 차원에서의 북한에 대한 IT산업 지원을 확대해야 한다. 남북한 IT교류를 통한 북한의 정보화 지원은 남북 간의 경제격차를 가장 단시일 내에 줄일 수 있는 수단이다. 현재 북한은 소프트웨어 분야에서 상당한 인력을 축적하고 있다. 그러므로 IT산업 분야에서 북한은 한국과 IT생산에서 분업구조를 형성할 수 있는 잠재력을 보유하고 있다. 북한의 IT산업 지원을 통하여 남북한 경제의 균형적 발전을 도모하면 남북통합을 앞당길 수 있는 기반을 조성할 수 있을 것이다. 또한 남북한 IT교류와 협력은 영토적 장벽을 넘어서 남북한 소통을 활성화함으로써 북한의 개방을 유도할 수 있는 획기적 수단이 될 것이다.

동북아시아 평화와 발전을 위한 한국의 역할

현재 동아시아의 지역주의는 낮은 수준에 머물러 있다. 경제교류의 급증에도 불구하고 경제통합의 제도화는 낮은 수준에 머물러 있으며, 다자주의적 안보공동체의 출현 가능성은 희박하다.

이러한 낮은 수준의 동아시아 지역주의가 동아시아적 이질성에 있다면 한국은 그 이질성을 극복할 수 있는 해답을 줄 수 있을 것이다. 한국은 기독교·천주교·불교·유교가 공존하면서 번영하는 종교적 다원주의 국가이다. 한국은 종교적으로 세계에서 가장 역동적이고 활기찬 나라이나 어떤 단일 종교도 한국인들의 종교생활을 지배하고 있지 않은 다종교국가이다. 그런데 종교적 갈등을 겪고 있는 많은 동구·중동·아프리카 국가들과는 달리 한국에서는 기독교·천주교·불교·유교·천도교가 평화롭게 공존하고 있다. 한국의 종교적 다원주의는 많은 나라들에게 종교적 평화를 제시하는 모델이 될 수 있다. 또한 한국은 유교의 문화적 전통이 가장 많이 남아 있는 나라이면서도 '아시아적 가치'를 변용하여 서구의 자유주의, 합리주의를 수용하는 데 가장 개방적인 나라이다. 한국은 아시아적 가치와 서구의 가치가 화해할 수 있다는 것을 보여줄 수 있는 문화의 중추국가인 것이다.

또한 한국은 동아시아 민주주의의 모델국가가 될 수 있다. 한국은 아시아에서 유일하게 자력으로 민주화를 달성한 나라이다. 아시아에서 성숙된 민주주의를 하고 있다고 자부하는 일본의 민주화도 사실은 맥아더 장군이 이끄는 미군정이라는 외부세력에 의해 강요된 것이다. 한국인들은 군부독재하에서 산업화의 기적을 이루어내었고 냉전의 대치선상에서 극도로 군사화된 지역에서 군부권위주의 정권을 퇴장시키고 민주화를 성공시켰으며, 민주화 이후 한반도에서 냉전이 지속되었음에도 불구하고 착실히 민주주의의 제도와 규범을 정착하여 현재 아시아에서 가장 선진적인 민주주의를 실현하고 있다.[2] 따라서 한국은 민주화를 위해 투쟁하고 있는 필리핀, 태국, 인도네시아, 대만 등 동아시아 여러 나라에게 자생적 민주화의 모델이 되고 있는 것이다.

중추국가가 될 수 있는 좋은 조건을 갖추고 있는 한국은 IT를 활용하여 동북아 또는 동북아시아에서 다자주의적 정치와 경제의 협력공동체

---

2) 2004년 12월에 민주주의와 인권의 세계적인 NGO인 프리덤 하우스는 한국의 자유민주주의 등급을 2.0등급에서 1.5등급으로 상향조정하였다. 이로써 한국은 아시아에서 가장 선진적인 자유민주주의 국가로 국제적인 인정을 받았다.

를 만드는 데 중요한 역할을 해야 할 것이다. 또한 IT를 동아시아 언어의 이질성 극복과 소통을 통한 문화적 통합의 기본적 수단으로 활용해야 한다. IT를 활용하여 자동 통역시스템을 구축하고 공통의 사이버 언어를 개발하여 동북아 시민들이 소통할 수 있는 길을 열어야 한다.

  탈냉전기에 한반도를 동아시아의 갈등과 반목의 진원지에서 21세기 동아시아 평화의 허브로 바꾸지 않고서는 동아시아의 평화는 요원하고 동아시아 지역공동체의 형성은 무망해진다.

  지정학적 관점에서 볼 때 한반도는 동아시아 갈등의 요충이었다. 지난 천 년 간 한반도는 동아시아의 대륙세력(중국)과 해양세력(일본)이 마주치는 접점이었다. 대륙세력인 중국은 해양으로의 헤게모니를 확장하기 위한 교두보로 한반도를 이용하려 하였고, 해양세력인 일본은 한반도를 중국대륙으로 진출하기 위한 '다리'로 이용하려 하였다.(임혁백, 2001; 한명기, 1999) 고려는 몽고 원제국의 일본원정의 전초기지로 이용되었고, 일본은 중국 명제국을 정복하기 위한 길을 빌려달라면서(假道入明) 조선반도에서 임진왜란을 일으켰다. 근대에 들어와서도 청일전쟁·노일전쟁·한국전쟁에서 보는 바와 같이 한반도는 강대국의 패권경쟁의 각축장이었고, 패권확대를 위한 도약대의 역할을 강요당해왔다. 중국은 한반도를 늘 자신들의 울타리로써 순치상의(脣齒相依), 순망치한(脣亡齒寒)의 관계에서 보아왔고, 일본은 한반도를 일본의 심장부를 겨누는 비수로 인식하였다.(박명림, 2004) 냉전기에도 해양세력인 미국과 일본, 대륙세력인 중국과 러시아는 동일한 인식하에서 한반도를 바라보고 있었다. 결국 냉전기에 한반도는 동아시아의 세력들이 각축하는 전장이 되고 말았다. 전 세계적으로 냉전이 해체된 이후에도 한반도만은 유일한 냉전의 섬으로 남아 탈냉전기의 동북아 평화공동체 형성에 장애물이 되고 있다. 따라서 '한국문제'의 해결은 탈냉전적 동북아 지역 거버넌스 확립에 필수적인 전제조건인 것이다.

탈냉전적 한국문제의 해결은 다자주의적 방식이어야 한다. 냉전기에 한국전쟁은 동북아의 분할과 분열을 심화시켰고 미국 중심의 일방적 양자주의로 동아시아 지역 거버넌스를 정착시키는 데 결정적으로 기여하였다.(Cumings, 2002: 167) 다자주의로 전환하기 위해서는 기본적으로 미국의 동아시아 전략이 바뀌어야 한다. 미국이 냉전기의 일방적 양자주의로 중국과 북한을 포위, 봉쇄하는 '거대한 초승달'을 형성하려는 노력을 포기하고, 동아시아에서 NATO와 같은 지역안보통합기구의 수립을 지원하며, 지역적 수준에서 집단안보를 위협하는 자에 대해 '급속대응군'을 보내 공동체 안보를 보호하는 역할로 전환하여야 다자주의적 평화가 실현될 수 있다.

북한의 경우도 마찬가지다. 북한은 냉전기에 미국 중심의 일방적 양자주의에 대응하여 역시 미국과의 거래를 통하여 안보의 문제를 해결하려 하였다. 북한이 끈질기게 요구하고 있는 북미평화협정 체결이나 안전보장 요구는 미국과의 양자주의를 탈냉전기에도 계속 유지하고 있음을 보여준다. 다자주의의 형성을 위해서 북한은 군사, 평화 문제에 있어서 남한에 대한 소외, 배제 정책을 버리고, 남한과의 우리 민족끼리의 평화공조정책으로 전환해야 한다. 먼저 남북평화협정을 통하여 북핵완전포기와 대북경제협력의 대타협(한국판 마셜플랜)을 바탕으로 남북평화협정을 체결하여 남북 간의 평화체제의 기초를 마련한 뒤, 북미관계의 정상화에 들어가야 한다.[3] 북미관계 정상화는 정치적 수준에서 북미국교 정상화, 군사적 수준에서 북한체제보장, 경제적 차원에서 미국의 대북경제봉쇄해제를 통해 이루어져야 한다.

---

3) 박명림은 남북평화협정 체결을 한반도 평화연환고리(chains of peace ring)의 가장 중요한 단계로 보고 있다.(박명림, 2004)

이렇게 한반도 평화의 기초가 마련되면 한국은 다자주의의 틀 속에 미국·중국·일본·러시아를 묶어놓는 데 주체적 역할을 수행해야 한다. 북한의 탈핵—비핵 로드맵은 북한의 체제안전을 동아시아 다자안보 구도를 통해 제도적으로 보장해주어야 실천될 수 있고 보다 거시적인 동아시아 안보—평화체제 건설로 연결될 수 있기 때문이다. 현재 진행되고 있는 6자회담은 '한국문제' 해결 방식으로 국제적 다자주의가 출현했음을 의미한다. 6자회담은 남북 당사자는 물론 미·일·중·러 등 한국문제 관련 4강이 처음으로 모두 참여하는 '한국문제' 해결을 위한 중대한 '탈한국화,' '국제화'의 실험이다.

물론 미국은 북핵문제만을 해결하기 위한 '제한적 다자주의'로 6자회담의 성격과 범위를 제한하려 하고 있다. 미국은 북핵문제의 국제화를 통해 대북압박·반테러 동맹강화·중러견제·한미일동맹유지·경제부담의 분담 등 그들의 이익을 철저히 담보하기 위해 6자회담을 추진한 것은 사실이다. 부시 정부의 미국은 여전히 일방적 양자주의를 지속하려 하며 북핵문제의 해결을 위하여 일시적으로 6자회담이라는 다자주의를 시도하고 있는 것이다. 그러나 6자회담을 추진하는 미국의 의도에 관계없이 우리는 다자주의를 한반도 문제 해결을 위한 지역 거버넌스로 정착시켜야 한다.

먼저 6자회담이라는 동북아 다자주의 협력에서 1975년 헬싱키 선언에 버금가는 베이징 선언을 도출해내야 한다. 헬싱키 선언에서 유럽협력안보회의(CSCE)를 출범시켜 안보·인권·상호신뢰 구축에서 냉전시대 유럽협력의 돌파구를 열었듯이 6자회담에서는 탈냉전시대 동아시아 안보공동체의 비전과 구상을 내놓아야 한다. 둘째, 6자회담은 동북아시아 경제—에너지 공동체 구상을 내놓아야 한다. 북핵위기는 북한의 에너지—경제 위기에서 파생된 측면이 크다. 예를 들어 사할린 가스 프로젝트의 경우 북한은 물론 공급자 러시아, 미국 에너지 산업의 경제적 이해, 소비자인 한국과 일본, 중국에 모두 이익을 안겨줌으로써 한반도 평화를 유지, 보장해야 한다는 '평화이익'의 형성에 결정적 역할을 할 것이다. 유럽통합과정에서 석탄철강공동체가 수행했던 역할을 동북아에너지 공동체가 동북아 통합을 위해 동일하게 수행할 수 있을 것이다.[4]

셋째, 6자회담은 동아시아 인권체제, 인권재판소에 관한 구상을 도출해내어야 한다. 동아시아의 인권기구 및 동아시아 인권장전 제정, 인권재판소 설립을 추진하고 과거 일본의 아시아 민족 납치 및 학살을 포함한 전쟁범죄, 북한의 인권문제, 동아시아 국가 간 인권협약, 불법체류자 문제를 다루는 포괄적 동아시아 인권체제를 만들어내어야 한다.

넷째, 6자회담은 핵문제에 대한 다자주의적 해결책을 내어놓아야 한다. 먼저 한반도의 비핵화와 이에 대한 확실한 국내적, 국제적 담보가 있어야 한다. 또한 일본은 비핵화를 분명히 확약해야 한다. 2차대전 전범국가인 일본의 핵화는 동아시아 군비경쟁과 전쟁위협을 불러일으킬 수 있다. 일본이 평화헌법을 지켜 평화국가의 역할을 충실히 하기 위해서는 기존의 비핵 3원칙의 유지는 물론 비핵법의 제정이 필요하다. 그리고 6자회담에서 미·러·중 3대 핵 강국은 동아시아 평화를 위해 핵 불사용 약속을 전 세계에 천명하여야 한다. 핵 강대국의 핵 사용 가능성을 열어놓은 채 진행되는 동아시아 평화체제 구축은 모래성일 수밖에 없기 때문이다.

---

4) 통합이론의 세계적 권위자인 슈미터(P. Schmitter)는 유럽통합을 설명하는 신기능주의 이론, 즉 경제공동체 효과가 넘쳐 흘러 정치, 안보 공동체로 확산된다는 통합이론이 동아시아에서도 적용 가능하다고 보고, 그 경제공동체의 가장 실현 가능한 후보가 에너지공동체임을 지적하고 있다.(Schmitter, 2002)

정부의 유비쿼터스화

21세기에는 정부에 대한 접속이 언제 어디서나 가능해질 것이다. 특히 방 안에 고정된 컴퓨터를 통해서만이 아니라 다양한 모바일 단말기를 통한 유비쿼터스 환경에서 이러한 일들을 처리하는 것이 가능해질 것이다.

IT는 정부의 기능과 서비스에도 창조적 변화를 가져오고 있다. IT를 활용하여 정부 서비스의 효율화·민주화·디지털화를 도모하는 것이 전자정부 사업이다. 초기의 전자정부는 행정정보화 단계를 통해 업무의 효율성을 극대화하였고, 온라인 기반구축으로 전환되면서 대민서비스의 온라인화 및 각종 정부 관련 업무의 온라인화를 추구하였다. 의사결정과정이 부분적으로 인터넷으로 통합되는가 하면, 정부가 보유하고 있는 각종 공공문서들이 데이터베이스화되었다. 이제 전자정부는 정치·경제·사회의 모든 부문에 영향을 미쳐 지식기반경제 및 지식기반 삶의 양식으로 파급될 것이라는 전망이 나오고 있다. 미래의 전자정부 메가트렌드는 유비쿼터스 정부로 갈 것이다. 유비쿼터스 기술을 바탕으로 정부서비스의 전반적인 분야에서 혁신을 가져와, 시민이면 누구나, 언제, 어디서건 원하는 정보 및 서비스를 제공받을 수 있는 시대가 열릴 것이다.

유비쿼터스는 어떻게 이루어지는가

유비쿼터스 정부는 기본적으로 신유목적 사회에서 시민에 대한 정부 서비스 요구의 증가와 정부행위를 견제하고, 나아가 정부행위를 감시하는 시스템의 확대 요구에 부응하기 위해 출현하였다.

그런데 이러한 시민의 요구를 충족시킬 수 있는 정부가 출현하기 위해서는 새로운 컴퓨팅 · 네트워킹 · 센서링에서의 IT기술의 발전이 필요하였다. 어원적으로는 '언제 어디에나 존재한다'는 라틴어에서 기원한 유비쿼터스 원래의 의미는 종교적으로 신이 언제 어디서나 시공을 초월하여 존재한다는 것을 상징할 때 사용되었다. 정보통신영역에서의 유비쿼터스는 사용자가 의식하지 못한 상태로 어디에나 컴퓨팅이 흡수되어 조용히 작동하고, 그리고 모든 것이 컴퓨팅 시스템 속에 연결되어 있는, 거의 완벽에 가까운 이상적인 네트워크 사회를 구현하는 기술을 의미하고 있다. 유비쿼터스 세상에서는 생활속의 모든 사물에 컴퓨터와 네트워크 장치가 심어져 이들 스스로 생각하고 행동하기 때문에 정보가 자유롭게 흘러다니고 인간과 사물 모두 살아 있는 인터페이스의 주체가 된다.(권갑수, 2003: 1).

이러한 유비쿼터스 사회를 실현하는 도구로서의 유비쿼터스 컴퓨팅의 종류는 일반적으로 8가지가 있다.(전황수, 2004) 첫째, 입는 컴퓨팅으로 컴퓨터를 옷이나 안경처럼 착용할 수 있게 함으로써 컴퓨터를 인간의 일부로 만드는 컴퓨팅이다. 이는 다시 체내이식형 컴퓨팅으로 발전할 전망이다. 둘째, 유목 컴퓨팅으로 이동성을 극대화하여 "어디에서나 항상 연결되어 있다"는 것을 실현하는 기술이다.(강홍렬, 2004: 101) 셋째, 편재형 컴퓨팅으로 어디든지, 어떤 사물이든지 컴퓨터를 심어 도처에 컴퓨터가 편재(遍在)되도록 하는 기술이다. 넷째, 조용한 컴퓨팅으로 컴퓨터가 주인이 지시하지 않아도 조용히 알아서 정해진 업무를 묵묵히 수행하는 컴퓨팅 기술이다. 다섯째, 감지 컴퓨팅으로 센서 등을 통해 신선한 정보를 컴퓨터가 감지하여 사용자가 필요로 하는 정보를 제공하는 컴퓨팅 기술을 의미한다. 여섯째, 일회용 컴퓨팅으로 컴퓨터를 일회용 종이처럼 매우 저렴하게 만들어 아무리 하찮은 물질이라도 컴퓨터를 심을 수 있는 기술이다. 일곱째, 내장된 컴퓨팅으로 사물에 컴퓨터가 해야 할 일이 미리 내장되어 있는 컴퓨터를 실현하는 기술이다. 여덟째, 이그조틱 컴퓨팅(exotic computing)으로 스스로 생각하여 물리공간과 전자공간을 알아서 연계해주는 컴퓨팅 기술을 의미한다.

이러한 유비쿼터스 컴퓨팅을 가능하게 해준 유비쿼터스의 핵심 기술로는 브로드밴드, 모바일 단말기, 상시접속, 배리어 인터페이스, IPv6 등이 있다. 브로드밴드를 통해 대용량의 콘텐츠 유통이 가능하게 되었고, 모바일 단말기를 통해 '언제, 어디서나'를 실현하였으며, 상시접속으로 자연스러운 커뮤니케이션이 가능하게 되었고, 배리어 인터페이스를 통해 어린이, 고령자, 장애인도 모두 쉽게 이용할 수 있게 되었으며, 차세대 인터넷 프로토콜(주소체계) IPv6를 통하여 ID가 부여된 단말기의 숫자를 대폭 증가시킬 수 있었다.

유비쿼터스 환경으로 순조롭게 진화하기 위해서는 모든 사물에 RFID가 부착되어 실시간으로 사물과 환경이 인식되고 활용되는 유비쿼터스 센서 네트워크(USN)의 구축이 선행되어야 한다. RFID는 칩 안에 제품정보가 내장되어 있으며 무선기술을 이용하여 리더기와 커뮤니케이션을 한다는 특징을 갖고 있다.

정부의 유비쿼터스화로 인한 3가지 변화

1 | 지능형 신유목 정부

유비쿼터스 정부는 행정업무의 지능화를 통해 지능적인 행정서비스를 제공하여 언제, 어디서나, 시민의 요구에 빠르게 응답하는 지능형 신유목 정부를 지향한다.(전황수, 2004: 47)

지능형 신유목 정부는 첫째, "매듭 없는 서비스"를 제공한다. 시간·장소·대상·용량·매체의 제약이 없는 행정환경을 조성하여 언제, 어디서나, 어떤 서비스든지, 어느 통신망이나 단말장치를 사용하든 상관없이 서비스를 제공한다. 매듭 없는 서비스를 제공하기 위해서는, 전자적 업무 및 서비스 제공환경과 물리적 업무 및 서비스 제공환경 간의 매듭이 없이 연결되어야 하며, 사람과 컴퓨터 간, 업무환경 간, 현장과 오피스 간의 매듭이 없이 연결되어야 한다.

둘째, 지능형 신유목 정부는 이동 중에도 이용 가능한 이동서비스를 제공한다. 국민 다수가 휴대전화를 보유한 통신환경에서 가장 시급하게 요구되는 서비스이다. 모바일 서비스와 기존 서비스의 연동, 공통의 플랫폼과 콘텐츠의 트랜스 코딩과 같은 기술적 문제를 해결하면 정부는 이동 중 이용 가능한 가장 기본적인 서비스를 제공할 수 있다.

셋째, 지능형 신유목 정부는 찾아오는 민원인에 대한 서비스에서 스스로 찾아가서 필요한 서비스를 자율적으로 제공하는 자율적 서비스를 지향한다. 이를 위해서 자율형 서비스를 구현하기 위한 시스템이 개발되어야 하고, 자율기반 행정업무를 지원하는 환경이 구비되어야 한다.

넷째, 지능형 신유목 정부는 실시간 서비스를 제공한다. 실시간으로 민원서비스를 제공하고, 실시간으로 행정업무를 처리한다. 신유목 정부의 가장 중요한 자산은 빠르다는 것이다. 빠른 서비스를 통해 비효율적 비용을 절감하고 새로운 부가가치를 창출할 수 있다.

마지막으로 지능형 신유목 정부는 투명 서비스(Transparent Service)를 제공한다. 실시간 모니터링 및 추적 서비스를 통하여 업무의 투명을 제고하고 민원이 접수되고 처리되는 현황을 실시간으로 보여줌으로써 신뢰성이 높은 서비스를 제공하는 것이다. 투명 서비스를 통하여 신유목 정부는 의사결정의 불확실성, 제도의 취약성과 불신 증대, 적절한 정책과 제도개선의 미흡으로 인한 사회 전반의 투명성 문제를 극복하고 신뢰할 수 있는 서비스를 제공할 수 있다.

2 | 협력적 거버넌스의 기반을 제공하는 정부

유비쿼터스 정부는 협력적 거버넌스의 능력을 향상시키는 네트워크 정부이다. 먼저 유비쿼터스 정부는 유비쿼터스 기술을 활용하여 부처간 협력적 거버넌스 체계를 창출하려 한다. 네트워크 사회에서는 현재보다 더욱 긴밀한 부처간 업무 조정 및 협조가 필요하며, 다양한 시스템이 공유되고 연동될 필요가 있다. 따라서 이를 위해 법체계를 개선하고 시스템을 가동시킬 수 있는 협업적 거버넌스 체계를 구성하는 것이 필요하다. 유비쿼터스 정부는 부처 간뿐 아니라 중앙과 지역 간 또는 정부와 민간 사이의 협력적 거버넌스를 추진한다. 협력적 거버넌스가 이루어지기 위해서는 정보에 대한 접근성을 높이고, 전자적 공론장을 통한 의견수렴을 활성화해야 하며, 쌍방향 의사소통을 위한 CRM 구현 및 정책에 대한 전자투표 등을 실시해야 한다.(오광석, 2003: 59~61)

유비쿼터스 정부는 정부 차원의 협력적 거버넌스를 촉진하려 할 뿐 아니라 정부-시장-시민사회 간의 협력적 네트워킹을 촉진하려 한다. 협력적 네트워킹을 촉진하는 정부는 관문국가, 가상국가를 지향한다.

산업화 시대의 국가는 베버적(Weberian)인 국가였다. 국가는 위계적인 관료제라는 비시장적 메커니즘을 통해 자본주의적 세계체제하에서 세계체제와 국내 시장 사이에서 문지기 역할을 수행하였다.(Polanyi, 1944; Moore, Jr., 1966; Wallerstein, 1974) 국내 시장에 대한 세계 시장의 압력을 조절하기 위해 보호주의 또는 자유주의적인 시장의 문지기 역할을 수행하여왔다.

그러나 국가의 수문장 역할은 IT와 세계화의 진전으로 약화되었고, '촉매국가'와 '관문국가'로 역할의 재조정이 일어나고 있다.

촉매국가는 사회적 자본을 육성하여 사회적 신뢰를 키우고, 사회 제 세력 간의 네트워킹을 촉진하며, 시장과 시민사회의 행위자 간의 협력 능력을 키우는 국가이다.(Lind, 1992: 3~12) 산업화 시대의 국가는 나라라는 배의 노를 직접 저었으나, 촉매국가는 키만 잡는다. 촉매국가는 사회 제 세력 위에 군림하고 지시를 내리지 않고 사회 제 세력의 행동을 조정하는 조정자의 역할에 만족한다. 촉매국가는 민간 행위자 또는 지방정부가 자체적으로 현장 정보와 지식을 수집하도록 하고 이들로 하여금 다양한 실험을 통해 문제해결 방안을 도출해내게 하는 실험의 장을 마련해주는 실험의 촉진자의 역할을 수행한다.

관문국가는 시장에의 진입과 퇴출을 통제하는 문지기 국가에서 탈피하여 기업이 세계 시장으로 나아갈 수 있는 관문이 되어주는 국가이다. 국가의 역할은 특정한 프로젝트의 수행을 위해 다양한 행위자를 모아 네트워크를 구성하고 관리하는 관문이 되는 것이다. 따라서 관문국가는 규제하는 국가가 아니라 규제를 풀어주는 탈규제 국가이며, 아웃소싱 등을 통한 국가기능의 민간이양, 국가조직의 슬림화, 그리고 슬림화된 조직 간, 국가조직과 민간조직 간의 횡적 네트워크를 만들어주는 국가이다. 관문국가의 리더십은 특정 정책의 수립과 추진에 있어서 리더십이 아니라 참여자의 일원으로서 참여자의 범위를 설정하고 이들의 참여와 네트워킹을 유도하는 역할에 있어 리더십을 발휘한다. 관문국가는

네트워크의 중심에 서서 연계고리 혹은 관문의 역할을 수행한다.(손열, 2005)

한국의 국가도 이제 노를 젓는 국가가 아니라 키만 잡으며 기업, 시민 단체의 서로 다른 의견을 조정, 통합하는 중재자 역할을 수행함으로써 기업과 시민사회의 협력능력을 키우는 데 주력하고 있으며, 신성장동력 을 발굴하고 기업하기 좋은 여건을 마련해줌으로써 우리의 기업이 세계 시장으로 나가는 데 있어서 관문역할을 하고 있고, 해외자본에 대한 규 제를 철폐할 뿐 아니라 그들에게 투자할 수 있는 사회적 인프라를 깔아 줌으로써 해외자본에게도 수문장이 아니라 투자의 기회를 열어주는 관 문이 되고 있다.

3 | 유비쿼터스 안전 정부

유비쿼터스 정부는 국가안전을 보장하기 위한 전방위적 서비스를 제 공한다. 유비쿼터스 정부가 제공하는 안전서비스는 두 영역이 있다. 하 나는 재난 및 재해관리 영역이며, 다른 하나는 사회안전 영역이다.

유비쿼터스 재난 및 재해관리 서비스는 RFID칩을 활용한 재해예방서 비스로 요약된다. 여기에는 RFID칩과 GIS 및 GPS가 활용되어 국가위 기관리 능력을 제고하고, 새로운 유형의 재난 및 재해에 효과적으로 대 응할 수 있도록 해준다. 재난 및 재해관리 영역에서는 고도화된 방범시 스템의 보호 속에서 안심하고 생활할 수 있는 안전 국가를 실현하고, 재 난관리 및 복구시스템 고도화를 통해 국가 위기관리 능력을 제고시킬 수 있다. 전국의 모든 교량과 교각에 안전진단 센서를 내장하고 연결하 면 수만 명의 인력이 없어도 육안으로 관찰하는 것보다 정확하게 교량 의 안전성을 진단하고 필요한 조치를 실시간으로 내릴 수 있다. 한편 위기관리에는 원격감시녹화, 원격도난예방, 안부확인시스템, 지킴이핫라인서비스, 부재중관찰서비스, RFID를 활용한 홍수, 산사태, 태풍 등의 재해 및 재난의 예방 등이 있다.

유비쿼터스 정부가 제공하는 사회 안전 서비스에는 u-Defense가 대표적이다. u-Defense는 유비쿼터스 컴퓨팅과 네트워크 기술을 통해 전술적인 감지·추적 능력의 확대 및 고도화된 전술 정보의 실시간 교환·공유, 전술부대의 커뮤니티 파워증대 효과를 실현하려는 것이다. 또 스마트 더스트[1]를 이용한 실시간 전장감시 시스템이 있는데 전투지역에 뿌려진 스마트 더스트 칩들은 적 병력의 이동상황을 진동센서로 감지하고 이를 중추네트워킹을 통해 아군 포스트로 전송한다. RFID를 이용한 군수물품 관리 및 보급은 대량의 군수물품을 효율적으로 관리하고 보급하기 위하여 개별 군수물품마다 ID를 부여하고 RFID를 부착하여 필요 보급물품의 검색시간 단축은 물론 현 보급물품 재고량 파악 및 적정 주문시기 측정이 실시간으로 지원되어 효과적인 작전수행을 가능하게 한다. u-Defence가 실현되면 국방시스템의 현대화 및 과학화를 통한 정예강군 육성 및 자주국방 역량 강화, 전투 병력의 전력향상 및 비전투 병력의 업무량 감소를 유도하여 국방전력의 효율적 운용 및 국방예산 절감을 꾀할 수 있다.(전황수, 조원진, 2004: 172~173)

u-Defense 외에도 유비쿼터스 정부는 다양한 사회안전 서비스를 제공한다. 모바일 단말기를 이용하여 이동형 수사정보시스템을 구축하여

---

1) 스마트 더스트(Smart Dust)는 미국 버클리 대학에서 연구하고 있는 유비쿼터스 프로젝트이다. 1제곱밀리미터 크기의 실리콘 모트(silicon mote)라는 입방체 안에 완전히 자율적인 센싱과 통신 플랫폼 능력을 갖춘 보이지 않는 컴퓨팅 시스템으로 가벼워서 떠다닐 수 있는 정도이다. 응용분야로는 에너지관리, 제품의 품질관리 및 유통경로 관리, 군사목적, 기상상태, 생화학적 오염, 병력과 장비의 이동 감지 등이 있다.

수사정보의 실시간 제공과 범죄자를 파악하여 공공안전을 보장하고 안전관계 인력과 비용을 절감하며, 착용 가능 컴퓨팅을 활용하여 교도소 재소자를 관리함으로써 잡다한 교도행정 업무를 감축하고 사건 발생 시 신속한 대응을 가능하게 하고 있다.

유비쿼터스 정부구축을 위한 고려사항

유비쿼터스 정부를 구축하는 데 있어서 고려해야 할 사항은 전자민주주의, 행정서비스, 국가혁신의 세 가지 차원에서 제기된다.

전자민주주의의 관점에서 유비쿼터스 정부를 구축하기 위해서는 정보공개·공유의 원칙과 범위가 확대되어야 하고, 개인정보의 민주적 관리체계가 확립되어야 하며, 전자적 시민접속권이 확대되어야 하고, 민주적인 전자적 정책공론장이 확대되어야 한다.(박동진, 2005)

첫째, 유비쿼터스 정부하에서 정부 및 공공부문에서 처리하는 데이터 및 정보의 양은 무한정으로 확대된다. 따라서 시민들이 이러한 정보에 접근하고 공유할 수 있게 하는 정보공개·공유의 원칙과 범위를 확대시키는 법과 제도를 정비해야 한다.

둘째, 정부가 어디에나 존재하고 사회의 모든 행위들이 유비쿼터스 기반에 의한 컴퓨팅과 네트워킹을 통해 자동으로 지식 데이터베이스화되고, 이들 데이터의 상호검색을 통해 데이터감시가 작동할 경우 전자 판옵티콘적 전자 감시국가로 전락할 가능성이 존재한다. 따라서 개인정보에 대한 침해 및 수집 행위에 대한 엄격한 규제가 필요하다. 유비쿼터스 컴퓨팅 환경은 센서 기능을 갖추고 있는 수많은 컴퓨터들이 네트워크로 연결되어 있고, 이들 컴퓨터의 존재 유무를 사람들이 인식하지 못하며, 어디에서나 정보가 입수될 수 있는 상태에서 사람들은 일상생활을 영위하는 환경을 상정한다. 말하자면 개인정보가 무한정 생산되는 환경을 의미하는 것이다. 그러므로 유비쿼터스 기술을 사회적으로 적용하기 위해서는 이러한 불안감을 불식시킬 수 있는 제도를 우선적으로 정착시켜야 한다. 버스 정류장에 설치되어 있는 센서컴퓨터가 내가 입은 옷이나 가방, 내가 친구와 통화하는 내용 등을 보고 있다고 시민들이 느끼는 그 순간, 유비쿼터스 기술은 사회에 적용되지 못할 것이다.

따라서 개인정보를 침해하거나 수집하는 행위를 원천적으로 봉쇄하기 위한 민주적 심의기구를 설치하여 이 문제를 지속해서 논의하고 모니터링할 필요가 있다. 기술을 기술로 막는 것이 실패하면 기술을 포기해야 하는 것이다. 그러나 기술을 사회적 관계의 민주적인 제도적 틀에 맡길 경우 어떤 유형의 기술이라 하더라도 그것에 대한 신뢰는 곧 정부의 신뢰로 이어지는 것이다.

셋째, 전자적 정책 공론장을 확대해야 한다. 유비쿼터스 사회에서는 시민의 정책참여 요구가 증대될 것이다. 따라서 단계별, 수준별로 전자적 정책참여의 모델을 개발하고 그 모델들이 민주적으로 기능할 수 있는 가능성을 분석하여 지속적인 전자적 정책공론장의 확대를 추구해야 할 것이다.

행정서비스의 관점에서 유비쿼터스 정부를 구축하기 위한 정책적 고려 사항은 행정의 효율성과 공공서비스를 향상시키기 위해 부처별 업무 진행을 실시간으로 모니터링할 수 있는 시스템을 갖추고, 업무 간 연계성이 높은 부서 및 부처 간 업무 진행 및 업무 관련 정보를 공유할 수 있도록 시스템을 구성하는 것이다. 특히 맞춤형 정책 서비스를 개발할 필요가 있다. 맞춤형 정책 서비스는 고도화된 수요자 중심의 전문적인 서비스로의 전환을 의미하는 것이다. 유비쿼터스 사회는 언제 어디서나 네트워크에의 접속이 가능하게 되기 때문에 정부정책이나 국가의 사회적 역할에 대한 시민의 관심도와 참여 욕구가 높아진다. 따라서 시민의 참여 욕구나 정보제공 욕구를 그때그때 충족시켜주는 것은 불가능하다. 그렇다고 이를 기계적으로 제공하는 것도 한계가 있다. 유비쿼터스 센서링, 데이터마이닝, 네트워킹을 통해 개별 시민이 등록해놓은 정보를 시민의 개인페이지로 전송해주는 시스템의 개발이 필요하다. 개인정보의 변동사항, 시민이 등록해놓은 구체적 키워드에 맞춘 정책이나 법령의 변동사항, 이와 관련된 고위 정책결정권자의 공식적 발언 등의 정보를 제공해주는 것이다.

국가혁신의 관점에서 유비쿼터스 정부로의 정부조직을 재구성하기 위한 정책제언은 유연한 정부조직의 운영이다. 유비쿼터스 정부는 유연하게 조직이 재구성되는 상황에 맞추어 업무를 분석하는 방향으로 추진되어야 한다. 현재의 조직에 따라 업무를 파악해서 재구성하려해서는 안 되며, 업무의 내용과 대상에 따라서 특정 조직이 운영할 수 있는 정도로 재편성하고 이를 기초로 유비쿼터스 정부를 위한 조직의 재구성을 추진해야한다. 거대한 조직이 하나의 상황에 대응하는 데서 나오는 비효율성을 지양하고, 상황에 따라 슬림화된 조직과 조직 간의 협력에 의해 문제를 해결해가는 방향으로 조직이 재구성되고 운영되어야 한다. 유비쿼터스 시대에 생산되는 정보의 양은 무한정 늘어나고, 투입되는 시민의 요구는 기하급수적으로 늘어나는 상황에서 이에 대한 적절한 대응은 슬림화된 조직과 조직의 협력을 통해 상황을 거버넌스할 수 있어야 하는 것이다. 이를 위해 거대조직을 유연한 조직으로 전환하는 것이 요구된다.

IT가 대신할 수 없는 인간능력의 가치 증가

인간 능력의 많은 부분을 IT가 대체할 것은 명백하다. 그러나 IT로 대체할 수 없는, 창의력 · 감수성 · 상상력 등 오직 인간만이 가질 수 있는 능력의 가치는 지금보다 훨씬 커질 것이다.

IT와 인간의 결합과 개인성의 강화에 이은 세 번째의 영역은 정보화 사회에서 요구되는 개인의 자질에 관한 것이다. 부연하면 IT가 인간의 인지적, 정서적 기능을 상당 수준 대체하는 상황에서, 그리고 IT가 정보 이용에 관한 개인의 고유한 필요와 욕구를 충족시킬 수 있는 상황에서, 이러한 상황의 변화로 인해 요구되는 개인이 갖추어야 하는 자질에는 어떠한 변화가 올 것인가가 문제의 핵심이다. IT가 고도화되는 미래에는 IT가 대체할 수 없는 인간의 능력, 즉 창의성을 강조하는 문화가 도래할 것이다.

이미 창의성의 중요성은 많은 사람들에 의해 강조되어왔다. 이제 우리가 직면한 과제는 창의성을 분석적으로 접근하여 체계화하고, 조작화하는 것이다. 창의성에 대한 구체적인 조작화가 가능하다면 이를 배양하기 위한 국가·기업·개인 단위의 정책적 과제가 도출될 것이다.

창의성에 대한 정의는 학자들에 따라 다양하게 기술되고 있다. 창의성이란 일반적으로 '새로움에 이르게 하는 개인의 사고관련 특성' 및 '새로운 관계를 지각하거나 비범한 아이디어를 산출하는 능력' 또는 '전통적 사고 유형에 벗어나 새로운 유형으로 사고하는 능력'과 '새롭고 가치 있는 것' 등으로 정의한다.

길포드는 창의성을 정의하여 그것은 인간의 지적, 정의적 요인을 모두 포함하고 있으며 지적 요인은 인간의 보편적 잠재력으로서 창조적 사고를 발휘하게 하고 정의적인 요인은 창조적 행동을 발휘하게 하는 개인의 인성적 기질적 특성이라고 하였다. 한편 토랜스는 창의력이란 그 자체가 지적인 능력이 아니라 문제에 임하는 개인의 태도이며 문제해결 과정에서 개인과 환경간의 상호작용으로 나타내는 자기표현의 산물이라고 하였다. 또한 창의성은 기존의 질서 개념에 대한 곤란에서 파생되며 그 해결방안을 개인의 잠재가능성에 비추어 보다 새로운 관계의미를 발견하는 자기표현 및 자기 발전의 과정이다. 아마빌(Amabile, 1989)은 창의성을 신기함과 적절함이라는 두 요소로 꼽고 있으며, 창의적인 것은 모방이나 재연이 아니고 새롭고 독특해야 하며 또 단순히 새롭고 독특하기만 한 것이 아니라 내용이나 효과 면에서 유용하고 현실적이며 적합해야 한다고 보았다.

이와 같은 정의는 최근 많은 학자들이 동의하는 창의성의 특성·과정·환경·산출물 등에 가치가 상호작용을 할 때 창의성이 발휘된다는 통합적 관점을 수용한 입장이다. 이경화(2003)는 창의성의 구성요인을 유창성·상상력·독창성으로 보았다.

한편 창의적 문제해결은 우리가 일상생활에서 부딪치는 작은 일에서부터 고도의 기술을 요하는 일까지 다양한 상황에서 사용할 수 있는 체계적인 문제해결 방법이다. 이러한 창의적 문제 해결은 주어진 상황에 대한 한 가지 해결책만이 있음을 의미하기보다는 오히려 여러 개의 다른 해결책이 있을 수 있다는 점에 초점을 두며 문제를 명료화하는 기회를 제공하는 데 주안점을 두고 있다.

창의성의 기본 전제 중의 하나는 "다름"이다. 기존의 정보나 지식과는 다른 사고와 다른 사람이 갖고 있는 정보와 지식과 다른 사고를 하는 것이다. 기존의 사고와 다르기 위해서는 주어진 문제에 답을 구하는 것보다는 중요한 새로운 문제에 착안하여 발굴하는 능력이 중요하다. 여기서 문제는 질문·문제·과제를 포괄하는 의미로 사용한다. 주어진 질문에 답을 제시하는 능력과 주어진 문제에 대한 해결책을 찾는 능력, 주어진 과제를 수행하는 능력은 산업사회에서 강조되었던 능력이다. 미래사회에서 컴퓨터는 거의 모든 질문·문제·과제에 대한 해결을 위한 지식과 정보를 동원할 수 있는 능력을 갖게 될 것이다. 현존하는 전문가시스템(expert system)은 주어진 문제에 전문가의 처방을 매우 유사한 수준으로 제시할 수 있는 수준까지 발달되어 있다. 문제는 이러한 시스템이 보편화하기에는 비용이 매우 높다는 것이다. 미래에는 저렴한 가격에 이러한 시스템이 보편화할 가능성이 높다.

다른 사람과 다른 사고를 할 수 있는 능력은 사회화 과정에서 배양이 되어야 한다. 전술한 개인성의 강화는 독창적인 사고를 할 수 있는 가능성을 증가시키고 있다. 한편 독창적인 사고의 중요성이 점증하는 만큼 역설적으로 타인과의 효율적인 커뮤니케이션 능력의 중요성도 증가하게 된다. 독창적인 사고가 사회적인 의미를 갖기 위해서는 이러한 사고를 전하고 협의하고 조율하고 채택하는 능력이 필요하기 때문이다.

왜 인간만의 능력이 중요시되는가

컴퓨터의 발달은 정보를 저장하고 처리하고 검색하는 인간의 노력을 경감하고 있을 뿐만 아니라 인간의 능력을 훨씬 뛰어넘고 있다. 컴퓨터와 이를 연결한 인터넷의 상호작용성은 일방적인 강의보다 교육의 질과 효율성을 현격히 제고하고 있다. 현재 컴퓨터와 인터넷의 조합으로 글로벌 데이터베이스가 구축되었다고 보아도 과언은 아니다. 조만간 자동번역장치의 개선으로 인해 인터넷의 효용은 배가될 것이다. 종이책이 갖는 제약을 감안하면 글로벌 데이터베이스야말로 미래의 가장 중요한 교재가 될 것이다. 유비쿼터스 컴퓨팅은 언제 어디서나 실시간 정보검색이 가능하다. 머지않아 학교의 강의실이 사회에서 유비쿼터스 컴퓨팅이 불가능한 몇 안 되는 공간이 될 것이다. 학교에 가장 우수한 유비쿼터스 컴퓨팅 시스템이 도입되어야 할 것이다. 전문가 시스템은 이미 군사적인 목적이나 의료적인 목적으로 활용되고 있다. 현존하는 가장 우수한 지식과 경험, 그리고 판단 능력을 갖춘 시스템은 교육의 질과 효율성을 증가시킬 것이다.

이렇게 발전된 디지털 시대의 과업은 병렬적으로 이루어지게 된다. 즉 한 단계, 한 단계 순차적으로 이루어지는 것이 아니라 여러 전문가가 여러 과업을 동시에 수행하며 결과를 조합하여 과업을 수행하는 방식이 일반적이 될 것이다. 이때 디지털 노동자는 과업의 일부에 대해 개인의 독창성과 전문성을 갖추는 동시에 전체를 조망할 수 있는 능력이 요구된다. 또한 다른 과업의 참여자들과 효과적으로 의사소통하는 능력이 필수적으로 요구된다. 즉, 기계와 기술이 인간의 능력을 상당 수준 대체하는 상황에서는 인간의 즉흥적인 사고와 행위가 빛을 발하게 된다. 정형화한 행위패턴보다는 상황에 적합한 언술이나 행위는 사회성을 높이는 매우 중요한 자질로 요구될 것이다.

인간만의 능력이 중시되면서 나타날 2가지 변화

전근대 사회에서 산업사회에 이르기까지 지식의 습득과 축적은 인간에게 요구되는 중요한 덕목의 하나로 여겨졌다. 정보화 사회에서는 지식의 습득과 축적을 위한 활동이 상당 수준 IT, 구체적으로는 컴퓨터에 의해 대체되어가고 있다. 인터넷은 무제한적인 정보의 보고로서 필요한 정보를 체계적으로 선별하여 수용할 수 있게 해준다. 컴퓨터의 메모리는 많은 양의 정보를 기억하여 체계적으로 정리하고, 검색하여 활용할 수 있게 해준다. 미래의 컴퓨터는 인간의 두뇌활동의 상당 부분을 대체해갈 것이다. 미래에 사회적으로 인정받을 수 있는 인간의 자질은 인터넷과 컴퓨터가 대체할 수 없는 능력에 초점이 맞추어질 수밖에 없다. 이러한 자질을 창의성이라고 명명할 수 있다.

1 | 변화하는 지식과 지능의 평가 기준

지적인 능력에 대한 평가 기준이 달라지고 있다. 서적이 귀한 시대에는 필사를 전담하는 사람이나 암기력이 좋은 사람이 지적인 것으로 여겨졌다. 사실적인 정보가 많은 사람이 마을의 한 가운데(사랑방)에 앉아서 이야기하고 나머지는 이를 따라 암기하는 것이 교육의 주된 방식이었다.

계산기가 없던 시절에는 암산능력이 뛰어난 사람이 지적인 것으로 여겨졌고 사회적으로 보상을 받았다. 휴대용 계산기가 등장한 후 학교에서 산수 시험을 보는 학생이 이를 이용할 것에 대한 우려가 제기되었다. 이제 점차 고등교육에서는 계산기를 이용하여 푸는 수학 문제로 시험을 보는 것이 보편화하고 있다. 이와 같은 우려는 최근 각종 단답식의 자격시험에서 IT를 이용한 부정행위가 이루어지는 사례들에서 실제화되었다. 주어진 문제에 단순한 답을 찾는 일은 IT시대에 걸맞지 않은 것이라는 것을 웅변적으로 보여주는 사례다.

　지난 수세기 동안 교육받은 사람, 즉 지적인 사람은 사실적인 정보의 축적, 다른 사람의 생각을 인용하는 능력, 그리고 특정 사상에 대한 익숙함에 의해 판단되었다. 하지만 인터넷을 통해 월드와이드웹을 이용하는 이 시점에서 예를 들어 프로이트가 초자아(super ego)에 대해서 무어라 말했는지를 기억해서 즉각적으로 이야기할 수 있는 능력은 별 의미가 없게 되었다. 인터넷은 프로이트가 초자아에 대해서 언급한 내용과 그에 상반되는 다섯 가지의 주장까지 간편하게 열거할 수 있게 되었다. 미래의 컴퓨터는 프로이트가(그와 유사한 외모와 목소리를 가진 사람이) 직접 초자아에 관해서 설명하는 것을 보고 들을 수 있으며 당대의 최고 전문가와 초자아에 관해서 토론을 할 수 있게 될 것이다.(Schank 2002, 206~215)

　정보의 단순한 축적은 별로 중요하게 여겨지지 않는 시대에 우리는 살게 되었다. 백과사전의 매출이 급감하는 것이 이를 반영하고 즉각적인 정보검색의 가능성은 종이신문의 효용을 현저하게 저하시켜왔다. 한마디로 쉽게 누구나 얻을 수 있는 정보는 경제적인 측면뿐만 아니라 사회적으로도 그 가치가 떨어졌다. 다양한 단말기에 장착되는 인공지능은 점점 더 필요한 정보를 손쉽게, 언제 어디서나 우리에게 제공하게 될 것이다. 이제 인간의 지능이 주어진 질문에 답을 제시하는 능력인지 아니면 어떠한 질문을 만들어 제시하는 것인지를 판가름해야 하는 시기가 왔다. 답안은 가치가 떨어지고 질문의 가치가 높아지는 시대에 우리는 살고 있다. 유능한 사람은 학교에서 지시하는 강의를 잘 따라서 높은 성적을 받는 사람이 아니라 기존의 지식에 새로운 질문을 던져서 다른 모든 사람이 이를 해결하도록 노력할 수 있게 하는 사람이다. 지능은 학교교육의 한계에 도전하는 능력이다.

2 | IT와 교육환경이 달리진다

최근의 교육환경은 극적인 테크놀로지의 변환을 겪고 있다. 테크놀로지 · 사회 · 배움에 대한 이해의 수준과 방향이 바뀌면서 기존의 '정책'과 '예산' 문제의 정책토론은 이에 부적절한 논의가 되어버렸다. 사회의 교육방식은 언제나 지배적인 테크놀로지와 연관이 되어 있고 현재의 교육모델은 급격한 테크놀로지의 변화 속에서 발전해왔다.

컨슬러(Kunstler)는 인류문명의 기술 발달을 여섯 단계로 나누고 있다. 첫 번째는 도구의 사용이고 두 번째는 바퀴와 도르레 등의 자연의 힘을 전달하는 기술이다. 세 번째는 석탄 · 석유 · 증기 · 가스 등을 이용한 엔진의 발명이 있었던 18세기 초반으로 산업혁명을 이끌었다. 네 번째는 전신 · 전자 · 라디오 · TV 등의 발명으로 전기와 에너지의 융합이다.

다섯 번째는 컴퓨터의 시대로서 기존 발명품들에 대해 더 빠른 속도와 정확성 · 효율성을 추가하였고 상당히 추상적이며 정보를 기반으로 하며 유연하고 신속하고 가볍다. 현재의 교육방식은 기술의 발전에 비해 아직도 두 번째 단계인 중세시대 수준에 머물러 있으며 세 번째 단계인 산업화를 통한 대량 교육의 상황을 못 벗어나고 있다. 몇몇 선각자들이 정보화 시대에 적합한 단계를 취하고 있다고 할 수 있으나 이는 여전히 교육환경을 지배하고 있는 정치와 교육의 침체에 큰 영향을 미치지는 못했다.

여섯 번째 단계는 후기 컴퓨터(Post-Computer)시대로 생명공학(bio-engineering)과 광학(photonics), 슈퍼 컴퓨팅, 그리고 나노테크놀로지 등의 융합으로 탄생하게 된다. 과학자들은 인간 뇌구조에 대해 더 연구하고 있으며 그 결과 지능을 향상시킬 수도 있으며 단백질기반 또는 양자기반 반도체와 뇌의 상호작용으로 뇌의 처리 속도를 향상시키고 더 많은 정보처리능력을 가능하게 하는 단계에 이르렀다. 인간은 컴퓨터와 직접 의사소통할 수 있고 디지털과 정신의 호환이 가능해질 것이다. 인간은 점차 인지적 능력을 잃어가며 지극히 직감적이 될 가능성이 있다. 정신과 사물, 자아와 타자, 사고와 행동의 전통적인 구분이 사라질 수 있다.

컨슬러는 IT 시대의 교육에 대해 다음과 같은 원칙을 제안하고 있다.

1. 인간은 지금 테크놀로지의 거대 폭발 한가운데 있으며 세상이 변하기 때문에 교육도 변해야 한다.

2. 우리의 생존은 교수법을 통해 인간이 전쟁이나 생태파괴, 그리고 널리 퍼진 불공정 등의 커다란 문제를 해결할 수 있는지 여부에 달려 있다.

3. 교육의 가장 큰 목표는 심리·지성·감성·윤리·감각·예술의 면면을 실행시키고 활동성 있게 만드는 것이다.

4. 우리의 목표는 마음을 훈련시키고 교육하여 강력하고 훌륭하게 그 기능을 수행할 수 있도록 하는 것이다.

5. 모든 학습하는 자들은 창조자이면서 도덕적 주체이고 모든 사람들은 학습을 한다.

6. 기계에 의한 작업보다는 기술을 바탕으로 하여 효과적인 업무 수행이 가능하도록 되어야 한다.

현재 우리의 학교는 주어진 질문에 답을 제시하는 능력을 교육시키고 시험을 보고 있다. 18세기 서구에서 교육이란 국가에 의한 이념이나 원리의 주입으로 여겨졌다. 국가에 의해 정보나 지식이 통제되는 것은 20세기 전반에 걸쳐 지속적으로 쇠퇴되어왔다. 유사하게 학교라는 국가적 또는 사회적 제도가 학생들이 흡수하는 정보나 지식을 통제하는

아리스토텔레스	우리가 행하기 전에 배워야 할 것들은 행함으로써 배울 수 있다.
갈릴레오	사람을 가르칠 수는 없다. 그 사람이 자신 안에서 발견하는 것을 도울 수 있을 뿐이다.
닐	나는 듣고 나는 잊는다. 나는 보고 나는 기억한다. 나는 행하고 나는 이해한다.
아인슈타인	지식의 유일한 원천은 경험이다.
듀이	행동이 없는 배움은 아무것도 배우지 않은 것이다.

교육에 대한 여러 견해

능력도 21세기에는 현저히 쇠퇴할 것이다.

위 표의 경구에도 불구하고 학교는 이를 무시하고 존 듀이의 표현대로 "주입식으로 가르치는" 것을 선택해왔다.

IT가 더욱 발달하는 미래에는 경험하는 것과 그것을 확장하는 능력이 지능을 평가하는 궁극적인 잣대가 되고 진정한 자유의 표현이 될 것이다. 이런 관점에서 모든 것을 직접 경험할 수 없는 상황은 가상경험을 창조하여 활용하는 것이 중요한 산업이 될 것이다.

이제는 지식보다는 지식을 상황에 따라 적용하고 응용하는 능력이 존중받고 있다. 더 나아가서는 독창적인 지식을 창조하는 능력이 더욱 소중해지고 있다. 오늘날 효과적인 지도자는 자신의 지식을 일방적으로 설파하기보다는 다양한 상황에서 다양한 방식의 상호작용적인 커뮤니케이션을 효과적으로 수행하는 사람인 경우가 많다.

창의성을 배양하기 위해서는 가정과 학교에서의 교육이 중요하다. 아울러 창의력을 배양할 수 있는 교육제도를 정부가 구축하는 데에 앞장서야 할 것이다. 교육의 요체는 정보를 수용하고 종합하여 지식으로 전환하는 것이다. 정보화 사회에서는 학교 외에 대안적인 정보의 소스가 급증하게 된다. 학교가 사회적으로 유용한 정보를 독점하던 시대는 이미 오래 전에 종료되었다. 현재 어린이와 청소년은 학교보다 더욱 많은 정보를 신속히, 효율적으로 제공하는 인터넷을 친근하게 활용하고 있다. 학교가 이러한 상황에 적합한 교육방식을 채택하지 않을 경우 학교는 점점 더 사회나 학생으로부터 고립되고, 비효율적인 거대한 사회적 기구로 전락하게 된다. 학교를 학생이 일정 기간 복역해야 하는 감옥소로 비유하는 것이 현실로 나타날 수 있는 가능성이 존재한다. 이로 인한 폐해는 인적자원의 낭비와 국가경쟁력에 심대한 훼손이라는 결과로 나타날 것이다. 예를 들어 사회적인 정보를 교과서로 집필하여 출간하는 기간에 상당량의 정보는 그 적실성을 상실하는 시대에 우리는 살고 있다. 서적을 기반으로 하는 교육방식에 일대 전환이 요구되어진다.

미래의 교육은 평생교육, 현장교육, 학생이 능동적으로 참여하는 상호작용적 교육을 그 특성으로 할 것이다. 청소년기까지 학교 교육을 받고 그 이후 여생 동안 이러한 교육을 활용하는 시대는 지나가고 있다. 기술의 발달과, 사회발달의 불확정성은 직장에서 사회에서 재교육의 필요성을 증가시키고 있다. 미래에는 어떤 형식과 내용이든 교육이 일상생활의 일부가 될 것이다. 학교 교육이 개별 학생들의 교육적인 수요를 충족시키는 일은 점점 더 어려워질 것이다. 경험하고 체험하는 교육의 중요성은 전문가 시스템을 이용하여 상호작용하며 체험하는 교육과 함께 현장에 나가서 직접 체험하는 교육방식을 요구할 것이다. 박물관·공원·공장·금융기관·스포츠 경기장 등에서 직접 체험하는 방식의 교육이 바람직하다. 이러한 맥락에서 미래의 학교는 울타리가 붕괴된, 고정된 시간이 아닌 개별 학생들에 의해 자유롭게 구성된 일정과 내용에 의해 교육이 이루어지는 현장교육이 보편화하여야 한다. 전문가 시스템을 이용한 상호작용적 교육이 교육의 효과를 높일 것이다. 이러한 방식의 교육이 갖는 장점은 교육이 개인의 필요에 따라, 학습 능력에 따라, 능동적으로 이루어진다는 점이다.

창의성, 인간이 인간답게 살 수 있는 전제

미래에는 개인이 기억하고 있는 지식보다는 지식의 생산과 소통 능력이 중요해질 것이다. 이는 정보검색과 처리능력을 넘어서서 정보의 생산과 변용, 구성의 능력이 사회적으로 중요하게 간주될 것이다. 결과적으로 사회 각 부문에서 개인의 혁신적 사고와 창의성에 대한 요구가 증가할 것이다. 요약하자면 미래에는 이원화된 새로운 사회계층이 등장할 것이다. 이는 창의적인 노동계층과 단순노동계층으로 표현할 수 있다.

IT의 발달에 따라 하드웨어와 소프트웨어의 중요성이 증가하는 한편, IT의 생산자인 동시에 이용자인 휴먼웨어, 즉 인간의 중요성은 더욱 높아지게 된다. 기계와 기술이 대체할 수 없는 인간의 능력, 즉 창의성의 고양이야말로 미래 사회에서 인간이 인간답게 살 수 있는 전제인 동시에 인간이 기계와 기술에 대해 우위에 설 수 있는 중요한 방편이 될 것이다.

이런 관점에서 보면 현재의 교육시스템은 변화하는 환경에 부응하지 못하고 있으며, 오히려 학교와 강의실은 발달하는 외부 환경에 비해 상대적으로 낙후되어 사회 변화로부터 고립되어가는 양상을 보이고 있다. 교육 패러다임의 전환이 시급한 실정이며, 이는 평생교육과 교육이 학교라는 제도적 틀 안에만 갇혀 있지 않고 사회 각 분야에서 역동적으로 이루어질 때 가능하다.

미디어의 집중·분산화

하나의 미디어 기기 안에 여러 가지 기능이 집중되는 현상이 두드러지게 나타나고 있다. 이러한 현상이 심화됨과 동시에 앞으로는 하나의 기기에 하나의 기능만을 갖는 단순화된 미디어 기기 역시 이용자들의 주목을 받게 될 것이다.

이번 장에서 이야기할 메가트렌드는 미디어 산업과 이들 산업이 산출해내는 미디어와 그것이 전하는 콘텐츠에 관한 것이다. 단정적으로 전망하면 미디어 산업은 집중과 분산의 양상을 보일 것이며, 미디어와 콘텐츠는 융합과 편재의 양상을 보일 것이다. 개인 또는 집단이 갖는 문화권력 또한 집중과 분산의 양상을 보일 것이다.

정보기술의 발달에 따라 정보를 생산해내는 미디어 산업의 규모는 지속적으로 커져갈 것이다. 20세기 상당 기간 동안 미디어 산업의 특성은 과점구조라는 점에 있었다. 신문과 방송 공히 소수의 기업이 전국적으로 정보와 오락 상품을 제공하는 양상이 여러 국가에서 목도되었다. 이러한 과점구조는 인터넷 포털 서비스에서도 재현되고 있다. IT의 발달로 인해 새로운 미디어가 속속 등장했고 이들 미디어 산업에 참여하는 기업의 수도 지속적으로 증가하게 되었다. 이러한 과정에서 나타나는 트렌드가 미디어 산업에서의 기업의 집중과 분산 현상이다.

디지털 기술의 채택은 미디어 융합현상을 가져왔다. 미디어의 융합은 산업의 융합, 네트워크의 융합, 그리고 단말기와 서비스의 융합으로 나타나고 있다. 미디어의 융합과 함께 나타나는 변화는 디지털 콘텐츠의 편재 현상이다. 과거에는 개별 미디어가 그것이 전하는 콘텐츠의 내용과 형식을 규정했다. 미디어 융합시대에는 디지털 신호라는 공통인자를 가진 콘텐츠가 여러 미디어에 편재하게 될 것이다.

왜 미디어는 동시에 집중되고 분산되는가

전 세계적인 접속은 단말기 · 플랫폼 · 네트워크의 융합을 가져오고 있다. 이는 동시에 산업과 시장의 통합으로 거대한 시장을 형성하고 있다. 특히 한계비용이 0에 가까운 정보산업은 시장의 확대로 인한 수익이 기하급수적으로 늘어나는 한계수확 체증의 법칙이 적용된다. 미디어 기업은 국가 내에서의 인수와 합병뿐만 아니라 국제적인 인수 · 합병으로 다국적 미디어 기업, 더 나아가서 초국적 미디어 기업을 형성하고 있다.

이들 초국적 미디어 기업이 시장 확대를 위해 채택하는 전략 중의 하나가 현지화 전략이다. 이들 기업은 현지 기업과 전략적 제휴를 하거나, 현지인을 고용하여 현지화 전략을 수행한다. 경우에 따라서는 가장 한국적인 문화상품을 초국적 미디어 기업의 현지 법인에 의해 생산될 수 있는 가능성이 열려 있다.

한편 정보의 생산 · 유통 · 소비 과정에 개입하여 통제해왔던 정부의 규제나 규범과 같은 외생적인 요인의 영향력은 줄고 있다. 정보를 생산하는 미디어 산업의 경우 20세기 전반에 걸쳐 거의 모든 국가에서 비교적 높은 수준의 다양한 규제의 대상이었다. IT에 의해 정보의 유통이 지리적 경계를 뛰어넘어 자유로워지면서 국가나 공공기관의 규제에 의한 개입이 어려워졌을 뿐만 아니라 그 적실성도 저하되고 있다. 정보의 생산과 유통, 그리고 소비양식은 이제 시장의 논리에 의해, 미디어의 기술적 특성에 의해, 그리고 이용자의 선별에 의해 더욱 더 통제를 받고 있다.

미디어 집중·분산화로 인한 3가지 변화

1 | 동시에 나타나는 시장의 집중도와 지배력의 분산

다음 그림은 미디어 산업에서 집중과 현상이 나타나는 것을 시각적으로 보여주고 있다. 첫 단계는 소수의 기업이 산업을 주도하는 20세기적인 시장 구조이다. 정보화가 진행됨에 따라 미디어 산업의 규모가 커지고 행위자도 늘어나게 된다. 이를 미디어 산업의 질량이 늘어나는 것으로 보고 산업에서의 행위자의 수로 표기하였다. 3개의 기업에서 10개의 기업으로, 그리고 20, 30으로 증가하는 것으로 도식화하였다. 두 번째 단계에서 새로운 진입자로 인해 행위자는 10개로 늘어나고 일부 거대기업은 다른 기업을 인수합병하거나 전략적인 제휴를 이룩한다. 세 번째 단계에서는 행위자의 수가 20개로 늘어나고 이전 단계에서 지배적인 기업의 퇴출이 일어나고 새로운 거대기업이 등장한다. 이들 또한 인수합병과 전략적인 제휴를 통해 시장지배력을 제고하고자 경쟁하게 된다. 마지막 단계에서 행위자의 수는 30개로 늘어나고 소수의 거대기업과 일부 중간 규모와 작은 규모의 기업이 공존하게 된다. 이러한 구조는 경제학에서 이야기하는 독점적 경쟁구조에 근접하게 된다. 즉 다양한

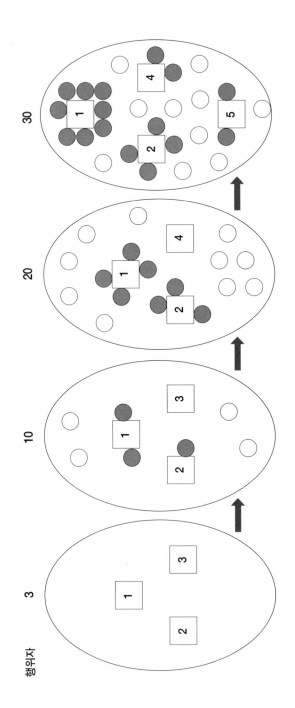

행위자

3
10
20
30

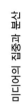

미디어의 집중과 분산

규모의 기업이 차별적인 상품이나 서비스를 제공하는 구조가 된다. 이러한 과정은 시장의 집중도가 높아지는 동시에 참여자의 수가 늘어남에 따라 시장지배력의 분산이 동시에 일어나는 상황이다.

이러한 집중과 분산이 전개되는 상황이 적확한 미래에 대한 전망이라면 국가의 정책이나 기업의 생존전략이 구체적으로 도출될 것이다. 동시에 수용자 복지를 극대화하는 다양한 정책대안도 계발할 수 있을 것이다.

2 | 미디어와 콘텐츠의 편재 현상

미래에는 미디어와 미디어가 제공하는 서비스가 융합될 것이며 이들이 제공하는 정보상품이 여러 단말기에 편재할 것이다. 이러한 트렌드를 다음의 그림이 도식화하여 보여주고 있다. 전통적으로 하나의 미디어는 그것이 제공하는 고유한 내용과 형식의 정보를 제공하였다. 몇 가지의 예를 들자면 서적과 신문·라디오·TV·영화가 그것이다. IT의 발달은 미디어 컨버전스를 가져왔다. 현재 인터넷은 기존의 거의 모든 미디어의 기능과 서비스를 제공하거나 제공할 잠재력을 갖고 있다. 현재 휴대전화가 주도하는 단말기도 미래에 유사한 기능을 제공할 것이다. 단말기의 통합은 산업적으로나 소비자의 입장에서 매우 큰 유인책을 갖게 될 것이다. 컴퓨터와 TV의 기능을 통합한 단말기와 이러한 단말기의 일부를 분리하여 이동 중에 활용할 수 있는 방향으로 기술개발이 전개될 것이다. 휴대 단말기를 효율적으로 사용하기 위해서 유무선 네트워크와 연결될 것이다. 휴대용 단말기의 스크린이 작은 제한점을 극복하기 위해 교통수단이나 공공장소에 개인이 연결하여 동영상을 구현할 수 있는 박막 스크린이 제공될 가능성이 높다.

미디어 콘텐츠에 관해서는 한계 비용이 0에 가까운 정보상품의 특성

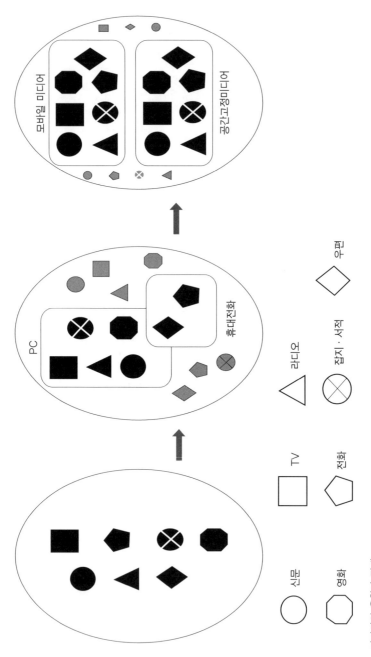

모바일 미디어

공간고정미디어

PC

휴대전화

미디어의 융합과 편재

우편

잡지 · 서적

라디오

TV

전화

신문

영화

상 이윤극대화의 잠재시장은 이용자 전체가 되기에 거의 모든 네트워크나 단말기에서 콘텐츠를 사용할 수 있게 될 것이다. 이를 미디어 콘텐츠의 편재 현상으로 지칭할 수 있다. 다만 이윤극대화를 위해서 다수의 콘텐츠가 유료화할 가능성이 높으며 콘텐츠 생산자는 배급시기와 가격 차별화를 통해 이윤극대화를 도모할 것이다. 이를 위해서는 개별 콘텐츠 이용자를 선별할 수 있는, 무임승차자를 배제할 수 있는, 조건부접속시스템(CAS: Conditional Access System)이 필요하다. 콘텐츠의 편재를 가능하게 한 IT가 콘텐츠의 보편적 이용을 제한하는 역설적인 상황이 발생하는 것이다. 이러한 상황에서는 디지털격차(digital divide)가 지식수준뿐만 아니라 지불능력에 의해 발생할 가능성을 높일 것이다. 지불능력이 높은 사람은 양질의 콘텐츠를 효율적으로 소비하고 능력이 낮은 사람은 저급한 콘텐츠를 비효율적으로 소비하게 되는 양상이 나타날 것이다. 이는 미래를 대비하는 국가의 공공정책에 시사하는 바가 크다.

3 | 글로컬리제이션과 국가 단위 문화의 퇴조

특정 문화가 공유되는 지리적인 경계를 네 단계로 설정할 수 있다. 이는 지방, 국가, 지리적으로 인접한 국가군인 지역, 그리고 세계이다. 다른 여러 상황적인 요인들과 함께 IT의 발달은 세계화와 지방화를 동시에 진전시키고 있다. 이러한 트렌드를 지칭하여 글로컬리제이션(glocalization)이라는 신조어도 소개되어 사용되고 있다. IT의 발달은 국가 간의 경계를 약화시키고 있으며, 동시에 전술한 바와 같이 소수집단의 문화도 형성하고 유지하는 것이 용이하게 하였다. 즉 전 세계적으로 공유되는 문화가 강화되는 동시에 소도시와 같은 지방에서도 그들의 문화를 계승 발전시킬 수 있게 되었다. 따라서 IT가 추동하는 글로컬리제이션은 필연적으로 국가 단위의 문화의 영향력을 상대적으로 감소시킬 것이다. 할리우드 영화가 여전히 전 세계적인 영향력을 행사하는 것과 미국의 메이저리그 야구, 유럽의 프리미어리그 축구에 대한 관심이 국내에서 확산되어 가는 것은 세계적이거나 지역적인 문화가 국내에서 영향력을 증가시키는 것을 알 수 있게 한다. 지방에서 행해지는 각종 축제와 이벤트가 현지 주민뿐만 아니라 외지인의 관심을 끌고 있는 것은 지방의 주민과 밀착한 문화가 영향력을 확장하고 있는 것을 보여준다. 이는 상대적으로 20세기 전반에 걸쳐 공고했던 국가를 단위로 하는 문화의 영향력이 퇴조해가는 것으로 볼 수 있다.

이러한 국가 단위의 문화의 퇴조는 문화를 형성하고 유포하는 미디어 산업에서 극명하게 나타난다. 미국의 예에서와 같이 우리나라 지상파 네트워크의 시청점유율은 지속적으로 하락하고 있다. 불과 4년 전 90퍼센트에 달했던 지상파 방송의 시청점유율은 현재 60퍼센트대로 하락했다. 전국지는 두세 개의 신문사를 제외하고는 현재 심각한 경영난에 봉착해 있다.

20세기에는 정보의 전달수단을 소유한 사람과 기업이 지배적인 영향력을 행사했다. 예를 들어 전화회사와 네트워크의 소유자가 지배적인 권력을 행사했다. 이러한 권력은 IT의 발달에 따라 분산되고 있다. 새로운 권력의 수혜자는 창의적인 소수(빌 게이츠)와 향상된 정보의 선택권과 정보생산 능력을 습득한 개인에게로 전이되고 있다. 정보의 생산자와 전송수단을 소유한 자, 그리고 단말기 생산자와 이용자로서 개인과 같은 다양한 차원에서 집중과 분산, 융합과 편재의 양상이 복합적으로 전개되고 있다.

IT 문화강국, 이제 소프트웨어에 주목하라

미디어와 미디어 산업의 융합은 문명사적인 전환의 거대한 흐름이며 미래에도 지속적으로 진전될 것이다. 미래의 융합된 미디어는 현재의 PC · TV · 휴대전화와 같은 분류 기준을 뛰어넘는 새로운 이름의 통합 단말기가 될 가능성이 높다. 미디어의 제반 기능이 단일 단말기에 융합되는 현상은 지속될 것이나 상황과 용도에 따라 단말기의 수는 늘어날 수 있다. 예를 들어 과거에는 희소했지만 현재 우리가 사용하고 있는 라디오나 시계의 수는 매우 많아졌다. 미디어의 다양한 기능과 다양한 콘텐츠는 하나의 단말기에서 구현될 가능성이 높다.(All in One) 동시에 유사한 단말기와 정보나 콘텐츠는 편재될 가능성이 높다.(One in All) 전 세계적인 접속은 단말기, 플랫폼, 네트워크와 정보의 편재를 가져올 것이다. 특히 자동번역장치는 정보가 세계적으로 유통되는 것을 촉진할 것이다.

네트워크와 정보의 편재성은 네트워크의 기술적 오류와 부정확한 정보로 인한 폐해를 극대화할 것이다. 따라서 미래에는 정보와 개인의 신뢰를 매우 중요시하게 될 것이다. 정보생산과 처리, 전달과정에서의 개인의 신뢰도는 사회적으로 모니터되고 다양한 사회활동에 있어서 개인에 대한 중요한 평가기준이 될 것이다.

정보생산에 있어서 세계적으로 영향력 있는 창의적인 소수에 부와 영향력이 집중될 것이다. 『해리포터』의 조앤 롤링이나 『반지의 제왕』의 피터 잭슨이 단기간에 축적한 부는 과거 유사한 예보다 훨씬 더 규모가 크다. 전 세계적인 문화 시장은 이윤극대화를 위해 소수의 초국적기업이 시장지배력을 행사하는 과점구조로 전이하고자 하는 관성을 상시 갖게 될 것이다. 경제적 효율성과 이용자 편익을 위해서 특히 네트워크나 플랫폼은 세계적으로 소수의 기업이 지배하는 과점구조가 대두될 가능성이 높다. 초국적 기업의 수와 영향력이 증가하는 것과 맥을 같이하여 문화적인 초국적 시민이 증가할 것이다.

초국적 미디어 기업의 영향력이 증가하는 대립점에 수용자의 권력 강화현상이 존재할 것이다. 포토샵·디지털 카메라·비선형 편집 프로그램의 보급 등의 예에서 보듯이 한 세대 전에는 소수의 전문인만이 접근할 수 있고 이용할 수 있는 전문적인 작업을 평범한 개인이 수행할 수 있다는 점에서는 권력이 분산될 것이다.

공유에 의해 이점이 있는 정보는 편재하는 경향과 함께 공유에 의해 불이익이 발생하는 정보/콘텐츠(예: 개발정보, 국가와 기업의 기밀)에 대한 보안이 강화하게 된다. 즉 정보 유형은 공유형과 전유형으로 양분화할 것이다. 이때 이익과 불이익은 관점에 달라질 수 있으며 이러한 차이에 의한 갈등이 증폭될 것이다.

현재 "IT강국"인 한국을 바라보는 세계의 눈에는 "존경심"보다는 "신기함"이 더욱 큰 자리를 차지하고 있다. "IT강국"의 구성 요소에는 질적인 측면보다 양적인 측면이 소프트웨어보다는 하드웨어가 중심을 차지하고 있다. 인터넷과 휴대전화 이용자수, 박막 스크린과 반도체 기술이 주목을 받고 있다. 미래에는 질적인 측면과 소프트웨어가 중심이 되는 "IT문화강국"의 구축을 국가적으로 지향해야 한다. 이는 세계적인 문화 형성에 창조적으로 참여하는 역량을 키움으로써 가능할 것이다. 인터넷과 휴대전화와 같은 정보기기의 이용이 국가발전과 국민의 삶의 질을 향상하는 방향으로 발전해야 한다.

아이코닉한 사회의 도래

인터넷과 모바일 통신상에서의 의사소통에 아이콘을 활용하는 것은 이미 일상화되었다. 이러한 아이콘은 개발속도와 비례하여 가상세계에서 자신을 나타내주는 가장 확실한 단서로 자리잡게 될 것이다.

역사적으로 IT의 발달은 커뮤니케이션 방식의 변화를 가져왔다. 좀더 구체적으로 미디어가 전하는 정보의 양식에 변화를 가져왔다. IT의 발달로 미래에는 이미지(특히 동영상)가 지배적인 아이코닉(iconic)한 사회가 올 것이다. 여기서 아이코닉이라는 단어는 기호와 그것이 지시하는 현실과의 근접한 정도로 정의하여 사용하겠다.

사실 우리는 시뮬라시옹의 궁극적인 국면인 과잉 시뮬라시옹의 단계에 있다. 다양한 단계의 시뮬라시옹이 존재한다. 거울이나 스펙터클, 게임과 같은 시뮬라시옹…… 정말 전통적인 시뮬라시옹이 있는가 하면, 지금 우리는 화면(écran)의 단계에 있다. 모든 것이 가상화되고,

디지털화되고, 정보가 된 순간부터, 모든 것이 실제의 지시 대상이나 역사를 거치지 않게 된 순간부터 우리는 다른 시대에 들어간 것이다. 우리는 훨씬 궁극적인 국면에 있는 것이다. 어쩌면 이것이 최종 국면일지도 모르겠다. 내가 알 수 있는 문제는 아니지만.(보드리야르)(이상길, 2005: 189)

1950년대 TV의 등장은 구텐베르크의 문자언어에 처음으로 대항한 매체이다. TV는 최초의 글로벌 매체로 부유한 국가에서는 TV의 이미지들을 보는 데 하루 평균 3~4시간을 보낸다. 우리는 현재 50년 전보다 훨씬 더 많은 이미지들을 보고 있다.

혁신적인 이론은 이미지가 정보 저장을 위한 가장 중요한 매개체가 되면서 문자가 설 자리를 잃는 곳에 우리가 접근하고 있다는 것이다. 이 이론의 기본적인 근거는 이미지가 언어적 장벽을 넘어선다는 것이다.

글로벌화를 막는 장벽 중 하나인 언어의 차이는 이미지를 통해 부분적으로 해결될 수 있을 것이다. 이는 TV뿐만 아니라 컴퓨터나 광고에서도 일어날 것이다. 미소·화·슬픔은 이미지를 통해 더 쉽게 설명될 수 있다. 지금으로부터 한 세기 후에는 "구텐베르크 시대"가 끝나고 이미지가 커뮤니케이션의 수단이 되는 꿈의 사회가 될 수도 있다. MS 창시자이자 CEO인 빌 게이츠는 야심찬 프로젝트 '코비스'(Corbis)를 통해 이미지가 저장된 거대한 글로벌 라이브러리를 설립하고 있다. 책의 한계를 벗어나 인터넷을 통해 접근할 수 있는 코비스는 디지털화된 그림(pictures)의 세계로 21세기의 욕구를 만족시키는 것을 목표로 한다. (Jensen, 1999, 41~42)

사회는 왜 아니코닉화 되어가는가?

정보를 처리하고 저장하고, 송수신하는 기술적 역량은 지속적으로 발달하고 있다. 전광파전송망(all-optical wave networks)의 기술 수준은 6년 사이에 1만 1,000배의 용량의 증가를 보였다. 이러한 기술은 동영상의 기록과 전송을 용이하게 하여 일상에서의 동영상을 통한 커뮤니케이션을 보편화할 것이다.

이러한 변화를 가능하게 하는 것은 IT의 발달이다. 정보의 처리 능력과 정보의 송수신 능력의 증가가 전제되어야 한다. 지난 수십 년간 TV 수상기가 얼마나 저렴해져 왔는지를, 그리고 지난 수 년 간 컴퓨터 LCD 모니터와 PDP가 얼마나 저렴해져 왔는지를 보면 미래에 동화상을 구현하는 스크린이 일상공간과 사회공간 곳곳에 급증하리라는 것을 쉽게 예견할 수 있다.

아니코닉한 사회의 2가지 변화

1 | 아이코닉 커뮤니케이션, 새로운 소통 방식

데이터는 도표와 다양한 문자들의 조합으로 이루어진다. 오늘날 지식은 문자로 저장되고 우리는 알파벳을 통해 배운다. 이것이 바로 정보사회의 매개수단이다. 아마도 꿈의 사회에서의 매개수단은 그림(pictures)이 될 것이다.(Jensen: 40)

디지털 신인류는 이미지로 말을 한다. 이미지가 그들에겐 커뮤니케이션 수단이다. 90년대 초의 영상세대의 급증이 90년대 중반을 거치면서 인터넷 세대로 전화하고, 이것이 이미지의 중요성을 부각시킨

배경이 된다. 아울러 디카와 폰카의 확산은 모든 디지털 신인류를 이미지 생산에 나서게 만들었고, 이로 인해 미니홈피를 비롯한 1인 미디어에서 개인들이 만든 이미지가 홍수처럼 쏟아지게 되었다. 웹사이트를 통한 정보 전달이나 콘텐츠 전달이 확대되는데, 주로 이미지 중심의 정보가 유통된다.(김용섭: 102)

문자의 사용은 시각적인 기호에 의해 의미를 전달하게 하였다. 문자는 송신자와 수신자가 공유하는 추상적인 약속(code)에 근거하는 의사소통방식이다. 그림(회화)은 그것이 지시하는 현실과 근접하다는 점에서 문자보다 아이코닉하다. 그럼에도 불구하고 전통적인 사회에서 그림이 보편적인 의사소통 수단으로 활용되지 못한 것은 아이코닉한 그림을 그리는 데 상당 수준의 노력이 필요하기 때문이다.

전화와 라디오는 소리를 재현하여 전달하는 것을 가능하게 하였다. 음반은 소리를 기록하는 매체로 각광을 받았고 이를 대체한 CD는 소리를 원음에 가깝게 재현할 수 있게 되었다.

사진은 사람이 그린 그림보다 더욱 아이코닉해졌고 컬러 사진은 사진을 더욱 아이코닉하게 만들었다. TV의 등장은 이러한 동화상을 대중에게 보편적으로 전달할 수 있게 하였다. 20세기 초 움직이는 그림(moving image)을 최초로 재현한 영화는 기술적인 경외뿐만 아니라 주요한 오락 수단으로 등장했다. 영화(motion picture)가 등장함으로써 비로소 인간은 움직이는 모습을 기록하여 전달할 수 있게 되었다. TV가 가정에서 동영상을 시청하는 것을 가능하게 했다. 최근 동영상은 전광판·아파트 초인종·엘리베이터·냉장고·휴대전화·인터넷 메신저로 확산, 침투하고 있다. 이러한 경향이 증폭될 경우 화상전화가 보편화하고 일상공간에서 동영상을 통한 정보의 송수신이 증가할 것이다. 미래의 이미지 디스플레이는 사용자의 안경이 2차원의 스크린을 대체할 것이다. 마이크로 디스플레이의 발전으로 앞으로 10년 이내에 사람이 이러한 눈앞의 디스플레이를 즐길 수 있는 날이 올 것이다.

영화나 TV보다 더욱 아이코닉하게 정보를 전달하고자 하는 노력은 3차원 영상에 대한 개발 노력으로 이어져 왔다. 이러한 기술은 지속적으로 발전하여 현재에는 3차원적인 현실에 근접한 3D 동화상을 테마공원에서 어렵지 않게 볼 수 있게 되었다. 이러한 이미지에 서라운드 오디오와 후각과 촉각을 종합적으로 구성한 콘텐츠가 서비스되고 있다. 예를 들어 디즈니랜드에서 보여주는 3D 영화에서는 쥐들이 객석으로 다가오는 영상과 함께 의자 밑에 있는 장치가 관객의 발을 건드려, 마치 쥐가 실제로 의자 밑에 기어다니는 착각을 갖게 한다.

시각적으로는 3차원 영상을 구현하는 홀로그램이 가장 아이코닉한 기술이다. 홀로그램이 보편화하고 이에 다른 감관을 동원하는 장치들이 종합적으로 구현된다면 가상현실(VR: Virtual World)이 현실화할 것이다. 다양한 응용이 가능하겠지만 가정에서 먼 나라를 여행하는 경험을 실제와 근접하게 경험하는 것은 시간과 노력과 돈을 절약하는 서비스로 각광을 받을 수 있을 것이다. 이러한 상황에서 미래에 중요하게 대두되는 문제는 가상현실과 실재현실(RW: Real World)과의 구분이다.

2 | 키보드에서 음성인식으로

사람이 발화하는 말은 이를 문자로 기록하는 것보다 더욱 아이코닉하다. 즉 말을 직접 듣는 것은 이를 문자로 전환한 것보다 원래 발화된 의도에 근접하고 더욱 많은 정보를 담을 수 있다. 음성인식 기술이 과거의 기대보다는 발달속도가 늦기는 하나 보편적으로 이용할 수 있는 수준으로 기술적 완성도가 높아질 것이다. 이는 현재의 컴퓨터 키보드를 비롯하여 다양한 문자 기반의 인터페이스를 대체해갈 것이다. 따라서 미래의 정보기기는 상당 수준 음성인식 기반의 인터페이스를 보편적으로 장착하게 될 것이다. 몇 가지 예를 들면 TV · 에어컨 · 전자레인지 · 자동차 등이 음성인식 기술에 의해 작동과 함께 보안의 기능도 수행할 수 있을 것이다.

음성인식 기술과 함께 인간의 신체 동작에 의해 작동되는 기기도 이미 개발이 되었다. 몸과 몸을 이용해서 발화되는 말이 환경을 제어하는 중요한 수단이 될 것이다. 즉 인간의 몸 자체가 환경과의 교호 작용을 하는 주요 미디어가 될 것이다.

시각적 이미지 특히 동영상이 사회적 커뮤니케이션의 지배적인 모드로 자리잡게 되는 것은 사회 전반에 그리고 문화 전반에 지속적인 변화를 가져올 것이다. 재현된 이미지가 실제 지각된 현실보다 더욱 더 현실적으로 받아들여지는 상황이 발생할 수 있다. 컴퓨터 게임에 몰입되어 실제 현실로부터 고립되어지는 현상이 현재 병리적으로 여겨지고 있다. 미래에는 이러한 현상이 다양한 수준으로 다양한 사람들에게 나타날 가능성이 존재한다.

가상과 실재가 뒤섞이다

21세기에는 비주얼 문자가 20세기의 문자 만큼 교육과 사회생활에서 중요해질 것이다. 20세기에 문자가 행사하던 사회적 영향력을 시각적 청각적 기호가 대체할 것이다. 동영상을 다양하게 인지하고 해석하는 능력이 중요해질 것이다. 도형 · 공간 · 움직임 · 색감에 대한 인식(시각)과 스피치의 이해와 정확한 발화의 중요도가 높아질 것이다.

아이코닉한 사회에서는 자신을 표현하는 양식으로서 비언어적 표현 능력이 중요해질 것이다. 이와 함께 인간의 인지적 과정이나 정서적인 측면이 상당 수준 동적으로(가변적으로) 변화할 것이다. 문화적 현상으로서는 일화적인 것이 대서사적(epic dramas)인 것을 점진적으로 대체할 것이다. 영속적인 진리보다는 찰나적인 느낌이 중시될 것이다.

3차원 홀로그램 통신과 이에 수반하는 오감을 활용하는 의사소통은 가상현실과 실재현실의 경계를 모호하게 할 것이다. IT의 발달은 일상생활에서 가상현실이 차지하는 영역을 상대적으로 확장해 나아갈 것이다. 가상현실이 인간의 사고와 행위에 미치는 영향은 점증할 것이다.

한편 개인의 일거수 일투족을 관찰하고 감시할 가능성이 높아질 것이다. 카메라에 의한 사생활 침해는 인권에 심대한 피해를 주는 수준으로 심각한 상황이다.

이미지가 지배하는 아이코닉한 사회의 도래는 이제 피할 수 없는 문화 변화의 방향이다. 가상현실과 실재현실이 그 중요도나 영향력에 있어서 균형을 이루고 상보적이도록 해야 한다.

참고문헌

강홍렬, 『KISDI 이슈리포트: '유비쿼터스' 논의에서 읽는 IT 기술혁신 방향』, 정보통신정책연구원, 4~26, 2004.

_____, IT기반 미래국가 발전전략 총괄연구보고서, 정보통신정책연구원, 2005.

고동현, "정보사회의 도전과 사회운동의 새로운 전개", 연세대학교 박사학위논문, 2003.

권상희 · 우지수, "블로그 미디어 연구", 『한국방송학보』 19권 2호, 2005.

권수갑, "유비쿼터스 컴퓨팅: 개념과 동향," 전자부품연구원, 전자정보센터, 2003.

권해수, "시민단체의 조직화과정과 정책변화에 대한 영향력 비교 연구", 『한국행정학논집』, 1999.

금재호 · 조준모, "외환위기 전후의 노동시장 불안정성에 대한 연구", 『제2회 한국노동패널 학술대회논문집』, 한국노동연구원, 2000.

김경현, "로마제국: 통합과 방위," 『세계정치』 26(1), 봄/여름, 2005.

김기수, 『동아시아 역학구도: 군사력과 경제력의 투사』, 서울, 한울아카데미, 2005.

김기현, "인지과학과 인공지능", 『계간 과학사상』, 여름호, 2005.

김대호, "양방향 TV의 규제 제도에 대한 연구: 개념, 허가, 서비스 규제를 중심으로", 『Telecommunications Review』, 2001.

김문조, 『과학기술과 한국사회의 미래』, 고려대출판부, 1999.

_____, 『IT와 새로운 사회질서의 형성』, 정보통신정책연구원, 2005.

김사혁, "2010년 정보통신 서비스의 미래", 『정보통신정책연구원 이슈리포트』, 04-09, 정보통신정책연구원, 2004.

김상배, "지적재산권의 세계정치경제: 미 · 일 마이크로프로세서 분쟁을 중심으로", 『국제정치논총』 42(2), 2002.

_____, "사이버공간의 미래전략: 인터넷 거버넌스를 중심으로", 유석진 외, 『정보화의 도전과 한국: 여섯 가지 쟁점과 미래전략』, 한울, 2003.

_____, "세계표준의 정치경제: 미·일 컴퓨터 산업경쟁의 이론적 이해", 『국가전략』 8(2), 2002.

_____, "정보기술경쟁의 국제정치경제: 새로운 개념화의 모색", 한국정치학회(편), 『정보사회와 정치: 새로운 정치 패러다임의 모색』, 오름, 2001.

_____, "정보화시대의 거버넌스: 탈집중 관리양식과 국가의 재조정", 『한국정치학회보』 35(4), (겨울), 2001.

_____, "정보화시대의 제국: 지식/네트워크 세계정치론의 시각", 『세계정치』 26(1), (봄·여름), 2005.

_____, "IT시대 국가주권의 변화와 글로벌 정치질서의 형성," 정보통신정책연구원, 『IT의 사회문화적 영향연구』, 04~45, 2004.

김성국, "한국 자본주의 발전과 시민사회의 성격", 『한국의 국가와 시민사회』, 한국사회학회·한국정치학회(편), 한울, 1993.

_____, 『21세기 한국사회의 구조적 변동』, 민음사, 2005.

김성재, "탈문자 시대의 매체현상학: 기술적 형상의 탄생에 대하여", 『한국방송학보』, 19권 1호, 2005.

김성환·전용석·최바울, "빈부격차 확대의 원인과 대책", 『제5회 한노동패널 학술대회논문집』, 한국노동연구원, 2004.

김신동, 『IT와 모바일 커뮤니케이션의 사회문화적 영향: 휴대전화, DMB, 무선인터넷』, 정보통신정책연구원, 2005.

김영기·한선, "인터넷의 횡단적 속성과 이용 방식에 관한 연구", 『한국방송학보』, 19권 2호, 2005.

김영지, "청소년 대안공간으로서 사이버공간 활용 실태", 『한국청소년연구』 12(1), 2001.

김완석·백민곤·박태웅·이성국, "유비쿼터스 컴퓨팅과 이지리빙 프로젝트", 『주간기술동향』, 1088호, 2005.

김용섭, 『디지털 신인류』, 영림카디널, 2005.

김유정, "사이버 커뮤니티 참여와 이용에 대한 이용과 충족 연구", 『한국언론학보』, 49권 3호, 2005.

김은미, 『IT와 개인 의사소통 체계의 변화-유선전화, 휴대전화, 이메일을 중심으로』, 정보통신정책연구원, 2005.

김은미·김현주, 『인터넷 상에서 사회적 의사소통 양식과 합의 형성』, 정보통신정책연구원, 2004.

김재철, "새로운 도약을 위한 21세기 신무역전략"(한국무역협회), 1999.

김종길, "'안티사이트'의 사회운동적 성격 및 새로운 저항 잠재력의 탐색"『한국사회학』37(6), 2003.

＿＿＿, "현대사회와 새로운 저항의 잠재력: 신사회운동의 이론과 실제, 그리고 한국적 수용의 문제", 『현대산업사회 연구』2, 1997.

＿＿＿, 『인터넷 시민운동의 특성과 전망』, 정보통신정책연구원, 2004.

＿＿＿, 『접속시대의 사회갈등과 사회통합』, 정보정책통신연구원, 2005.

김지수, "1인 미디어, 블로그의 확산과 이슈", 『정보통신정책』, 16권 22호, 정보통신정책연구원, 2004.

김창수·이후암, "디지털 상품의 전자상거래에 관한 사례연구: 음악전송 서비스를 중심으로", 『Information Systems Review』, 2권 2호, 2000.

김태용, "텔레프레즌스 경험 확률에 영향을 미치는 수용자 특성에 관한 연구", 『한국방송학보』, 17(2), 2003.

김평호, "인터넷 확산의 사회적 맥락에 대한 인식과 정책적 함의", 『한국방송학보』, 19권 2호, 2005.

김현숙, "디지털 영상문화의 빛과 그림자를 찾아라", 『안민정책포럼 2004 청소년 시민교육 제 25차 강연 발제문』, 2004.

김휴종, "디지털 사회의 키워드," 중앙일보, 삼성경제연구소 주최 디지털 심포지엄, 『디지털의 충격과 한국경제의 선택』, 2000. 4. 28.

남기범, 『IT와 일상공간의 분화와 통합』, 정보통신정책연구원, 2005.

남춘호, 『지식정보사회의 경력과 생애과정』, 정보정책통신연구원, 2005.

노준석·손용, "전자미디어의 몰입경험과 여가만족의 상관성 분석", 『한국방송학보』, 18권 1호, 2004.

도정일, "텍스트 이론과 텔레비전", 『프로그램/텍스트』1호, 1999.

디지털 타임즈, "2020년, 나노기술이 질병없는 세상 만든다", 2005. 5. 18.

문석봉, "홈네트워크 시범사업 현황 및 추진방향", 『TTA journal』, 99호, 2005.

민경배, "정보사회에서의 온라인 사회운동에 대한 연구, 한국의 사례를 중심으로", 고려대학교 박사학위논문, 2002.

박동진, "국가혁신을 위한 차세대 전자정부 전략," 정보통신정책연구원, 『21세기 한국 메가트렌드 시리즈 II, 05~19』, 2005.

박명림, "동북아 평화공동체의 형성과 전망", 『IT의 사회문화적 영향 연구, 4~36』, 정보통신정책연구원, 2004.

박미용, "사이버 혈연관계가 뜬다-싸이월드의 인맥쌓기 열풍 진단", 『과학동아』2004(7), 동아사이언스, 2004.

박상희, 『대한민국 여자 일촌을 움직여야 성공한다』, 서울: 랜덤하우스중앙, 2005.

박성호, "사이버 공간의 매체적 특성과 사회적 영향에 대한 연구", 『한국방송학보」, 17권 1호, 2003.

박성희, "사이버 공간의 대리자아 아바타의 역할 유형분석", 『한국언론학보』, 48 권 5호, 2004.

박수호, "인터넷 이용과 종교의식", 고려대학교 박사학위논문, 2004.

박승수, "인공지능의 기대, 실망, 그리고 새로운 도전", 『정보과학회지』, 17권 12 호, 1999.

박승현, "상호텍스트성(intertextuality)의 이해: 영화와 텔레비전의 연관성을 중 심으로", 『프로그램/텍스트』, 9호, 2003.

박형신 외, 『새로운 사회운동의 이론과 현실』, 문형, 2000.

박형준, "정보화사회의 불평등구조와 대응전략", 『2003 미래전략포럼 심포지엄 자료집』, IT전략연구원, 2003.

방송진흥원, "미국의 미디어 융합형 서비스 현황과 특징", 『동향과 분석』, 220호, 2005.

_____, "온디맨드 TV: 텔레비전의 미래", 『동향과 분석』, 162호, 2002.

배영, 『네트워크 사회의 인간관계와 사회심리』, 정보통신정책연구원, 2005.

배정호, "주일미군의 재편과 미일동맹의 강화", 미발표논문(9월), 2004.

백욱인, "디지털 정보공유의 새로운 흐름으로", 「중앙일보」(11. 20), 2003.

삼성경제연구소, "가정의 디지털 혁명, 홈네트워크", 『CEO Information』, 428 호, 2003.

_____, "기술과 감성의 융합시대", 『CEO Information』, 417호, 2003.

_____, "디지털 변혁기와 국내기업의 약진", 『CEO Information』, 410호, 2003.

_____, "로봇산업의 현황 및 과제", 『SERI 경제 포커스』, 32호, 2005.

_____, "모바일 컨버전스의 확산과 대응", 『CEO Information』, 497호, 2005.

_____, "유선 통신/방송 서비스 산업의 과제와 현황", 『SERI 경제포커스』, 40 호, 2005.

_____, 『유비쿼터스 컴퓨팅: 비즈니스 모델과 전망』, 2003.

_____, "산업판도를 바꿀 10대 미래기술", 『CEO Information』, 403호, 2003.

서형식 · 이경전, "인터넷상에서의 개인화 마케팅에 대한 사업모형과 기술에 대 한 사례연구", 『한국경영학회 99추계학술대회논문집』, 1999.

세계은행, http://topics.developmentgateway.org for ICT for Development

_____, http://web.worldbank.org/WBSITE for Knowledge for Development Program

손상영, 『정보기술과 타산업간 상호작용 및 산업구조 변화』, 정보정책통신연구 원, 2005.

손열, "IT시대와 국가-시장-시민사회의 협치", 『IT기반 미래국가발전전략연구,

02~02』, 정보통신정책연구원, 2005.

송호근, 『한국 무슨 일이 일어나고 있나: 세대, 그 갈등과 조화의 미학』, 삼성경제연구소, 2003.

신광영, 『동아시아의 산업화와 민주화』, 문학과지성사, 1999.

신광영·이성균, "경제위기와 소득불평등: 1977년 이후를 중심으로", 『제4회 한국노동패널 학술대회논문집』, 한국노동연구원, 2003.

신광영·조돈문·조은, 『한국사회의 계급론적 이해』, 한울, 2003.

아스펙 국제경영교육컨설팅, "디지털/나노/유비쿼터스 컴퓨팅", [online] http://www.studybusiness.com/HTML/Digital/index.html

양정혜, "유희와 통제력: 광고가 구성하는 디지털 사회의 이미지", 『프로그램/텍스트』, 12호, 2005.

LG 커뮤니카토피아연구소 편, 『정보혁명 생활혁명 의식혁명』, 백산서당, 1999.

염재호, "사이버 민주주의: 정치의 실종, 시민의 출현", 『계간 사회비평』 봄호.

오광석, "유비쿼터스 전자정부 추진전략 및 구축방안," 『Telecommunications Review』 13(1), 2003. 2.

오길영, "개인정보보호를 위한 RFID 규제에 관한 연구", 『정보화 정책』, 12권 2호, 2005.

原 純輔·盛山和夫, 『社會階層』, 東京大出版會, 1999. 정현숙 옮김, 2002. 『일본의 사회계층』, 한울, 2000,

윤두영·김봉준, "텔레매텍스 서비스 현황 및 전망", 『정보통신정책』, 17권 4호, 2005.

윤영민, 『전자정보공간론』, 전예원, 1996.

이경형, "미국 인터넷 금융 개인화 서비스의 현황", 『정보통신정책』, 13권 4호, 2001.

이경화·김숙자, 2005. "유아의 창의성에 미치는 문제해결 토의활동의 효과", 『교육심리연구』, 19권 1호, 2001.

이근호, "u-City 추진전략", 『정보산업지』, 6월호, 2005.

이기형, 『온라인 컨텐츠 연구』, 서울, 한국언론재단, 2004.

이동후·유지연·황주성, "휴대전화와 시공간 경험의(재)구성: 초점 집단의 사례 연구를 중심으로", 『한국방송학보』, 19권 2호, 2005.

이병혁, 『IT와 공간구조의 재구성』, 정보정책통신연구원, 2005.

이상길, "'세계화'와 '과잉 시뮬라시옹'의 시대를 응시하기`?장 보드리야르와의 대담", 『프로그램/텍스트』, 12호, 2005.

_____, "공공성과 텔레비전 문화", 『프로그램/텍스트』, 2호, 2000.

이상현, "미국의 대중 대일정책과 동북아질서", 김성철 외, '미중일관계와 동북아 질서', 세종연구소, 2003.

이수영, "이동전화 이용에 관한 연구: 음성통화서비스와 문자서비스 간의 관계", 『한국언론학보』, 47권 5호, 2003.

이수형, "제국의 관점에서 바라본 미국의 군사안보전략과 21세기 국제정치," 『세계정치』 26(1), 봄/여름, 2005.

이수훈, 『세계체제, 동북아, 한반도』, 아르케, 2004.

이원태, "인터넷 정치참여에 관한 연구" 서강대 정치학박사 학위논문, 2004.

이재열 · 장덕진, 『새로운 조직 패러다임의 특성과 전망』, 정보통신정책연구원, 2005.

이재현, 『인터넷과 사이버사회』, 커뮤니케이션북스, 2000.

이정우 · 이성림, "경제위기와 빈부격차: 1997년 위기 전후의 소득분배와 빈곤", 『국제경제연구』 7~2, 2001.

이종수, "매트릭스 시대의 리얼리티 쇼: CBS의 「서바이버」를 중심으로", 『프로그램/텍스트』, 9호, 2003.

이주헌 외, 『2020 미래한국』, 한길사, 2005.

이지순, 『IT혁명과 국가경쟁력』, 정보정책통신연구원, 2005.

_____, "IT혁명과 경제 패러다임의 변화", 이주헌 외, 『IT혁명과 한국의 미래』, 민음사, 2004.

_____, 『IT혁명과 국가경쟁력』, 정보통신정책연구원, 2005.

이진경, 『노마디즘 2: 천의 고원을 넘나드는 유쾌한 철학적 유목』, 서울, 휴머니스트, 2002.

이호영, 『디지털미디어의 사회적 사용에 관한 연구』, 정보통신정책연구원, 2005.

임정수, "매체 도입기에 나타난 두려움에 대한 연구", 『한국언론학보』, 49권 3호, 2005.

_____, "세 가지 미디어 집중현상의 개념화와 미디어 산업규제 정책에서의 함의", 『한국언론학보』, 48권 2호, 2004.

임정수, "인터넷 이용패턴에 대한 연구", 『한국언론학보』, 47권 2호, 2003.

임혁백, "21세기 한국정치의 비전과 과제", 정보통신정책연구원, 『21세기 한국 메가트렌드 04~05』, 2004.

임혁백, "미국의 새천년 비전과 전략", 김태동 외, 『세계의 새천년 비전』, 나남, 2000.

_____, "월드컵과 미래 한국의 거버넌스", 안민석 · 정준영(편), 『월드컵: 그 열정의 사회학』, 한울아카데미, 2002.

_____, "총론: 아시아 중추국가론", 임혁백 편, 『아시아중추국가의 위상과 역할 제고방안』, 정책기획위원회

_____, "한국 자본주의의 성장 · 위기 · 개혁", 『아세아연구』 41(2)(통권 100호 특집), 1998.

_____, 『21세기 한국 정치의 비전과 과제』, 민음사, 2005.

전경란, "상호작용 텍스트의 구체화 과정 연구", 『한국언론학보』, 48권 5호, 2004.

진규찬, "소수(자)성, 매체문화연구 진화의 일단", 『프로그램/텍스트』, 12호, 2005.

전황수, "u-Korea 실현을 위한 산업서비스 발전전략 연구," 한국전산원 연구 보고서, NCA 1-RER-04065, 2004.

정동훈, "아바타 아이템 구매의 심리학적 분석", 『한국언론학보』, 48권 6호, 2004.

정보사회학회 편, 『정보사회의 이해』, 나남, 1998.

정보통신부, 『국내 정보화 통계』, 2005.

_____, 『따뜻한 디지털 세상 u-Korea 실현 2005년도 주요 정책방향』, 2005.

_____, 『정보통신서비스산업 경쟁력 강화방안』, 2005.

_____, www.mic.go.kr

정보통신정책연구원, 『정보격차에 대한 사회경제적 함의』, 연구보고서, 2002.

정성일, "테크놀로지의 푸른 꽃 : 영화의 모험과 텔레비전의 신화", 『프로그램/텍스트』, 1호, 1999.

정수복 편역, 『새로운 사회운동과 참여민주주의』, 문학과지성사, 1993.

정윤경, "매체 공존 시대의 영상 콘텐츠 유통과 소비", 『프로그램/텍스트』, 9호, 2003.

조동기, "한국의 사회변동과 직업의 지역적 분포: 지식정보직업군을 중심으로", 『제1차 한중사회학자연구회 발표문』, 중국 길림성 사회과학연구원, 2003.

조성배, "행동에 기반한 인공지능의 접근방식", 『정보과학회지』, 15권 8호, 1997.

조정관, "정보화, 세계화와 신유목적 민주주의," 정보통신정책연구원, 『IT기반 미래국가 발전전략연구 02-01』, 2005.

조효제 편, 『NGO의 시대: 지구 시민사회를 향하여』, 창비, 2000.

조희연, "시민 · 사회운동과 정치: 한국정치와 NGO의 정치개혁운동", 시민사회 포럼 워크샵, 2001.

주정민, "이동전화 이용과 공적영역의 사적 영역화에 관한 연구", 『한국방송학보』, 18권 4호, 2004.

차두현, "미국의 GPR이 동아시아 안보에 미치는 영향," 세종연구소, 『정세와 정책』 No. 98, 2004.

차원용, 『솔루션 비즈니스 마케팅』, 굿모닝미디어: 서울, 2002.

최양수, 『IT로 인한 미디어와 일상공간의 변화』, 정보통신정책연구원, 2005.

최항섭, 『사회불평등 개선을 위한 IT기술 활용방안』, 정보통신정책연구원, 2005.

타나카 아키히코, 이웅현 옮김, 『새로운 중세』, 지정, 2000.

테크 타임즈, "첨단의 옷으로 갈아입자, 2004. 8.

통계청, www.nso.go.kr

폴 비릴리오, 이재원 옮김, 『속도와 정치』, 그린비, 2004.

하승찬, "사이버 시민사회운동의 현황과 과제", "현단계 네트운동의 현황과 전망", 『시민사회 정보화 토론회 자료집』, 2000.

하영선 편, 『사이버공간의 세계정치: 베스트 사이트 1000 해제』, 이슈투데이, 2001.

한국소프트웨어진흥원, 『디지털콘텐츠 산업 현황 및 전망』, 2002.

_____, 한국콘텐츠산업연합회, 『2005년 상반기 국내 디지털 콘텐츠산업 시장 조사 보고서』, 2005.

한국은행, www.bok.or.kr

한국전산원, "유비쿼터스 사회의 발전 추세와 미래 전망", 『유비쿼터스사회 연구 시리즈 1호』, 2005.

한국NGO편찬위원회, 『한국민간단체총람』, 시민의 신문사, 2000.

한명기, 1999. "임진왜란: 중, 일 양국을 견제할 국가역량의 부족이 불러온 비극", 『월간 조선』(12월호)

현대원·박창신, 『퍼스널 미디어-디지털 경제의 신 승부처』, 서울: 디지털미디어 리서치, 2004.

홍성민·민주홍, "IMF 시대의 중산층 약화 실태 및 재구축 방안", 『현대경제연구원자료집』, 2001.

황경식, 『고도과학기술사회의 철학적 전망』, 민음사, 2005.

황인성·정문열·장민선, "인터랙티브TV 드라마와 수용자 간의 상호작용성에 관한 연구", 『한국방송학보』, 18권 4호, 2004.

황주성, 『모바일 커뮤니케이션과 도시 공적공간의 변화』, 정보정책통신연구원, 2005.

Adam Baker, "Meaningful personalization", 2001.[online] http://www.merges.net/theory/ 20010402.html

Ake, Claude, "Dangerous Liasions: The Interface of Globalization and Democracy", in Axel Hadenius(ed.), *Democracy's Victory and Crisis*,

Nobel Symposium No, 93, Cambridge University Press, 1997.

Amabile, T. M., *Growing Up creative*, Buffalo, NY: CEF Press, 1989.

Arthur, W. Brian, "Increasing Returns and the New World of Business", Harvard Business Review(July-August), 1996.

Attali, J., *L'Homme Nomade*, Fayard. 이효숙 옮김, 『호모노마드』, 웅진지식하우스, 2003.

Aune, M. S., Hunter. J., Kim. H. J., and Kim. J. S., "The effect of culture and self-construals on prepositions toward verbal communication", *Human Communication Research*, 27(3), 2001.

Axtmann, *Liberal Democracy into the Twenty First Century*.

Bainbridge, W. S. et al, "Artificial Social Intelligence", *Annual Review of Sociolgy*, 20, 1994.

Baudrillard, J., *The Illusion of the End*, Stanford University Press, 1994b.

_____, *For a Critique of the Political Economy of the Sign*, Telos Press, 1981.

_____, *Simulacra and Simulation*, The University of Michigan Press, 1994a.

_____, *Simulations, Semiotext(e)*, 1983. 하태환 옮김, 『시뮬라시옹』, 민음사, 1992.

_____, *The Transparency of Evil*, Verso, 1993.

Beck, U., and E. Beck, *Individualization*, Sage, 2001.

Beck, U., *Schöne neue Arbeitswelt*, 1999. 홍윤기 옮김, 『아름답고 새로운 노동세계』, 생각의 나무, 1999.

Bell, C. and H. Newby, *Community Studies: An Introduction to the Sociology of Local Community*, Unwin and Hyman, 1981.

Bell, D., *The Coming of Postindustrial Society: A Venture in Social Forecasting*, Basic Books, 1973.

Beniger, J., *The Control Revolution*, Harvard University Press, 1986.

Berman, J.&D. J. Weitzner, "Technology and Democracy", *Social Research* 64(3): 1313~1319, 1997.

Bimber, B., "The Internet and Politcal Transformation: Populism, Community, and Accelerated Pluralism", *Polity*, Vol. 31, No. 1, 1988.

Bjorn Hettne, A., Inotai, O. Sunkel(eds.), *Studies in New Regionalism* Volume I-V, Macmillan Press, 1999/ 2001.

Bourdieu, P., *Distinction: A Social Critique of the Judgement of Taste*,

Harvard University Press, 1984[1979]

Brandt. D. R., "On linking social performance with social competence: Some relations between communication style and attributions of inter-personal effectiveness", *Human Communication Research*, 5(3),1979.

Brockman, John, *The Next Fifty Years*, New York: Vintage Books, 2002.

Brooks, Rodney, Allen & Frank Dan, *Flesh and Machines: How Robots Will Change Us*, New York: Pantheon Books, 2002.

Bull, Headly, Anarchical Society, Macmillan, 1977.

Burt, R., "The Contingent Value of Social Capital", *Administrative Science Quarterly* 42(2): 339~365, 1997.

Cairncross, Frances, *The Death of Distance: How the Communications Revolution Will Change Our Lives*, Harvard Business School Press, 1997.

Castells, M., *The Informational City: Information Technology, Economic Restructuring and the Urban-Regional Process*, Blackwell, 1989. 최병두 옮김, 『정보도시: 정보기술의 정치경제학』, 한울, 2001.

_____, *The Internet Galaxy*, Oxford Univ Press, 2001. 박행웅 옮김, 『인터넷 갤럭시』, 한울아카데미, 2004.

_____, *The Rise of the Network Society*, Blackwell Pub, 1996. 김묵한 외 옮김, 『네트워크 사회의 도래』, 한울아카데미, 2003.

Cerny, Philip G., "Globalization and the Distribution of Power: Towards a New Middle Age?" in Henri Goverde, Philip G, Cerny, Mark Haugaard abd Howard Lentner(eds.), *Power in Contemporary Politics: Theories, Practices, Globalizations*, Sage, 2000.

CNN, "Brain downloads possible by 2050", 2005.10. 23.

Coates, Josheph F., Mahaffie. John B., *Hines Andy*, 2025, Oakhill Press: Greensboro, 1997.

Cohen, Benjamin, "Electronic Money: New Day or False Dawn?", *Review of International Political Economy*, 2001.

Cooper, Robert, "Is There a New World Order?", in Seizaburo Sato and Trevor Taylor(eds.), *Prospects for Global Order*, Royal Institute of International Affairs, 1993.

Coover, G. E. & Murphy. S. T., "The communication self exploring the interaction between self snd social context", Human Communication Research, 26(1),

Cowhey, Peter F., "The International Telecommunications Regimes: The Political Roots of Regimes for High Technology", International Organization, 44(Spring), 1990.

Cox, Robert W., *Approaches to World Order: Essays by Robert W. Cox*, Cambridge: Cambridge University Press, 1996.

Craig, Simon, "Internet Governance Goes Global", in Vendulka Kubalkova, Nicholas Onuf and Paul Kowert, eds., *International Relations in a Constructed World*(Armonk, NY: M.E. Sharp), 1998.

Csikszentmihalyi, M., "Creativity: Flow and the psychology of discovery and invention", HarperCollins Publishers, 1997. 노혜숙 옮김, 『창의성의 즐거움』, 북로드, 2003.

Cumings, Bruce, "Historical, Economic and Security Realms in East Asian Community Buildings", paper presented at International Conference on "Building an East Asian Community", Asiatic Research Center, Korea University, December 11, 2002.

Deibert, Ronald J., "Circuits of Power: Security in the Internet Environment", in James Rosenau and J.P. Singh(eds.), *Information Technologies and Global Politics: The Changing Scope of Power and Governance*, SUNY Press, 2002.

Delueze, G., *The Logic of Sense*, Columbia University Press, 1990.

Drake, William J., "The Rise and Decline of the International Telecommunications Regime", in Christopher T. Marsden(ed.), *Regulating the Global Information Society*, Routledge, 2000.

Drucker, P., *Post-Capitalist Society*, Collins; Reprint edition, 1993. 이재규 옮김, 『자본주의 이후의 사회』, 한국경제신문, 2004.

_____, *The Essential Drucker on Society*(Vols. I-III), Collins, 2001. 이재규 옮김, 『이노베이터의 조건』, 청림출판, 2002.

Eco, U., *Travels in Hyperreality*, Harcourt Brace & Co, 1986.

Eder, K., "Soziale Bewegungen und kulturelle Evolution, Überlegungen zur Rolle der neuen sozialen Bewegungen in der kulturellen Evolution der Moderne", Berger(ed.), *Die Moderne-Kontinuität und Zäsuren*, Verlag Göttingen, Otto Schwartz & Co, 1986.

Englisch, G., *Jobnomaden*, Ladenpreis aufgehoben, 2001. 이미옥 옮김, 『잡노마드 사회』, 문예출판사, 2002.

_____, *The Consequences of Modernity*, Cambridge: Polity Press,

1990.

_____, *The Third Way*, Polity, 1998.

Falk, Richard, "The Post-Westphalia Enigma", in Bjorn Hettne and Bertil Oden(eds.), *Global Governance in the 21st Century: Alterantive Perspectives on World Order*, Almkvist & Wicksell International, 2002.

Fantozzi, Augusto and Narduzzi, Edoardo, "Interview on Globalization and Its Economic and Social Implications", ILO(International Labor Organization), 1997.

Feith, Douglas J., "Transforming the United States Global Defense Posture," *DIASM Journal*, Winter, 2003/2004, 2003.

Flanagin, A. J., & Metzger. M. J. "Internet use in the contemporary media environment", Human Communication Research, 27(1), 2001.

Forbes, "Five Robots That Will Change Your Life", 2004. 3. 9.

Fung, Archon, "Deliberative Democracy, Chicago Style: Gress-roots Governance in Policing and Public Education," in Archon Fung and Erik Olin Wright (eds.), *Deepening Democracy: Institutional Innovation in Empowered Participatory Governance*, London: Verso, 2003.

Gamble, Andrew and Tony Payne, *Regionalism and World Order*, London, McMillan Press, 1996.

Georges, Thomas M., *Digital Soul*, Oxford: Westview, 2003.

Giddens, A., *Beyond Left and Right*, Polity, 1994.

Goodwin, Brian, "In the Shadow of Culture", *The Next Fifty Years: Science in The First Half of the Twenty-First Century*, John Brockman Ed, New York, NY: Vintage Books, 2002.

Gramsci, Antonio, *Selections form Prison Notebooks*, International Publishers, 1971.

Granovetter, M., "The Strength of Weak Ties", American Journal of Sociology 78: 1360~1380, 1973,

Grindley, Peter, *Standards Strategy and Policy: Cases and Stories*, Oxford University Press, 1995.

Guilford, J. P., *Personality*, McGraw-Hill, 2004.

Hart, Jeffrey A. and Sangbae Kim, "Explaining the Resurgence of U.S. Competitiveness: The Rise of Wintelism", *The Information Society*, 18 (1)(February), 2002.

_____, "Power in the Information Age", in Jose V, Ciprut(ed.), *Of*

Fears and Foes: Security and Insecurity in an Evolving Global Political Economy, Praeger, 2000.

Hart, Jeffrey A., *Rival Capitalist: International Competitiveness in the United States. Japan and Western Europe*, Cornell University Press, 1992.

Harvey, D., *The Condition of Postmodernity*, Blackwell Publishers, 1990.

Heberle, R., *Hauptprobleme der Politischen Soziologie*, Stuttgart, 1967,

Helleiner, Eric, "Electronic Money: A Challenge to the Sovereign State?" Journal of International Affairs, 51(2), Spring, 1998.

Herman, P., "Special Treatment: Individualization, Technology and the New Stratification", Paper Presented at the 15th, World International Sociological Association Congress, July 7~13, Brisbane Australia, 2002.

Hersh, J., *USA and the Rise of East Asia*, St. Martin's Press, 1993.

Hettne, Bjorn, A. Inotai, O. Sunkel (eds.), *Studies in New Regionalism*, Vol. I-V, London, McMillan Press, 1999/2000.

_____, "In Search of World Order", in Bjorn Hettne and Bertil Oden(eds.), *Global Governance in the 21st Century: Alterantive Perspectives on World Order*, Almkvist & Wicksell International, 2002.

Higgott, Richard, "Economic Cooperation in the Asia Pacific: A Theoretical Comparision with the European Union," *Journal of European Public Policy*, Vol.2, No. 3., 1995.

Hirst, Paul, "Democracy and Governance", in John Pierre(ed.), *Debating Governance: Authority, Steering, and Democracy*, Oxford University Press, 2000.

Honneth, A., "Recognition or Redistribution?: Changing Perspectives on the Moral Order of Society", *Theory*, Culture & Society 18-2/3, 2001.

Horx, M., *Die acht Sphären der Zukunft*, Signum, 1999. 백종유 옮김, 『미래는 '불면증에 걸린 좀비' 들의 세상이다』, 청림출판, 2004.

Inglehart, R., *Culture Shift in Advanced Industrial Society*, NJ: Princeton University Press, 1990.

Jameson, F., *Signatures of the Visible*, Routledge, 1990.

Japp, K. P., "Neue soziale Bewegungen und die Kontinuität der Moderne", in J, Berger(ed.), *Die Moderne-Kontinuität und Züsuren*, Göttingen: Verlag Otto Schwartz & Co, 1986.

Jensen, Rolf, *The Dream Society*, McGrawHill, 1999.

Jo, Best, "Virus warning: Cyborgs at Risk",[online] http://news. com/Virus+warning+Cyborgs+at+risk/2100-7337_3-5450753.html

Jones, S. M. & Guerrero, L. K., "The effect of nonverbal immediacy and verbal personal centeredness in the emotional support process", Human Communication Research, 27(4), 2001.

Jones, S(ed.), Cybersociety: Computer-Mediated Communication and Community, Sage, 1995.

Kahin, Brian and Ernest Wilson(eds.), National Information Infrastructure Initiatives: Vision and Policy Design, MIT Press, 1997.

Kahin, Brian and James H., Keller(eds.), Coordinating the Internet, MIT Press, 1997.

Kaku, Michio, Visions, Anchor Books, 1997.

Kanter, R., Commitment and Community: Communes and Utopia in Sociological, Perspective, Harvard University Press, 1972. 김윤 옮김, 『공동체란 무엇인가』, 심설당, 1983.

Kelly, K. New Rules for the New Economy: 10 Radical Strategies for a Connected World, Viking, 1994.

Keohane, Robert, O and Joseph S. Nye, Jr, "Power and Interdependence in the Information Age", Foreign Affairs, 77(5), 1998.

Kim, Sangbae and Jeffrey A. Hart, "The Global Political Economy of Wintelism: A New Mode of Power and Governance in the Global Computer Industry", in James N, Rosenau and J, P, Singh(eds.), Information Technologies and Global Politics: The Changing Scope of Power and Governance, SUNY Press, 2002.

Kobrin, Stephen J., "Back to the Future: Neomedievalism and the Postmodern Digital World Economy", Journal of International Affairs(Spring), 1998.

_____, "Electronic Cash and the End of National Markets", Foreign Policy(Summer), 1997.

Kollock, P., "Design Principles for Online Communities", PC Update 15, 1996.

Lévi, P., L'inteligence collective, Les Editions La Découverte, 1994.

Lash, S. and M. Featherstone, "Recognition and Difference: Politics, Identity, Multiculture", Theory, Culture & Society 18-2/3, 2001.

Lind, M., "The Catalytic State", The National Interest, Vol.27(Spring), 1992.

Maffesoli, M., *The Time of the Tribe: The Decline of Individualism in Mass Society*, Sage, 1995.

Mathews, Jessica T., "Power Shift: The Age of Non-State Actors", Foreign Affairs(January/February), 1997.

McKenna, R., *Real Time*, Harvard Business School Press, 1997.

McNeal, William, "Territorial State Buried Too Soon", Mershon International Studies Review, 1997.

Micheletti, Michele, "Individualized Collective Action," paper persented at the Nordic Political Science Association Meeting, Aalborg, Denmark, August 14~17., 2002.

Miller, D. and D. Slater, *The Internet*, Berg, 2000.

Miller, S., *Civilizing Cyberspace: Polity, Power and the Information Superhighway*, Addison Wesley, 1996.

Mittal&Lassar, "The role of personalization on service encounters", Journal of Retailing, 72(1), 1996.

Monge, P. R., Bachman, S. G., DIllard, J. P., & Eisenberg, E. M., "Communicator competence in the workplace: Model testing and scale development", In Burgoon(Ed.), Communication Yearbook 5, New Burnswick, NJ: Transaction Books, 1982.

Monica, Bonett, "Personalization of Web Services: Opportunities and Challenges", 2001. [online] http://www.ariadne.ac.uk/issue28/personal-ization/intro.html

Moore, Jr., Barrington, *Social Origins of Dictatorship and Democracy*, Beacon Press, 1966.

Morgenthau, Hans J., *Politics among Nations: The Struggle for Power and Peace*, Alfred A., Knopf, 1948.

Mueller, Milton, "ICANN's Birth Pangs: Politics Closes in on the Internet", http://vitalspace.net/newmedia/forum00056.html, 1999.

Mullard, M., and P., *Spicker Social Policy in a Changing Society*, Routledge, 1998. 박형신 외 옮김, 『사회이론과 사회정책』, 일신사, 2004.

National Intelligence Council, *Global Trends 2015: A Dialogue about the Future with Nongovernment Experts*, Central Intelligence Agency, 2002.

Negroponte, Nicholas, *Being digital*, New York: Knopf, 1995.

Nina Hachigian & Lily Wu, *The Information Revolution in Asia*, Rand, 2003.

Nippon Keidanren, *Japan 2025, Envisioning a Vibrant, Attractive Nation in the Twenty-First Century*, Keizai Koho Center, 2003.

Nunes, M., "Baudrillard in Cyberspace: Internet, Virtuality, and Postmodernity", Style(29), 1995.

OECD, *ICTs and Economic Growth in Developing Countries*, POVNET, OECD, 2004.

Paquet, Gilles, "The New Governance, Subsidiarity, and the Strategic State", in OECD, *Governance in the 21st Century*, OECD Publications, 2001.

Parks, M. R. & Floyd, K., "Making friends in cyberspace", Journal of Communication, 1996.

Pempel, T. J., "The Soft Ties of Asian Regionalism", paper presented at International Conference on Building an East Asian Community: Visions and Strategies, Asiatic Research Center, Korea University, Seoul, December 11, 2002.

_____, "Revisiting the East Asian Economic Model", Young Rae Kim, Hoh Chul Lee, and In Sub Mah(eds.), Redefining Korean Politics: Lost Paradigm and New Vision, KPSA, 2002.

Petrella, Ricardo, "Globalization and Internationalization: The Dynamics of the Emerging World Order", In Robert Boyer and Daniel Drache (eds.), *States against Markets: The Limits of Globalization*, Routledge, 1996.

Philip, S. Anton, Richard Silberglitt and James Schneider, *The Global Technology Revolution*, Rand, 2001.

Polanyi, Karl, *The Great Transformation*, Beacon Press, 1944.

Poplin, D., *Communities: A Survey of Theories and Methods of Research*, Macmillan, 1979. 홍동식 · 박대식 옮김, 『지역사회학: 이론과 연구방법』, 경문사, 1985.

Postman, N., "Informing Ourselves to Death", *Speech at a Meeting of the German Informatics Society*, On October 11, 1990 in Stuttgart,\Sponsored by IBM-Germany On October 11, 1990. http://www.frostbytes.com/~jimf/informing.html, 2005. 11. 29.

Putnam, R. *Bowling Alone: The Collapse and Revival of American Community*, Simon & Schuster, 2000.

RAND Europe, *Living Tomorrow: Information and Communication*

Technology in Germany in 2015, Research Report, 2005.

Reid, E., *Cultural Formations in Text-Based Virtual Realities*, *Cultural Studies Program*, *Department of English*, University of Melbourne, 1994.

Reidenberg, Joel R., "Governing Networks and Rule-Making in Cyberspace", in Brian Kahin and Charles Nesson(eds.), *Borders in Cyberspace: Information Policy and the Global Information Infrastructure*, MIT Press, 1997.

Rheingold, H., *Smart Mob: The Next Social Revolution*, Basic Books, 2002.

_____, *The Virtual Community*, Secker and Warburg, 1993.

_____, *The Virtual Community: Finding Connection in a Computerised World*, Secker and Warburg, 1994.

_____, *The Virtual Community: Homesteading on the Electronic Frontier*, HarperPerennial, 1994.

Richard, O. Hundley · Robert H. Anderson · Tora K. Bikson and C. Richard Neu, *The Global Course of the Information Revolution: Recurring Themes and Regional Variations*, Rand, 2003.

Rifkin, Jeremy, *The End of Work*, Tarcher Penguine, 2004.

_____, *The Age of Access: The New Culture of Hypercapitalism, Where All of Life Is a Paid-for Experience*, Putnam, 2000. 이희재 옮김, 『소유의 종말』, 민음사, 2001.

Rosenau, James N., "Governance in the Twenty-First Century", Global Governance, 1, 1995.

_____, *Distant Proximities: Dynamics beyond Globalization*, Princeton University Press, 2003.

_____, *Turbulence in World Politics: A Theory of Change and Continuity*, Princeton University Press, 1990.

Rothkopf, David, "Cyberpolitik: The Changing Nature of Power in the Information Age"

Rucht, D., "Neue soziale Bewegungen ode", *Die Grenzen bürokratischer*, 1982.

Ruggie, John G., "Territoriality and Beyond: Problematizing Modernity in International Relations", International Organization, 47(Winter), 1993.

Schank, R. C., *Dynamic Memory Revisited*, 1999. 신현정 옮김, 『역동적 기

억: 학습과 교육에 주는 함의』, 시그마 프레스, 2002.

Schmitter, Philippe, "Virtues and Vices of Alternative Strategies for Regional Integration: Lessons from the European Union", paper presented at International Conference on Building an East Asian Community: Visions and Strategies, Asiatic Research Center, Korea University, December 11, 2002.

Scott, A., *Ideology and New Social Movement*, Unwin Hyman, 1990.

Seidman, S., *Contested Knowledge*, Blackwell Publishers, 1998. 박창호 옮김, 『지식논쟁』, 문예출판사

Sell, Susan, *Private Power, Public Law: The Globalization of Intellectual Property Rights*, Cambridge University Press, 2003.

Sennett, R., *The Corrosion of Character*, W. W. Norton & Company, 2000. 조용 옮김, 『신자유주의와 인간성 파괴』, 문예출판사, 2002.

_____, *The Corrosion of Character: The Personal Consequences of Work in the New Capitalism*, W. W. Norton, 1998.

Slouka, M. *War of the Worlds: Cyberspace and the High-Tech Assault on Reality*, Basic Books: New York 1995. 김인환 옮김, 『사이버스페이스 전쟁』, 한국경제신문사, 1996.

Slywotzky, Adrian J., *Value Migration: How to Think Several Moves ahead of the Competition*, McGraw-Hill, 1996.

Smith, M. and P. Kollock, *Communities in Cyberspace*, Routledge 1998. 조동기 옮김, 『사이버공간과 공동체』, 나남 2001.

Smith, P., *Cultural Theory*, Blackwell, 2001.

Spitzberg, B. H., & Cupach, W. R., "Interpersonal skills", In M. I. Knapp & J. A. Daly(Eds.), Handbook of interpersonal communication, Thousand Oaks, CA: Sage, 2002.

Stallings, Barbara and Wolfgang Streek, "Capitalism in Conflict? The United States, Europe, and Japan in the Post-Cold War World", in Stallings(ed.), *Global Change, Regional Response: The New International Context of Development*, Cambridge University Press, 1995.

Stier, H. and D. Grusky, "An Overlapping Persistence Model of Career Mobility", American Sociological Review 55-5, 1990.

Tapscott, D., *Growing up Digital: Net Generation*, McGraw-Hill 1997. 허운나 외 옮김, 『N세대의 무서운 아이들』, 물푸레, 1999.

Thompson, J., *Ideology and Modern Culture*, Stanford University Press,

1990.

Tilly, Charles, "The Time of States", Social Research, Vol. 61, No. 2 (Summer), 1994.

Toffler, A., *Future Shock*, Bantam 1971. 장을병 옮김, 『미래의 충격』, 범우사, 1999.

_____, *The Third Wave*, Morrow 1980. 전희직 옮김, 『제 3의 물결』, 혜원출판사, 2002.

_____, *Power Shift*, Bantam Books, 1990.

Torrance, E. P., *A Respective View of the Minnesota and Georgia studies of Creative Behavior*, In New Directions in Creativity Research: 65~73, Ventura, Ventura County Superintendent of School Office, 1984.

Touraine, A., *Return of the Actor: Social Theory in Postindustrial Society*, University of Minnesota Press, 1988.

Turkle, S., *Life on the Screen: Identity in the Age of the Internet*, New York: Simons & Schuster, 1995.

Tyson, Laura D., *Who's Bashing Whom?: Trade Conflict in High-Technology Industries*, Institute for International Economics, 1992.

US DOD, The United States Security Strategy for the East Asia-Pacific Region (http://www.defenselink.mil/pubs/easr98), 1998.

Valaskakis, Kimon, "Long Term Trends in Global Governance: From Westphalia to Seattle" in OECD, Governance in the 21st Century, OECD, 2001.

Virilio, P., *The Lost Dimension*, Semiotext(e) Publishers, 1991.

_____, "The Last Vehicle", *Looking Back on the End of the World*, Ed., Dietmar Kamper and Christoph Wulf, Semiotext(e): 106~119, 1989.

_____, *Open Sky*, Julie Rose 옮김, Verso, 1997.

Virno, P., *A Grammar of the Multitude*, The MIT Press, 2004. 김상운 옮김, 『다중』, 갈무리, 2004.

Wagner, Cynthia, G., *Foresight, Innovation, and strategy*, Bethesda, 2005.

Wallerstein, Immanuel, *Modern World System*, Academoc Press, 1974.

Waltz, Kenneth N., "Globalization and Democracy", PS: Political Science and Politics, Vol. 32, No. 4(December), 1999.

Washington Post, 1995. 10. 22.

Webster, J. G & Lin, S., "The Internet Audience: Web Use as Mass Behavior", Journal of Broadcasting & Electronic Media 46(2), 2002.

Weeden, K., From Borders to Barriers: Strategies of Occupational Closure and the Structure of Occupational Rewards, Ph.D. Dissertation, Department of Sociology, Stanford University, 1999.

Weiss, Linda, *The Myth of Powerless State: Governing the Economy in a Global Era*, Polity Press, 1998.

Wellman, B., "Computer Networks as Social Networks", Science 293: 2031~2034, 2001.

_____, "Little Boxes, Glocalization, and Networked Individualization," Makoto Tanabe, Peter van den Besselaar and Toru Ishida (eds.), *Digital Cities II: Conceptual and Sociological Approaches*, Berlin: Springer-Verlag.

Wittel, A., "Toward a Network Sociality", *Theory*, Culture & Society 18, 2001.

Woolley, B., *Virtual Worlds: A Journey in Hype and Hyperreality*, Blackwell, 1992.

Yoffie, David B.,(ed.), *Competing in the Age of Digital Convergence*

Zacher, Mark W. and Sutton. Brent A., *Governing Global Networks: International Regimes for Transportation and Communication*, Cambridge University Press, 1996.

ZDnet, "성큼 다가온 로봇 시대 10년 안에 보급", 2003. 3. 21.,[online] http://www.zdnet.co.kr/itbiz/reports/trend/0.39030519.10059619.00.htm

찾아보기